westermann

Doris Schwetje, Christa Walgenbach, Martina Diede, Barbara Ruhfus-Hartmann,
Alexander Fuhr, Christine Maier

LERNFELDER Hauswirtschaft

Lernfelder 1 bis 5

1. Auflage

Bestellnummer 87601

Die in diesem Produkt gemachten Angaben zu Unternehmen (Namen, Internet- und E-Mail-Adressen, Handelsregistereintragungen, Bankverbindungen, Steuer-, Telefon- und Faxnummern und alle weiteren Angaben) sind i. d. R. fiktiv, d. h., sie stehen in keinem Zusammenhang mit einem real existierenden Unternehmen in der dargestellten oder einer ähnlichen Form. Dies gilt auch für alle Kunden, Lieferanten und sonstigen Geschäftspartner der Unternehmen wie z. B. Kreditinstitute, Versicherungsunternehmen und andere Dienstleistungsunternehmen. Ausschließlich zum Zwecke der Authentizität werden die Namen real existierender Unternehmen und z. B. im Fall von Kreditinstituten auch deren IBANs und BICs verwendet.

Die in diesem Werk aufgeführten Internetadressen sind auf dem Stand zum Zeitpunkt der Drucklegung. Die ständige Aktualität der Adressen kann vonseiten des Verlages nicht gewährleistet werden. Darüber hinaus übernimmt der Verlag keine Verantwortung für die Inhalte dieser Seiten.

service@westermann.de
www.westermann.de

Bildungsverlag EINS GmbH
Ettore-Bugatti-Straße 6-14, 51149 Köln

ISBN 978-3-427-**87601**-4

westermann GRUPPE

Vorwort

Liebe Nutzerin und lieber Nutzer dieses Fachbuchs,

wir gratulieren Ihnen herzlich zu Ihrer Entscheidung, den vielseitigen, kreativen und abwechslungsreichen Beruf der Hauswirtschafterin bzw. des Hauswirtschafters zu erlernen. Bei Ihrer Tätigkeit arbeiten Sie aktiv an der Schaffung von Lebensqualität vieler Menschen mit. Der direkte Kontakt zu Menschen, die zu betreuen und zu versorgen sind, wird von Ihnen ein hohes Maß an Verantwortungsbewusstsein, sozialen Fähigkeiten und fachlichem Wissen erfordern.

Dies war auch der Anlass, die Ausbildungsverordnung nach über 20 Jahren grundlegend zu reformieren und an die heutigen beruflichen Anforderungen anzupassen. Sie sind die ersten, die nach dieser neuen Verordnung ausgebildet werden!

Um Ihnen sofort zum Ausbildungsbeginn ein ebenso grundlegend überarbeitetes Fachbuch anbieten zu können, führt Sie zunächst der vorliegende Band durch das erste Ausbildungsjahr. Dazu wird im nächsten Jahr dann der Folgeband für die beiden Fachstufen folgen.

Es ist uns ein Anliegen, mit diesem Buch einen praxis- und kompetenzorientierten Leitfaden durch alle Lernfelder anzubieten. Dieser soll Ihnen zu einer Handlungskompetenz verhelfen, mit der Sie den betrieblichen Alltag meistern und Ihre Abschlussprüfung erfolgreich bestehen können. Dazu empfehlen wir Ihnen auch die begleitenden Arbeitshefte. Sie helfen Ihnen, das erlernte Fachwissen auf vielfältige Weise zu festigen.

Auch unsere Basis ist die Ausbildung zur Hauswirtschafterin, der eine Fachausbildung zur hauswirtschaftlichen Betriebsleiterin oder Meisterin folgte. Viele Jahre haben wir unterschiedliche Großhaushalte geleitet und dabei Auszubildende betreut. Inzwischen sind wir seit etlichen Jahren als Lehrerinnen für Fachpraxis tätig.

Seit dem Erscheinen unseres Buches arbeiten wir im Unterricht intensiv mit unserer Fachbuchreihe. Wir haben zahlreiche Erfahrungen dazu sammeln können und konstruktive Rückmeldungen erhalten. Ebenso aufmerksam verfolgen wir die ständigen Veränderungen und Trends in unserem Berufsfeld. So haben wir neben den neuen Lernfeldinhalten in dieser Neuauflage auch besonders die aktuellen Trends „Digitalisierung“ und „Nachhaltigkeit“ Rechnung getragen und die Kompetenzorientierung noch stärker verankert.

Denn an unser Fachbuch richten wir den gleichen hohen Anspruch wie an Sie als zukünftige Fachkräfte: Nur wer sich ständig an Veränderungen anpasst, kann im Berufsalltag bestehen.

Dieser beständige Wandel wird Ihren Weg in diesen spannenden und abwechslungsreichen Beruf begleiten. Dazu wünschen wir Ihnen viel Erfolg!

Zu diesem Lehrwerk sind ergänzende digitale Unterrichtsmaterialien als BiBox erhältlich. Zu den einzelnen Lernfeldkapiteln wurden thematisch abgestimmte Arbeitsblätter, u.a. zu Fachrechnen-Inhalten, entwickelt. In unserem Webshop unter HYPERLINK „http://www.westermann.de“ www.westermann.de finden Sie hierzu unter der Bestellnummer des vorliegenden Schülerbuchs weiterführende Informationen.

Köln im April 2020

Doris Schwetje — Christa Walgenbach

Martina Diede — Barbara Ruhfus-Hartmann

Inhaltsverzeichnis

GRUNDLAGEN DER HAUSWIRTSCHAFTLICHEN ARBEITSORGANISATION

Professionelle Hauswirtschaft setzt ein zielgerichtetes und geplantes Handeln voraus, um der großen Verantwortung gegenüber Kunden, Bewohnern, Gästen oder Patienten gerecht zu werden. Vom Können der hauswirtschaftlichen Mitarbeiter hängen nicht allein die Gesundheit und das Wohlbefinden der zu Versorgenden ab, sondern auch der wirtschaftliche Erfolg der gesamten Einrichtung. Nicht zuletzt geht es auch darum, die eigene Gesundheit und Arbeitszufriedenheit zu sichern und durch ökologisch bewusstes Handeln unsere Umwelt auch für die Zukunft zu schützen.

Benutzerhinweise

In diesem Kapitel werden die Grundsätze aller hauswirtschaftlichen Handlungen zusammengefasst. Sie bilden die Basis für ein professionelles und erfolgreiches Arbeiten im Berufsfeld und treffen auf alle Arbeitsbereiche zu. Die anschließenden Kapitel führen in die 13 Lernfelder des Berufsbildes ein. Hier finden Sie zusätzliche, bereichsspezifische Lerninhalte, die zu beachten sind. Querverweise auf die wesentlichen Aspekte des Grundlagenkapitels erkennen Sie an folgenden Symbolen:

- Hygiene
- Arbeitsschutz
- Arbeitsgestaltung
- Nachhaltigkeit
- QM Qualitätsmanagement
- Digitalisierung

LERNFELD → LERNFELD ← Einzelne Informationen in den Lernfeldkapiteln beziehen sich mitunter auf vergleichbare Gegebenheiten in anderen Lernfeldern. Das Symbol verweist Sie darauf, um Ihnen übergreifende Informationen anzubieten und die Vernetzung des Lernstoffs umfassend zu veranschaulichen.

(siehe Seite ...) Detaillierte Seitenverweise innerhalb der Texte navigieren Sie zu spezifischen Textstellen, um benannte Aspekte zu vertiefen.

kursive Begriffe Zu allen kursiv gesetzten Wörtern finden Sie im Glossar ab Seite 328 eine Begriffserklärung.

1 Hygiene

Bei jeder hauswirtschaftlichen Leistungserbringung ist die Einhaltung einer größtmöglichen *Hygiene* gesetzlich zwingend vorgeschrieben (siehe Seite 237 ff.). Hygieneanforderungen gelten für alle in der Hauswirtschaft tätigen Mitarbeiterinnen und Mitarbeiter. Dazu müssen diese regelmäßig über den Themenbereich Hygiene fortgebildet werden. Dies beginnt mit der vorgeschriebenen Erstbelehrung bei jeder Einstellung durch das zuständige Gesundheitsamt und wird in jährlichen Schulungen im Betrieb fortgeführt. Die Bedeutung dieses Aspektes wird auch daran deutlich, dass eine Dokumentationspflicht besteht. Das heißt, die Schulungen müssen per Protokoll und mit der Unterschrift der Beteiligten festgehalten werden.

1.1 Personalhygiene

Professionell gekleidetes Personal gehört zu den optischen Aushängeschildern einer Einrichtung und veranschaulicht so den hohen Hygieneanspruch der Fachabteilungen. Zusätzlich gewährleistet jeder Mitarbeiter und jede Mitarbeiterin durch ein sauberes und gepflegtes Erscheinungsbild sowie eine einwandfreie Körperhygiene die Einhaltung der Hygienestandards. Zugrunde liegen vielfältige Schutzgesetze, Verordnungen und Richtlinien. Wesentliche Anforderungen an das Personal und die geltenden gesetzlichen Regelungen sind in jeder öffentlichen Einrichtung Maßstab. Darüber hinaus kann ein Betrieb aufgrund der geltenden Gesetze zusätzliche (eigene) Hygieneanforderungen an das Personal stellen.

Rechtsgrundlagen zu den einzelnen Anforderungen
*1 Hier besteht eine Meldepflicht beim Vorgesetzten!
*2 IfSG (Infektionsschutzgesetz)
*3 ArbSchG (Arbeitsschutzgesetz)
*4 BGV A1 (Berufsgenossenschaftliche Vorschrift)
*5 BGR 500 (250) (Berufsgenossenschaftliche Richtlinie)
*6 RKI-Richtlinie für Heime
*7 GefStoffV (Gefahrstoffverordnung)
*8 BioStoffV (Biostoffverordnung)
Bei den gelb unterlegten Sachverhalten kann der Betrieb aufgrund seiner Umsetzung von Gesetzen spezielle Auflagen für die Beschäftigten festlegen. Alle anderen Aspekte sind in jeder Einrichtung verbindlicher Standard.

1.2 Produkthygiene

Einen wichtigen Schwerpunkt bildet die Produkthygiene in allen Bereichen des Haushaltes. Maßnahmen zu deren Einhaltung sorgen für die Sicherung der formulierten Standards, der gesetzten Qualitätsziele und der geltenden Gesetze und Verordnungen im gesamten hauswirtschaftlichen Arbeitsprozess. Dazu gehören insbesondere:

- der Wareneinkauf in gewünschter Qualität,
- der produktschonende Transport,
- das Entfernen des Transport- und Verpackungsmaterials,
- die stete Kontrolle der Verpackungen und Produkte auf Schädlingsbefall,
- eine hygienisch getrennte Lagerung der Vorräte und Speisen,
- eine optimale Lagertemperatur und die Sicherstellung der Kühlkette,
- die exakte Einhaltung des Mindesthaltbarkeitsdatums (MHD) und
- das sachgerechte Verpacken, Ordnen und Lagern von Anbrüchen.

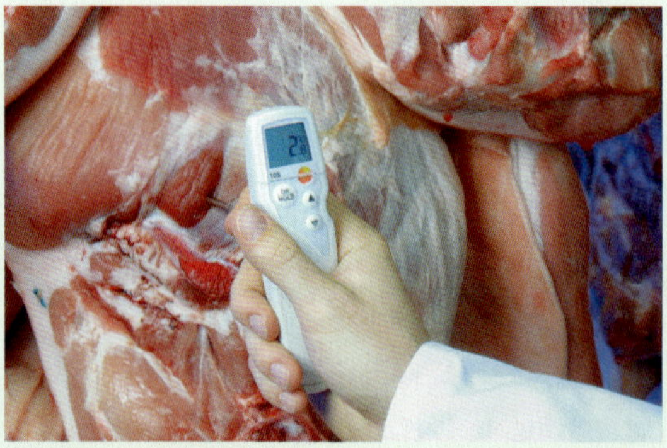

Kerntemperaturmessung

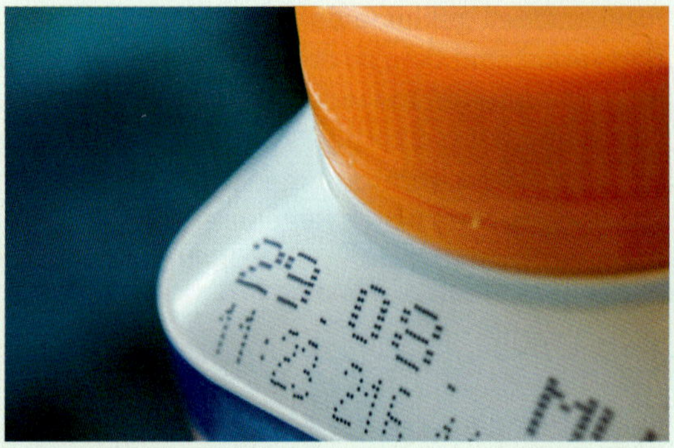

MHD-Aufdrucke sind Pflicht.

1.3 Betriebshygiene

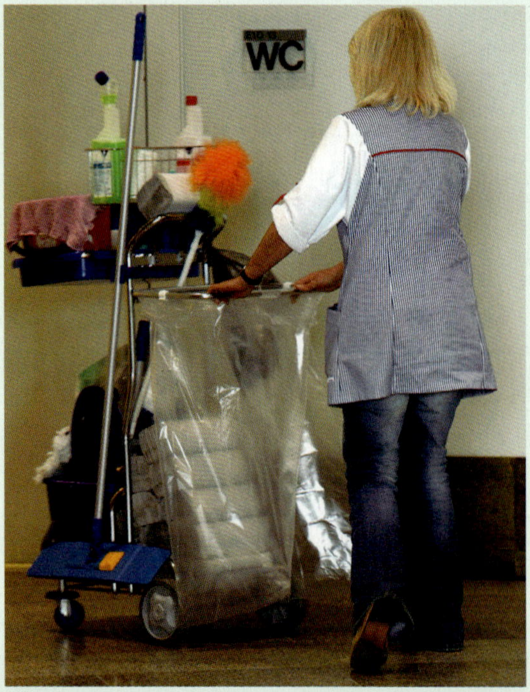

Betriebshygiene umfasst die Summe aller Hygienemaßnahmen in einem Betrieb oder in einer Einrichtung. Die Anforderungen an die technischbaulichen Voraussetzungen und an die organisatorisch-hygienischen Vorgaben richten sich nach der Art des Betriebes. Handelt es sich beispielsweise um einen industriellen Betrieb (z. B. eine Lebensmittelfabrik), so gelten andere Leitlinien als in einer Einrichtung des öffentlichen Gesundheitsdienstes (z. B. in einem Krankenhaus oder Altenheim).

Um alle Abläufe in einem Betrieb aus hygienischer Sicht sicherzustellen, bedarf es der Umsetzung zahlreicher Vorgaben (siehe Seite 237 ff.).

Eine sachgerechte Reinigung der Betriebseinrichtungen ist nur ein Aspekt der Betriebshygiene.

Technisch bauliche Vorschriften

- ausreichende Anzahl von Handwaschplätzen und deren Ausstattung mit Seife, Desinfektionsmitteln, Einmalhandtüchern und Abwurfbehältern
- genügend Personaltoiletten
- leicht zu reinigende, desinfektionsmittelbeständige Oberflächen und Böden
- räumliche Trennung von gefährdeten Bereichen, z. B. Schmutzgeschirrannahme getrennt von Produktionsküche
- keine Zweckentfremdung von Produktionsräumen als Pausenräume
- getrennte Lagerräume

Arbeitsablaufhygiene

- kreuzungsfreie Arbeitswege, z. B. Müllentsorgung
- Trennung von reinen und unreinen Bereichen, z. B. im Wäschebereich

HACCP-Konzept einhalten (siehe Seite 40)

- Abschätzung von Hygienerisiken, Festlegung von möglichen Gegenmaßnahmen, Kontrollen und *Dokumentation*
- Umsetzung der aufgestellten Hygiene-, Reinigungs-, Desinfektionspläne
- betriebseigene Kontrollen auf Schädlingsbefall
- Einhaltung der Gerätereinigung, Pflege und Wartung
- regelmäßige Personalschulungen

Personalschutz (siehe Seite 16)

- Handschuhe
- Augen- und Ohrenschutz
- flüssigkeitsdichte Schürzen

Schutzhandschuhe schützen sowohl vor mechanischen als auch vor Verletzungen durch Chemie. Sie werden aus Gummi, Vinyl oder Latex angeboten. Einmalhandschuhe scheiden für Reinigungsarbeiten aus.

Einhaltung von Gesetzen (siehe Seite 324)

- Arbeitsschutzgesetze
- Mutterschutz
- Infektionsschutzgesetz
- RKI-Richtlinien
- Gefahrstoffverordnung
- Biostoffverordnung

2 Arbeitsschutz

In Deutschland stützt sich die Einhaltung des Arbeitsschutzes auf zwei Säulen. Das ist zum einen die Arbeitsschutzaufsicht der Länder, vertreten durch die Ämter für Arbeitsschutz oder die Gewerbeaufsichtsämter, zum anderen sind das die Unfallversicherungsträger, vertreten durch die Berufsgenossenschaften und Unfallkassen.

Neben der Verhütung von Arbeitsunfällen und Berufskrankheiten zielt gesetzlicher Arbeitsschutz darauf ab, auch arbeitsbedingte Gesundheitsgefahren zu verhindern und für eine menschengerechte Gestaltung der Arbeit und Arbeitsplätze zu sorgen. Grundsätzlich wird die Unterscheidung von einem Arbeitsunfall oder einer Berufskrankheit vorgenommen.

Ein **Arbeitsunfall** ist ein plötzliches, unvorhergesehenes Ereignis, bei dem es zu einem Sach- oder Körperschaden kommen kann, z. B. ein Beinbruch nach dem Ausrutschen auf einer Treppe.

Eine anerkannte **Berufskrankheit** beruht immer auf einer längeren Einwirkung von unverträglichen Zuständen am Arbeitsplatz, z. B. kann bei dauernder Einwirkung von Lärm Schwerhörigkeit entstehen.

Um Unfälle und Berufskrankheiten von vornherein zu vermeiden, schreibt das Arbeitsschutzgesetz für alle Arbeitsplätze eine Gefährdungsanalyse vor, die alle möglichen Risiken eines Arbeitsplatzes beschreibt. Daraus werden dann die notwendigen Maßnahmen für den Arbeitsschutz ermittelt, deren Einhaltung Pflicht ist. Über die Maßnahmen müssen die Beschäftigten regelmäßig und nachweislich informiert werden. Bei jährlich stattfindenden Pflichtveranstaltungen wird das Wissen aller Mitarbeiter über den Brandschutz, die Nutzung der Fluchtwege, den Arbeits- und Unfallschutz sowie über Erste-Hilfe-Maßnahmen sowie die Namen der Ersthelfer und der Sicherheitsbeauftragten besprochen und aufgefrischt. Der Sicherheitsbeauftragte unterstützt den Arbeitgeber bei der Durchführung der Maßnahmen zur Verhütung von Arbeitsunfällen und Berufskrankheiten. Die Arbeitnehmer macht er auf das Benutzen von Schutzausrüstungen aufmerksam. Nur so können im Gefahrenfall alle umsichtig und richtig handeln.

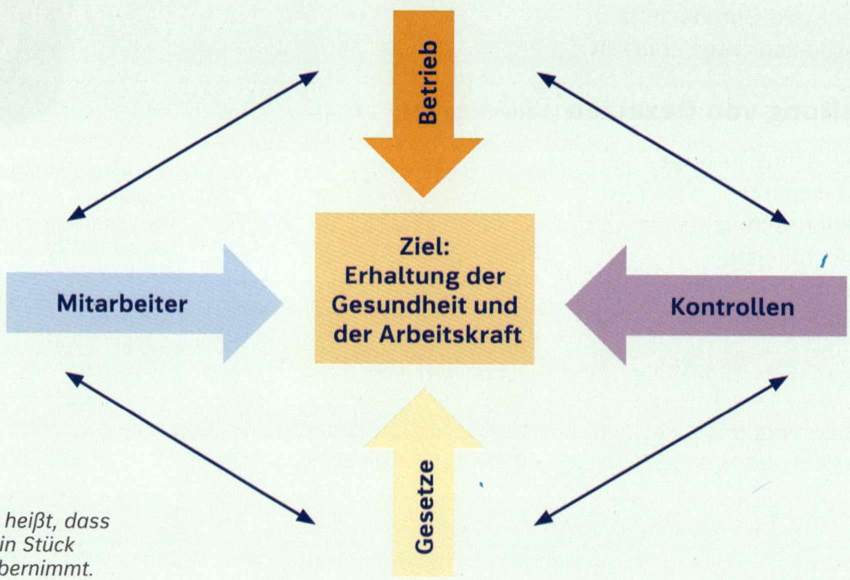

Arbeitssicherheit heißt, dass jeder Beteiligte ein Stück Verantwortung übernimmt.

Jeder Mitarbeiter handelt verantwortungsbewusst durch:

- das Tragen von Arbeits- und Schutzkleidung (siehe Seite 15).
- die Nutzung von Schutzvorrichtungen.
- das Einhalten von Sicherheitsanweisungen und Gesetzen (z. B. von Gebrauchsanweisungen).
- die Teilnahme an Schulungen.
- das Führen von *Dokumentationen* (siehe Seite 321 f. / 272 f.).
- die Entwicklung eines persönlichen Sicherheitsgefühls durch Sensibilisierung für Gefahrenpotenziale.
- die Umsetzung einer fachgerechten Arbeitsplatzgestaltung (siehe Seite 23 ff.).
- die Einhaltung festgelegter Hygiene- und Qualitätsstandards (siehe Seite 11).

Der Betrieb handelt verantwortungsbewusst durch:

- die Bereitstellung von Schutzeinrichtungen und durch das Treffen von Schutzvorkehrungen.
- die Schulung von Mitarbeitern.
- das Führen von Dokumentationen.
- die Bereitstellung von Betriebsärzten und Fachkräften für Arbeitssicherheit (Sicherheitsbeauftragter ab 20 Mitarbeitern).
- die Umsetzung von Gesetzen (Arbeitsschutzgesetz, Jugendschutz- und Mutterschutzgesetze).

Der Gesetzgeber handelt verantwortungsbewusst durch:

- das Erlassen von Gesetzen und Verordnungen.
- die Einrichtung von Kontrollstellen (Gewerbeaufsichtsämter, Ämter und Behörden für Arbeitsschutz, Berufsgenossenschaften und Unfallkassen).

Die Kontrollfunktion der einzelnen Partner erfolgt wechselseitig.

- Der Gesetzgeber kontrolliert durch die entsprechenden Kontrollstellen (siehe oben) die Betriebe und somit auch die Mitarbeiter.
- Der Betrieb hat durch die Einrichtung unterschiedlicher Maßnahmen ein Interesse daran, seine Mitarbeiter zu kontrollieren, indem er z. B. die Mitarbeiter auf die Anweisungen, Standards oder die Dokumentationspflichten hinweist.
- Fachkräfte in der Hauswirtschaft sind durch ihre Ausbildung in der Lage, Sicherheitsmängel im Arbeitsablauf zu erkennen. Sie kennen die Möglichkeiten, die notwendig sind, um Sicherheitsmängel abzustellen. Dadurch erfolgt die Kontrolle des eigenen Betriebes.

2.1 Arbeits- und Schutzkleidung

Im hauswirtschaftlichen Bereich wird zwischen Arbeits- und Schutzkleidung unterschieden. Arbeitskleidung dient dem Schutz der eigenen Person und der zu versorgenden Personengruppe. Sie erfüllt darüber hinaus den Zweck, den Beschäftigten ein einheitliches Aussehen zu verleihen und von Außenstehenden besser erkannt zu werden. Eine zweckmäßige und hygienisch einwandfreie sowie gepflegte Arbeitskleidung erhöht die Arbeitssicherheit.

Schutzkleidung bzw. Schutzausrüstung muss vom Arbeitgeber gestellt, regelmäßig gewechselt, gereinigt und instand gesetzt werden. Sie ist überall dort erforderlich, wo ein Kontakt mit gesundheitsgefährdenden Arbeitsstoffen oder Krankheitserregern stattfindet. Durch die Schutzkleidung wird der entsprechende Teil des Körpers abgedeckt und geschützt. Sie muss klar als solche erkennbar sein (Kennzeichnung) und wird getrennt von Arbeits- und Privatkleidung aufbewahrt. Im hauswirtschaftlichen Bereich wird sie hauptsächlich jeweils im unreinen Bereich der Küche (z.B. in der Schmutzgeschirrannahme) oder des Reinigungs- und Wäschebereichs getragen.
Beschäftigte können in den Unfallverhütungsvorschriften und in der Arbeitsstättenverordnung nachlesen, welche konkreten Anforderungen an Arbeits- und Schutzkleidung gestellt werden und wann das Anlegen erforderlich ist.

Arbeitskleidung

- Oberbekleidungsstücke schützen die private Kleidung vor Verunreinigungen, Gerüchen oder Feuchtigkeit und Nässe. Sie werden nur während der Arbeitszeit getragen und müssen regelmäßig gewechselt werden. Ihre Aufbewahrung findet getrennt von der privaten Kleidung statt. In größeren Betrieben wird die Arbeitskleidung (z.B. Kittel, Hosen, einheitliche T-Shirts) oftmals gestellt, mitunter sogar inklusive eines Reinigungsdienstes. Berufsoberbekleidung muss strapazierfähig, kochfest und bequem sein, darf aber nicht zu weit geschnitten sein.
- Unter einer Kopfbedeckung (z.B. Haarnetz, Ballonmütze, Tuch) verschwinden die Haare vollständig. Lange Haare müssen vorher zusammengebunden werden.
- Sicherheitsschuhe müssen mit einer rutschhemmenden und säurefesten Sohle ausgestattet sein, ohne Kappe werden sie als Berufsschuhe bezeichnet. Sie sind vorn geschlossen und haben eine zusätzliche Zehenschutzkappe. Hinten verfügen sie über einen feststehenden Fersenriemen.

Schutzkleidung

- Ein Gesichtsschutz (z.B. Schutzbrille oder Schutzmaske) wird bei Reinigungsarbeiten mit ätzenden Reinigungsmitteln erforderlich.
- Schutzhandschuhe (z.B. Hitzeschutzhandschuhe, Einmalschuhe müssen überall dort getragen werden, wo mit Säuren, Laugen, *Lösemitteln* sowie extrem kalten oder heißen oder mit krank machenden Materialien gearbeitet wird.
- Schutzkleidung (z.B. Gummischürze, Schutzkittel, Thermomantel) kommt zum Einsatz, wenn Gesundheitsgefahren durch Nässe, Kälte, Hitze, Schmutz oder Keime bestehen.

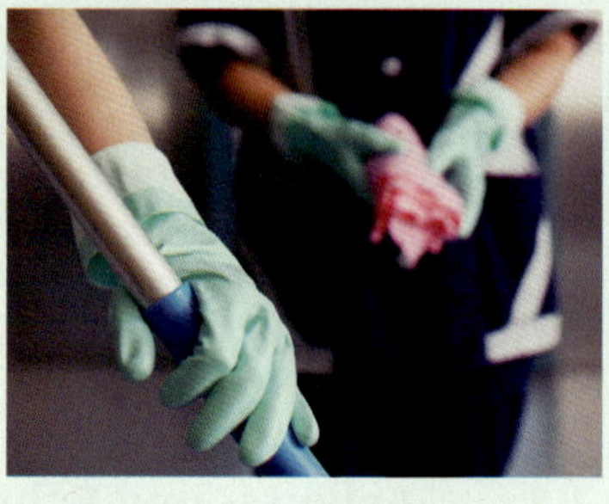

2.2 Unfallschutz am Arbeitsplatz

Die meisten Unfälle passieren in Haushalten. Häufige Gründe sind Unachtsamkeit, Hektik, Leichtsinn, Übermüdung oder Unwissenheit. Viele Unfälle könnten deshalb durch vorbeugende Risikominimierung, einen wachsamen Umgang und die Kenntnis über mögliche Gefahren vermieden werden. Arbeitsschutz erfordert darum ein sicherheitsbewusstes Denken und Handeln aller. Allgemeingültige Sicherheitszeichen und Gefahrensymbole weisen am Arbeitsplatz auf mögliche Gefahren und Risiken, auf Verbote und Gebote hin.

Verbotszeichen

Rauchen verboten | *Mit Wasser löschen verboten* | *Eingeschaltete Mobiltelefone verboten*

Warnzeichen

Warnung vor feuergefährlichen Stoffen | *Warnung vor ätzenden Stoffen* | *Warnung vor brandfördernden Stoffen*

Gebotszeichen

Gehörschutz benutzen | *Handschutz benutzen* | *Schutzkleidung benutzen* | *Augenschutz benutzen* | *Kopfschutz benutzen* | *Fußschutz benutzen*

Gefahrensymbole

giftig | *explosionsgefährlich* | *brandfördernd*

Brandschutzzeichen

Feuerleiter | *Feuerlöscher* | *Brandmeldetelefon*

Rettungszeichen

Erste Hilfe | *Notausgang mit Richtungspfeil* | *Notruftelefon* | *Krankentrage* | *Sammelstelle*

2.3 Unfallverhütung

Grundsätze zur Unfallverhütung
Tragen Sie stets ordnungsgemäße Arbeits- oder Schutzkleidung (siehe Seite 15).
Halten Sie an Ihrem Arbeitsplatz Ordnung.
Halten Sie Arbeitswege frei.
Beachten Sie geltende Sicherheitsvorschriften.
Informieren Sie sich über den Standort und die Anwendung von Sicherheitseinrichtungen (z. B. Erste-Hilfe-Kasten, Feuerlöscher, Fluchtwege).
Arbeiten Sie stets konzentriert und ohne Hektik.
Nutzen Sie Pausen und arbeitsfreie Zeiten zur Erholung.

Das Warnschild warnt vor Rutschgefahr und muss bei allen feuchten und nassen Bodenreinigungsverfahren so lange aufgestellt bleiben, bis die betroffene Zone vollständig abgetrocknet ist.

Vermeidung von Stürzen

- Tragen Sie bei der Arbeit rutschfeste Schuhe ohne Absätze.
- Halten Sie Arbeitswege vor Stolperfallen (z. B. herunterhängenden Kabeln) frei.
- Benutzen Sie niemals Stühle als Leiterersatz, oder errichten Sie nie Behelfskonstruktionen aus Tischen oder Stühlen.
- Wischen Sie verschüttete Flüssigkeiten sofort auf und heben Sie heruntergefallene Obst- und Gemüseschalen unmittelbar auf.
- Bei frisch gereinigten, noch feuchten Böden muss ein Hinweisschild aufgestellt werden.
- Benutzen Sie nur Haushaltsleitern, die mit Gummifüßen, rutschfesten Tritten und Sicherheitsbügel ausgestattet sind.
- Sichern Sie zum Schutz für Kleinkinder Fenster, Balkone und Treppen durch Gitter ab.
- Unterlegen Sie Teppiche oder Läufer mit einem Gleitschutz.

Vermeidung von Verbrennungen und Verbrühungen

- Lassen Sie Pfannen und Töpfe nicht in Reichweite von Kindern stehen. Stiele von Pfannen dürfen niemals über den Herdrand herausragen.
- Verwenden Sie beim Abgießen von Kartoffeln oder beim Öffnen von Topfdeckeln stets geeignete Topflappen. Schützen Sie beim Abgießen heißer Speisen Ihr Gesicht und Ihre Hände vor dem heißen Dampf. Öffnen Sie Dampfdrucktöpfe stets vorschriftsmäßig und niemals gewaltsam.
- Stellen Sie heiße Bügeleisen, Tauchsieder o. Ä. sicher ab und sichern Sie herabhängende Gerätekabel (Stolpergefahr).
- Benutzen Sie zum Braten wasserarme Fette (z. B. Öle oder Plattenfett), um Fettspritzer zu vermeiden. Das Gargut vorher trockentupfen.
- Gießen Sie kein Wasser auf brennendes Fett. Benutzen Sie einen Deckel oder eine Löschdecke zum Ersticken des Feuers.

Vermeidung von Vergiftungen und Verätzungen

LERNFELD 4

- Medikamente, Reinigungsmittel und verdorbene Lebensmittel sind die Hauptursache für Vergiftungen oder Verätzungen.
- Bewahren Sie Medikamente und Reinigungsmittel verschlossen auf (z. B. abschließbare Hausapotheke, verschlossener Reinigungsmittelschrank) und achten Sie auf Sicherheitsverschlüsse (Kindersicherungen).
- Bewahren Sie Reinigungsmittel nur in Originalgebinden auf, um Verwechslungen auszuschließen. Füllen Sie Reinigungsmittel niemals in Getränkeflaschen um und mischen Sie keine Reinigungsmittel. Lesen Sie Gebrauchsanweisungen vorher gründlich durch.
- Verwenden Sie stets nur einwandfreie Lebensmittel, prüfen Sie dazu die Lebensmittel auf eventuelle Geruchs- oder Schimmelbildung.
- Lagern Sie Lebensmittel sachgerecht und halten Sie das Mindesthaltbarkeitsdatum (MHD) ein.
- Bringen Sie Notrufnummern, auch die der Vergiftungszentrale, deutlich sichtbar neben dem Telefon an.

Vermeidung von Schnittwunden

- Lassen Sie keine Messer achtlos liegen, auch nicht im Spülwasser oder im Griffbereich von kleinen Kindern.
- Laufen Sie nicht mit erhobenem Messer durch die Küche, senken Sie die Klinge stets ab. Versuchen Sie nicht, fallende Messer oder Scheren aufzufangen.
- Setzen Sie beim Schneiden und Zerkleinern von Lebensmitteln die richtige Haltetechnik ein (z. B. den Krallengriff, siehe Seite 75), achten Sie auf eine rutschfeste Unterlage.
- Benutzen Sie bei Küchenmaschinen den Restehalter.
- Werfen Sie beschädigte Gläser oder Tassen weg.
- Fassen Sie bei Zerkleinerungsmaschinen nie in die laufende Maschine und entfernen Sie keine Schutzabdeckungen.

Vermeidung von Unfällen mit elektrischem Strom

DVE VDE EMC

- Achten Sie beim Einkauf von Elektrogeräten auf Sicherheitszeichen.
- Benutzen Sie Elektrogeräte niemals mit feuchten oder nassen Händen.
- Ziehen Sie den Stecker nicht an der Leitung aus der Steckdose, sondern ziehen Sie immer direkt am Stecker.
- Geräte mit defekten Leitungen sind tabu. Vor einem weiteren Gebrauch müssen solche Geräte zur professionellen Reparatur gegeben werden.
- Ziehen Sie vor dem Reinigen elektrischer Geräte grundsätzlich den Stecker aus der Steckdose.
- Wischen Sie Geräte, welche elektrische Teile enthalten (z. B. Motorgehäuse), lediglich feucht ab, niemals spülen!

2.4 Erste-Hilfe-Maßnahmen

Trotz aller Umsicht, Unfälle passieren. Darauf müssen Sie vorbereitet sein und wissen, was umgehend zu tun ist. Der erste Schritt bei einem schweren Unfall ist der Notruf 112. Er muss die wesentlichen Informationen zum Sachverhalt enthalten, damit sich professionelle Helfer ein Bild über die Lage machen können.

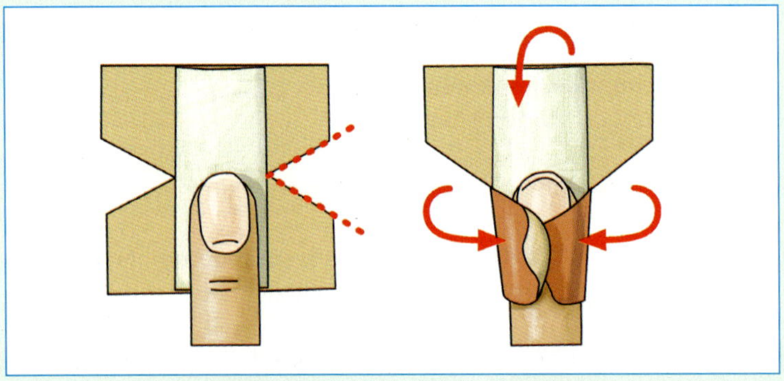

Einfach hergestellt: ein Fingerkuppenverband.

Angaben im Falle eines Notrufes

- **Wo** geschah der Unfall? (Unfallort, Straße, Hausnummer)
- **Was** ist passiert? (kurze Beschreibung des Unfallereignisses)
- **Wie viele** Verletzte sind zu versorgen?
- **Welche** Art der Verletzungen liegen vor? (Besonders lebensbedrohliche Verletzungen nennen, damit ggf. ein Notarzt kommt.)
- **Warten** auf Rückfragen (Nicht einfach auflegen, ggf. Name und Telefonnummer für Rückfragen nennen.)

Verbandskasten

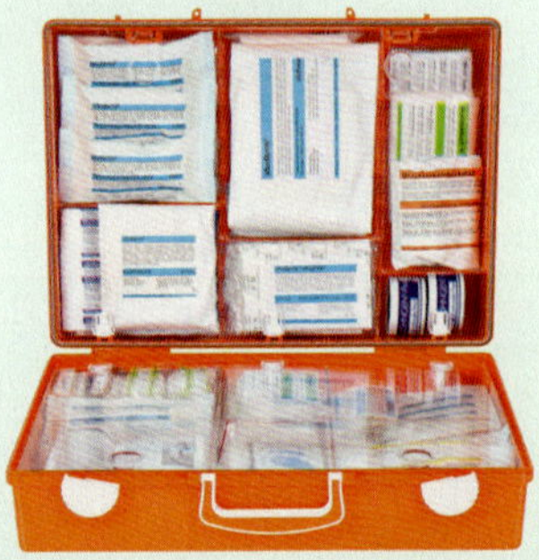

Der Verbandskasten eines Betriebes enthält keine Medikamente, sondern lediglich Verbandsmaterial (z. B. verschiedene Pflaster und Verbände, Kompressen, Rettungsdecken, Einmalhandschuhe, Erste-Hilfe-Broschüre). Er unterscheidet sich damit von einer Hausapotheke. Je nach Art des Betriebes und Anzahl der Mitarbeiter gibt es verschiedene Arten von Verbandskästen. Die Arbeitsstättenverordnung (ArbStättV) und die Unfallverhütungsvorschriften (UVV) regeln die Füllungen für die Verbandskästen. Ein besonderes Augenmerk gilt der regelmäßigen Kontrolle von Sterilmaterialien durch den Sicherheitsbeauftragten. Diese müssen nach ihrem Verfallsdatum ausgetauscht werden. Auch Handschuhe oder der Klebstoff von Pflastern lassen nach einer gewissen Zeit nach, sie werden brüchig bzw. kleben nicht mehr.

Verbandbuch und Ersthelfer

In einem Verbandbuch müssen in Schulen, Betrieben und Behörden auch kleinere Verletzungen dokumentiert werden. Nicht jede Verletzung ist so schwerwiegend, dass ein Unfallarzt aufgesucht werden muss. Das Verbandbuch dient als Nachweis, dass die Verletzung bei einer versicherten Tätigkeit geschehen ist. Dokumentiert werden:

- Ort und Zeit des Unfalls
- Name des Verletzten
- Art der Verletzung
- Zeitpunkt der Behandlung
- durchgeführte Erste-Hilfe-Maßnahmen
- Name des Ersthelfers und von Zeugen

Laut § 10 Arbeitsschutzgesetz müssen in Betrieben mit über 20 Mitarbeitern bis zu 10 % der Beschäftigten als Ersthelfer ausgebildet sein und zur Verfügung stehen.

Beispiel: Mitunter kann eine kleine Ursache eine immense Auswirkung haben: Jemand verletzt sich zum Beispiel an der Aufschnittmaschine, versorgt die Wunde selbst und arbeitet anschließend weiter. Einige Zeit später entwickelt sich aus dieser scheinbar „kleinen" Verletzung eine schwere Wundinfektion, die eine Amputation des Fingers erforderlich macht. Nur wenn die *Dokumentation* der Wundbehandlung im Verbandbuch lückenlos erfolgte, übernehmen die Unfallkassen die Kosten, weil so nachweisbar ist, dass es sich um einen Arbeitsunfall handelt.

Erste Hilfe am Arbeitsplatz

Grundsätzlich gilt:
- Ruhe bewahren.
- Devise: Erkennen, überlegen, handeln.
- Unfallstelle absichern.
- Hilfe herbeiholen.
- Bewusstlosen auf dessen Atmung prüfen und in die stabile Seitenlage bringen.
- Notruf 112 abgeben.
- Verletzte Person nicht allein lassen.
- Befinden sich mehrere Ersthelfer oder Personen am Unfallort, wird eine Person dem Rettungswagen oder Notarztwagen entgegengeschickt.

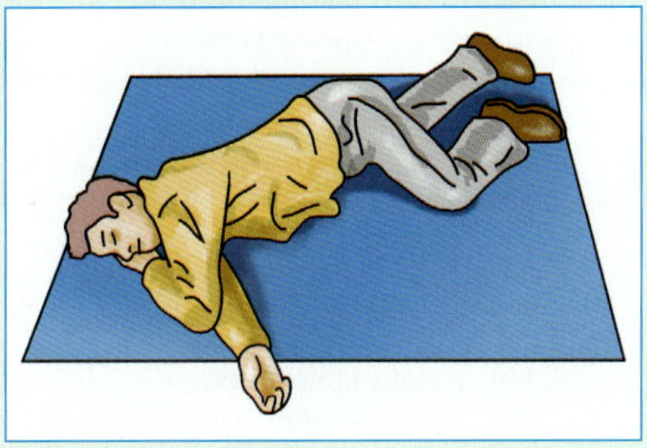

stabile Seitenlage

2.5 Hautschutz

Neben vielen anderen wichtigen Beiträgen zum Gesundheitsschutz der Arbeitnehmer ist besonders der Hautschutz zu nennen. Insbesondere im hauswirtschaftlichen Bereich sind das häufige Arbeiten im feuchten Milieu bei gleichzeitigem Einsatz von Desinfektions- und Reinigungsmitteln oder das lange Tragen von Handschuhen die Hauptursachen für eine Schädigung bzw. Verletzung der Haut. Der Arbeitgeber muss deshalb geeignete Hautschutzpräparate zur Verfügung stellen und die Beschäftigten auf deren Nutzung hinweisen. Dazu werden Hautschutzpläne aufgestellt. Der systematisch durchgeführte Hautschutz besteht aus drei Komponenten:
- vorbeugender Hautschutz (z. B. das Tragen von Handschuhen),
- schonende und verschmutzungsorientierte Hautreinigung (z. B. Desinfektion der Hände im Küchenbereich ist nicht gleichbedeutend mit permanentem Händewaschen),
- regenerierende Hautpflege (Pflegecremes), die je nach Beanspruchung durch die Tätigkeit vor, während und nach Arbeitsende erfolgt.

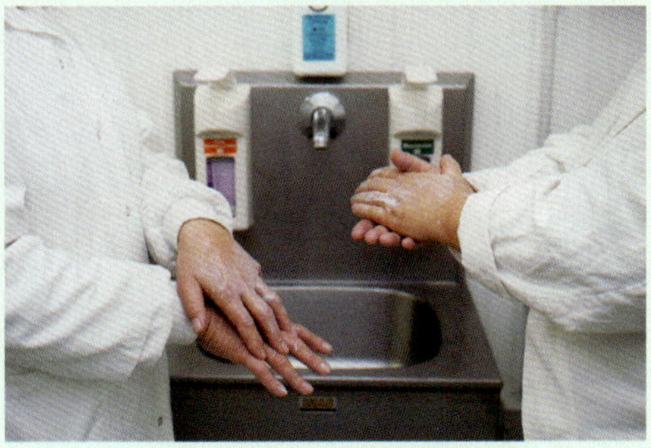

Häufige Verletzungen in hauswirtschaftlichen Betrieben			
Verletzung	**Erkennen**	**Gefahr**	**Maßnahmen**
blutende Wunden	Blutende Wunden können durch Kleidungsstücke verdeckt sein.	Schock, Verbluten	• Wunden keimfrei (steril) abdecken. • Anlegen eines Fingerkuppen- oder Druckverbands (siehe Seite 20).
Verbrennungen und Verbrühungen	1. Grad: gerötete Haut 2. Grad: Blasen entstehen 3. und 4. Grad: Haut und Gewebe darunter sind zerstört und teilweise verkohlt.	Schock, Störung der Atmung, Infektion	Bei schweren Verbrennungen: • Person löschen. Bei Verbrühungen: • Wenn möglich, Kleidung rasch, aber vorsichtig entfernen. • Sofort mit Wasser und feuchten Tüchern kühlen, kein Eiswasser verwenden. • Wunden keimfrei (steril) abdecken. Bei schweren Verletzungen: • Person vor Wärmeverlust schützen. • Permanente Kontrolle von Atmung, Kreislauf und Bewusstsein. • Umgehend Rettungsdienst alarmieren!
Schock	kaum tastbarer Puls, fahle Blässe, Frieren		• Schocklage herstellen. • Blutung stillen. • Person vor Wärmeverlust schützen. • Für Ruhe sorgen. • Ständige Kontrolle von Kreislauf, Atmung und Bewusstsein.
Verätzungen der Haut	Rötung, Blasenbildung, Gewebezerstörung, Schmerzen	schlecht heilende Wunde, Infektion	• Kontaminierte Kleidungsstücke entfernen. • Haut ausgiebig mit Wasser spülen. • Ätzenden Stoff abtupfen.
Verätzungen der Augen	krampfartiges Zukneifen der Augenlider, Abwehrhaltung des Verletzten	Erblinden	• Auge sofort mit einer Augenspüldusche oder unter fließendem Wasser ausspülen. • Gesundes Auge schützen. • Umgehend einen Unfallarzt aufsuchen!
Verätzungen der Atmungsorgane	Reizhusten, Atemnot	Sauerstoffmangel, Ersticken	• Person aus dem Gefahrenbereich retten. • Frischluftzufuhr. • Körperliche Anstrengung vermeiden.
Verletzungen durch elektrischen Strom		Atemstillstand, Herz-Kreislauf-Stillstand, Verbrennung	• Helfer müssen auf ihren Selbstschutz achten! (Bodenisolierung) • Sofort den Stromkreis unterbrechen (Stecker ziehen, Sicherung herausdrehen). • Verletzte Person mit nicht leitfähigen Gegenständen aus dem Stromkreis ziehen. • Kontrolle von Atmung, Kreislauf und Bewusstsein.
Stichverletzungen mit infektiösem Material (z. B. Spritze)		Infektion (z. B Hepatitis, HIV)	• Wunde niemals mit dem Mund aussaugen! • Alkoholisches Desinfektionsmittel auflegen. • Umgehend den Unfallarzt aufsuchen!

3 Arbeitsgestaltung

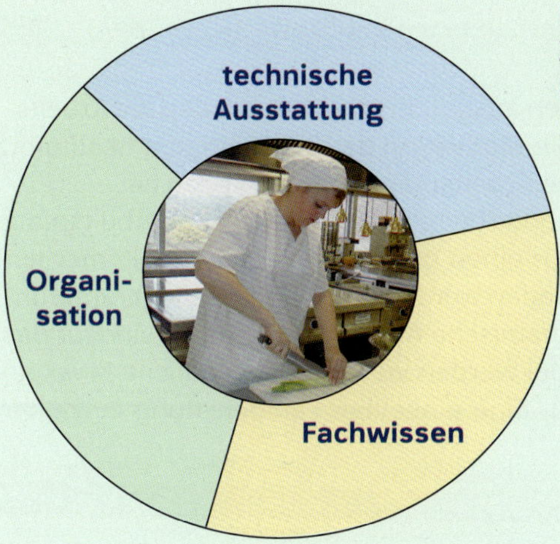

Unter dem Begriff Arbeitsgestaltung versteht man das Zusammenwirken zwischen den Beschäftigten in einem Betrieb, der jeweiligen technischen Ausstattung, dem Fachwissen der Einzelnen und der Arbeitsorganisation. Wirtschaftlichkeit und die Bedürfnisse des Menschen sollten im Mittelpunkt eines bestmöglich gestalteten Arbeitsplatzes stehen.

3.1 Mensch, Arbeit und Arbeitsplatzgestaltung

Biologische Leistungskurve

Wir kennen alle die Begriffe Frühjahrsmüdigkeit, Winterschlaf, saisonale Schlappheit oder Tagesleistung. Sie drücken aus, dass der Mensch zeitabhängig eine unterschiedliche Menge und Qualität an Arbeitsleistung liefern kann. Eine richtige Arbeitsplatzgestaltung und optimale Arbeitsabläufe müssen dies berücksichtigen, insbesondere die Leistungshochs und Leistungstiefs im Tagesablauf der Beschäftigten. Körperliche und geistige Fitness oder aber Ermüdung hängen von verschiedenen Faktoren ab, etwa von:

- der individuellen biologischen Tagesleistungskurve (z. B. beeinflusst durch persönliche Gewohnheiten, Alter, Geschlecht, Körperbau, Gesundheit),
- der Schlafmenge,
- dem Maß an Arbeitspausen und Entspannungsmöglichkeiten.

Die *Leistungsfähigkeit* kann kurzfristig durch den Genuss von koffeinhaltigen Getränken, Traubenzucker, Medikamente oder auch durch Drogenkonsum gesteigert werden.

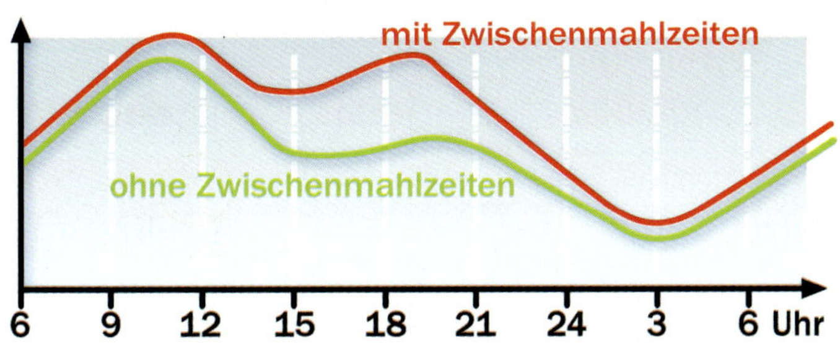

In einem gut organisierten Tagesarbeitsplan sollten anspruchsvolle und anstrengende Arbeiten in die Leistungshochs – zwischen 9.00 Uhr und 11.00 Uhr und 17.00 Uhr und 20.00 Uhr – gelegt werden.

Arten der Arbeit

Wir unterscheiden zwischen
- vorwiegend körperlicher Arbeit und
- vorwiegend geistiger Arbeit.

Für Arbeitsplätze, an denen vor allem körperliche Arbeiten ausgeführt werden, werden die Arbeitsergebnisse nicht allein durch das eigene Können und die Motivation der Beschäftigten bestimmt. Auch eine gute materielle Ausstattung und eine optimale Arbeitsplanung tragen dazu bei.
So ist es beispielsweise bei gleich bleibenden, monotonen Arbeiten ratsam, einen Sitzarbeitsplatz einzurichten. Da statische Arbeiten (z. B. Haltearbeit) für einen bestimmten Zeitpunkt immer nur die gleichen Muskeln beanspruchen, sollten diese vermieden werden. Sonst können Verkrampfungen und Verspannungen die Folge sein. Wechselnde, dynamische Arbeitsbewegungen sind für das allgemeine Wohlbefinden dagegen günstiger, denn dabei werden viele unterschiedliche Muskeln durch vielseitige Bewegungen in Anspruch genommen. Eine einseitige Fehlbelastung einzelner Muskelstränge findet dabei nicht statt.

Greifräume

Bewegungsabläufe bei der Arbeit müssen so gestaltet werden, dass sie die Greifräume des Menschen optimal berücksichtigen. Zum Greifraum gehört jener Bereich, der von einem Menschen per Hand erreicht werden kann, ohne dass er seinen Standort ändern muss. Wir unterscheiden den inneren Greifraum und den äußeren Greifraum.
Gegenstände, die häufig zum Einsatz kommen, gehören in den inneren Greifraum. Mit gebeugten Armen ist alles bequem erreichbar. Gegenstände, die seltener benutzt werden, stehen im äußeren Greifraum. Sie werden mit gestrecktem Arm erreicht.

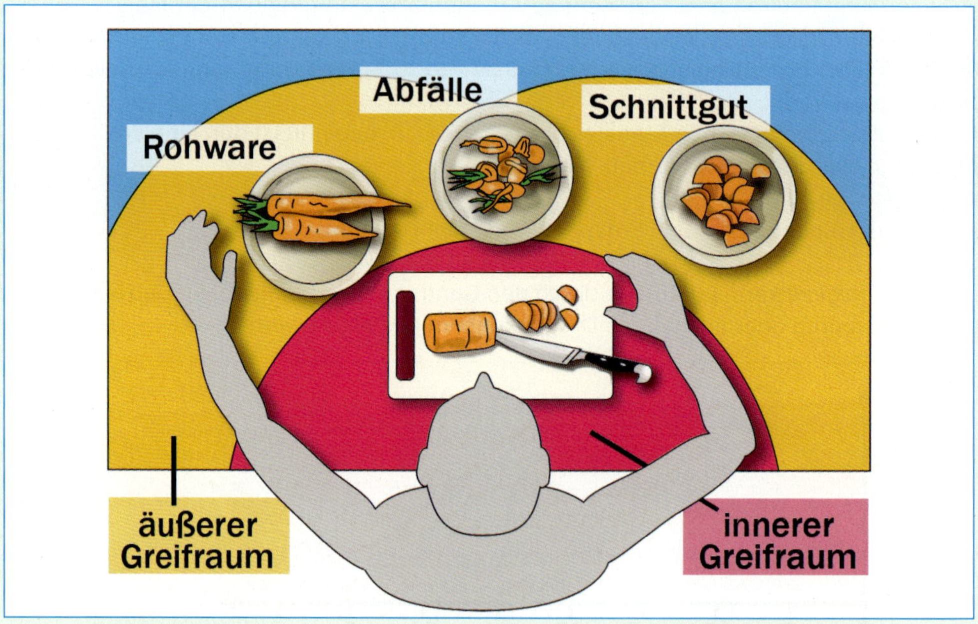

Pausenplanung

Regelmäßige und nach den vorgegebenen Arbeitszeiten eingehaltene Pausen helfen dabei, die Leistungsfähigkeit am Arbeitsplatz beizubehalten oder sogar zu steigern. Sie bieten die Möglichkeit zur Erholung und Entspannung. Eine Erholung setzt frühestens nach 15 Minuten Pause ein.

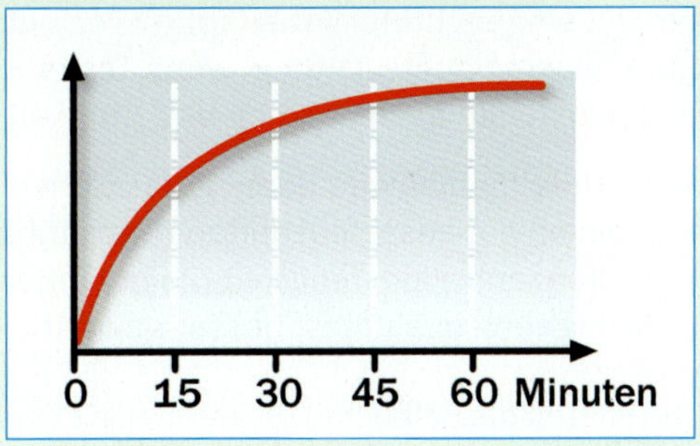

Pausenregeln
Verbringen Sie die Pausen außerhalb des Arbeitsplatzes.
Wählen Sie für die Pausen eine stressfreie, ruhige Atmosphäre.
Essen und trinken Sie auch während kurzer Pausen eine Kleinigkeit.
Suchen Sie einen hellen, aufgeräumten und optisch ansprechenden Pausenraum.
Tanken Sie, wenn möglich, frische Luft.
Sorgen Sie durch einfache Gymnastik für körperlichen Ausgleich und Entspannung.

Beleuchtung

Zur Arbeitsplatzgestaltung gehört nicht ausschließlich die Bereitstellung von Arbeits- und Hilfsmitteln. Der Arbeitsplatz sollte dem daran tätigen Menschen angepasst sein, nicht umgekehrt. Maßgeblich für die Gesunderhaltung und die Arbeitsqualität der Mitarbeiter sind auch

- Umwelteinflüsse wie Lärm,
- optimale Bewegungsmöglichkeiten (keine Enge, aber auch keine zu langen Wege),
- ordentliche Beleuchtungsverhältnisse und
- das richtige Raumklima.

Optimal ausgeleuchteter Großküchenbereich

Ein gut eingerichteter Arbeitsplatz verfügt über eine optimale spezifische Ausleuchtung und eine gute Allgemeinbeleuchtung, wenn Tageslicht nicht ausreicht. Einige Arbeiten erfordern eine spezielle punktuelle Ausleuchtung des Tätigkeitsbereiches, denn:

- die Unfallgefahr wird durch gutes Sehen minimiert,
- in einem gut ausgeleuchteten Raum fühlen sich die Beschäftigten wohl,
- die Konzentrationsfähigkeit bleibt länger erhalten,
- die Ergebnisqualität ist besser gewährleistet.

Optimal ist die Beleuchtung, wenn das Licht von oben einfällt, sodass der Arbeitsplatz schatten- und blendfrei ausgeleuchtet ist. Ist das nicht der Fall, muss der Arbeitsplatz entsprechend umgerüstet werden.

AUFGABEN

1. Suchen Sie aus Ihrem betrieblichen Ablauf Beispiele für statische Arbeit und für dynamische Arbeit.
2. Nennen Sie Beispiele für berufliche Einsatzfelder in der Hauswirtschaft, bei denen eine punktuelle Beleuchtung besonders wichtig ist.

3.2 Grundsätze rationellen Arbeitens

Rationelles Arbeiten bedeutet durchdachtes, planvolles Handeln mit dem Ziel, Zeit, Kraft und Laufwege auf das notwendige Maß zu reduzieren, was in der Folge Kosten und Energie spart. Das Handeln nach den Grundregeln rationellen Arbeitens kennzeichnet die Abläufe in hauswirtschaftlichen Betrieben und erfordert eine hohe Handlungskompetenz und Professionalität ihrer Fachkräfte.

Arbeitsphasen und Rüstzeiten

Jede Handlung unterteilt sich in drei Arbeitsphasen. Das sind:

Vorarbeit | **Hauptarbeit** | **Nacharbeit**

Jede dieser Arbeitsphasen kann darüber hinaus Rüstzeiten beinhalten. Darunter versteht man jene Abläufe, die zur Vor- oder Nachbereitung der eigentlichen Tätigkeit notwendig sind. Deshalb bestehen die Vor- und die Nacharbeitsphase überwiegend aus Rüstzeiten. Doch auch die Hauptarbeit erfordert mitunter – insbesondere bei komplexen Tätigkeiten – ein Zwischenrüsten. Gerade bei diesen „versteckten" Handlungen birgt eine undurchdachte Planung von Arbeitsabläufen ein hohes Potenzial zur unnötigen Verschwendung von Ressourcen. Rationalität geht dann auf Kosten von Zeit und Kraft verloren.

Im Ablauf dieser Arbeitsphasen unterscheidet die Arbeitswissenschaft unterschiedliche Arbeitsablaufzeiten:

- Unter **Rüstzeiten** werden alle Abläufe verstanden, die zur eigentlichen Arbeitsausführung notwendig sind. So bestehen Vor- und Nacharbeiten aus Rüstzeiten, aber auch während der Hauptarbeit ist häufig ein Umrüsten des Arbeitsplatzes nötig (z. B. das Umrüsten des Arbeitsplatzes vom Kartoffelschälen zum Kartoffelgaren). In der Praxis hat man diese in der Hauptarbeit „versteckten" Rüstzeiten nicht immer im Blick. Das geht auf Kosten der Rationalität (mehr Laufwege, höherer Zeitaufwand).
- Als **Tätigkeitszeit** umschreibt man alle aktiven Tätigkeiten (z. B. Schneidarbeiten, Teigzubereitung, Fensterreinigung).
- Als **Wartezeiten** werden Zeitabschnitte erfasst, die zwar keine aktive Tätigkeit erfordern, aber zeitlich im Arbeitsablauf mit berücksichtigt werden müssen. (z. B. Gar-, Back- oder Kühlzeiten, Trocknungszeiten oder Wartezeiten während eines maschinellen Spül- oder Waschprogramms).

Beispiel: Wenn Ihr Arbeitsauftrag beispielsweise „Tisch eindecken" lautet, dann führen Sie folgende Arbeitsphasen mit integrierten Rüstzeiten aus:

Vorarbeit
Personalhygiene durchführen → *Betriebsmittel* bereitstellen

Hauptarbeit
Sichtreinigung durchführen → Rüstzeit: Reinigungsutensilien abrüsten/beiseite stellen → Rüstzeit: Arbeitsplatz für das Eindecken vorbereiten → Tisch eindecken → Qualitätskontrolle

Nacharbeit
Stühle an den Tisch rücken → Betriebsmittel wegräumen

Serienarbeit

Immer dann, wenn bei der Umsetzung eines Arbeitsauftrags gleiche oder ähnliche Tätigkeiten ausgeführt werden müssen, die durchaus in unterschiedliche Arbeitsphasen gehören können, gilt die Anwendung der Serienarbeit als anzustrebender Arbeitsgrundsatz. Die Hauswirtschaft bietet dazu ein umfassendes Potenzial. Serienarbeit spart sehr viel Rüstzeit, weil der häufige Wechsel in der Arbeitsplatzgestaltung oder in den Betriebsmitteln entfällt.

Beispiel: Wollen Sie zum Beispiel eine Gemüsesuppe zubereiten, dann wäre es unrationell, wenn Sie jede Gemüseart separat waschen, dann schälen bzw. putzen und zuletzt zerkleinern. Wenden Sie vielmehr die Serienarbeit an, bei der Sie zuerst alle Gemüsearten waschen, dann alle Gemüsearten putzen bzw. schälen und zuletzt alles zerkleinern. Rüstzeiten sparen heißt hier, Sie müssen nicht mehrmals zum Waschbecken laufen, müssen nicht jedes Mal einen Putzarbeitsplatz und einen Schneidarbeitsplatz neu ein- und wieder abrüsten.

Arbeitsverdichtung

Serienarbeit ist Bestandteil einer Arbeitsverdichtung, da sie dabei hilft, unnötige Wiederholungen zu vermeiden, was in der Folge mehr Zeit für andere Tätigkeiten schafft. Arbeitsverdichtung bedeutet, dass unvermeidliche Leerlauf- und Wartezeiten sinnvoll genutzt werden. Eine effektive Arbeitsplanung berücksichtigt diese Ressourcen bei der Abstimmung der Arbeitsabläufe. So kann beim eben beschriebenen Beispiel der Zubereitung einer Gemüsesuppe während der Garzeit der Suppe (= Wartezeit) mit dem Spülen der *Betriebsmittel*, dem Vorbereiten des Ausgabegeschirrs und/oder der Vorbereitung der Speisendekoration begonnen werden.
Bei komplexen Aufgaben werden verschiedene Tätigkeiten, die in einem Zeitfenster zu erledigen sind, in einer Arbeitsverschachtelung geplant. Das heißt, die einzelnen Aufgaben werden nicht hintereinander und separat abgearbeitet, sondern sinnvoll miteinander kombiniert.

Beispiel: Stehen auf Ihrem Arbeitsplan beispielsweise die Aufgaben „Schmutzwäsche versorgen", „zwei Kuchen backen" und „Fenster im Speisesaal reinigen", dann können Sie mit folgender Planung rationell vorgehen:

1. Wäsche sortieren, die Waschmaschine beschicken und starten.

↓

2. In der Wartezeit (Waschprogramm läuft) den Teig für beide Kuchen herstellen, in die Backformen füllen und in den Ofen schieben.

↓

3. In der Wartezeit (Backzeit) Betriebsmittel spülen sowie

↓

4. gewaschene Wäsche in den Trockner geben.

↓

5. In der Wartezeit (Trockner läuft) die Kuchen aus dem Ofen holen und zum Abkühlen aufstellen sowie

↓

6. die Fenster im Speisesaal putzen.

↓

7. Trockene Wäsche schrankfertig machen.

↓

8. Kuchen servierfertig machen.

3.3 Ergonomie

Die Ergonomie als Wissenschaft befasst sich mit der Gesetzmäßigkeit menschlicher Arbeit und zielt darauf ab, optimale Arbeitsbedingungen für den Einzelnen zu schaffen. Das betrifft die richtige Arbeitshaltung bei bestimmten Tätigkeiten (z. B. Bücken, Tragen, Stehen, Sitzen, Überkopfarbeiten) und schließt auch die richtige Gestaltung der Betriebs- und Arbeitsmittel (z. B. richtige Stühle, passgenaue Werkzeuge) sowie den optimalen Umgang (Benutzung technischer Hilfsmittel) mit ein.

Bewiesen ist, dass Belastung und Ermüdung durch Arbeit entscheidend von der richtigen Ergonomie am Arbeitsplatz abhängen. Arbeitgeber und Beschäftigte müssen deshalb bei der Einrichtung eines Arbeitsplatzes und der Gestaltung von Abläufen ein besonderes Augenmerk auf passgenaue Ergonomie legen, denn wer sich am Arbeitsplatz wohl und gesund fühlt, leistet mehr. Das wirkt sich entscheidend auf die Produktivität und nicht zuletzt die Gesundheit des Einzelnen aus.

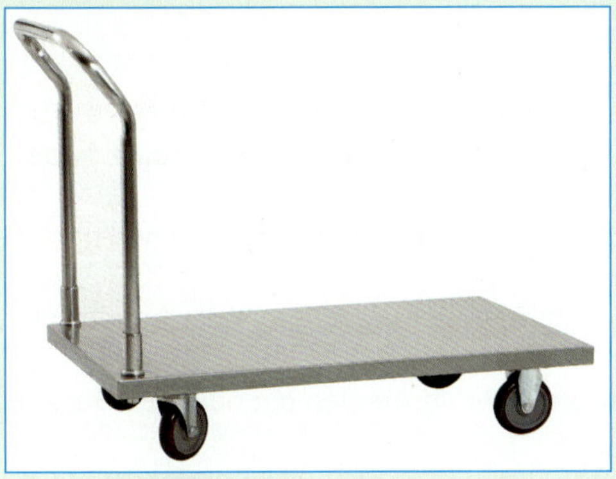

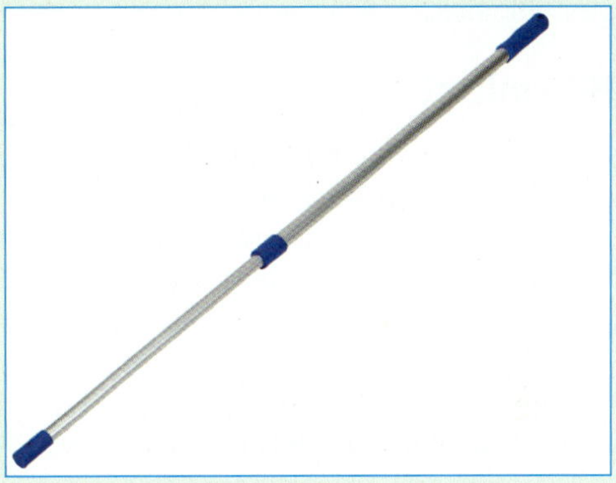

Mit dem Einsatz praktischer Hilfsmittel, z. B. eines Servierwagens, eines Transportwagens oder einer verstellbaren Teleskopstange, lässt sich manche Arbeit leichter ausführen.

Sitzarbeitsplätze

In der Hauswirtschaft werden zwei Arten von Arbeitsplätzen unterschieden. Das sind Sitzarbeitsplätze und Steharbeitsplätze.
Ein Sitzarbeitsplatz ist bei allen Arbeiten empfehlenswert, die über einen längeren Zeitraum ausgeführt werden, denn eine sitzende Position entlastet Beine und Rücken. Insgesamt wird weniger Energie verbraucht. Um diese Vorteile zu nutzen, kommt es auch auf die Wahl des geeigneten Stuhles, auf die richtige Arbeitshöhe und auf eine durchdachte Anordnung der *Betriebsmittel* an.
Die durchschnittliche Arbeitshöhe im Sitzen beträgt zwischen 60 und 70 cm. Der optimale Arbeitsstuhl ermöglicht eine Veränderung der Sitzhöhe auf die persönlichen und individuellen Körpermaße des Nutzers und hat eine ergonomisch geformte Sitzfläche und Rückenlehne. Außerdem gewähren

dreh- und rollbare Stühle dem Sitzenden genügend Arm- und Bewegungsfreiheit und einen großen Aktionsradius (z. B. Bügelarbeitsplatz).
Auch bei der Anordnung der Arbeits- und Betriebsmittel sollte auf die richtige Höhe geachtet werden. So vermeiden zum Beispiel ein Wäschekorb mit Untergestell in der Textilpflege oder ein Küchenrollhocker zum Abstellen der Gemüseputzschalen das ständige Bücken und Aufrichten während der Arbeit.

Steharbeitsplätze

Das Arbeiten im Stehen kann zu einer rascheren Ermüdung führen. Trotzdem gibt es im hauswirtschaftlichen Einsatzfeld zahlreiche Tätigkeiten, die nur im Stehen ausgeführt werden können. Auch beim Arbeiten an einem Steharbeitsplatz ist die optimale Arbeitshöhe wichtig. Kann man im privaten Umfeld zum Beispiel die Höhe der Küchenarbeitsplatte ganz individuell festlegen, so müssen in einem Betrieb aufgrund einer Belegschaft mit unterschiedlichen Körpergrößen Verstelllösungen gesucht oder unterschiedlich hohe Arbeitsflächen installiert werden. Erst die optimale Arbeitshöhe gewährleistet eine gute und natürliche Körperhaltung, die den Schulter- und Nackenbereich locker und unverkrampft lässt. Fehlhaltungen können auf Dauer zu Rückenschmerzen und sogar Bandscheibenproblemen führen. Die ermittelten Maße für mittelgroße Menschen geben 90 cm an, bei kraftaufwendigen Arbeiten sollten es 85 cm sein. Dies sollte aber auf die einzelnen Tätigkeiten abgestimmt werden. In der Großküche kann die optimale Arbeitshöhe sehr viel niedriger liegen, wenn beispielsweise ein großer, hoher Topf zum Rühren auf einen niedrigen Hockerkocher gestellt wird.

Hilfsmittel

- Stehhilfen entlasten den Rücken und die Beine bei längeren Steharbeiten. Ihren Einsatz finden sie beispielsweise in der Wäscherei).
- Spezielle Bodenmatten dämpfen durch ihre weichere Unterlage die Belastung durch einen harten Bodenbelag, etwa in der Wäscherei.
- Fußstützen am Sitzarbeitsplatz, z. B. an einer *Patch*maschine in der Wäscherei oder bei der PC-Arbeit, entlasten die Rückenmuskulatur.
- Reinigungs- und Transportwagen, Rollhocker und Untergestelle vermeiden ein häufiges Bücken und Tragen schwerer Utensilien.
- Ausreichende, verstellbare Stiellängen oder Teleskopstangen mit Drehgelenken vermindern ungesunde Arbeitshaltungen bei der Reinigung unterschiedlicher Flächen.

Bücken, Heben und Tragen

Eine häufige Arbeits- und Körperhaltung in der Hauswirtschaft ist das Bücken. Es ist enorm anstrengend, weil dabei große Muskelpartien angespannt und ermüdet sowie Gelenke und Bandscheiben stark in Anspruch genommen werden. Suchen Sie vom ersten Ausbildungstag an nach Alternativen, um häufiges Bücken zu vermeiden. Viele Hilfsmittel stehen dafür zur Verfügung. Lässt sich das Bücken nicht vermeiden, dann schonen Sie Ihre Wirbelsäule, indem Sie stets zuerst und mit geradem Rücken in die Hocke gehen. Beim Wiederaufrichten mit geradem Rücken kommt die Kraft aus der Bein- anstatt aus der Rückenmuskulatur.

Das Bücken geht oft anderen anstrengenden Tätigkeiten voraus: dem Heben oder Tragen von Gegenständen. Dazu ist zunächst ein stabiler, fester Stand der Füße und ein geringer Abstand zum hebenden Gegenstand erforderlich. Auch hier ist es sinnvoll, wenn Sie zuerst in die Hocke gehen, den Gegenstand sicher ergreifen und sich dann mit geradem, gestrecktem Oberkörper aufrichten. Bewegen Sie sich gleichmäßig und nicht ruckartig. Vermeiden Sie die Kombination aus Anheben von Gegenständen bei gleichzeitiger Drehung des Körpers in die beabsichtigte Laufrichtung. Führen Sie stattdessen beide Bewegungen getrennt und nacheinander aus.

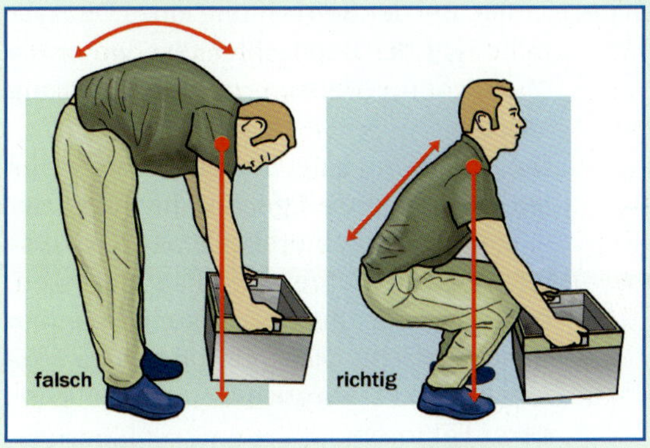

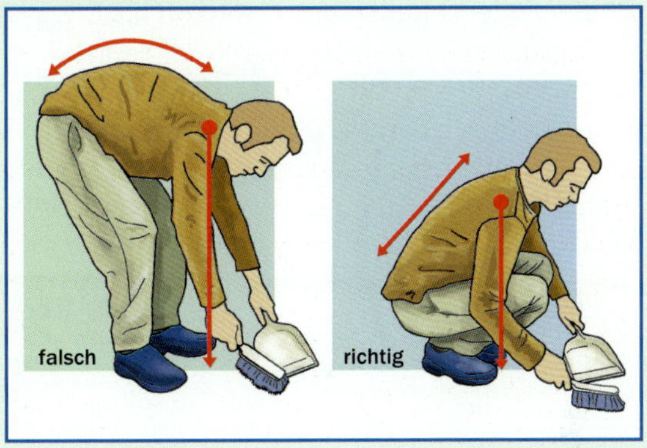

Tipps für ergonomisch richtige Bewegungsabläufe

- Reduzieren Sie bei der Reinigung von Oberflächen die Bewegungslänge. Begrenzen Sie den Reinigungsabschnitt dabei so, dass immer nur der Bereich bearbeitet wird, den Sie ohne übermäßige Streckbewegungen erreichen können.
- Richten Sie Ihren Arbeitsplatz übersichtlich ein und halten Sie Ordnung, das garantiert ein störungsfreies Arbeiten.
- Vermeiden Sie ein Arbeiten über Kreuz, da Sie sich sonst selbst in Ihren Bewegungsabläufen behindern.
- Entlasten Sie Ihren Körper durch schlangenförmige, flüssige und harmonische Bewegungen (z. B. beim Wischen oder Bügeln). Dadurch passen Sie instinktiv die Bewegungen Ihrem Körperbau an.
- Sie haben zwei Hände, also benutzen Sie auch beide! Wenn Sie beispielsweise beim Abwischen von Oberflächen das Wischtuch mit beiden Händen führen, vergrößern Sie die Wischfläche und die Krafteinwirkung, ohne selbst mehr Kraft aufzuwenden.

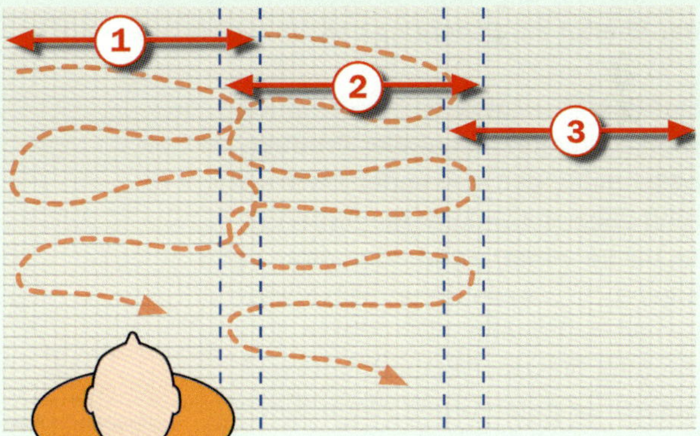

Teilen Sie die zu reinigende Fläche sinnvoll in kleine Abschnitte ein.

4 Nachhaltigkeit

Ökologie (griech. *oikos* = Haushalt und *logos* = Lehre) als Wissenschaftszweig der Biologie befasst sich mit den Beziehungen von Organismen (Menschen, Tiere, Pflanzen) untereinander, zu ihrer Umwelt (Klima, Boden, Luft und Wasser) und den Wechselwirkungen, die sich daraus ergeben. Bestimmende Einflüsse werden Ökofaktoren genannt. Das sehr komplexe Wirkungsgefüge in Lebensgemeinschaften oder Lebensräumen wird oft als Ökosystem bezeichnet. Bei der Betrachtung eines Ökosystems legt der Beobachter fest, wo er die räumlichen Grenzen zur Betrachtung setzt.

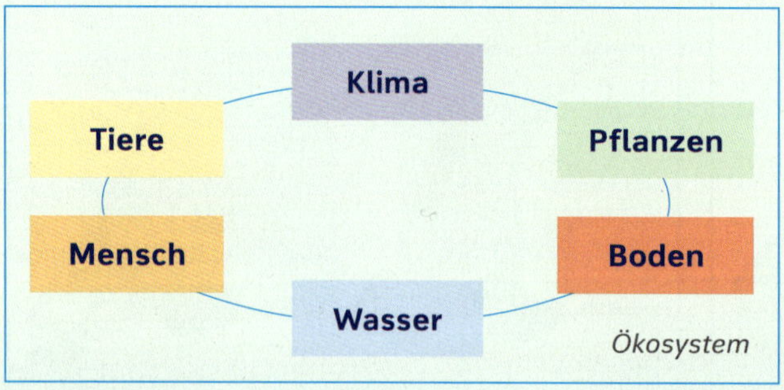

Die Abbildung zeigt das Zusammenspiel und die gegenseitige Abhängigkeit der einzelnen Ökofaktoren in einem Ökosystem. Ändert sich einer dieser Faktoren, gerät das gesamte Ökosystem aus dem Gleichgewicht. Die Änderung eines Faktors bewirkt stets auch die Änderung anderer Faktoren.

Nachhaltiges Handeln und Umweltbewusstsein

Im Laufe unserer Menschheitsgeschichte ist das Ökosystem durch menschliches Handeln immer mehr ins Ungleichgewicht geraten. Auf der einen Seite herrschen Luxus und Überfluss, auf der anderen Seite Armut und Unterdrückung. Dazwischen steht unsere Umwelt, die zunehmend ausgebeutet und geschwächt wird. Nachhaltigkeit soll dazu beitragen, auch nachfolgenden Generationen eine intakte Umwelt und Lebensperspektiven zu bieten. Der Grundgedanke nachhaltigen Handelns erfolgt unter Einbeziehen der Bereiche Umwelt, Mensch und Sparsamkeit. Ergebnis ist der Beitrag zur Schonung von Umweltressourcen.

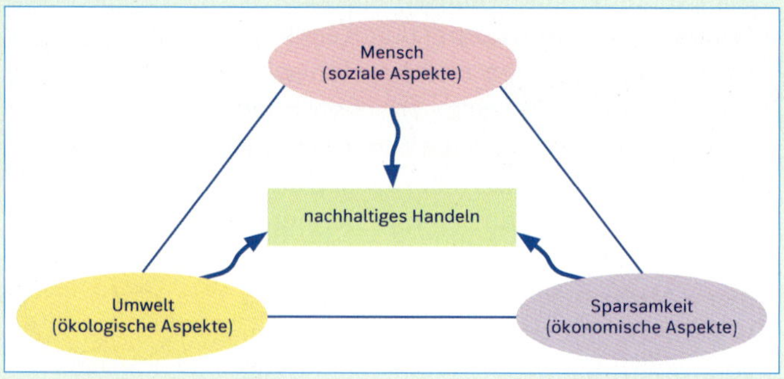

Der Begriff „ökologisch" wird häufig für Handlungsweisen oder Produktbeschreibungen verwendet. Doch oft fehlt dabei der wirklich tiefgreifende, fachliche Hintergrund. Gemeint ist eigentlich „umweltfreundlich" oder „umweltschonend". Die starke Bedeutung dieses „Ökologieaspektes" hat seinen guten Grund, denn durch zahlreiche Umweltkatastrophen und die immer deutlicher zutage tretenden Folgen der Umweltverschmutzung hat sich seit der zweiten Hälfte des letzten Jahrhunderts ein zunehmendes Umweltbewusstsein entwickelt, das sich praktisch auf alle Lebensbereiche erstreckt. Wichtige Erkenntnis: Auch bei der täglichen Arbeitsweise einer hauswirtschaftlichen Fachkraft lässt sich Nachhaltigkeit umsetzen. Dies zeigt sich an Beispielen, wie etwa dem bewussten Einkauf saisonaler Produkte aus der Region oder von Fairtrade-Produkten, dem sparsamen Einsatz umweltfreundlicher Reinigungsmittel, dem konsequenten Einsparen von Energie und Wasser oder der Reduzierung von Müll.

4.1 Der Umgang mit Energie

Die Nutzung von Energie ist in unserem Alltag bereits so selbstverständlich, dass wir kaum über deren Gewinnung, Einsatzfelder und Verbrauch nachdenken.

Beispiel: Sicher kommt Ihnen die folgende Schilderung sehr vertraut vor, und problemlos könnten Sie die Kette fortsetzen: Morgens holt uns der batteriebetriebene Wecker aus dem Schlaf und lädt uns zu einer warmen Dusche ein. Die aktuellen Nachrichten trudeln per TV oder Radio ein. In der Küche brodelt die Kaffeemaschine, die Räume sind durch die gut gewartete Heizung mollig warm. Die Lampen leuchten auf Schalterdruck. Nach dem Frühstück setzen wir uns ins Auto, um durch hell erleuchtete Straßen zum Arbeitsplatz zu gelangen. Dort werden erst einmal das Licht angeknipst, der PC oder Maschinen hochgefahren und – weil es so kalt ist – die Heizung aufgedreht ...

Bei der Nutzung von Energie durch den Menschen spielen Elektrizität und Wärmeenergie die Hauptrollen. Als Energieträger werden beispielsweise Erdgas, Erdöl, Heizöle und Kraftstoffe, Kohle, Holz, Biomasse (Abfälle aus der Pflanzen- und Tierproduktion), Windenergie, Energie durch strömendes Wasser und Sonnenlicht sowie Kernenergie oder Müll genutzt. Strom, Erdgas und Fernwärme können die Verbraucher über Leitungen erreichen. Andere Energieträger (Braunkohle, Steinkohle, Heizöle oder Kraftstoffe) sind transport- und lagerfähig und gelangen in Fahrzeugen zu ihren Verbrauchszielen. Da Rohstoffe nur begrenzt zur Verfügung stehen und mit der Energiegewinnung erhebliche Folgen für die Umwelt und das Klima verbunden sind, setzen viele Energieversorger zunehmend auf eine Energiegewinnung aus erneuerbaren und nachwachsenden Energieträgern (Sonne, Wasserkraft, Wind, Umweltwärme).

Neben der Gewinnung von Energie kann durch sparsamen Umgang damit ein wichtiger Beitrag zum Umwelt- und Klimaschutz geleistet werden. Das spart nicht zuletzt Kosten, egal, ob es sich um den privaten Haushalt oder um einen Betrieb handelt, denn strombetriebene Haushalts- und Großgeräte gelten als die Stromverbraucher schlechthin. Ihr ganz bewusster Einsatz beim Energiesparen trägt nicht allein zum Umweltschutz bei, sondern auch zum wirtschaftlichen Erfolg des Betriebs.

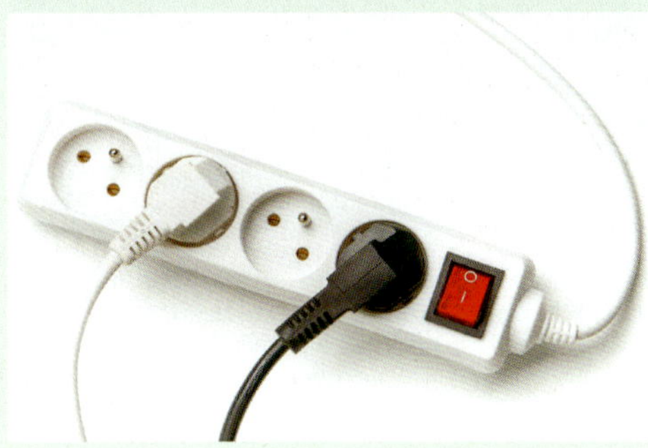

Tipps zum Energiesparen

- Der größte Bedarf an Elektroenergie wird vormittags verzeichnet. Außerhalb dieser Spitzenverbrauchszeiten bieten Stromversorger deshalb sogenannte Niedertarifzeiten an. Die Stromabnahme ist zu diesen Zeiten günstiger. Diese billigeren Tarife nutzen Sie, wenn Sie z. B. die Möglichkeit der Programmierung von Waschmaschinen oder Kombidämpfern nutzen.
- Achten Sie bei der Neuanschaffung von technischen Geräten auf die Effizienzklassen (A^{++}, A^{+++}).
- Tauschen Sie uneffiziente Leuchtmittel aus und verwenden Sie überall Energiesparlampen.
- Nutzen Sie die Kapazität von technischen Geräten aus, indem Sie z. B. Waschmaschinen und Spülmaschinen stets voll beladen.
- Schalten Sie den Stand-by-Modus bei Geräten ab.
- Passen Sie Töpfe der richtigen Herdplattengröße an und nutzen Sie die Nachwärme, sofern möglich.
- Überheizen Sie Räume nicht und lüften Sie richtig (Stoßlüften anstatt von gekippten Fenstern).
- Vermeiden Sie unnötige Autofahrten und fahren Sie energiesparend. Nutzen Sie öffentliche Verkehrsmittel.
- Praktizieren Sie auch im Betrieb die Mülltrennung und führen Sie Abfälle den entsprechenden Recycling-Systemen zu.

4.2 Der Umgang mit Wasser

Ein Mensch kann längere Zeit ohne Nahrung auskommen, jedoch kaum mehr als zwei bis drei Tage ohne Wasser. Die Beschaffung von sauberem Trinkwasser war und ist noch heute eine Überlebensfrage. In der Trinkwasserverordnung sind die Anforderungen an die Wasserqualität geregelt. Die Wasserverbrauchsmenge wird in m^3 berechnet ($1\ m^3 = 1\ 000\ l$).

Die Bereitstellung von Trinkwasser ist nur mit einem enormen technischen und komplexen Aufwand zu gewährleisten: Bevor das Wasser aus dem Wasserhahn fließt, wird es sorgsam aufbereitet. Dieses geschieht in einem Wasserwerk mit speziellen Filtern. Das Abwasser fließt durch die Kanalisation in eine Kläranlage, um dort erneut für die Trinkwasserversorgung aufbereitet zu werden. 70 % unseres Wasserverbrauchs gelangen als Abwasser in die Kanalisation. Deshalb ist das Sparen und bewusste Nutzen von Wasser gleichbedeutend mit der Entlastung der Umwelt, da ein geringerer Wasserverbrauch auch weniger Abwasser verursacht.

Jeder Liter Wasser, der aus dem Duschhahn fließt, gelangt als Abwasser zurück ins Klärwerk und wird dort erneut aufwendig aufbereitet.

Tipps zum Umgang mit Wasser

- Sorgen Sie bei tropfenden Wasserhähnen für eine umgehende Reparatur.
- Um zwölf Maßgedecke per Hand zu spülen, sind 40 Liter Wasser nötig. Moderne Geschirrspülmaschinen kommen mit 10 bis 16 Litern aus.
- Die Zweimengen-Regulierung bei Toilettenspülungen kann bei einer vierköpfigen Familie bis zu 40 000 Liter Wasser pro Jahr sparen.
- Desinfektionsmittel sind unentbehrlich in Krankenhäusern und Altenheimen. In einem Haushalt mit gesunden Menschen ist deren Einsatz dagegen überflüssig. Aggressive Reinigungsmittel, wie Rohrreiniger, können durch den Einsatz von Saugglocke oder Spirale vermieden werden.
- Bevorzugen Sie beim Einkauf regionale und saisonale Obst- und Gemüsesorten. Der indirekte Wasserverbrauch wird gesenkt.

4.3 Der Umgang mit Abfall und Müll

Hauswirtschaftliche Betriebe produzieren täglich immense Abfallmengen unterschiedlicher Art. Die Vermeidung von Abfall, eine gewissenhafte Trennung und fachgerechte Entsorgung unterstützen den nachhaltigen Umweltschutz und die Senkung von Kosten. Das Motto sollte lauten: Abfall, der gar nicht erst produziert wird, muss auch nicht entsorgt werden.
Gesetzliche Vorgaben knüpfen genau hier an. Kreislaufwirtschaftsgesetz und Abfallgesetz zielen darauf ab, geschlossene Stoffkreisläufe zu schaffen. Das heißt, sofern Abfälle unvermeidbar sind, müssen sie zunächst getrennt und dann schadlos und ordnungsgemäß einem Recycling-Kreislauf zugeführt werden. Abfälle, die nicht verwertet werden, sind umweltverträglich zu beseitigen. Mülltrennung erfolgt, je nach Richtlinien im jeweiligen Landkreis, in folgende Kategorien:

- organische Abfälle von Gemüse und Obst
- gegarte Lebensmittelreste
- Papier, Pappe und Kartonagen
- Verpackungen aus Glas
- Verpackungen aus Metallen, Kunststoffen und Verbundmaterialien
- Weißblech
- Sperrmüll
- Sonderabfälle, wie Farben, Medikamente, Batterien, Entladungslampen

Tipps zur Reduzierung von Müll in Haushalten

- Verzichten Sie auf Portionsverpackungen.
- Bevorzugen Sie Mehrwegverpackungen und -transportbehälter sowie -geschirr.
- Verzichten Sie auf Dosen- und Verbundverpackungen.
- Bevorzugen Sie Lebens- und Reinigungsmittel mit einer geringen Verpackung/Transportverpackung (z. B. Mehrwegsysteme oder Nachfüllpackungen nutzen).
- Achten Sie darauf, dass zubereitete Lebensmittelmengen in realistischen Portionsgrößen zum Essensteilnehmer gelangen und nicht aufgrund zu riesiger Portionen im Speisenabfall entsorgt werden.
- Achten Sie beim Kauf von Produkten auf Langlebigkeit und eine Reparaturfähigkeit.

4.4 Der Umgang mit Luft

Luft ist ein Stoffgemisch aus verschiedenen Gasen. Saubere Luft besteht aus rund 78 % Stickstoff und rund 21 % Sauerstoff. Der Rest setzt sich aus Kohlendioxid (0,03 %), Argon (0,93 %), Edelgasen (z. B. Helium), Wasserstoff, Wasserdampf und anderen Gasen zusammen. Luftschadstoffe aus Abgasen oder Feinstaub führen zu einer Luftbelastung. Die Auswirkungen zeigen sich als saurer Regen, die Schädigung der Pflanzenwelt durch *Oxidanzien*, die Entstehung von Smog, Treibhauseffekt oder die Zerstörung der Ozonschicht in den höheren Schichten der Atmosphäre.
Luftschadstoffe haben deshalb nicht allein schädliche Auswirkungen auf die Gesundheit des Einzelnen (verschmutzte Atemluft), sondern auch auf das globale Klima. Sie tragen dazu bei, dass Menschen, Pflanzen und ganze Ökosysteme anfälliger auf andere „Stressfaktoren" (z. B. Krankheitserreger, Parasiten, Trockenheit) reagieren.
Luftverschmutzung hat verschiedene Ursachen. Neben natürlichen Quellen (z. B. Vulkanausbrüche oder Waldbrände) ist vor allem der Mensch als Verursacher der Luftverschmutzung zu nennen. Der Ursprung liegt im alltäglichen Leben: Abgase aus chemischen Fabriken, Verkehrsabgase, Kohlekraftwerke, Müllverbrennungsanlagen usw. Ein weiterer, wenn auch individueller, Faktor ist Zigarettenrauch. In Innenräumen kann es durch Reinigungsmittel, Duftspender oder Chemikalien (z. B. Kleber) zu einer Luftverschmutzung kommen. Hohe Temperaturen und hohe Luftfeuchtigkeit können den gesundheitsschädigenden Effekt verstärken.

Aktiver Einsatz für eine bessere Luft ist stets mit dem sparsamen Umgang von Energie (siehe Seite 33) verbunden. Jeder Kilometer, der weniger mit dem Auto verfahren wird, entlastet die Luft und spart Energie. Jedes elektrische Gerät, das sparsam im Einsatz ist, verbessert die Luft, da eine abgasintensive Stromerzeugung entfällt. Jede Glühlampe, die durch eine Energiesparlampe ausgetauscht wird, oder bewusstes Heizen (einschließlich einer richtigen Isolation von Fenstern, Türen oder Dächern) reduziert in der Konsequenz die Belastung der Luft mit Kohlendioxid.

Handeln für bessere Luft

- Weniger Abfall heißt weniger Luftverschmutzung durch Verbrennungsabgase.
- Der Einkauf regionaler und saisonaler Produkte spart lange, energieintensive und luftverschmutzende Transportwege. Besonders Großhaushalte mit einem hohen Anteil an Produkten können hier einen wichtigen Beitrag leisten.
- Moderne und regelmäßig gewartete Heizsysteme mit hohem Wirkungsgrad reduzieren Kosten und nutzen die bereitgestellte Energie für den Zweck der Wärmeversorgung optimal aus. Auch hauswirtschaftliche Betriebe sollten durchaus über die Nutzung alternativer Energien aus Fotovoltaik- oder Solaranlagen nachdenken.
- Die richtige Raumtemperatur sollte in Wohnräumen zwischen 20 und 21 °C, in Schlafräumen zwischen 18 und 19 °C liegen. Obligatorisch ist das regelmäßige Lüften von Räumen (3 bis 5 min bei Durchzug).

AUFGABE

In einem Krankenhaus wird die Wasserdurchlaufmenge um 210 m^3 gesenkt. Errechnen Sie die jährliche Einsparung, wenn die Kosten für je einen Kubikmeter Frischwasser 2,12 € und Abwasser 3,63 € betragen.

5 Qualitätsmanagement

QM

Die Schlagworte Qualität, Qualitätssicherung oder Qualitätsmanagement sind auch aus dem hauswirtschaftlichen Berufsfeld nicht mehr wegzudenken. Der Begriff Qualität meint grundsätzlich die Güte einer Leistung oder eines Produktes und dessen Eignung für den vorgesehenen Gebrauch. Man kann dies subjektiv (gefühlsmäßig, individuell) beurteilen, aber auch nach festgelegten Kriterien objektiv feststellen. So können beispielsweise die eingekauften Äpfel von sehr guter, mittlerer oder schlechter Qualität sein. Sobald Qualitätskriterien festgelegt werden (z. B. ein ausreichender Reifegrad, das rote/gelbe Aussehen, der süße Geschmack, das feste Fruchtfleisch oder die Anzahl der enthaltenen ungenießbaren, faulen Äpfel), lässt sich die Qualität der eingekauften Ware messen und dokumentieren und so in Relation zu anderen angebotenen Äpfeln setzen.

Ein geschulter Blick und die Anwendung objektiver Qualitätskriterien geben Aufschluss, ob die Ware von sehr guter oder mangelhafter Qualität ist.

Auch eine Dienstleistung, wie beispielsweise die Textilpflege, kann mittels messbarer und dokumentierbarer Merkmale (z. B. Sauberkeit, *Hygiene*, Genauigkeit der Auftragsausführung, Zeitaufwand, Kosten) auf seine Qualität hin überprüft und beurteilt werden.

Wer meint: „Qualität ist, wenn der Kunde wiederkommt und nicht das Produkt", lässt unberücksichtigt, dass die Qualitätsansprüche der Kunden ausgesprochen unterschiedlich sein können. Die Beurteilung von Qualität unterliegt deshalb immer auch einem subjektiven und ganz persönlichen Aspekt und dem, welche Kriterien der Kunde auswählt. Die Qualitätskriterien bestimmt deshalb in einem hohen Maß der Kunde. Nicht zuletzt muss immer auch ins Feld geführt werden, welcher Preis für eine Leistung oder ein Produkt gezahlt wird.

Beispiel: Ein Bewohnerzimmer in einem Altenpflegeheim kann entweder einfach und zweckmäßig, aber auch hochwertig möbliert und mit geschmackvollen Raumtextilien ausgestattet sein. Diese optischen Kriterien (Größe der Zimmer, Sauberkeit oder Sicherheit in den Zimmern) können nicht unbedingt für die alleinige Beurteilung der gesamten Einrichtung zugrunde gelegt werden. Die Qualität kann deshalb noch nicht generell mit schlecht oder gut bewertet werden, weil dem möglichen Bewohner durchaus andere Faktoren, wie etwa eine gute Pflege und Betreuung, die Qualität der Speisen, die Kosten oder die Möglichkeit, eigene Möbel mitzubringen, wichtiger sind als ein gehobener, teurer Hotelcharakter. Anderen potenziellen Kunden können diese Merkmale wiederum wichtiger sein, weil sie etwas „für ihr Geld" erwarten.

5.1 Grundbegriffe des Qualitätsmanagements

Das Qualitätsmanagement ist eine Aufgabe der Betriebsleitung. Hier erfolgt die Festlegung der Qualitätsmerkmale (Standards). Hier liegt auch die Verantwortung für deren erfolgreiche Umsetzung und Einhaltung. Dazu schafft das Qualitätsmanagement nach einem bestimmten Qualitätsmanagementsystem die Voraussetzungen, indem es alle Maßnahmen zur Entwicklung, Festschreibung und Einhaltung von Qualitätsstandards durchführt. Ein Erfolg gelingt nur dann, wenn der gesamte Betrieb mit allen Beschäftigten in dieses System eingebunden wird.

Normen

Jedes Qualitätsmanagementsystem basiert zunächst auf gesetzlichen Forderungen (z. B. Sozialgesetzbuch, Heimgesetz, Infektionsschutzgesetz, siehe Seite 324). Darin werden Forderungen zur Qualitätssicherung hinsichtlich verschiedener Kriterien formuliert. Das können zum Beispiel die grundsätzliche Sicherung der Hygiene oder des Arbeitsschutzes sein. Basis des Qualitätsmanagementsystems sind darüber hinaus interne Pläne und Richtlinien einer Einrichtung.
Zur Umsetzung solcher Qualitätsforderungen müssen jedoch messbare Größen und Werte festgelegt werden, man spricht von Normen. Die Industrie entwickelt seit 1918 Normen. So legen etwa DIN-Normen (**D**eutsche **I**ndustrie **N**orm) fest, welche Papiergrößen (DIN A3, A4) oder welche Schraubengrößen es im deutschen Handel gibt. Gängige Drucker werden beispielsweise für ein A4-Papiermaß konzipiert, genau wie es Heftumschläge für A4- oder aber A5-Schulhefte gibt.
Die Qualitätsmanagementsysteme sind zwischenzeitlich für den gesamten europäischen Markt erweitert worden und tragen den Zusatz EN (**E**uropäische **N**orm). Als internationale Norm tragen sie den Zusatz ISO (**I**nternational **S**tandard **O**rganisation).

Qualitätsmanagement in Einrichtungen

Was bei einem genormten Papier- oder Schraubenmaß noch recht einfach mit einem Lineal festzulegen und zu überprüfen ist, wird für Dienstleistungen oder die Qualität von Arbeitsprozessen schon komplizierter. Für den Dienstleistungssektor wurden einheitliche Normen festgelegt und angepasst. In Einrichtungen findet in der Regel die DIN EN ISO 9001 : 2000 Anwendung.

Defizite feststellen und Standards formulieren

Zu Beginn der Einführung eines solchen Systems steht ein Beschluss der Einrichtungsleitung zur Festlegung der Qualitätspolitik und -ziele der Institution (Soll-Zustand). Danach werden die tatsächlichen Abläufe (Ist-Zustand) ermittelt. Nach einem Abgleich zwischen Ist- und Soll-Zustand können mögliche Differenzen und *Defizite* festgestellt und daraufhin die notwendigen Maßnahmen zur Erreichung des Soll-Zustands geplant werden. Dazu wird ein Qualitätszirkel oder eine Qualitätskommission gegründet. Sie besteht aus Mitgliedern der obersten Leitung und Mitarbeitern der einzelnen Abteilungen, die sich besonders für die Qualitätsarbeit einsetzen sollen. Die Leitung der Gruppe übernimmt ein/-e Qualitätsbeauftragte/-r der Einrichtung.

Zu Beginn steht immer die Analyse des Ist-Zustands.

Konzeptionen und Maßnahmen festlegen

Die Qualitätskommission beginnt mit der Entwicklung einer Qualitätskonzeption, in der die einzelnen Werkzeuge (z. B. QM-Handbuch, Mitarbeiterschulungen, Verfahrensanweisungen, Checklisten) der Qualitätserfassung festgelegt werden.
Im Qualitätshandbuch werden die Ziele und Standards der Leistungserbringung inhaltlich konkret erläutert. Sie legen ein festgeschriebenes Vorgehen für bestimmte Arbeiten oder Handlungen fest und sind für alle Mitarbeiter verpflichtend. So muss von dem Beschäftigten beispielsweise bei der Annahme gereinigter Wäsche auch geprüft werden, ob im Lkw die Trennung zwischen reiner und unreiner Wäsche konsequent erfolgt. Bei Nichterfüllung dieses Standards muss die Annahme der sauberen Wäsche verweigert werden. Das Gleiche gilt auch für die Kontrolle der Liefertemperatur beim Eintreffen von Tiefkühlware.
Im Handbuch werden außerdem die Richtlinien zur Unterrichtung und regelmäßigen Schulung der betroffenen Mitarbeiter über die Qualitätskonzeption geregelt und schriftlich dokumentiert. Da die Inhalte aus dem Handbuch für die ganze Einrichtung mit all ihren unterschiedlichen Bereichen und Mitarbeitern gelten, ist es wichtig, eine transparente und einheitliche Form zu wählen. Aufgrund der Fülle von Informationen bevorzugen viele Einrichtungen eine auf das Wesentliche beschränkte *Dokumentation.*

Umsetzung

Das Handbuch soll ein alltägliches Handwerkszeug in der Einrichtung sein, in dem auch die fortlaufende Weiterentwicklung und Verbesserung der Qualität erfasst werden. Das bedeutet beispielsweise auch, dass alle Veränderungen im Betriebsablauf von Lieferanten ständig im Handbuch dokumentiert und aktualisiert werden.
Aus den Grundsätzen im Handbuch werden praktische Verfahrensanweisungen entwickelt, die dem einzelnen Mitarbeiter das festgeschriebene Vorgehen verdeutlichen. Bewährt haben sich hierbei *Flussdiagramme.* Das folgende Beispiel der Wareneingangskontrolle zeigt auch die Notwendigkeit von Prüf- und Checklisten. Nur eine geprüfte und dokumentierte Leistung wird als eine erreichte Qualität anerkannt.

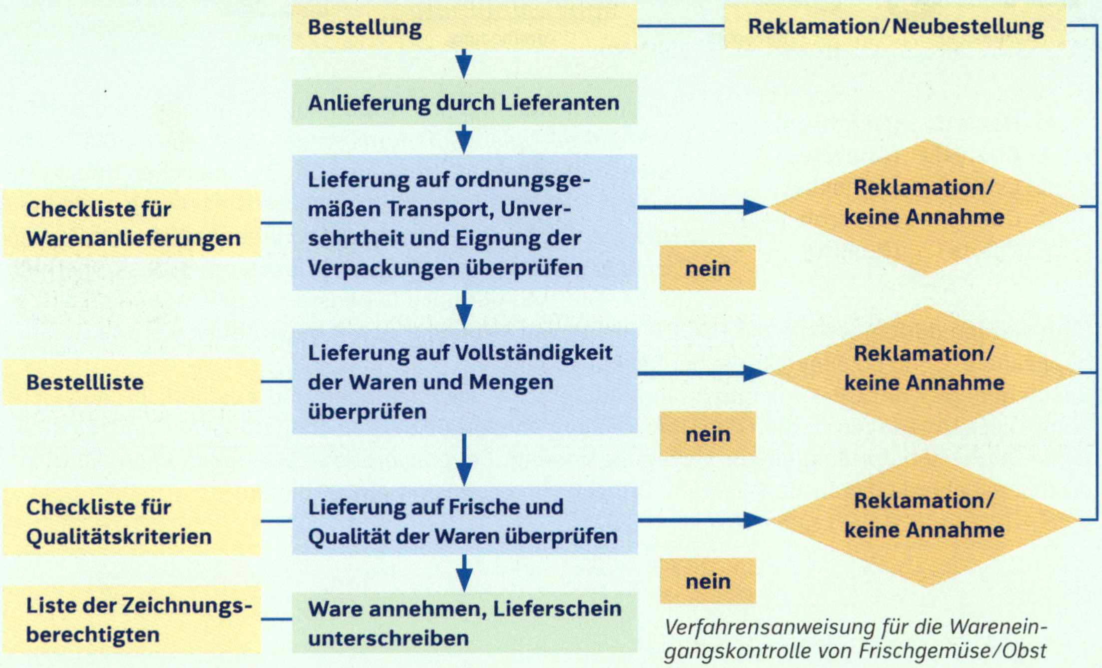

Verfahrensanweisung für die Wareneingangskontrolle von Frischgemüse/Obst

Zertifizierung

Eine offizielle Anerkennung des eingeführten Qualitätsmanagementsystems erfordert eine Zertifizierung durch ein unabhängiges, externes Prüfungsinstitut (z. B. TÜV). Es kontrolliert in einem sogenannten Audit die getroffenen Maßnahmen auf Übereinstimmung mit dem gewählten Qualitätsmanagementsystem und verleiht für einen festgeschriebenen Zeitrahmen das Qualitätszertifikat. Nach Ablauf dieser Frist wird die erneute Überprüfung notwendig. Eine zertifizierte Einrichtung verspricht sich einen Wettbewerbsvorteil gegenüber anderen Einrichtungen (Konkurrenz) und kann dies für ihre Kundenwerbung nutzen.

5.2 HACCP

Ein Bestandteil im Qualitätsmanagementkonzept ist die Einführung des *HACCP*-Systems, dessen Ziel das Erreichen eines optimalen Standards in der *Hygiene* ist.
Von Lebensmitteln können gesundheitliche Gefahren (Mikroorganismen, siehe Seite 306; Schadstoffe) ausgehen, erst recht, wenn der einzelne Verbraucher es nicht „in der Hand hat", unter welchen Umständen er ein Lebensmittel als Speise auf dem Teller erhält. Gesetzlich geregelte Vorschriften zielen deshalb darauf ab, Lebensmittel von der Produktion bis zum Verzehr zu kontrollieren.
Im September 2005 wurde das bis dahin geltende Lebensmittel- und Bedarfsgegenständegesetz (LMBG) durch das Lebensmittel- und Futtermittelgesetzbuch (LFGB) abgelöst.
Grundsätzlich gilt, dass keine Lebensmittel oder Speisen in den Verkehr gebracht werden dürfen, die:
- gesundheitsschädlich oder nicht zum Verzehr geeignet sind.
- als wertgeminderte Lebensmittel ausgezeichnet sind.
- zur Täuschung geeignet sind.

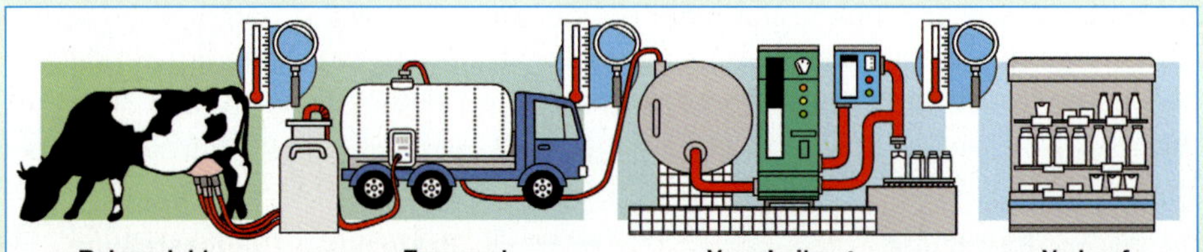

H	**Hazard**	**(Gefahren)**
A	**Analysis**	**(Analyse)**
C	**Critical**	**(kritischer)**
C	**Control**	**(Kontroll-)**
P	**Points**	**(Punkte)**

Alle Unternehmen, die mit Lebensmitteln arbeiten, müssen für erstklassige *Hygienestandards* sorgen. Seit Januar 2006 ist die Lebensmittelhygieneverordnung der Europäischen Union verbindlich. Die Verordnung sieht auch die Umsetzung eines Systems vor, das die Rückverfolgbarkeit jedes Lebensmittels zum Erzeuger gewährleistet. Folge des Gesetzes ist, dass innerhalb der EU-Grenzen nur noch Lebensmittel gehandelt und eingeführt werden dürfen, welche die HACCP-Richtlinien erfüllen. HACCP bedeutet so viel wie Gefährdungsanalyse und Erkennen kritischer Lenkungspunkte.
Bestandteil des HACCP-Konzepts ist eine lückenlose *Dokumentation* und ausführliche Aufzeichnung. Diese Unterlagen werden den Überwachungsbehörden bei den obligatorischen und regelmäßigen Betriebsüberprüfungen zur Verfügung gestellt. Bei gravierenden Verstößen kann die Überwachungsbehörde das In-den-Verkehr-Bringen von Lebensmitteln verbieten.

Die 7 Stufen zur Lebensmittelsicherheit

1. Gefahrenanalyse im Produktionsablauf
Der erste und wichtigste Schritt ist es, Gefahren zu erkennen. Welche Gefahren gibt es auf sämtlichen Stufen der Erzeugung eines Lebensmittels bis zum Verzehr? Dabei gilt es auch, abzuschätzen, wie hoch das Gefährdungspotenzial jeweils ist und welche vorbeugenden Maßnahmen getroffen werden können.

↓

2. Lenkungspunkte definieren
Im nächsten Schritt werden Eckdaten festgelegt, um besondere Risiken durch geeignete Maßnahmen auszuschalten. Es wird z. B. geklärt, auf welche Lebensmittel ganz verzichtet werden soll (z. B. Rohei). Grundsätzlich sollte der gesamte Herstellungsprozess durch die Faktoren Zeit (kurze Fristen) und Temperatur (Kühlung) gelenkt werden.

↓

3. Festlegen von Grenzwerten
Grenzwerte beziehen sich auf die Faktoren Zeit und Temperatur. Im Betrieb existieren Vorgaben zu Lagertemperatur, Lagerdauer, Gartemperatur, Warmhaltezeiten, Ausgabetemperatur und Spültemperatur. Dazu werden Soll-Werte festgelegt, die nicht unter- bzw. überschritten werden.

↓

4. Überwachung
Die Temperaturen sind in regelmäßigen Abständen zu kontrollieren. Sichtkontrollen sind jederzeit durchzuführen.

↓

5. Korrekturmaßnahmen
Wird ein Grenzwert überschritten, werden umgehend Korrekturmaßnahmen eingeleitet.

↓

6. Verifikation/regelmäßige Kontrollen zu eingeleiteten Maßnahmen
In der Stufe 6 wird ein verzehrfertiges Produkt auf seine Qualität getestet oder durch eine *Rückstellprobe* für einen kurzen Zeitraum aufbewahrt. Kommt es z. B. zu Beschwerden oder gar Erkrankungen, die auf den Verzehr zurückzuführen sein könnten, kann die Rückstellprobe analysiert und der Verdacht bestätigt oder ausgeräumt werden. Der Betrieb hat damit ein Beweismittel, ob eine Gesundheitsgefährdung von seinem Produkt ausgegangen ist.

↓

7. Dokumentation
Eine Dokumentation, die Aufschluss über die Einhaltung aller Richtlinien und Anforderungen gibt, ist Pflicht. Das heißt, vom Wareneingang bis zur Ausgabe wird jede Maßnahme dokumentiert.

Das HACCP-Konzept und Hygieneverordnungen regeln nicht ausschließlich den ordnungsgemäßen Umgang mit Lebensmitteln. Sie finden auch ihre Umsetzung bei anderen hauswirtschaftlichen Tätigkeiten, die ein Hygienerisiko bergen, etwa der Reinigung von Wäsche und Räumen. Beim Umgang mit Wäsche sollte zum Beispiel nur gemangelte, separat verpackte Küchenwäsche (Geschirrtücher, Spültücher) zurück in die Küche gebracht werden. Grundsätzlich werden in Wäschereien unreine und reine Arbeitsbereiche strikt voneinander getrennt. Festgeschrieben sind auch Regeln, in welchem Turnus gewechselt werden muss oder welche Schutzkleidung für besondere Aufgaben (z. B. Speisenausgabe) anzulegen ist.

6 Digitalisierung in der Hauswirtschaft

6.1 Einzug der digitalen Technik

Die Nutzung digitaler Technik ist in allen Bereichen unseres Alltags nicht mehr wegzudenken. Das betrifft nicht nur den Einsatz von digitaler Technik im Berufsalltag, sondern auch die Verwendung digitaler Geräte in der Freizeit. Insbesondere das digitale Bildmaterial wie Fotos und Videos auf unseren Computern, Smartphones und Tablets hat sich in den letzten Jahrzenten vervielfacht und verbreitet sich weiter rasant. Digitale Technik ermöglicht uns in verschiedensten Bereichen neuen Komfort:

Beispiel:

Ein Papierfoto verliert über die Jahrzehnte seine Qualität und muss bei Weitergabe durch den Menschen transportiert werden.

Digitalfotos werden in unzähliger Menge zu gleichbleibender Qualität durch digitale Geräte im Internet blitzschnell verbreitet. Auch wenn ein Bild gelöscht wird, kann es noch auf vielen Rechnern und Servern gespeichert sein.

Bereits Kleinkinder verwenden digitale Medien wie selbstverständlich. Die meisten Erwachsenen lassen sich von einem digitalen Navigationsgerät vertrauensvoll von einem zum anderen Ort leiten. Auch die Kontaktpflege zu Freunden in der Ferne oder der Welthandel findet schnell und unkompliziert im digitalen Netz rund um den Globus statt. Eine weitere Entwicklung ist die „künstliche Intelligenz“. Hierbei werden mithilfe von Computertechnologien statistische Entscheidungsstrukturen von Lebewesen nachgeahmt und nachgebildet, sodass ein Roboter daraufhin eigenständig diese Aufgabe durchführen kann.

Aber was bedeutet der Begriff überhaupt und welche Vorteile eröffnen sich? Das deutsche Wort „digital“ leitet sich vom englischen Wort *„digit“* ab, was ursprünglich „(zum Zählen benutzter) Finger“ (lat. *digitus* = Finger, Zehe) bedeutet. Übernommen für die heutige Verwendung des Wortes wurde seine Bedeutung „Ziffer“ oder „Stelle“.
Als „digital“ werden heute demnach Signale oder Daten bezeichnet, die in Ziffern dargestellt sind. Die Darstellung erfolgt dabei mit einer begrenzten Anzahl von Ziffern und in Schritten, d. h. – im Gegensatz zur analogen Darstellung – nicht stufenlos, nicht kontinuierlich. Verständlich wird dieser Unterschied, wenn man das Beispiel einer analogen und einer digitalen Uhr betrachtet.

Beispiel:

Die analoge Uhr liefert uns beim Betrachten mehrere Informationen. Die Zeiger bewegen sich zwischen zwei Zahlen. Das Signal, also die Angabe der Uhrzeit, ist hier stufenlos und gibt uns beim Betrachten mehrere Informationen.

Die digitale Uhr liefert uns beim Ablesen eine genaue Uhrzeitangabe durch Zahlen. Wir können hier eine eindeutige Information erkennen. Die Uhr zeigt keine Zwischenschritte an, nur Stunden und Sekunden.

Eine digitale Information wird somit durch Ziffern beschrieben, die eindeutig und klar erkennbar sind. Dies hat den Vorteil, dass Informationen exakt berechnet, gelesen, verarbeitet, gespeichert und wieder abgerufen werden können. Diese Arbeit übernimmt nicht der Mensch, sondern der Computer mit all seinen Bauteilen wie Prozessoren, Arbeitsspeicher, Festplatten, Sound- oder Grafikkarten.

6.2 Einsatzmöglichkeiten

Der Einsatz von digitaler Technik ist auch in der Hauswirtschaft zum normalen, zeitgemäßen Standard geworden. In hauswirtschaftlichen Betrieben werden zum Beispiel Dienst- oder Arbeitspläne, Kostenberechnungen und Kalkulationen sowie Lagerbestandserfassungen und Bestellungen digital durchgeführt. Hierbei kommt entsprechende Hard- und Software zum Einsatz, die auch verschiedene Betriebe eines Einrichtungsträgers praktisch miteinander vernetzen können. Auch die Nutzung von unterschiedlichen Apps auf digitalen Endgeräten, bringen zum Beispiel im Reinigungs-, Hygiene- oder Belegungsmanagement enorme Erleichterungen.

Beispiel: Bei der Erstellung von Speise- oder Menüplänen ist die Auswahl an Software vielfältig. Sie wird in Einrichtungen wie Krankenhäusern, Seniorenheimen, Reha-Kliniken, Betriebskantinen oder Kindertagesstätten erfolgreich genutzt.
Durch entsprechende Funktionen im Programm lassen sich Nahrungsmitteln aus der Nährwerttabelle oder Lagerartikel (z. B. Convenience-Produkten) zu Tagesplänen, Wochenspeisepläne sowie personalisierte Sonderkostpläne oder Ernährungsempfehlungen zusammenstellen. Durch die Auswahl bestimmter Kalenderwochen oder Wochentagen, lassen sich Preis- oder Saisonangebote einarbeiten. Speisenkomponenten können nach einem bestimmten Turnus zusammengestellt und wiederholt werden.

Gleichzeitig kann die verantwortliche Fachkraft durch ein paar Mausklicks zusätzliche Informationen in den entsprechenden Plan einfügen. Hierzu zählen zum Beispiel die Angaben zu enthaltenen Allergenen, Zusatzstoffen, E-Nummern oder auch die Nährwertangaben „Big Seven". Selbst erstellte Fotos oder Bilder aus einem vorgegebenen Pool können den Speisenplan optisch bereichern. Durch das Anwählen der zu verpflegenden Personenzahl oder der Portionsgröße kann leicht eine Mengen- und Kostenkalkulation der Speisenkomponenten erzielt werden. Kostenintensivere Menüs werden mit günstigeren Speisenzusammenstellungen ausgeglichen, sodass das Budget effektiv ausgenutzt werden kann.

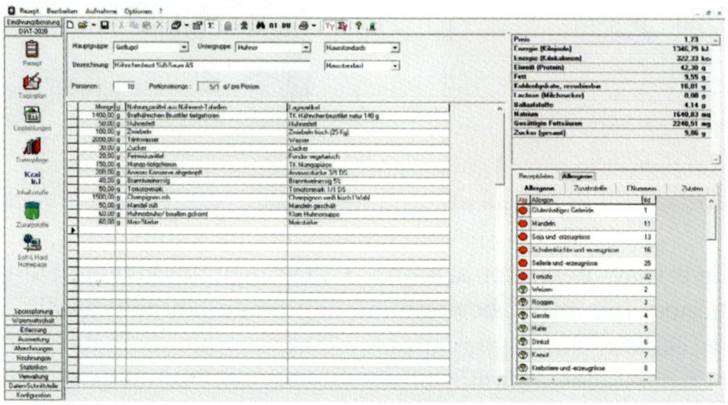

6.3 Abwägung von Vor- und Nachteilen

Fachkräfte im Berufsfeld „Hauswirtschaft" können beispielhaft durch ihr Verbrauchsverhalten und ihre Kaufentscheidungen die Entwicklung der digitalen Technik lenken. Digitale Technik ist dann sinnvoll und gut eingesetzt, wenn sie als unterstützendes Werkzeug verantwortungsvoll genutzt und immer wieder reflektiert betrachtet wird. Durch sorgfältiges Abwägen zwischen Arbeitserleichterung, Fortschritt und Faszination für den aktuellen Zeitgeist, darf nicht der Mensch mit seinen Bedürfnissen verloren gehen. Auch begründete Ängste und Unsicherheiten vor Rationalisierungsmaßnahmen oder Überwachungsmöglichkeiten müssen bedacht und ernst genommen werden.

Veränderungen und Arbeitserleichterung

Leicht zu reinigenden digitale Touch-Funktionen verdrängen immer mehr Druck- und Drehschalter. Anzeigefelder sind übersichtlich mit selbsterklärenden Symbolen für eine leichte Handhabung ausgestattet.

An Kombigargeräten kann die Kerntemperatur und die Warmhaltezeiten von Speisen digital erfasst und per Kabel oder Funk auf ein mobiles Endgerät übertragen, zusammengeführt und gespeichert werden. Diese Funktion ist auch zur Dokumentation von Temperaturen und Temperaturverläufen an Kühl- oder Tiefkühleinrichtungen und auch an Waschmaschinen angebracht. Diese Beispiele aus der Berufspraxis bringen eine zeitliche Arbeitserleichterung bei der Büroarbeit und tragen gleichzeitig den Anforderungen des HACCP-Konzeptes Rechnung. Alles kann jederzeit abgerufen werden, ohne dass viel Papier durchgesehen und gelagert werden muss.
Zur Überprüfung und zur Reglung von Raumtemperaturen und Raumluftzufuhr in Tagungs-oder Gemeinschaftsräumen sorgt ein digitales Home-System, ein Fingerdruck auf das Display eines Tablets oder Smartphones erspart den Gang ans Fenster oder das Thermostatventil.
Der Saugroboter nimmt leise und ausdauernd die Arbeit auf, wenn keine Gäste oder Bewohner mehr durch den Eingangsbereich oder die Flure gehen. Der Roboter wird nicht krank und muss lediglich durch kostenintensives Personal gereinigt und gewartet werde.

Überwachung von Arbeitszeiten

Um eine genaue Zeiterfassung von Arbeitsprozessen wie zum Beispiel in der Hausreinigung zu erhalten, besteht die Möglichkeit, Mitarbeiter mit Transponder auszustatten. Durch die Datenerhebung, wann, wer, wie lange und wo eine Tätigkeit ausführt, kann ein Ablaufprozess optimiert und somit wirtschaftlicher gestaltet werden (= Vorteile für den Betrieb).
Zu bedenken ist auf der anderen Seite, welche Bedeutung dies für Mitarbeiterinnen und Mitarbeiter hat, die somit unter ständiger Beobachtung stehen. Kann man es sich erlauben, einen Toilettengang zu tätigen oder mit Bewohnern ein persönliches Wort zu wechseln? Ist der Mensch tagtäglich zu gleicher Leistung fähig? Werden Menschen wegrationalisiert, wenn sie nicht effektiv genug arbeiten?

6.4 Datenschutz und Datensicherheit

Moderne Geräte bieten dem Nutzer vielfältige Funktionen. Daher werden seit den letzten Jahrzehnten immer mehr Daten und somit vielfältige Informationen versendet. Dies geschieht in kürzester Zeit rund um den Globus. Dabei werden die Daten von den Firmen wie zum Beispiel sozialen Netzwerken oder Internetanbietern nicht nur verwaltet, sondern auch miteinander verknüpft. Der Nutzer kann durch versehentliche Datenpannen oder vorsätzlichem Datenraub geschädigt werden. Dieser Schaden kann private Personen oder ganze Industriekonzerne betreffen. Der Mensch wird somit immer gläserner und im schlimmsten Falle kommerziell oder politisch manipulierbar. Daher ist es wichtig, sich mit den Themen wie Datenschutz und Datensicherheit zu beschäftigen. Gesetze geben einen Rahmen, um Ansätze in Theorie und Praxis umzusetzen. Daher ist es in einer Einrichtung unerlässlich, sich von einem zertifizierten Fachmann zur eigenen Sicherheit beraten und unterstützen zu lassen.

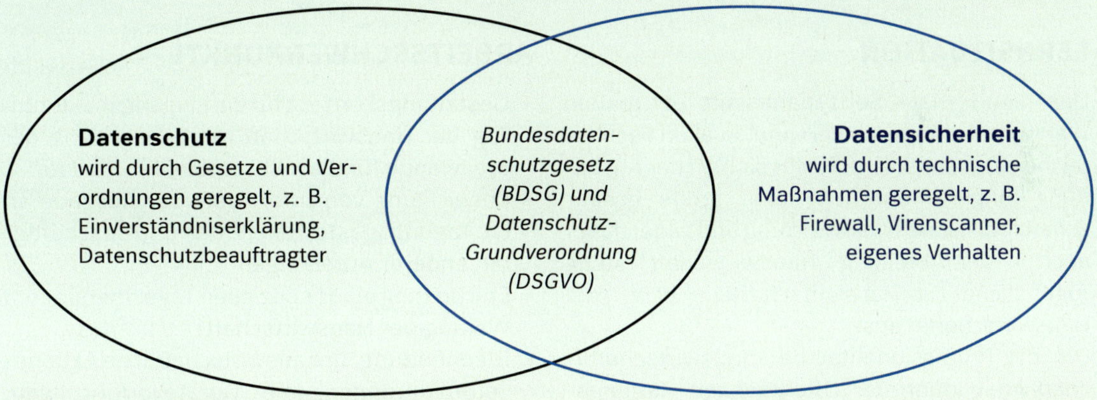

AUFGABEN

LERNFELD 1

1. Recherchieren Sie, welche App-Angebote für die Dokumentation von HACCP-relevanten Daten auf dem Markt zu finden sind. Dokumentieren Sie die Funktionen, die diese Apps zusichern. Begründen Sie, für welche App Sie sich für Ihren Betrieb entscheiden würden.
2. Diskutieren Sie in Kleingruppen, welche Vor- und Nachteile sich daraus ergeben, wenn ein mobiler Roboter die Betreuungsleistung in einem Speisesaal übernimmt. Betrachten Sie diese Situation einmal aus der Perspektive der Bewohner und einmal aus Sicht der Mitarbeiter.
3. Erstellen Sie für Ihren Ausbildungsbetrieb einen Merkzettel, wie Sie aus gesetzlicher Sicht bei der Verwaltung von personenbezogenen Daten von Gästen vorgehen.
4. Recherchieren Sie im Internet, wie Sie mit den Daten auf einem Dienstplan und mit den Daten in einem Newsletter laut Datenschutzbestimmung umgehen. Erstellen Sie hierzu ein zweiminütiges Erklär-Video.

BERUF UND BETRIEB PRÄSENTIEREN

LERNSITUATION

Das Tagungshaus Sebastianusstift legt großen Wert auf qualifiziertes Personal in allen Fachbereichen. Der christliche Träger sieht in der Ausbildung junger Menschen seine große gesellschaftspolitische Verantwortung und bildet daher auch in der Abteilung „Hauswirtschaft" stetig Jugendliche zur Hauswirtschafterin bzw. zum Hauswirtschafter aus.
Um die Professionalität der hauswirtschaftlichen Ausbildung der Öffentlichkeit (Tagungsgäste, Referenten und Beschäftigte des Hauses) vorzustellen, möchten die Einrichtungsleitung und die Abteilungsleitung Hauswirtschaft den internationalen Tag der Hauswirtschaft am 21. März als Plattform nutzen.

Die Auszubildenden werden beauftragt, ein Konzept für einen Aktionstag zum Welttag der Hauswirtschaft zu entwickeln. Dabei soll der Schwerpunkt auf Informationen über die vielseitige Ausbildung in der Hauswirtschaft liegen. Als Örtlichkeit steht das Eingangsfoyer mit den vorhandenen Stellwänden zur Verfügung. Es kann aber auch eine direkte Ansprache der Tagungsgäste, Referenten und internen Mitarbeiter über unterschiedliche Aktionen erfolgen.

ARBEITSSCHWERPUNKTE

- Gestaltungskonzept für die Eingangshalle zum Tag der Hauswirtschaft mit Verwendung der Stellwände für die selbst erstellten Plakate
- Entwicklung von Info-Flyern zur Ausgabe an die Tagungsgäste, Referenten und Beschäftigten anderer Abteilungen
- Erarbeitung eines speziellen Tagesmenüs zum Welttag der Hauswirtschaft
- Ideenfindung für hauswirtschaftliche Aktionsveranstaltungen wie Gerätevorführungen, Schau-Kochen oder Ausstellungen
- Inszenierung eines kurzen Theaterstückes (Sketch) zur Hauswirtschaft damals und heute
- Dreh eines Videofilms über die professionelle Hauswirtschaft in der Einrichtung
- Vorstellung der Berufe in der Hauswirtschaft mit deren Ausbildungswegen mittels einer digitaler Präsentationssoftware

	KOMPETENZCHECK	✓
1.	*Ich kenne die Anforderungen für eine Ausbildung zum/zur Hauswirtschafter/-in.*	❑
2.	*Ich weiß, was das Berufsbild beinhaltet und welche Teilbereiche und Tätigkeitsschwerpunkte es gibt.*	❑
3.	*Ich bin über die Möglichkeiten für die Ausbildung zum/zur Hauswirtschafter/-in informiert.*	❑
4.	*Ich kenne meinen Betrieb mit seinen Schwerpunkten und kann mich in die Struktur seiner Organisation einordnen.*	❑
5.	*Ich bin über die Ziele und das Leitbild meines Betriebes informiert und kann daraus Schlüsse auf mein Handeln ziehen.*	❑
6.	*Ich kenne die Datenschutzbestimmungen meines Betriebes und trage Verantwortung dafür.*	❑
7.	*Ich bin über das duale Ausbildungssystem informiert.*	❑
8.	*Ich kenne die Inhalte meines Ausbildungsvertrages.*	❑
9.	*Ich weiß um meine Rechte und Pflichten als Auszubildende/-r.*	❑
10.	*Ich bin über den Verlauf der Prüfungen in meiner Ausbildung informiert.*	❑
11.	*Ich kenne die Fort- und Weiterbildungsmöglichkeiten in meinem Berufsfeld.*	❑
12.	*Ich weiß, welche Verbände und Organisationen die Interessen der Fachkräfte im Berufsfeld „Hauswirtschaft" vertreten.*	❑
13.	*Ich kenne geeignete Präsentationsmethoden, um meinen Ausbildungsberuf anschaulich darzustellen.*	❑
14.	*Ich kann geeignete Methoden anwenden, um meine Planungen und Präsentationen auszuwerten und zu reflektieren.*	❑
15.	*Ich kann meinen Ausbildungsbetrieb vor anderen Menschen vorstellen und präsentieren.*	❑

Das Berufsfeld „Hauswirtschaft" erfordert ein hohes Fachwissen, denn angehende Fachkräfte arbeiten in einem Wirtschaftsbetrieb mit unterschiedlichen Teilbereichen. Dort wird in der Regel mit einem hohen finanziellen Einsatz „gewirtschaftet". Das heißt: Mit einem genau kalkulierten Aufwand sollen die erbrachten Dienstleistungen einen optimalen Gewinn erzielen. All dies findet in direktem Kontakt zum Bewohner, Gast oder Patienten statt. Hauswirtschafter sind mit den Diensten, die sie leisten, an deren Lebensqualität und Wohlbefinden maßgeblich beteiligt und müssen mit guten sozialen und kommunikativen Fähigkeiten ausgestattet sein.

Mit seinen vielfältigen Anforderungen gestaltet sich jeder Tag im Betrieb anders und erfordert oft neue Wege. Die Voraussetzung für einen derart abwechslungsreichen Arbeitsalltag ist Handlungskompetenz. Das bedeutet, man muss in der Lage sein, für neue, veränderte Situationen individuelle, angemessene Lösungen zu finden. Wer dieses Ziel und diese Anforderungen erreicht, besitzt das richtige Rüstzeug zu einer erfolgreichen und engagierten Berufstätigkeit im Berufsfeld „Hauswirtschaft".

1.1 Die Hauswirtschafterin, der Hauswirtschafter

Staatlich anerkannte Hauswirtschafter/-innen sind in der Regel in hauswirtschaftlichen Versorgungsbetrieben als Fachkräfte mitverantwortlich beschäftigt. Sie können Arbeiten in den einzelnen hauswirtschaftlichen Abteilungen selbstständig ausführen, beispielsweise im Küchenbereich oder Service, in der Wäscherei oder Hausreinigung.
Nicht selten sind sie im Wohnbereich oder auf den Stationen von Senioren- und Behinderteneinrichtungen eingesetzt und bilden so die Nahtstelle zwischen der Pflege und der hauswirtschaftlichen Abteilung. Als *Präsenzkräfte* mit entsprechender Spezialisierung übernehmen sie dort unter anderem auch die Versorgung und Betreuung von *demenziell* veränderten Menschen.
In Lebensmittel verarbeitenden Betrieben vermarkten und präsentieren sie firmenspezifische Produkte, sie beraten Kunden und Interessenten.
Auch im Privathaushalt, im Ausland als *Au-pair,* oder im landwirtschaftlichen Betrieb sind hauswirtschaftliche Fachkräfte für eine reibungslose hauswirtschaftliche Organisation verantwortlich.

1.1.1 Grundvoraussetzungen

Wer sich für eine Berufsausbildung zum/zur Hauswirtschafter/-in entscheidet, muss einige Grundvoraussetzungen erfüllen:
- Die schulische Basis ist der Hauptschulabschluss oder die Berufsreife, auf deren Niveau die Rahmenlehrpläne aufbauen.
- Ein weiterer Weg vor der betrieblichen Ausbildung ist der Besuch einer Berufsfachschule. Der erfolgreiche Abschluss berechtigt zu einer bis zu einjährigen Ausbildungsverkürzung.

1.1.2 Anforderungsprofil

Um den vielfältigen Anforderungen des Berufes gewachsen zu sein, braucht ein Jugendlicher aber auch Ausbildungsreife und andere Voraussetzungen:

Ausbildungsreife	Persönliche Voraussetzungen	Soziale Voraussetzungen	Kommunikative Voraussetzungen
• Lernbereitschaft • Leistungsfähigkeit • Auffassungsgabe • Motivation • Konzentrationsvermögen • Ausdauer	• körperliche Belastbarkeit • Geschicklichkeit • Verantwortungsbewusstsein • positive Lebenseinstellung • Kreativität	• Bereitschaft zur Zusammenarbeit • Einfühlungsvermögen • Hilfsbereitschaft • Konfliktfähigkeit • Kritikfähigkeit	• Kontaktfreudigkeit • mündliches und schriftliches Ausdrucksvermögen • zuhören können

AUFGABE

Stellen Sie mithilfe eines Plakats Ihren Ausbildungsbetrieb vor. Verdeutlichen Sie dabei die Zielsetzung Ihres Betriebes und die Stellung der Hauswirtschaft innerhalb der Einrichtung.

1.2 Die Ausbildung

Die Ausbildung in der Hauswirtschaft soll praxisnah auf die zukünftigen Tätigkeiten in Groß- oder Privathaushalten vorbereiten.

- Als Großhaushalt bezeichnet man einen Betrieb, in dem größere Personengruppen versorgt werden.
- Dagegen leben und wirtschaften in einem Privathaushalt Menschen miteinander, die in einer persönlichen Beziehung (meist familiäre Bindungen) zueinander stehen.

1.2.1 Die betriebliche Ausbildung

Der klassische Weg zum Beruf führt über eine Ausbildung in einem Ausbildungsbetrieb. Hierbei kann es sich um einen hauswirtschaftlichen Großbetrieb, einen Privat- bzw. Familienhaushalt oder einen landwirtschaftlichen Betrieb (meist ein größerer Familienhaushalt mit Garten- oder Hofladenbewirtschaftung) handeln.
Allen Ausbildungsbetrieben ist die staatliche Anerkennung als Ausbildungsbetrieb und das Vorhandensein eines geeigneten Ausbilders gemeinsam.

1.2.2 Die Struktur der Ausbildung im Ausbildungsrahmenplan

Der Ausbildungsrahmenplan gibt eine verbindliche Anleitung für eine zeitliche und sachliche Gliederung aller zu erlernenden Fertigkeiten, Kenntnisse und Fähigkeiten. Er ordnet die zu vermittelnden Inhalte in folgende Bereiche:

Vermittlung von schwerpunktübergreifenden berufsprofilgebenden Fertigkeiten, Kenntnisse und Fähigkeiten:

Das heißt, diese Inhalte sind unabhängig von der Art des Ausbildungsbetriebes und deren Schwerpunkte zu vermitteln. So erlernt die/der Auszubildende im Altenheim ebenso wie die/der Auszubildende im Tagungshaus:

- den Bedarf an hauswirtschaftlicher Betreuung passgenau zu ermitteln und erbringen
- den Bedarf an hauswirtschaftlicher Versorgung mit Speisen und Getränken, die Reinigung, Pflege und Gestaltung von Räumen oder den Einsatz, Reinigung und Pflege von Textilien passgenau zu ermitteln und erbringen
- Arbeitsprozesse zu planen, durchzuführen und zu bewerten
- die notwendigen Gebrauchs- und Verbrauchsgüter zu beschaffen, lagern und einzusetzen
- Produkte und Dienstleistungen zu kalkulieren, erstellen und vermarkten
- die Qualität und Hygiene sicherzustellen
- im Team zu arbeiten, Personen anzuleiten und bei der Planung des Personaleinsatzes mitzuwirken, sowie mit Mitarbeitern aus angrenzenden Abteilungen zu kooperieren

Erlernen von Fertigkeiten, Kenntnissen und Fähigkeiten in den Schwerpunkten:

- Personenbetreuende Dienstleistungen
- Serviceorientierte Dienstleistungen
- Ländliche-agrarisch Dienstleistungen

Diese Schwerpunkte in der zweiten Hälfte der Ausbildung werden durch den jeweiligen Ausbildungsbetrieb und seine Ausrichtung vorgegeben. So stehen die personenbetreuenden Dienstleistungen zum Beispiel im Altenheim für die Kerntätigkeit, während in einer Kantine oder Mensa die Serviceleistungen im Vordergrund stehen. Wer auf einem Bauernhof mit Hofladen und Ferienwohnungen ausgebildet wird, konzentriert sich auf das Erbringen der dort typischen Dienstleistungen für die Kunden und Gäste. Der gewählte Schwerpunkt findet auch später in einem Teil der Abschlussprüfung Berücksichtigung.

Vermittlung von übergreifenden, in den Betriebsalltag eingebundenen Fertigkeiten, Kenntnisse und Fähigkeiten, wie zum Beispiel:

- Berufsbildung, sowie Arbeits- und Tarifrecht
- Aufbau und Organisation des Ausbildungsbetriebes
- Sicherheit und Gesundheitsschutz bei der Arbeit
- Umweltschutz
- Digitalisierung der Arbeit und Datenschutz/Datensicherheit.

1.2.3 Die Verbundausbildung

Da nicht in jedem Betrieb eine Ausbildung in allen Tätigkeitsbereichen der Hauswirtschaft möglich ist, kann sich ein Ausbildungsbetrieb mit einem Verbundpartner zusammenschließen. Sofern beispielsweise im eigentlichen Ausbildungsbetrieb die Dienstleistung „Textilpflege" nicht selbst geleistet wird, können bei einer solchen Verbundausbildung die hauswirtschaftlichen Auszubildenden diesen Teil der Ausbildung in einer Wäscherei absolvieren.

1.2.4 Weitere Ausbildungswege

Ein schulischer Weg zum/zur Hauswirtschafter/-in führt zum Beispiel in Rheinland-Pfalz mit der Eingangsvoraussetzung des Sekundarabschlusses I über die höhere Berufsfachschule mit der Fachrichtung Hauswirtschaft. Dieser zweijährige Bildungsgang an einer berufsbildenden Schule beinhaltet mehrere verpflichtende Praktika in hauswirtschaftlichen Betrieben und schließt mit der er-

folgreichen Prüfung zum Abschluss der/des „staatlich geprüfte/-n Hauswirtschaftsassistentin/-en" und der erworbenen Fachhochschulreife ab. Die Schüler haben zum Ende dieses Bildungsganges die Möglichkeit, an der regulären Abschlussprüfung zum/zur „staatlich geprüfte/-n Hauswirtschafter/-in" teilzunehmen (§ 43, Abs. 2 Berufsbildungsgesetz).
Eine weitere Möglichkeit eröffnet die Zulassung zur Abschlussprüfung, sofern der Nachweis einer mehrjährigen Tätigkeit im hauswirtschaftlichen Berufsfeld erbracht werden kann (§ 45, Abs. 2 Berufsbildungsgesetz). Eine Teilnahme an einem Lehrgang zur Vorbereitung auf die Abschlussprüfung ist dabei empfehlenswert.

1.3 Der Betrieb und seine Leistungsangebote

Der Fokus der Hauswirtschaft liegt immer auf dem Menschen, der zu versorgen und gegebenenfalls zu betreuen ist – und dies in allen Altersstufen und Lebenssituationen. Beginnend im privaten Familienhaushalt als kleinste Einheit vergrößert sich der zu versorgende Personenkreis.
Das sind zum Beispiel Wohngemeinschaften für Menschen mit Hilfebedarf bis hin zu Gemeinschaftseinrichtungen wie Kinder- oder Jugendheime, Behindertenwohnheime oder Seniorenheime. Hier werden die Bewohner dauerhaft und umfassend mit hauswirtschaftlichen Leistungen versorgt. Dies bestimmt in hohem Maße die Gesundheit und Lebensqualität der Bewohner.
Ebenso gibt es Einrichtungen, die Angebote für bestimmte Lebenssituationen bieten, so zum Beispiel Krankenhäuser, Rehabilitationskliniken oder Kindertagestätten, Ganztagsschulen, Internate. Die Versorgung ist hier auf einen begrenzten Zeitraum und Umfang ausgerichtet.
In einer Kantine, Mensa, Cafeteria oder dem Bauernhof mit Hofladen werden der Kundschaft nur bestimmte Produkte angeboten. Das trifft auch auf Dienstleistungen zu, wie zum Beispiel die hauswirtschaftlichen Angebote eines ambulanten Pflegedienstes oder von privaten Anbietern für haushaltsnahe Dienstleistungen.
Im Bereich des Gastgewerbes bieten Betriebe wie Jugendherbergen oder Ferienpensionen den Gästen ihre Dienstleistungen an.
Das Berufsfeld „Hauswirtschaft" erfordert ein hohes Fachwissen, denn angehende Fachkräfte arbeiten in einem Wirtschaftsbetrieb mit unterschiedlichen Teilbereichen. Dort wird in der Regel mit einem hohen finanziellen Einsatz „gewirtschaftet". Das heißt: Mit einem genau kalkulierten Aufwand sollen die erbrachten Dienstleistungen einen optimalen Gewinn erzielen.

1.3.1 Organisation eines Betriebes

Wer in einem Betrieb eine Ausbildung beginnt, sollte seinen neuen Arbeitgeber gut kennen. Das sind nicht nur der oder die Ausbildenden und das Team in der Abteilung, sondern umfasst meist eine größere Organisation.
Über der einzelnen Einrichtung steht in der Regel ein Träger als übergeordneter Verantwortlicher. Das kann eine Privatperson als Inhaber sein, wie zum Beispiel der Bauernhofbesitzer oder der Kantinenpächter. Eine Gruppe von Menschen kann aber auch für einen bestimmten Zweck eine Trägergemeinschaft bilden, zum Beispiel als Stiftung oder gemeinnütziger Verein, um eine oder mehrere Einrichtungen zu betreiben.
Große, komplexe Institutionen wie Kommunen (Stadt, Landkreis, Land) oder Wohlfahrtsverbände (ASB, AWO, Caritas, DRK, Paritätischer Wohlfahrtsverband und andere) sind sehr häufig die Träger von einer ganzen Reihe von Einrichtungen wie etwa Krankenhäuser oder Altenheime.
Um einen schnellen Überblick über den Aufbau des Betriebes zu bekommen, ist ein sogenanntes *Organigramm* sehr hilfreich. In diesem sind alle Funktions- und Teilbereiche der Einrichtung in einer Hierarchie (Rangordnung) dargestellt. Es gibt den Mitarbeiterinnen und Mitarbeitern wichtige Informationen, wer ihre Vorgesetzten sind oder welche Personen für bestimmte Bereiche innerhalb des Betriebes verantwortlich sind. Ebenso ist die Einordnung der eigenen Abteilung in das Gesamtgefüge des Unternehmens erkennbar.

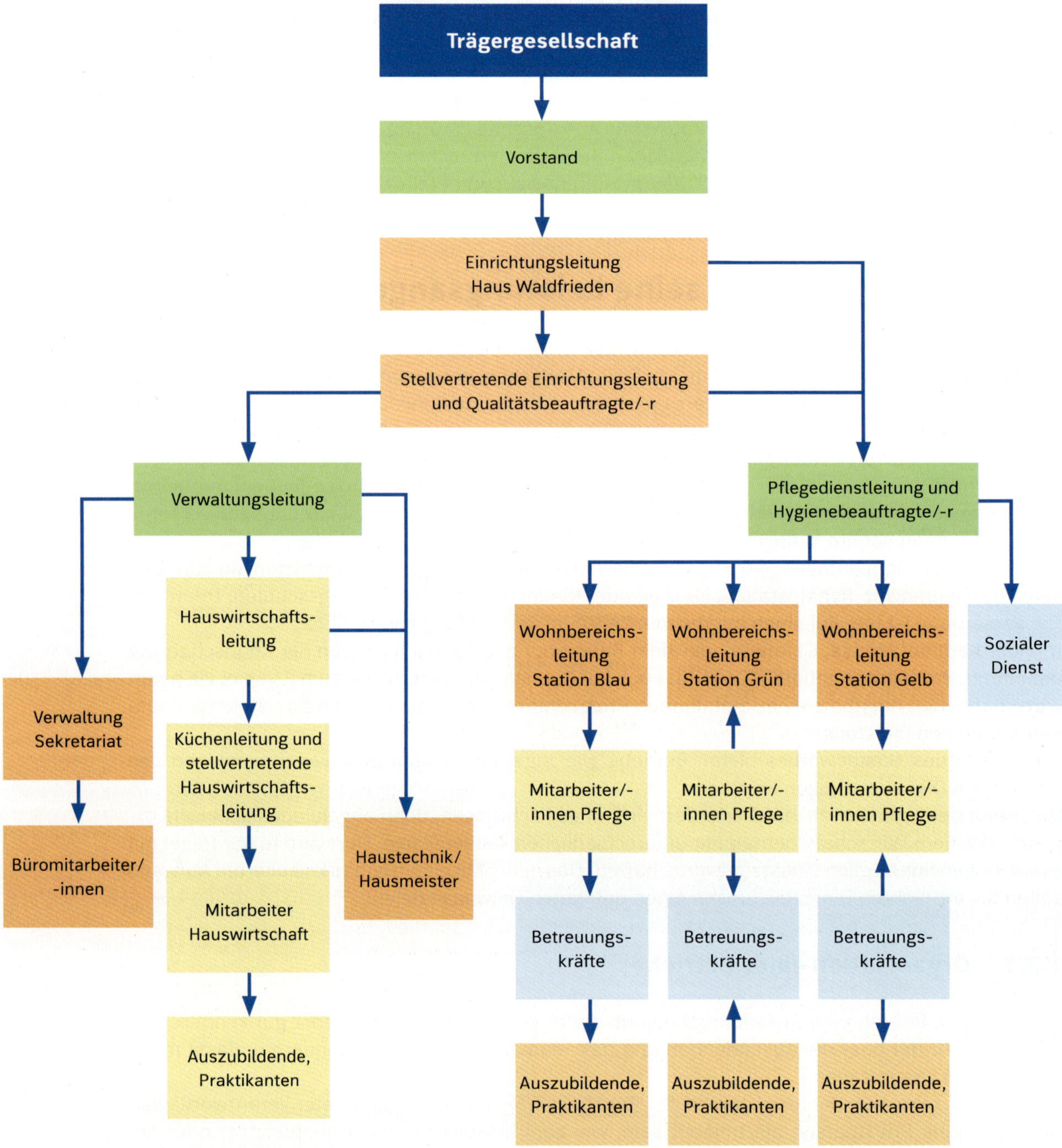

Vereinfachtes Organigramm eines Altenheimes

1.3.2 Ziele und Leitbild des Betriebes

In jedem Unternehmen ist die Grundlage des Erfolges das angebotene Produkt oder die Dienstleistung, die der Betrieb auf dem Markt anbietet. Dieses sogenannte Kerngeschäft kann beispielsweise die Heilung und Versorgung von Kranken sein oder aber auch die Produktion und der Verkauf von Speisen und Getränken in einer Mensa. Aus dem Erreichen dieser wirtschaftlichen Ziele bezieht das Unternehmen seine Einnahmen und sichert die betriebliche Existenz. Je nach Ausrichtung des Unternehmens sollen Gewinne und stetiges Wachstum auf dem Markt erzielt werden. Bei gemeinnüt-

zigen Einrichtungen steht das nicht im Vordergrund und etwaige Überschüsse werden wieder für den festgelegten Zweck genutzt.
Weitere Unternehmensanliegen können soziale Ziele sein. Als gemeinnützig anerkannte Betriebe wollen Menschen in bestimmten Lebenssituationen Hilfe und Unterstützung geben und damit gesellschaftliche Verantwortung übernehmen. Auch die Bereitschaft, junge Menschen auszubilden, die Bereitstellung von sicheren Arbeitsplätzen und der wertschätzende Umgang mit den Mitarbeiterinnen und Mitarbeitern sind soziale Ziele.
In der heutigen Zeit spielen die ökologischen Ziele im Unternehmen eine zentrale Rolle. Der Umgang mit der Umwelt und seinen *Ressourcen* sowie nachhaltiges Wirtschaften sind ebenso wichtig wie ein möglichst klimaneutrales Handeln.
Die wichtigsten Aussagen darüber findet man in den Leitlinien des Unternehmens, denn hinter jeder Trägergesellschaft und hinter jedem Unternehmen steht eine konkrete Haltung oder Einstellung zur Zielgruppe und zum angebotenen Produkt. Diese Betriebsphilosophie ist in der Regel schriftlich in einem *Leitbild* festgelegt worden und spiegelt die gesellschafts- und sozialpolitischen Werte wider, die das Handeln der Einrichtung kennzeichnen. Aus dieser *Vision* ergeben sich die Leitlinien, die von allen Beschäftigten getragen und in ihrem dienstlichen Handeln „gelebt" werden sollen. Sie definieren die Haltung zum Kunden, aber auch die Form des Umgangs der Mitarbeiter untereinander. Dies setzt voraus, dass die Mitarbeiter an der Entwicklung beteiligt wurden und neu eingestelltes Personal über das Leitbild informiert und zur Orientierung und Einhaltung der Leitlinien verpflichtet wird.

1.3.3 Verantwortung übernehmen

In Einrichtungen, wo Menschen versorgt und betreut werden, erfahren die Mitarbeiter viele, zum Teil sehr private Details über die anvertrauten Personen. Es versteht sich von selbst, dass diese Informationen nur intern in der Einrichtung zum Wohle der Bewohner oder Patienten genutzt werden dürfen. Dieser Schutz der Privatsphäre ist in der Regel auch in einer schriftlichen Schweigepflicht-Vereinbarung mit dem Arbeits- oder Ausbildungsvertrag geschlossen worden. Allen Mitarbeiterinnen und Mitarbeitern muss bewusst sein, dass Verstöße dagegen sehr ernste Folgen, bis hin zur Kündigung, haben können. Dies gilt ebenso für vertrauliche Informationen bezüglich des Unternehmens, deren Weitergabe großen wirtschaftlichen Schaden für den Betrieb anrichten kann.
Mit dem digitalen Fortschritt ist der Datenschutz immer bedeutsamer geworden. Hier sind die gesetzlichen und betriebsinternen Vorschriften einzuhalten. So ist schon der unverschlüsselte Versand von E-Mails oder Kurznachrichten vom privaten Smartphone oder Computer ein eklatanter Verstoß. Dazu gehört auch das Recht am eigenen Bild. Ein schönes Foto von einem Bewohner bedarf daher unbedingt dessen Zustimmung. Hierbei ist die Entscheidungsfähigkeit des Fotografierten zu beachten, denn bei Minderjährigen, Menschen mit Behinderung oder dementiell erkrankten Menschen ist das Einverständnis des gesetzlichen Betreuers einzuholen.

GRUNDLAGEN

AUFGABEN

1. Informieren Sie sich über das Leitbild Ihres Betriebes und analysieren Sie, welche praktischen Auswirkungen es auf Ihr tägliches Handeln hat. Geben Sie mit geeigneten Präsentationsmethoden in Ihrer Klasse einen Überblick über dessen Inhalte.
2. Verfassen Sie mit Ihrer Berufsschulklasse ein eigenes Leitbild. Formulieren Sie darin, welche gemeinsamen Ziele Sie verfolgen und wie Sie diese erreichen wollen.
3. Informieren Sie sich über die Datenschutzbestimmungen Ihres Betriebes und geben Sie mit geeigneten Präsentationsmethoden einen Überblick über deren Inhalte. Analysieren Sie, wo Sie diese Anweisungen in Ihrem täglichen, praktischen Arbeiten im Betrieb beachten.

1.4 Das duale Berufsausbildungssystem

In der Bundesrepublik Deutschland gilt das System der dualen Berufsausbildung. Darunter versteht man eine parallele Ausbildung im Betrieb und in der Berufsschule.
Der praktische Teil der Ausbildung wird im Betrieb vermittelt, während der theoretische Teil in der Berufsschule unterrichtet wird. Dies erfolgt – je nach Organisation – an festen Schultagen jede Woche oder zusammenhängend im Blockunterricht.

1.4.1 Der Rahmenlehrplan

Für die Ausbildung in der Berufsschule gibt es einen festen Rahmenlehrplan, der durch die Konferenz der Kultusminister festgelegt und bundesweit verbindlich ist. In ihm werden zu erreichende Handlungskompetenzen für den berufsbezogenen Unterricht in 14 Lernfeldern beschrieben.

1.4.2 Der Ausbildungsnachweis

Im Rahmen der dualen Ausbildung ist jeder Auszubildende dazu verpflichtet, einen Ausbildungsnachweis zu führen. Jedes Bundesland entscheidet selbst über die Form dieses Nachweises. Die Bearbeitung des Nachweises kann während der Arbeitszeit erfolgen. Die/der Ausbilder/-in hat dieses regelmäßig durchzusehen und mit Unterschrift zu dokumentieren. Zu den Prüfungen ist dieser Nachweis dem Prüfungsausschuss vorzulegen.

1.5 Der Berufsausbildungsvertrag

Jede Ausbildung beginnt mit dem Abschluss eines Berufsausbildungsvertrags. In ihm werden nach den Vorgaben des Berufsbildungsgesetzes (BBiG) wichtige Vereinbarungen zwischen den Ausbildungsbetrieben und den Auszubildenden getroffen. Jedem Berufsausbildungsvertrag liegt die spezielle Ausbildungsordnung des Berufes zugrunde.
Ist der Jugendliche bei Vertragsabschluss noch minderjährig, ist die Unterschrift des Erziehungsberechtigten erforderlich. Danach wird der Vertrag unverzüglich der zuständigen Stelle zum Eintrag in das Verzeichnis der Ausbildungsverhältnisse zugesandt. Dazu sind außerdem eine ärztliche Bescheinigung über die vom Jugendarbeitsschutzgesetz geforderte Erstuntersuchung, eine Kopie des letzten Schulzeugnisses und der individuelle, betriebliche Ausbildungsplan (siehe Seite 55) beizufügen. Alle Vertragspartner erhalten nach dem Abschluss eine Vertragsausfertigung.

1.5.1 Inhalte des Ausbildungsvertrages

- Namen und Anschriften aller Vertragspartner
- Ziel der Ausbildung, hier der Abschluss zum/zur „staatlich geprüften Hauswirtschafter/-in“
- Vertragsdauer sowie der Termin des Ausbildungsbeginns und -endes
- Höhe der Ausbildungsvergütung und evtl. Regelungen zu Verpflegung und Unterbringung
- Dauer der regelmäßigen Arbeitszeit und Umfang des Urlaubsanspruchs

- Angaben zur Ausbildungsstätte und Ausbildungsmaßnahmen außerhalb des Betriebs
- Voraussetzungen zur Kündigung des Vertrages
- sonstige, individuelle Vereinbarungen und tarifliche Grundlagen
- Unterschriften aller Vertragspartner
- Eintragungsvermerk der zuständigen Stelle

1.5.2 Rechte und Pflichten des Auszubildenden

Rechte des Auszubildenden	Pflichten des Auszubildenden
• Einhaltung der Vorgaben des Berufsbildungsgesetzes und der Ausbildungsordnung • Einhaltung der gesetzlichen Mindestbedingungen zum Jugend- und Arbeitsschutz • Stellung der notwendigen Ausbildungsräumlichkeiten und -mittel • Freistellung für den Berufsschulunterricht und die Prüfungen • Übertragung von nur berufsbezogenen Aufgaben im Rahmen der körperlichen Belastbarkeit	• Lernpflicht der für den Erwerb notwendigen Fertigkeiten und Kenntnisse • Besuch des Berufsschulunterrichts • Teilnahme an den Prüfungen und den sonstigen Ausbildungsmaßnahmen • Weisungsgebundenheit im Rahmen der Ausbildung durch den Ausbilder bzw. Mitausbilder • Einhaltung der Arbeitssicherheitsbestimmungen und der betrieblichen Ordnung • Schweigepflicht über Betriebs- und Geschäftsgeheimnisse

1.5.3 Der individuelle Ausbildungsplan

Jeder Ausbildungsbetrieb ist verpflichtet, einen individuellen Ausbildungsplan zu erstellen. In diesem werden die Ausbildungsinhalte zeitlich und sachlich in ihrem Verlauf geplant.
Die Darstellung erfolgt meist in tabellarischer Form und listet für alle Abschnitte der Ausbildung die jeweiligen Ausbildungsinhalte detailliert auf. Eine Zeitspalte ist angefügt, in der die Vermittlung der Lerninhalte geplant wird, und eine Spalte, in der die tatsächliche Durchführung *dokumentiert* wird.

1.6 Prüfungen

Prüfungen dienen dazu, den Ausbildungsstand zu ermitteln. Es gibt sicher kaum jemanden, der sich gerne einer Prüfung stellt. Aber andererseits stellen sie bei erfolgreichem Bestehen eine Art „Qualitätssiegel" für den Absolventen dar. Der Prüfling hat die Gewissheit, den Anforderungen des Berufes gewachsen zu sein.

1.6.1 Zwischenprüfung

Spätestens vor Ende des zweiten Ausbildungsjahres findet eine Zwischenprüfung statt. Hier sollen die in den ersten eineinhalb Ausbildungsjahren vermittelten Kenntnisse und Fertigkeiten sowie der Lernstoff des Berufsschulunterrichts überprüft werden. Die Zwischenprüfung besteht aus einem praxisbezogenen, schriftlichen Teil sowie einem praktischen Teil, bei dem 2 Arbeitsproben praktisch durchgeführt werden. Während der Ausführung einer dieser Aufgaben wird ein *situatives* Fachgespräch mit den Prüfern geführt.

1.6.2 Abschlussprüfung

In der Abschlussprüfung wird der gesamte praktische und theoretische Lerninhalt der dreijährigen Ausbildungszeit geprüft. Auch sie besteht aus schriftlichen und praktischen Teilen.

Praktische Prüfung

Dieser Prüfungsteil gliedert sich in zwei verschiedene Aufgaben. In einer Teilprüfung ist eine Arbeitsaufgabe im Bereich der „Hauswirtschaftlichen Versorgungs- und Betreuungsleistungen" zu planen und durchzuführen. Danach folgt ein auftragsbezogenes Fachgespräch über die Arbeitsaufgabe.
In der zweiten Teilprüfung ist im Bereich „Hauswirtschaftliche Produkte und Dienstleistungen erstellen und vermarkten" ein betrieblicher Auftrag zu planen und auszuführen. Dieser bedarf vorab der Genehmigung durch den Prüfungsausschuss, ebenso wie der dafür eingeplante Zeitraum für die Durchführung. Nach erfolgter Ausführung präsentiert der Prüfling die Planung, den Verlauf und die Ergebnisse dem Prüfungsausschuss. Dem schließt sich ein auftragsbezogenes Fachgespräch auf der Grundlage der praxisbezogenen Unterlagen und der Präsentation an.

Schriftliche Prüfung

Der schriftliche Teil der Prüfung ist ebenfalls praxisbezogen und gliedert sich in die 3 Prüfungsbereiche:
- Verpflegung personenorientiert und zielgruppenorientiert planen
- Textilien, Räume und Wohnumfeld beurteilen, reinigen und pflegen
- Wirtschafts- und Sozialkunde

1.6.3 Mündliche Ergänzungsprüfung

Sind die Ergebnisse der schriftlichen Prüfung unter einem ausreichendem Ergebnis geblieben, kann eine mündliche Ergänzungsprüfung erfolgen. Dies gilt jedoch nur, wenn das Bestehen der Prüfung durch eine entsprechende Prüfungsleistung überhaupt noch erreicht werden kann.

1.7 Fort- und Weiterbildungsmöglichkeiten

Ein großer Pluspunkt für die erfolgreich ausgebildeten Hauswirtschafter/-innen sind die interessanten Fort- und Weiterbildungsmöglichkeiten in der Hauswirtschaft. Insbesondere folgende Weiterbildungen können durchlaufen werden:

1.7.1 Staatlich geprüfte/-r hauswirtschaftliche/-r Betriebsleiter/-in

Dieser Ausbildungsgang dauert in der Regel zwei Jahre in Vollzeit oder ca. drei Jahre in berufsbegleitender, *modularer Form*. Er befähigt nach einem erfolgreichen Abschluss zur Übernahme von Leitungs- und Managementaufgaben in einem Betrieb. Es werden Kenntnisse im Produktmanagement (Küche, Wäscherei und Hausreinigung) sowie im Personal-, Qualitäts- und Betriebsmanagement vermittelt. In der Berufs- und Arbeitspädagogik wird zudem die Ausbildereignungsprüfung abgelegt. Als weitere Qualifikation kann außerdem eine sonderpädagogische Zusatzausbildung auf eine Berufstätigkeit als Ausbilder/-in von lernbeeinträchtigten Jugendlichen vorbereiten.

1.7.2 Meister/-in der Hauswirtschaft

Nach einer zweijährigen Berufstätigkeit ist ein/e Hauswirtschafter/-in zur Teilnahme an der Meisterprüfung berechtigt. Das Aufgabengebiet des/der Meisters/-in umfasst ebenso die Leitung von hauswirtschaftlichen Großbetrieben oder von Teilbereichen (z. B. Küche oder Wäscherei). In der Regel besuchen die Meisteranwärter eine Fachschule oder einen Vorbereitungslehrgang, der die Kenntnisse und Fähigkeiten in den Bereichen Versorgungs- und Betreuungsleistungen vertieft und in der Betriebs- und Unternehmensführung schult. Ein weiterer Schwerpunkt liegt auf der Mitarbeiterführung und dem Erwerb der Ausbildereignung. Auch der/die Meister/-in kann sich mit einer sonderpädagogischen Zusatzausbildung weiterqualifizieren.

1.7.3 Weitere Fort- und Weiterbildungsmöglichkeiten

Neben den oben genannten Weiterbildungsgängen gibt es verschiedene Möglichkeiten, sich in bestimmten Bereichen zu spezialisieren oder weiterzuqualifizieren. Im Bereich der Altenpflege bereitet eine Fortbildung zum/zur Fachhauswirtschafter/-in oder eine Zusatzausbildung zur *Präsenzkraft* in *stationären* Hausgemeinschaften auf die personenbezogene Versorgung und Betreuung verschiedener Zielgruppen, wie beispielweise von an Demenz erkrankten Menschen oder Kindern und Jugendlichen, vor. Mit einer Ausbildung zum/zur Dorfhelfer/-in arbeitet die Fachkraft als Krankheits- oder Krisenvertretung in Familien.

1.7.4 Die Ausbildung, Fort- und Weiterbildung im Deutschen Qualifikationsrahmen (DQR)

Im *Deutschen Qualifikationsrahmen für lebenslanges Lernen (DQR)* werden alle in der akademischen und beruflichen Bildung erzielten Lernergebnisse abgebildet. Dies geschieht bildungsbereichsübergreifend und bietet damit einen Rahmen für lebenslanges Lernen. Er erleichtert den Vergleich von Qualifikationen aus allen Bereichen der Bildung sowohl in Deutschland als auch in Europa. Für Lernende, Berufstätige, Unternehmen und Bildungseinrichtungen ist es so wesentlich einfacher, innerhalb Europas zu lernen und zu arbeiten.
Der Deutsche Qualifikationsrahmen unterteilt alle erworbenen Qualifikationen in acht Niveaustufen. So wird beispielsweise jede 3-jährige duale Berufsausbildung unabhängig vom Berufsfeld in Stufe 4 eingeordnet. Dazu werden die Qualifikationen lernergebnis- orientiert beschrieben. Dies zeigt auf, was der Lernende am Ende können und wissen muss.
Für jede zusätzlich erworbene Kompetenz (z. B. durch Fort- und Weiterbildung) kann man in diesem System weitere „Bildungspunkte“ sammeln, die zu einer höheren Einstufung im Qualifikationsrahmen beitragen können. Aber auch andere außerschulisch erworbene Kompetenzen können angerechnet werden, wie zum Beispiel eine langjährige spezielle Berufserfahrung, selbst angeeignete Kenntnisse im DV-Bereich oder im Bereich Fremdsprachen.
Künftig werden alle neu erstellten Zeugnisse und Zertifikate die jeweils erworbene Niveaustufe ausweisen.

Nähere Informationen: **www.deutscherqualifikationsrahmen.de**

1.8 Hauswirtschaftliche Verbände und Organisationen

Es ist sehr wichtig, das Berufsfeld Hauswirtschaft in der Gesellschaft zu vertreten, um zum einen das *Image* der Hauswirtschaft zu stärken und zum anderen an wichtigen, die Hauswirtschaft betreffenden Entscheidungen mitwirken zu können. Der Beitritt zu einer berufsständischen Organisation sichert auch die eigene Fortbildung, da hier über alle aktuellen Trends und Entwicklungen im Berufsfeld informiert wird.

1.8.1 Berufsverbände

Berufsverband Hauswirtschaft e. V.

Der Fachverband für Fach- und Führungskräfte in der Hauswirtschaft setzt sich für die Interessen seiner Mitglieder ein, leistet Öffentlichkeitsarbeit und vertritt fachpolitische Positionen. Neben aktuellen Fort- und Weiterbildungsangeboten wird in den Netzwerkgruppen die Möglichkeit zu fachlichem Austausch geboten (www.berufsverband-hauswirtschaft.de). Der Verband ist Herausgeber der Mitgliederzeitung „Infodienst“ und eines regelmäßigen Email-Newsletters.

Bundesverband hauswirtschaftlicher Berufe MdH e. V.

Interessenvertretung für alle im Berufsfeld Hauswirtschaft ausgebildeten Fachkräfte. Der Verband bietet zudem Fort- und Weiterbildungsangebote und arbeitet auch auf Landes- und Regionalebene (www.verband-mdh.de). Der Bundesverband ist Herausgeber der Fachzeitschrift „fundus“.

DHB – Netzwerk Haushalt/Berufsverband der Haushaltsführenden

Der Berufsverband der Haushaltsführenden ist Tarifpartner auf der Arbeitgeberseite für private Haushalte www.dhb-netzwerk-haushalt.de

1.8.2 Gewerkschaften

Gewerkschaften vertreten die Interessen der beigetretenen Arbeitnehmer gegenüber den Arbeitgeberverbänden und verhandeln mit ihnen über Arbeitsbedingungen und Entlohnung. Beschäftigte der Hauswirtschaft haben zwei Möglichkeiten, sich gewerkschaftlich vertreten zu lassen:

ver.di – Vereinte Dienstleistungsgewerkschaft

Die Gewerkschaft vertritt Beschäftigte der Dienstleistungsbranche (www.verdi.de).

NGG – Gewerkschaft Nahrung-Genuss-Gaststätten

Sie vertritt die Interessen der Beschäftigten unter anderem aus den Branchen Hotel- und Gastgewerbe und der Lebens- und Genussmittelverarbeitung (www.ngg.net).

1.8.3 Interessenvertretungen

Landesarbeitsgemeinschaften für hauswirtschaftliche Bildung

Die Landesarbeitsgemeinschaften sind ein Zusammenschluss der hauswirtschaftlichen Verbände im jeweiligen Bundesland. Sie vertreten die Interessen der in der Hauswirtschaft Beschäftigten bei den zuständigen Institutionen. Mit Fort- und Weiterbildungsangeboten, Fachtagungen oder der

Ausrichtung von Leistungswettbewerben für hauswirtschaftliche Auszubildende engagieren sie sich für ein gut funktionierendes Netzwerk im Land. Die einzelnen Internetadressen sind über die Bundesarbeitsgemeinschaft (BAG) erhältlich.

Bundesarbeitsgemeinschaft Hauswirtschaft (BAG)

Die BAG in der Deutschen Gesellschaft für Hauswirtschaft ist der Zusammenschluss der hauswirtschaftlichen Bundesverbände sowie der Landesarbeitsgemeinschaften der Hauswirtschaft. Ihr Ziel ist die Öffentlichkeitsarbeit für gemeinsame Anliegen der beteiligten Verbände und Organisationen und deren Vertretung in politischen Gremien (www.dghev.de).

Deutscher Hauswirtschaftsrat

Im Deutschen Hauswirtschaftsrat haben sich Ende 2016 Akteure in der Domäne der Hauswirtschaft zusammengeschlossen. Ihre Ziele sind es, politische Lobbyarbeit für die Hauswirtschaft zu leisten und als Ansprechpartner für Politik und Gesellschaft sowie für Institutionen der Berufsausbildung, Arbeitgeber und Arbeitnehmer zur Verfügung zu stehen (www.hauswirtschaftsrat.de).

AUFGABE

Informieren Sie sich über die einzelnen Berufsverbände, Gewerkschaften und Interessenvertretungen. Besuchen Sie deren Homepages, stellen Sie Anfragen an deren Geschäftsstellen oder vereinbaren Sie Informationstreffen mit Verbandsmitgliedern, um sich über deren Arbeit und den Nutzen, den Sie als zukünftige Fachkraft von einer Mitgliedschaft haben könnten, zu informieren.
Erstellen Sie eine *Präsentation* über die Ergebnisse Ihrer Nachforschungen und stellen Sie mittels geeigneter Präsentationstechniken (z. B. Präsentationssoftware, Plakate, Handouts) eine der Institutionen Ihrer Klasse vor.

1.9 Sachverhalte präsentieren

Zum Berufsalltag einer Fachkraft gehört es, anderen Menschen, das heißt Kollegen oder Gästen, Bewohnern und Kunden bestimmte Sachverhalte darzulegen. Das kann die Vorstellung des hauswirtschaftlichen Leistungsangebotes in einer Mutter-Kind-Kurklinik oder auch die Wissensweitergabe nach einer extern absolvierten Fortbildung an das Kollegenteam sein.
Da Zeit im Betriebsalltag ein knappes Gut ist, ist eine gute Vor- und Nachbereitung ratsam, um erfolgreich Sachverhalte zu präsentieren.

1.9.1 Präsentationen adressatengerecht planen

Wenn Informationen „adressatengerecht" weitergegeben werden sollen, bedeutet dies, dass sie an die „Adresse" der zu informierenden Personengruppe gerichtet sein sollten. Dazu sind Kenntnisse über diese Personen notwendig. Aspekte wie Alter, Teilnehmerzahl, Wissensstand des Publikums und die Bedeutung des weiterzugebenden Inhaltes müssen in die Planung der Präsentation einbezogen werden. Hilfreich kann eine Checkliste mit Leitfragen sein.

Beispiel: Checkliste

LEITFRAGEN	INFORMATION	✓
Was soll präsentiert werden?	*Inhalt*	❑
Wem und wie vielen Personen soll es präsentiert werden?	*Adressaten und Anzahl*	❑
Welche Bedeutung hat das zu Präsentierende?	*Wichtigkeit für das Publikum*	❑
Was ist das Ziel der Präsentation?	*Neues Wissen, Information*	❑
Welches Zeitfenster ist vorgesehen?	*Zeitdauer der Präsentation*	❑
Wie ist die Raumgestaltung zu planen?	*Raumbuchung, -einrichtung, Atmosphäre schaffen, Störungen unterbinden*	❑
Welche Ausstattung ist vorhanden?	*Technik, Material*	❑

Am Beginn jeder Präsentationsvorbereitung stehen eine erste Sammlung der Ideen und eine anschließende Strukturierung der Aspekte an, dazu können zwei Methoden sehr hilfreich sein: das Brainstorming und die Mindmap-Methode.

Brainstorming

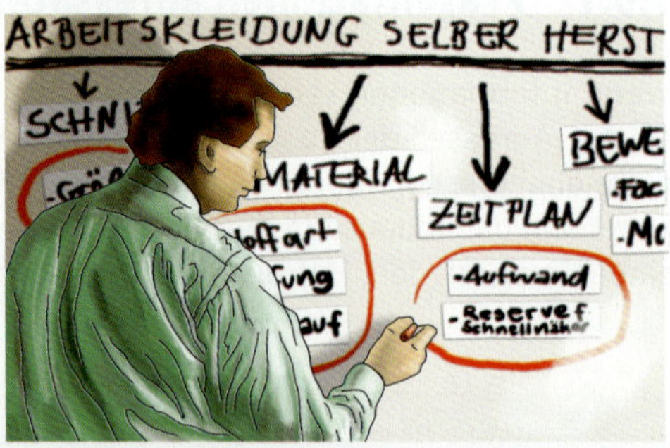

Beim Brainstorming werden ohne jede Auswertung oder Kommentierung alle Begriffe und Gedanken, die spontan zum Thema einfallen, stichwortartig notiert. Dies geschieht entweder auf Karten oder auf einem großen Blatt Papier.
Wichtig: In dieser Phase findet lediglich eine Stoffsammlung, jedoch keine Bewertung der einzelnen Stichworte statt. Zunächst sind jede Idee und jeder Gedanke willkommen, um notiert zu werden. Nach der Sammlung und Visualisierung dieser Ideen beginnt

deren Sortierung oder Bündelung in grobe Themen- oder Sachgebiete, das sogenannte Clustern (engl. *cluster* = Bündel, Anhäufung). Aus den so entstandenen Schwerpunkten wird eine Bewertung und Auswahl der wichtigsten Aspekte vorgenommen.

Mindmap-Methode

Eine weitere effektive Form der Stoffordnung ist die Mindmap-Methode. Mindmap kann sinngemäß mit „Ideen- oder Gedankenlandkarte" bzw. „Erinnerungsplan" übersetzt werden (engl. *mind* = Gedanke, *map* = Plan). Die Struktur einer Mindmap erinnert an einen Baum. Der Stamm steht dabei für das Hauptthema, von dem in alle Richtungen die Äste und Nebenäste abzweigen. Sie stehen für die Einzelaspekte des Themas. Jeder Ast wird mit Begriffen und Symbolen oder Bildern beschriftet. Um Übersichtlichkeit zu gewährleisten, wird mit Schlüsselbegriffen gearbeitet, welche ganze Gedankengänge „aufschließen".
Der Erstellungsphase mit der Ideensammlung folgt eine Überarbeitungsphase, in der die einzelnen Äste nochmals auf die Relevanz für die Lösung der gestellten Aufgabe durchdacht und bei Bedarf überarbeitet werden. Wer will, kann durch eine Nummerierung die Reihenfolge zur weiteren Bearbeitung festlegen. Ein Vorteil der Mindmap-Methode besteht unter anderem darin, dass während der kompletten Bearbeitungszeit immer wieder Zweige angefügt werden können. Neben der Anfertigung einer Mindmap von Hand gibt es Computerprogramme.

■ TIPP:

- Verwenden Sie möglichst unliniertes Papier, das gibt mehr Freiheit in der Gestaltung der Mindmap.
- Beschriften Sie in Druckschrift, damit die Mindmap beim Drehen in der Runde von allen Seiten lesbar ist.
- Beachten Sie den Grundsatz „vom Allgemeinen zum Speziellen". Für wichtige Informationen setzen Sie Hauptäste, für weniger relevante Aspekte nutzen Sie Nebenäste.
- Durch den Einsatz von einheitlichen Farben für Stamm, Haupt- oder Nebenäste erzielen Sie mehr Übersichtlichkeit.
- Symbole und Bilder bereichern die Mindmap und ermöglichen eine kreative Beschäftigung in Denkpausen. Vorteil ist auch, dass dadurch beide Gehirnhälften aktiv in die Arbeit einbezogen werden.

Beispiel: Mindmap.

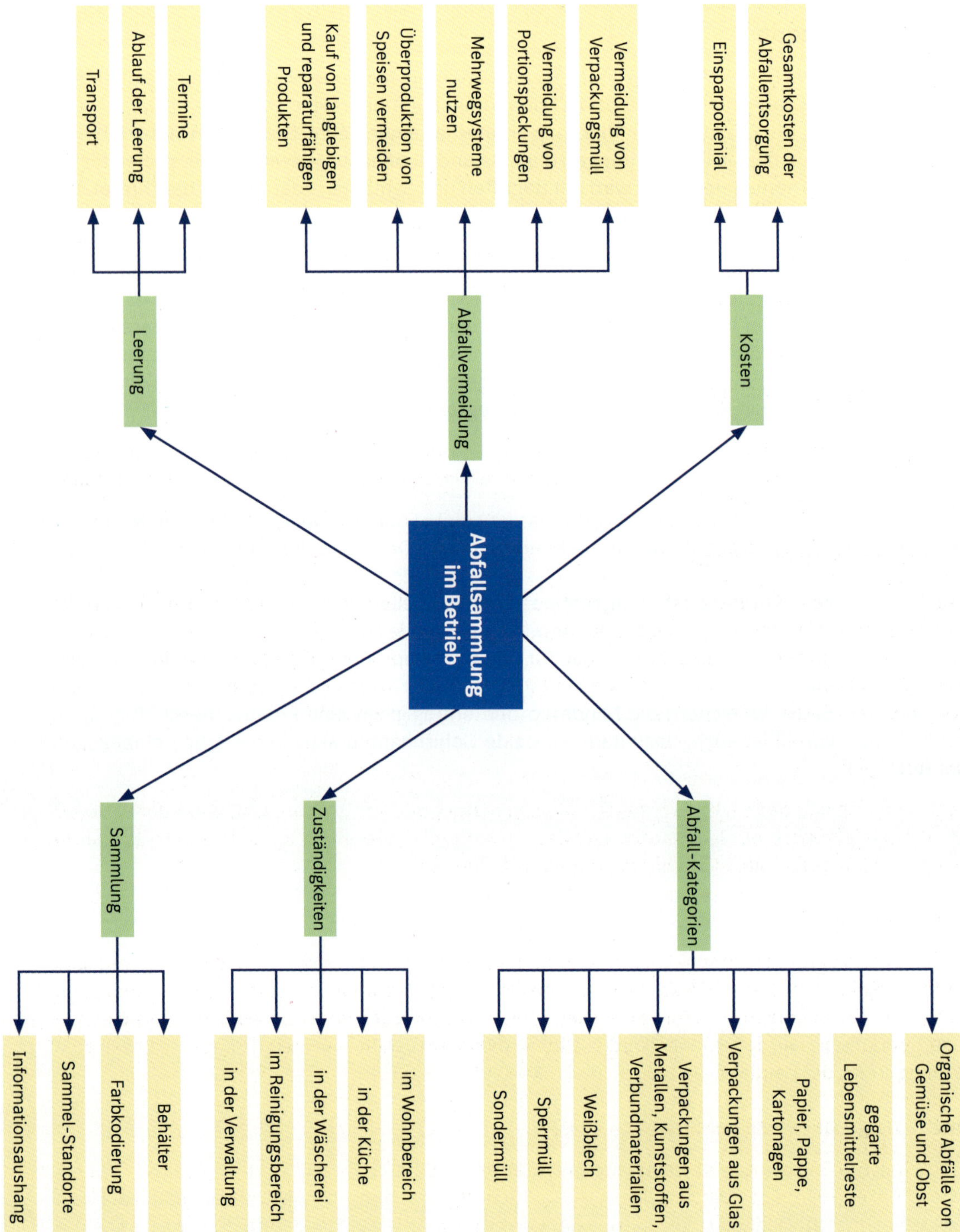

Nach dieser Vorbereitung geht es an die Verlaufsplanung für die Präsentation. Damit die gewünschte Aufmerksamkeit des „Publikums“ erzielt wird, wird ein guter Spannungsbogen benötigt. Der beginnt mit einer freundlichen Begrüßung und einem geeigneten Einstieg, der das Interesse auf die Inhalte weckt. Hilfreich ist es auch, den Verlauf und Zeitrahmen der Präsentation kurz vorzustellen, damit die Zuhörer einen Überblick erhalten. Dem folgenden Vortrag sollte ein sogenannter „roter Faden“ zugrunde liegen, das heißt, die Inhalte sollten in einer logischen, chronologischen Reihenfolge behandelt werden, dem die Zuhörer auch gut folgen können.
Um die Aufmerksamkeit des Publikums zu erhalten, sollte auch bedacht werden, dass auf verschiedenen Sinneskanälen Informationen wahrgenommen und aufgenommen werden können. Es hat weniger nachhaltige Wirkung, sich nur auf einen Sinneskanal wie zum Beispiel das Zuhören eines gesprochenen Vortrages zu beschränken, statt möglichst viele Sinne anzusprechen. Idealerweise hat eine Präsentation neben dem Zuhören mit den Ohren auch visualisierte Inhalte für die Augen oder auch ganz praktische Dinge zum Anfassen, Riechen, Schmecken oder Ausprobieren (etwa bei der Schulung für ein neues Küchengerät). Ebenfalls wichtig sind ein zusammenfassendes Schlusswort am Ende der Präsentation und ein Dank für das aufmerksame Zuhören.

1.9.2 Präsentationstechniken anwenden

Das im Betrieb oder Schule vorhandene Medienangebot bestimmt die Art der Präsentation. So ist es mit überschaubarem Aufwand an Mitteln fast immer möglich, über ein Plakat etwas zu präsentieren.

Gestaltung von Plakaten

Häufig eingesetzte Präsentationsformen im hauswirtschaftlichen Bereich sind Plakate. Sie vermitteln eine Botschaft mittels einer Mischung aus Bild- und Textelementen. Um von anderen gut wahrgenommen zu werden, werden sie an gut sichtbaren Stellen platziert. Ein Plakat soll übersichtlich und einfach aufgebaut sein, damit die Botschaft und die wesentlichen Informationen schnell erfasst werden können. Dabei sollten folgende Aspekte berücksichtigt werden:

1. Ziel festlegen

Welche Wirkung soll das Plakat erzielen? Soll es in erster Linie informieren, einladen oder werben? So wird beispielsweise ein Informationsplakat, etwa über Hygieneregeln, völlig anders gestaltet sein als ein Einladungsplakat zu einem „Tag der offenen Tür“.

2. Fakten nennen

Jede Information enthält grundsätzliche Fakten, die auf einem Plakat rasch erfassbar sein müssen. Einladungsplakate müssen korrekte Termin- und Ortsangaben enthalten, Werbung muss Aussagen dazu treffen, für welche Art Produkt oder Dienstleistung geworben wird und wo bzw. wie sie in Anspruch genommen werden können. Jedes Plakat muss enthalten, wer sein Urheber ist, wer also informiert, wirbt oder einlädt.

3. Inhalte zielgerichtet und richtig transportieren

Der gewünschte Effekt muss so übermittelt werden, dass die Inhalte und Fakten gut und leicht erfassbar sind. Dazu müssen die Schrift gut lesbar (Schriftgröße, Schriftart, Schriftfarbe) und der Text auf das Wesentliche reduziert sein. Falls die Einrichtung über ein Logo verfügt, wird dieses mit aufgenommen.

4. Aufbau des Plakats planen

Die Größe des Plakates und die Farbwahl sind bei der Gestaltung ebenso wichtig wie die enthaltenen Abbildungen. Bildelemente sollen die Textbotschaft unterstützen. Die passende Auswahl von Fotos, Zeichnungen oder grafischen Elementen und ihre Platzierung auf dem Plakat als Blickfang (Eyecatcher) müssen gut durchdacht und behutsam umgesetzt werden. Eine Überfrachtung des Plakats mit zu vielen verschiedenen Gestaltungselementen birgt die Gefahr, dass das Endergebnis unharmonisch, unstrukturiert bzw. chaotisch wirkt und die beabsichtigte Botschaft verloren geht. Es empfiehlt sich, ein Plakat zunächst als Skizze zu entwerfen, auf der die Anordnung der einzelnen Textblöcke und Bildelemente deutlich wird. In der Regel lassen sich Entwürfe und das endgültige Layout mit speziellen Computerprogrammen gestalten.

Ein Plakat wird vom Betrachter zunächst in einer Z-Form mit den Augen überflogen. Danach konzentriert sich das Auge auf Blickfänge wie Bilder oder prägnante Textzeilen.

5. Platzierung des Plakates festlegen

Ein Plakat soll gesehen werden! Je nachdem wie und wo ein Plakat platziert wird, fällt es dem Publikum ins Auge oder nicht. Bei Einsatz eines Plakates während einer Präsentation muss sichergestellt werden, dass alle Teilnehmer einen guten Blick darauf haben. Deshalb sollte ein entsprechender Standort im Raum ausgewählt werden. Beim Plakatieren in der Einrichtung eignen sich zum Beispiel der stark frequentierte Eingangsbereich oder der Lift einer Einrichtung. Wichtig ist auch die Platzierung in Augenhöhe, damit das Plakat nicht übersehen wird. Hängt ein Plakat im Außenbereich, ist auf einen geeigneten Schutz vor Witterung zu achten.

Gestaltung von Folien für den Overhead-Projektor

Statt einem Plakat können auch die Projektion einer selbst gestalteten Folie mit dem Overheadprojektor genutzt werden. Voraussetzung ist hier eine geeignete Projektionsfläche, zum Beispiel eine weiße, glatte Wand oder Whiteboard-Tafel. Wie das Plakat soll die Folie die Aussagen des Vortrages unterstützen. Daher ist auch hier zu überlegen, welche Informationen für das Publikum von Interesse sind. Mit Text und Bildern überladene Folien sind schwer lesbar und lenken die Zuhörer von Vortrag ab. Für die Foliengestaltung gelten die gleichen Regeln wie für die Plakatgestaltung.

Gestaltung von Flyern oder Handout

Im Gegensatz zu einem Plakat enthält ein Flyer (Flugblatt, zu engl. *to fly* = fliegen; eilen) oder Handout (Handreichung, zu engl. *to hand* out = aus-, verteilen) die wesentlichen Informationen in kleinerem Format auf einem Handzettel. In der Regel haben die Adressaten mehr Zeit (zu Hause), um die Informationen zu studieren und sich mit den Aussagen zu beschäftigen.
Ein Flyer wird in der Regel aus einem Blatt Papier hergestellt und mit einer bestimmten Falttechnik auf ein handliches Format gebracht. Flyer sollten originell gestaltet sein, mit auffälliger Farbe und interessanter Faltung, um den Leser neugierig zu machen.
In einem Handout können nochmals die wichtigsten Inhalte einer Präsentation zusammengefasst werden. Dabei sollten zwei DIN-A4-Seiten nicht überschritten werden. Sie dienen in der Regel zur Verfestigung und Nutzung der neuen Informationen.

Gestaltung und Aufbau einer Präsentation mit Folien

Mit einem computerbasierten Präsentationsprogramm (z. B. Microsoft PowerPoint oder OpenOffice Impress) können einzelne Seiten, auch Folien genannt, individuell gestaltet werden. Hierbei gibt es viele Möglichkeiten, vom einfachen Text über Grafiken, Tabellen und Bildern bis hin zur Einspielung von Filmsequenzen und Soundeffekten.

Mit computerbasierten Präsentationsprogrammen können Präsentationen und Vorträge optimal unterstützt werden. Es ist allerdings wichtig, die einzelnen Folien übersichtlich zu gestalten und nicht zu überfrachten (höchstens 20 Stichpunkte pro Folie). Ein weiterer Aspekt ist die Wahl eines ansprechenden Designs für die Folien. Außerdem sollte nicht vergessen werden, mit einer Begrüßungsfolie zu starten und mit einem „Dank für die Aufmerksamkeit" zu enden.

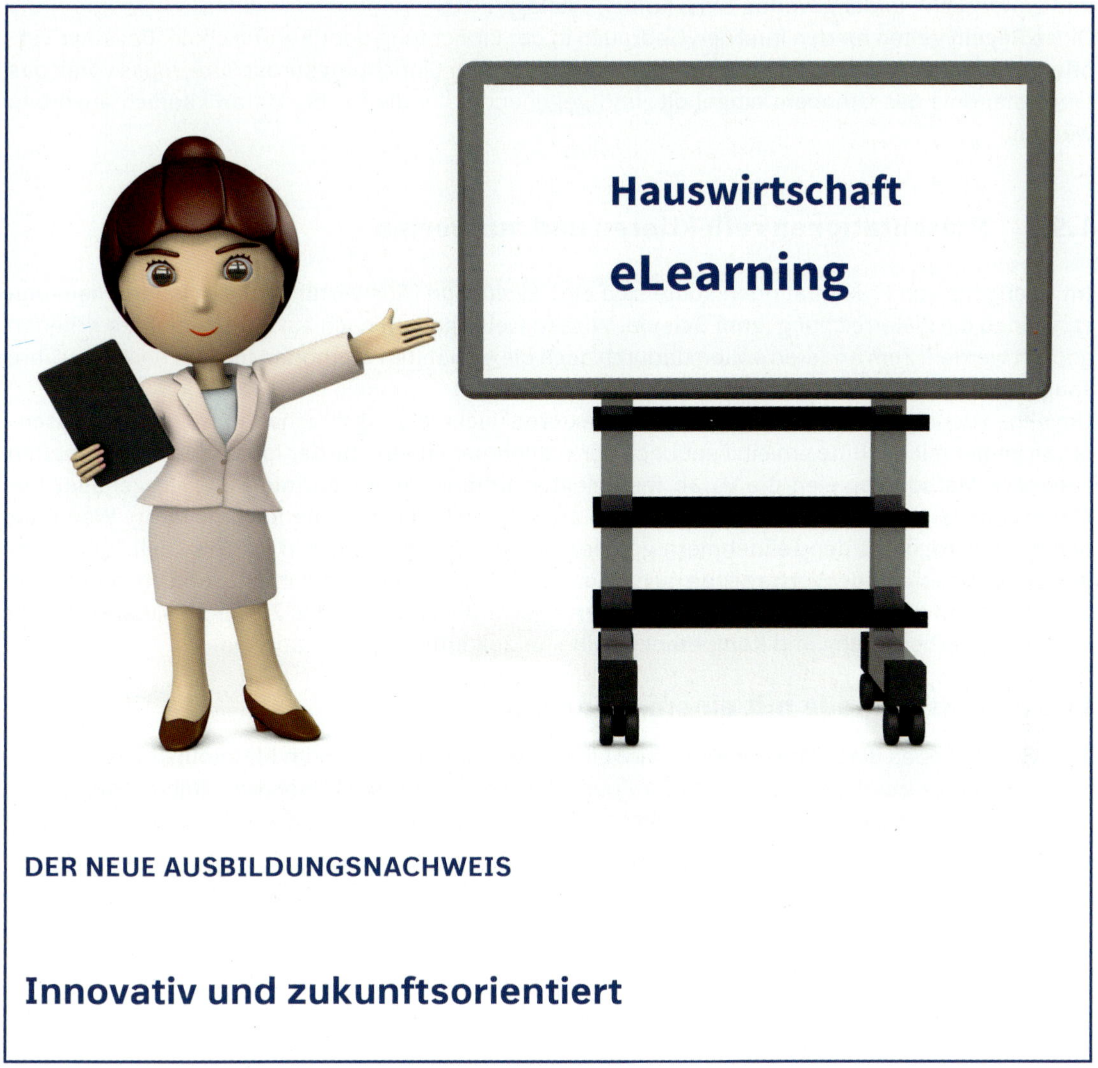

Beispiel einer Begrüßungsfolie

Bei einer Präsentation wird mit einem Beamer der Inhalt der Folie auf die Leinwand projiziert, während auf dem Monitor des Laptops als Übersicht die aktuelle und die nächste Folie angezeigt werden.

Umgang mit Zitaten und Quellenangaben

Bei der Vorbereitung und Erstellung einer Präsentation werden oftmals Texte oder Bilder mit eingebracht und genutzt, die andere Menschen erstellt haben. Diese werden durch das Urheberrecht geschützt und müssen kenntlich gemacht werden. Wenn also eine Textstelle wortgenau übernommen wird, muss sie mit doppelten Anführungszeichen („..") eingefasst werden und der Verfasser genannt werden. Ebenso sind Fotos und Bilder mit der Quelle zu benennen.

Dies kann mit einer Kennzeichnung der Textstelle oder des Fotos durch ein Sternchen (*) oder eine kleine Zahl (^{2}) und einer Quellennennung in der Fußzeile am Seitenende geschehen. Alternativ kann am Schluss der Präsentation auch ein gesamtes Quellenverzeichnis angezeigt werden, wie zum Beispiel: Schwetje, Walgenbach, Diede, Ruhfus-Hartmann, Fuhr: „Lernfelder Hauswirtschaft, Lernfelder 1-5“. Bildungsverlag Eins, Köln. 1. Auflage 2020
Dieckerhoff, Friedrichs, Jung, Manegold : „Wirtschaftslehre für höhere Vollzeitschulen technisch und gewerblich“. Bildungsverlag Eins, Köln. 2. Auflage 2015
Diese Regeln gelten für den internen Gebrauch in der Einrichtung oder Berufsschule. Bei einer Veröffentlichung nach Außen, z.B. in einem Presse-Artikel oder Einrichtungsbroschüre, muss vorab das Einverständnis des Urhebers eingeholt und gegebenenfalls die Rechte daran käuflich erworben werden.

1.9.3 Präsentationen reflektieren und auswerten

Im Nachgang von Präsentationen sollte sich eine *Evaluation* (Auswertung) anschließen. Hier kann zum einen die Zielerreichung (zum Beispiel Wissen weitergeben) nach zuvor festgelegten Kriterien geprüft werden. Zum anderen sollen dadurch auch die gewählten Methoden und Techniken auf ihre Tauglichkeit ausgewertet werden.
Um neben der eigenen Auswertung auch eine externe Rückmeldung zu erhalten, sollte eine Präsentation immer mit der Bitte um ein Feedback der Teilnehmer enden. Bei der folgenden beispielhaften Feedback-Methode spielen die vorab festgelegten Kriterien eine zentrale Rolle. Je genauer bestimmte Aspekte nachgefragt werden, desto aussagekräftiger wird die Rückmeldung. Wenn nur abgefragt wird, ob es den Teilnehmern gefallen hat, erreicht man nur ein „ja“ bis „nein“ ohne Begründung. So erfährt der Vortragende nicht, was sich beim Publikum bewährt hat und ebenso wenig, was bei einem schlechten Feedback verbesserungswürdig ist. Denn das Ziel jeder Auswertung ist die stetige Verbesserung und Kompetenzgewinn für zukünftige Präsentationen.

Evaluationsmethode mit einem Spinnennetz

1. Auf ein großes Blatt Papier werden vier Linien gezeichnet, die sich im Mittelpunkt wie ein Fadenkreuz überlagern. Um den Mittelpunkt werden über fünf Ebenen Netzlinien gespannt, sodass es wie ein Spinnennetz aussieht.
2. An den acht Außenpunkten des Netzes werden dann die Aspekte mit Schlagworten aufgeführt, welche evaluiert werden sollen.
3. Jede Teilnehmerin/jeder Teilnehmer kann nun nach seiner persönlichen Einschätzung durch Klebepunkte oder Ankreuzen mit einem Stift seine Bewertung auf der Skala markieren. Je dichter der Punkt bzw. das Kreuz zur Mitte des Netzes angesiedelt ist, desto zufriedener war die Teilnehmerin/der Teilnehmer mit dem erfragten Aspekt.
4. Während der Analyse kann man die Übereinstimmungen oder Unterschiede bzw. die positiven oder negativen Bewertungen beurteilen. Ebenso kann ein Fazit für zukünftige Präsentationen gezogen werden. Wenn es bestimmte Erfahrungen gibt, die unbedingt für den nächsten Vortrag „gespeichert“ werden sollen, werden sie schriftlich festgehalten.

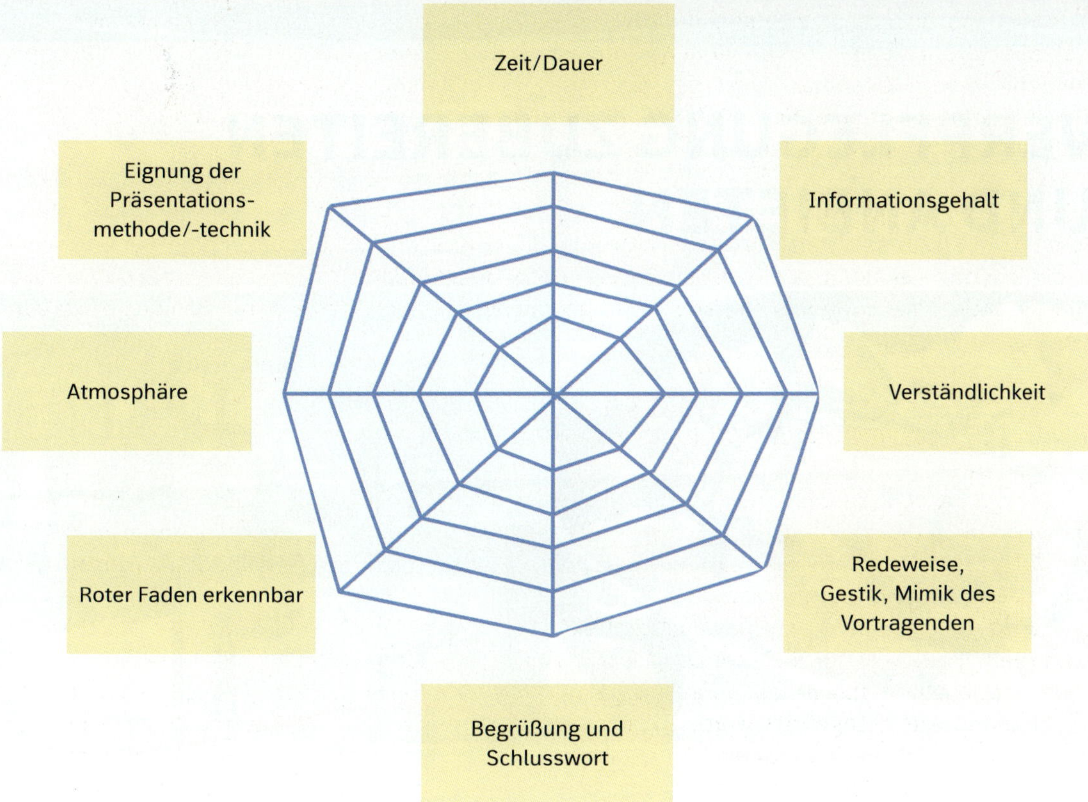
Zeit/Dauer
Informationsgehalt
Verständlichkeit
Redeweise, Gestik, Mimik des Vortragenden
Begrüßung und Schlusswort
Roter Faden erkennbar
Atmosphäre
Eignung der Präsentations- methode/-technik

LERNFELD 2

VERPFLEGUNG ZUBEREITEN UND ANBIETEN

LERNSITUATION

Das ambulante Rehabilitationszentrum „Haus Vital" bietet für 52 Gäste ein Frühstücksbüfett und Mittagsbüfett an. Nach einer Modernisierung soll nun den Gästen das Abendessen serviert werden. Regelmäßige Aktionsveranstaltungen sollen die Gästezufriedenheit erhöhen und einen neuen Kundenstamm anlocken. Ziel ist es, durch zusätzliche Einnahmen einen höheren Gewinn zu erwirtschaften. Erste Anfragen von Kunden zeigen ein reges Interesse. Angeboten sollen vorwiegend regionale und saisonale Produkte werden. Zum Abendessen soll grundsätzlich ein Salatbüfett angeboten werden. Um den Ruf eines gesundheitsbewussten ambulanten Rehabilitationszentrums zu halten, soll das Angebot auch für Kinder und Jugendliche ansprechend und geeignet sein. Einmal wöchentlich ist geplant ein Themenbüfett zu servieren.

Die Auszubildenden erhalten den Auftrag, einen Aktionstag so zu planen, dass für die Gäste – ob jung oder alt – ein ansprechendes Speisenangebot angeboten wird.

ARBEITSSCHWERPUNKTE

- Grundtechniken und Grundrezepte erkennen und anwenden
- Ermitteln und Vergleichen des Nährstoffbedarfs von älteren Menschen und Jugendlichen
- Ermitteln des Nährstoff- und Mengenbedarfs für einen jungen Erwachsenen und Zusammenstellung eines ausgewogenen Mahlzeitenverteilungsplans
- Überlegungen zur Anschaffung eines zusätzlichen Gargeräts, einschließlich Geräteauswahl, Angebotseinholung und Präsentation der Ergebnisse
- Gegenüberstellung verschiedener Verpflegungssysteme und Präsentation des favorisierten Systems in digitaler Form
- Erstellung eines Flyers „Fast-Food-Gerichte können gesund sein"
- Serviceregeln dem Anlass entsprechend anwenden
- Korrekter Umgang mit dem Gast

	KOMPETENZCHECK	✓
1.	*Ich kann Geräte und Maschinen im Küchenbereich bedienen und in Betrieb nehmen.*	❑
2.	*Ich kann Lebensmittel für die Verarbeitung vorbereiten*	❑
3.	*Ich kann Techniken für die Verarbeitung von Lebensmitteln anwenden.*	❑
4.	*Ich kann Gartechniken unterscheiden und anwenden.*	❑
5.	*Ich kann geeignete Lebensmittel auswählen.*	❑
6.	*Ich kann den Zusammenhang zwischen Inhaltsstoffen und küchentechnischen Eigenschaften beim Lebensmittel analysieren.*	❑
7.	*Ich kann Kohlenhydrate, Fette und Eiweiße beurteilen und unterscheiden.*	❑
8.	*Ich kann den Nährstoffbedarf berechnen und auswerten.*	❑
9.	*Ich kann die Nährwerte der Lebensmittel digital auswerten.*	❑
10.	*Ich kann die unterschiedlichen Verpflegungssysteme unterscheiden.*	❑
11.	*Ich kenne die wesentliche Punkte der Lebensmittelverordnung und wende sie im Speiseplan an*	❑
12.	*Ich kann den Service aufgrund von Rahmendaten planen*	❑
13.	*Ich kenne verschieden Speisenausgabesysteme und richte den Service danach aus.*	❑
14.	*Ich kann Tische fachgerecht eindecken.*	❑
15.	*Ich kenne die Servierregeln und wende sie an.*	❑
16.	*Ich kann mich bei meiner Arbeit im Service professionell verhalten und lege Wert auf mein äußeres Erscheinungsbild.*	❑

Ziel einer ausgewogenen, hochwertigen Speisen- und Getränkeherstellung ist die Gesunderhaltung der Menschen. Bei der Zubereitung von Speisen und Getränken – egal, ob im privaten und häuslichen Umfeld oder bei der Versorgung von größeren Personengruppen – muss es das Ziel sein, den ernährungsphysiologischen Wert der Lebensmittel zu erhalten und dabei Genuss und (Gaumen-)Freude zu gewährleisten. Dies gelingt mit den jeweils passenden Arbeitstechniken und Verfahren und nicht zuletzt durch Nutzung moderner, ergonomisch und ökologisch ausgereifter Technik für die Klein- und Großküche.

Der professionelle und wertschätzende Umgang mit Lebensmitteln und den entsprechenden Geräten erfordert angewandtes Fachwissen. Stets ins Blickfeld gehören dabei auch Arbeitsschutz, Hygiene, Effizienz, Ökologie und Wirtschaftlichkeit. Nachhaltiges Arbeiten ist im Umgang mit Lebensmitteln eine Pflicht. Mit Appetit sollen die Tischgäste essen. Deshalb sollten die Speise ansprechend angerichtet, serviert werden.

2.1 Arbeitstechniken zur Verarbeitung von Lebensmitteln

Egal, ob wir eine knackige Karotte roh essen möchten oder ein schmackhaftes gegartes Karottenpüree zubereiten wollen, alle Lebensmittel, die zum Verzehr bestimmt sind, müssen zuerst vorbereitet werden. Schon kleine Fehler können immense Auswirkungen auf die Qualität des Endproduktes haben. Durch die richtige Anwendung verschiedener Arbeitstechniken, durch ein umfangreiches Wissen über Lebensmittel sowie durch Kenntnisse zu Geräten und Hilfsmitteln ist jedoch ein gutes Ergebnis erreichbar.
Techniken, die fachlich richtig angewendet werden, sparen nicht nur Zeit und Kraft, sie schützen auch vor Verletzungen. Besonders in der Hauswirtschaft sind regelmäßig wiederkehrende Arbeiten nicht selten. Diese Automatisierung schafft Sicherheit und Professionalisierung.

2.1.1 Lebensmittel vorbereiten

Waschen

Bei allen „erdbehafteten" Lebensmitteln gilt die Regel:

waschen → **schälen, putzen** → **waschen**

Erst danach kann mit dem Weiterverarbeiten (Zerkleinern, Mischen etc.) begonnen werden. Halten Sie die Reihenfolge von rechts nach links am Arbeitsplatz ein und arbeiten Sie nicht über Kreuz. Linkshänder können in der entgegengesetzten Richtung arbeiten.
Vor dem ersten Waschen werden die äußeren Blätter, Wurzelenden oder sehr grobe Teile entfernt. Salate, Gemüse oder Kräuter werden noch vor dem Zerkleinern gewaschen, um den Vitamin- und Mineralstoffverlust niedrig zu halten.

Beim Waschgang nach dem Putzen bzw. Schälen können noch anhaftende Rückstände von Spritz-, Dünge- oder Lagerungsmitteln sowie letzte mögliche Erdbehaftungen entfernt werden.

Lebensmittel mit feiner Struktur werden vor dem Zerkleinern gewaschen.

Kräuter werden unter fließendem Wasser gewaschen.

Man unterscheidet:

Waschen im stehenden Wasser

↓

Dazu gehören empfindliche Salate und Obst oder Gemüse mit einem feinen Bindegewebe. Das Waschen erfolgt im stehenden, etwa 12 °C kalten Wasser.

Waschen unter fließendem Wasser

↓

Alle Gemüse mit fester Struktur werden unter fließendem, circa 12 °C kaltem Wasser gewaschen, um Sand oder anderen Schmutz auszulösen.

■ TIPP:

- Bei Lauch, aber auch bei Kohlköpfen kann es erforderlich werden, dass Sie das Gemüse längs aufschneiden müssen, um Schmutzpartikel mit dem fließenden Wasser auszuschwemmen. Der Wurzelansatz hält während des Waschens das Gemüse zusammen. Halten Sie den Wurzelansatz nach oben, damit der Schmutz auslaufen kann. Das Wasser läuft zwischen den einzelnen Blattschichten hindurch und entfernt so auch feine Erdanhaftungen und Schmutzpartikel.
- Wässern Sie Blumenkohl oder Brokkoli, der als Kohlkopf im Ganzen angerichtet und serviert werden soll, im stehenden Salzwasser. Der Strunk sollte nach oben zeigen, damit Raupen oder andere Kleinlebewesen herauskrabbeln oder -schwimmen können.

Lauch waschen

- Schleudern Sie Salat und Obst vor dem Anrichten oder dem Weiterverarbeiten. Kräuter, wie etwa Petersilie oder Dill, schütteln Sie nach dem Waschen und vor dem Zerkleinern gut aus. Gemüse können Sie tropfnass zum Dünsten in das entsprechende Gargerät geben.
- Lassen Sie Lebensmittel nicht im Wasser liegen.
- Verarbeiten Sie geputztes und gewaschenes Obst und Gemüse möglichst rasch weiter oder lagern Sie es andernfalls kühl und dunkel.

Blumenkohl

AUFGABE

Salat, Gemüse und Kräuter sollen für das Abendbuffet gewaschen werden. Überlegen Sie, ob im stehenden oder fließenden Wasser.
Planen Sie die Durchführung für folgende Lebensmittel:
Tomaten, Kopfsalat, Petersilie, Karotten, Eisbergsalat, Gurke, Feldsalat.

Schälen und Putzen

Beim Putzen von Obst oder Gemüse werden die für den Verbrauch wertlosen Bestandteile entfernt, etwa Wurzelenden, Kerngehäuse oder schadhafte Stellen. Unter Schälen versteht man das Entfernen von feinhäutigen Schalen.
Putzarbeiten können Sie mit einem Schälmesser erledigen. Für Schälarbeiten wird grundsätzlich der Sparschäler eingesetzt (siehe Seite 74). Das ermöglicht ein sehr dünnes Schälen, weil sich unter der Schale meist wertvolle Nährstoffe befinden. Außerdem ist ein sparsamer Umgang von Lebensmitteln aus wirtschaftlicher Sicht sinnvoll. In Großbetrieben kommen häufig Kartoffelschälmaschinen (siehe Seite 108) oder andere Geräte zum Einsatz.

Weichen

LERNFELD 5

Getrockneten Hülsenfrüchten, Dörrobst oder Getreide kann das durch Trocknen (siehe Seite 312) entzogene Wasser wieder zugeführt werden, wenn man es für mehrere Stunden weicht. Die Wassermenge sollte auf das Lebensmittel abgestimmt sein. Jedes getrocknete Lebensmittel kann, je nach Trocknungsgrad, mindestens 50 %, höchstens 80 % Flüssigkeit aufnehmen. Um die in das Weichwasser ausgeschwemmten Nährstoffe zu erhalten, wird das Weichwasser bei der weiteren Verarbeitung möglichst mitverwendet.

Beispiel: Für manche Rezepturen benötigen Sie schalenlose Früchte, das gilt beispielsweise für Tomaten. Mit einem Schälmesser würde die unter der Haut liegende Struktur der weichen Frucht beschädigt. Hier bietet sich das Blanchieren an. Die straffe Haut der Tomaten ritzen Sie über Kreuz ein. Dann tauchen Sie die Tomaten für zwei Sekunden in kochendes Wasser und schrecken sie anschließend ab. Nun können Sie die Schale mühelos abziehen.

Blanchieren

Durch Blanchieren werden Lebensmittel für weitere Bearbeitungsverfahren vorbereitet. Das entsprechende Gemüse wird für mindestens zwei Sekunden in kochendes Wasser gegeben. Ein anschließendes Tauchbad in eiskaltem Wasser unterbricht den begonnenen Garprozess.
Blanchieren lässt sehr geringe Nährstoffverluste zu. Zudem wird z. B. die Farbe des Lebensmittels bei der anschließenden Weiterverarbeitung, sei es Dünsten oder Tiefgefrieren, erhalten.

Eingeritzte Tomaten

Tomaten in Eiswasser abschrecken

Tomaten abziehen

2.1.2 Lebensmittel schneiden und zerkleinern

Arbeitsgeräte zum Schneiden

Schneiden verändert die Form der Lebensmittel. Für perfekte Ergebnisse gibt es spezielle Messer mit unterschiedlichen Eigenschaften. Zur professionellen Grundausstattung gehört ein festes Sortiment.

① ② ③ ④ ⑤ ⑥ ⑦ ⑧ ⑨

① Kochmesser

setzt man universal zum Schneiden von Fleisch, Fisch, Gemüse, Obst oder Zwiebeln ein. Die Schneide kann eine Länge von 16 bis 26 cm haben. Profis benutzen für alle Schneidearbeiten nur das Kochmesser. Es ist damit das wichtigste Messer.

Die Messergröße muss der Handgröße angepasst sein. Ein Kochmesser „passt“ ideal, wenn der Griff, auf dem Brett aufliegend, mit der Hand umschlossen werden kann. Bei der Schneidebewegung dürfen die Fingerknochen das Brett nicht berühren.

② Brotmesser

finden ihren Einsatz zum Schneiden von Brot, Brötchen oder trockenem Kuchen. Die bis zu 30 cm lange Klinge sollte länger als der Brotlaib sein. Wichtig: Mit diesem Messer wird gesägt, nicht geschnitten!

③ Gemüsemesser

sind nicht zum Schneiden geeignet. Sie dienen nur der Vorbereitung der Lebensmittel. Anschließend wird mit dem Kochmesser weitergearbeitet. Die gerade Klinge eines Gemüsemessers ist zwischen 7 und 12 cm lang.

④ Schälmesser

mit ihrer leicht gebogenen Klinge von etwa 6 cm werden zum Putzen und Pellen von Gemüse, Zwiebeln oder Knoblauch verwendet.

⑤ Buntmesser

haben eine 10 cm lange, geriffelte Schneide in Zickzackform. Sie eignen sich hervorragend zum Verzieren von gegartem Gemüse.

⑥ Ausbeinmesser

sind dann zur Anschaffung ratsam, wenn häufig große Stücke Fleisch (z. B. Fleischkeulen, Fleischschulter, Hühnerbrust) entbeint und vorbereitet werden müssen.

⑦ Wetz- oder Abziehstahl

eignet sich zum regelmäßigen Schärfen aller Küchenmesser. Hier gibt es unterschiedliche Qualitäten – bis hin zum Keramikwetzschärfer.

⑧ Sparschäler

gibt es für Rechts- und Linkshänder in unterschiedlichen Formen. Sie ermöglichen ein sehr sparsames Entfernen von Obst-, Gemüse- und Kartoffelschalen.

⑨ Tomatenmesser

gibt es sowohl mit und ohne Spitze als auch in unterschiedlichen Formen. Während des „Sägens“ wird das weiche Fruchtfleisch der Tomaten nicht zerdrückt.

■ TIPP:

- Nur ein gut geschärftes Messer ist ein gutes Messer. Schärfen Sie das vorgesehene Messer deshalb regelmäßig, am besten sogar vor jedem Gebrauch.
- Spülen Sie Messer stets von Hand. Sie werden sonst schnell stumpf.
- Bewahren Sie Messer in einem Messerblock, in einer Messertasche nebeneinander liegend oder mittels einer Magnetschiene zum Aufhängen auf. So sind sie jederzeit griffbereit und die Klingen können sich nicht gegenseitig abstumpfen.

Schneidtechniken

Beim Schneiden bleibt die Messerspitze auf dem Brett. Durch eine Wiegebewegung wird das Messer herangezogen, auf das Brett gedrückt und wieder vom Körper weg geschoben. Die andere Hand hält das Schneidgut mit dem Krallen- bzw. Pfötchengriff fest.

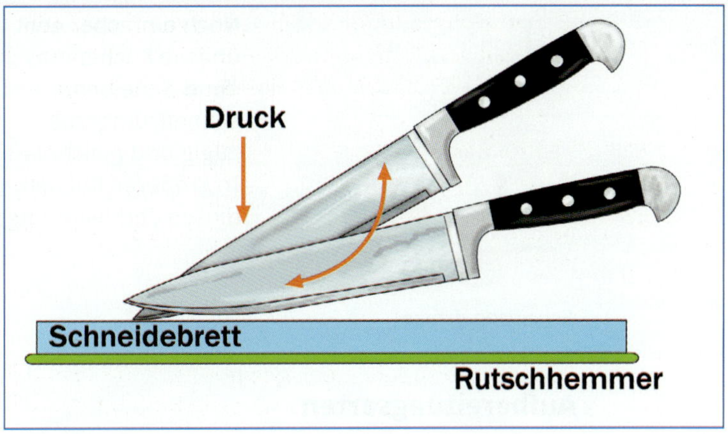

Schneidtechnik

Zur eigenen Sicherheit wird das Schneidebrett mit einem Rutschhemmer oder einem feuchten Tuch unterlegt. Das Brett kann dadurch nicht wegrutschen und liegt fest auf der Arbeitsplatte auf. Grundsätzlich wird das Lebensmittel auf einer Auflagefläche geschnitten.

Tunnelgriff

Beim Schneiden von Scheiben und Streifen wird das Schneidgut mit dem Tunnelgriff festgehalten.

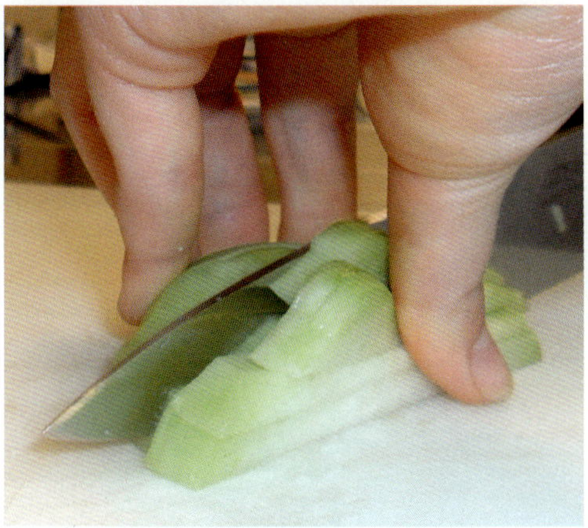

Streifenschneiden

Krallen- bzw. Pfötchengriff

Zum Schneiden von Würfeln hält man das Lebensmittel mit dem Krallen- bzw. Pfötchengriff fest.

Würfelschneiden

Zerkleinerungstechniken

Lebensmittel werden nicht nur geschnitten, sondern können auch gehobelt, geraspelt oder gerieben werden. Für kleine Mengen eignet sich eine Vierkantreibe hervorragend. Sie steht fest und sicher auf einem Brett auf und muss nicht mühsam gehalten werden.

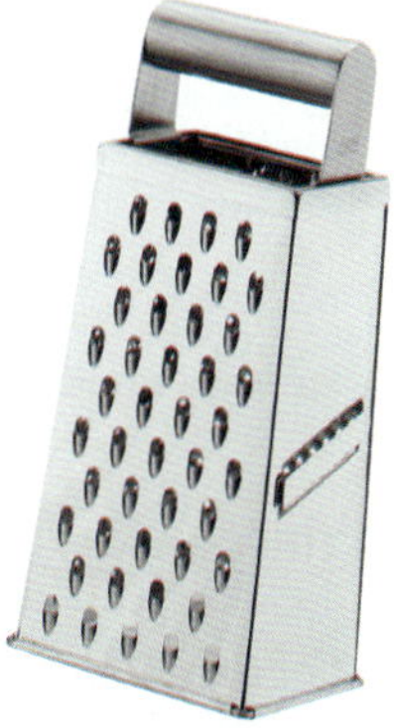

Vierkantreibe

Scheibenaufsätze

Noch einfacher geht es mit einer Küchenmaschine. Jede haushaltsübliche Küchenmaschine bietet in ihrem Zubehörsortiment verschiedene Scheibenaufsätze an. Das Gerät ist durch wenige Handgriffe schnell umgerüstet, sodass die Zerkleinerungsarbeiten mühelos, zügig und gleichmäßig mit Maschinenkraft erledigt werden können. In größeren Küchen, die überwiegend Frischkost verarbeiten, gehört dieses Zerkleinerungszubehör zur Standardausstattung.

Aufbereitungsarten

Panieren

Panieren ist das Ummanteln von flachen, vorbereiteten Lebensmitteln. In der Praxis wird vorwiegend Fleisch oder Fisch paniert, doch auch Gemüse eignet sich.
Durch die Panade wird das Bratgut gehalt- und geschmackvoller. Der Fleischsaft kann beim Braten nicht austreten, da das Fleisch durch die Panade „verschlossen" ist. Nicht zuletzt dient das Bratfett, was während des Bratens von der Panade aufgenommen wird, als Geschmacksträger. Verrührtes Ei übernimmt die Funktion des „Klebers" und verfeinert nochmals den Geschmack.

Klassische Panierstraße: Mehl – Ei – Panade.

Bekannte Panaden	
Wiener Panade	Gargut zuerst in Mehl, dann in verrührtem Ei und zuletzt in Paniermehl wenden. Alles fest andrücken.
Mailänder Panade	Gargut zuerst in Mehl und dann in verrührtem Ei wenden. Das Paniermehl mit geriebenem Parmesan vermischen und das Gargut zuletzt darin wälzen. Alles fest andrücken.
Pariser Panade	Gargut zuerst in Mehl und dann in Ei wenden. Danach direkt braten.

■ TIPP:

- Vor dem Panieren werden die Lebensmittel gewürzt.
- Geflügelfleisch kann nach dem Wenden in Mehl und verrührtem Ei in Cornflakes oder Mandelblättchen gewälzt werden.

- Wenden Sie das panierte Lebensmittel beim Braten nicht mehrfach, weil die Panade dann wie ein Schwamm wirkt, der immer mehr Fett aufsaugt. Außerdem bleibt das Bratstück nicht knusprig.
- Verwenden Sie zum Braten ein hitzebeständiges, wasserfreies Fett (siehe Seite 130).
- Verwendet man statt herkömmlichem Paniermehl das aus dem asiatischen Raum kommende Panko-Mehl, wird das Bratgut durch seine gröbere Struktur viel knuspriger. Es wird aus weißem Brot ohne Kruste hergestellt und wirkt dadurch hell.

Legieren

Legieren dient der Aufwertung von Speisen und kann verschiedene Aufgaben erfüllen.
- In der Kranken- oder Sonderkost hilft es zur Nährstoffaufwertung durch biologisch hochwertiges Eiweiß.
- Bei hellen Suppen, Flammeris oder Ragouts sorgt es für eine Farbveränderung.
- Als Bindemittel kann Eigelb die doppelte Eigengewichtsmenge an Flüssigkeit binden.

Zum Legieren wird nur das Eigelb verwendet. Das bedeutet, die Eier müssen vor dem Verarbeiten getrennt werden.

Schritt 1 *Schritt 2* *Schritt 3*

Das Eigelb wird mit einer Gabel glatt gerührt. Von der heißen, nicht mehr kochenden Flüssigkeit werden zwei bis drei Esslöffel abgenommen und mit der Gabel unter das Eigelb gerührt. Dadurch wird der erforderliche Temperaturausgleich geschaffen. Mit einem Schneebesen werden Eimasse und heiße Flüssigkeit zuletzt gleichmäßig miteinander verrührt. Die Temperatur sollte zwischen 80 °C und 90 °C liegen. Dadurch ist die Gefahr einer möglichen Salmonellenübertragung gebannt. Wichtig: Die Legierung darf nicht mitkochen, da das Eigelb ausflocken (gerinnen) würde!

AUFGABEN

1. Bei Lebensmitteln wird vor dem Zerkleinern zuerst eine Auflagefläche geschnitten. Begründen Sie diese Aussage.
2. Für Ratatouille (siehe Seite 87) wird Gemüse in unterschiedliche Formen geschnitten. Beschreiben Sie, wie das Gemüse zum Dünsten vorbereitet wird.
3. Bereiten Sie für ein Abendbüfett drei verschiedene Rohkostsalate zu. Setzen Sie jeweils für die Hälfte der Lebensmittel einmal die Küchenmaschine und einmal das Kochmesser ein. Vergleichen Sie den Zeitaufwand und die Ergebnisqualität.

2.1.3 Vermischungstechniken

Als Arbeitsgeräte zum Vermischen von Zutaten werden vorwiegend das Handrührgerät, die Küchenmaschine, das Mixglas oder der Pürierstab eingesetzt. Zum Unterheben von Lebensmitteln benutzt man einen Schneebesen oder einen Pfannenwender (Küchenfreund). Diese Arbeitsgeräte liegen gut in der Hand und das Arbeiten damit lässt die vorher eingearbeitete Luft nicht entweichen.

Schlagen

Beim Schlagen wird Luft in das Lebensmittel eingeschlagen bzw. eingearbeitet. Man setzt die Technik zur Herstellung von Biskuitteig, Schlagsahne, Eischnee oder auch Mayonnaise ein.

Unterheben

Beim Unterheben wird unter eine luftige Masse sehr vorsichtig eine weitere Zutat gemischt. Biskuitteig, Eischnee oder Sahne behalten so ihre locker-luftige Konsistenz.

Rühren

Rühren ist das gleichmäßige Vermischen von verschiedenen Lebensmitteln mittelfester Konsistenz. Zur Herstellung eines Rührkuchenteigs oder Flammeris, aber auch zum Binden einer Soße wird die Rührtechnik eingesetzt.

Kneten

Beim Kneten werden schwere Lebensmittel miteinander vermischt. Hierbei wird mit Druck gearbeitet und wenig Flüssigkeit zugegeben. Hefeteig, Quarkölteig, Knetteig allgemein oder Nudelteig sind Beispiele, die durch Kneten hergestellt werden. Kneten kann in Handarbeit geschehen oder mithilfe von Küchengeräten.

Mixen

Rotierende Messer verbinden beim Mixen verschiedene Lebensmittel unter Zugabe von viel Flüssigkeit miteinander. Milchmixgetränke oder Mayonnaise können auf diese Weise hergestellt werden.

Pürieren

Für das Pürieren von (zumeist) gegarten Lebensmitteln verwendet man einen Pürierstab (Zauberstab). Eine kleine, sehr weich gegarte Menge Obst oder Gemüse kann auch durch ein Sieb gedrückt oder mit einer „flotten Lotte“ zerkleinert werden. Apfelmus oder Babygemüsebrei werden durch Pürieren hergestellt.

Passieren

Passieren ist das Zerkleinern von meist rohen, aber auch von gegarten Lebensmitteln. Als Zerkleinerungsgerät bieten sich ein Fleischwolf oder ein Cutter an. Hackfleisch oder gegartes Fleisch für Krankenkost werden durch Passieren zubereitet.

Emulgieren

Beim Emulgieren wird Fett (meist in Form von Öl) mit einer Flüssigkeit verbunden. Dies geschieht durch schnelles und gleichmäßiges Rühren oder Schlagen. Bei der Herstellung von Mayonnaise oder Salatadressing emulgieren zum Beispiel, meist mithilfe von Senf, die sonst nicht bindenden fett- und wasserhaltigen Zutaten miteinander.

2.1.4 Maße und Gewichte

Eine Digitalwaage (siehe Seite 108) ermöglicht das genaue Abwiegen einzelner Zutaten. Komfortabel ist insbesondere die „Tarafunktion“, denn durch das Betätigen der Tarataste ist ein genaues Zuwiegen möglich, da die Einstellung nach der Abwage einer Zutat jeweils auf null erfolgt.

Abgemessene Mengen aus Messbecher und Litermaß sind Schüttmaße. Achtung: Durch mehrmaliges Aufklopfen werden die eingegebenen Lebensmittel zusammengestaucht. Dies verfälscht das Messergebnis, denn es können Wiegeunterschiede von bis zu 50 g entstehen. Vermeiden Sie beim Abmessen deshalb „Klopfmaße“.

In der Praxis sind für kleinere Mengen nützliche Messhilfen üblich:
1 gehäufter Esslöffel entspricht 20 g.
1 gestrichener Teelöffel entspricht 5 g.
1 Kaffeetasse entspricht 125 ml.

In gewerblichen Küchenbetrieben werden Kellen mit unterschiedlichem Fassungsvermögen als Wiegehilfe oder Maßeinheit verwendet.

Litermaße

1 l =	1,0 l =	1 000 ml
¾ l =	0,75 l =	750 ml
½ l =	0,5 l =	500 ml
¼ l =	0,25 l =	250 ml
⅛ l =	0,125 l =	125 ml

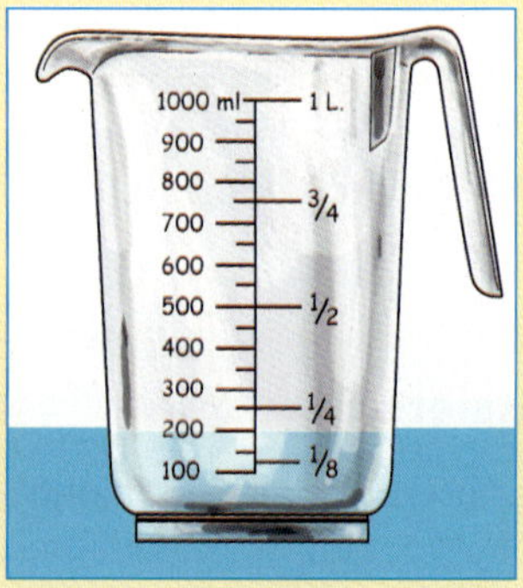

Per Augenmaß

Rationell lassen sich vorgegebene Portionen und Gewichte aus fest abgepackten Gebinden ermitteln. Wenn zum Beispiel eine Margarinepackung insgesamt 250 g enthält und Sie zur Zubereitung eines Gerichts 30 g benötigen, dann teilen Sie das Ganze in Bruchteile auf: Einmal halbieren, dann eine Hälfte vierteln. Ein Viertel der Hälfte entspricht mathematisch zwar exakt 31,25 g, kann aber als Schätzmaß für 30 g bedenkenlos übernommen werden.
Auf die gleiche Weise können Sie auch Mehl abmessen. Werden 250 g Mehl benötigt, dann vierteln Sie den Inhalt einer haushaltsüblichen Mehltüte (Inhalt 1 kg) grob von außen und entnehmen Sie dann die entsprechende Menge.

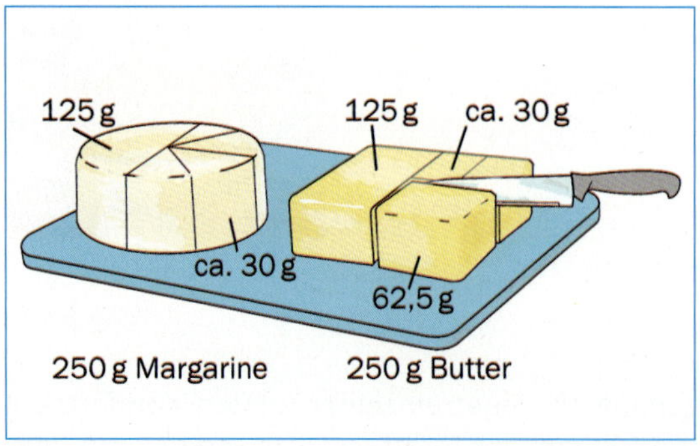

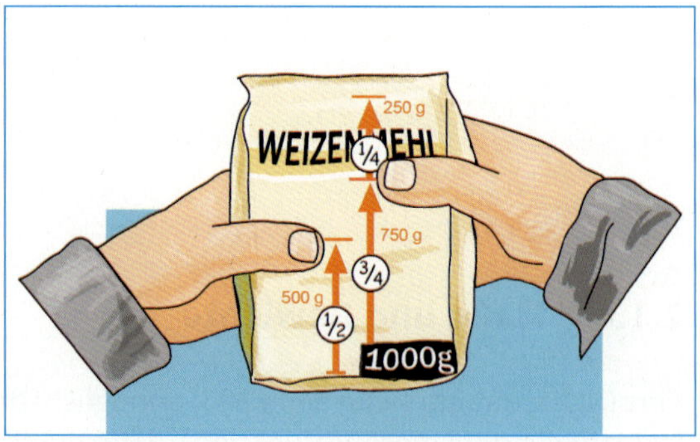

Rezeptangaben

Für die Rezeptangaben ab Seite 82 werden folgende Abkürzungen verwendet:

EL	Esslöffel
TL	Teelöffel
Msp	Messerspitze
Ts	Tasse
Pr	Prise
St	Stück
Pck	Packung/Päckchen
Ds	Dose
GR	Grundrezept (für 4 Personen)

AUFGABEN

1. Im Warenlager der Betriebsküche sind noch 2,4 kg Spaghetti vorrätig. Für das Abendbüfett werden pro Person durchschnittlich 80 g Nudeln berechnet. Führen Sie eine Berechnung durch, ob die Nudeln noch für 30 Personen reichen.
2. Informieren Sie sich, warum ein genaues Abwiegen der Lebensmittel für die jeweiligen Rezepte nötig ist.
3. Für ein Grundrezept Vanilleflammeri benötigen Sie ½ l Milch, 40 g Stärke und 35 g Zucker. Das Rezept reicht für 4 Nachspeisen. Berechnen Sie die Lebensmittelmenge, die Sie für 32 Personen brauchen.

2.2 Gartechniken

Garen bezeichnet alle Techniken, die ein Lebensmittel durch Hitzeeinwirkung für den Menschen besser oder überhaupt erst verdaubar machen. Garen verändert sowohl die Konsistenz als auch das Aussehen eines Lebensmittels.
Eingesetzte Töpfe oder Pfannen (siehe Seite 117) müssen in einem guten Zustand sein. Gut schließbares Kochgeschirr ist für die meisten Gartechniken ideal, denn nur wenn Topf und Deckel richtig zusammenpassen, können die entsprechenden Gartechniken wirksam dabei helfen, die enthaltenen Nährstoffe zu erhalten, aber auch die Umwelt zu schonen und wirtschaftlich zu arbeiten.

2.2.1 Wasserreiche Gartechniken

Kochen

Kochen bedeutet, dass ein Lebensmittel in viel siedender Flüssigkeit gegart wird. Das Lebensmittel ist dabei vollständig mit Flüssigkeit bedeckt. Kochen geschieht bei einer Temperatur von 100 °C. Energiesparend und umweltgerecht arbeiten Sie, wenn Sie das Gargut zwar auf der höchsten Herdstufe zum Kochen bringen, den Herd jedoch – sobald die erste Dampffahne sichtbar ist – sofort auf eine sehr niedrige Einstellungsstufe reduzieren. Dabei bleibt der Topf mit dem Deckel geschlossen.

■ **TIPP:**

- Wollen Sie Lebensmittel für eine Suppe kochen, dann müssen Sie das Gargut direkt ins kalte Wasser geben und zum Kochen bringen. Die Nährstoffe laugen beim langsamen Erhitzen aus und geben der Brühe so ihren Geschmack, z. B. bei Rindfleischbrühe.
- Möchten Sie dagegen gekochtes Fleisch als Beilage anbieten, müssen Sie das Fleisch ins kochende Wasser geben. Die Poren schließen sich dadurch sofort. Der Fleischsaft und die Nährstoffe bleiben im Fleisch erhalten. So behält das Fleisch auch seinen vollen Geschmack.
- Suppengrün ist im Handel oft als Bund erhältlich. Es besteht aus Sellerie, Lauch, Karotte, Zwiebel und Petersilie.
- Die Gewürzdosis wird aus einem kleinen Lorbeerblatt, drei Pfefferkörnern und vier Pimentkörnern zusammengestellt. Diese Menge reicht für 1,5 Liter Wasser.

Klare Gemüsebrühe

1	Zwiebel
500 g	Gemüse der Saison
1	Möhre
1	Stange Lauch/Porree
¼	Sellerie
50 g	Margarine oder Butter
1½ l	Wasser
	Salz, Gewürzdosis
1 EL	Tomatenmark
1 EL	gehackte Petersilie

- Gemüse vorbereiten und etwas gröber schneiden oder raspeln.
- Fett erhitzen und darin das vorbereitete Gemüse für ca. 5 Minuten dünsten.
- Mit der Flüssigkeit ablöschen und die Gewürze mit dem Tomatenmark zugeben.
- Alles 45 Minuten im geschlossenen Topf kochen lassen.
- Zuletzt die Suppe durchsieben und vor dem Anrichten mit der Petersilie bestreuen.

■ **TIPP:** Wenn Sie das Gemüse in gleich große, mundgerechte Stücke schneiden, die Garzeit auf 30 Minuten reduzieren und die Suppe am Schluss nicht durchsieben, können Sie das Gericht als Gemüsesuppe anbieten. Das Gemüse sollte noch etwas Biss haben.

Rindfleischbrühe

300 g	Rinderknochen	1	Möhre
2	Markknochen	1	Zwiebel
500 g	Rindfleisch	1½ l	Wasser
¼	Sellerie		Salz, Gewürzdosis
½ St	Lauch/Porree	1 EL	gehackte Petersilie

- Knochen und Fleisch unter fließendem Wasser waschen.
- Das Gemüse vorbereiten und anschließend grob schneiden oder raspeln.
- Zwiebel mit der Schale gut waschen und im Ganzen mitkochen, das verleiht der Suppe eine goldgelbe Farbe.

- Alle Zutaten im Wasser aufkochen und dann zugedeckt ca. 2 Stunden langsam kochen lassen, d. h. am Siedepunkt halten, aber nicht wallend kochen lassen.
- Das Fleisch aus der Suppe herausnehmen und auskühlen lassen.
- Die Brühe absieben.
- Das Fleisch als Einlage in feine Würfel schneiden und in der Suppe anrichten.
- Alles mit der gehackten Petersilie bestreuen.

Garziehen

Garziehen ist ein langsames Garen in viel, nicht mehr kochender Flüssigkeit. Man sagt: Die Lebensmittel „ziehen gar“ oder sie pochieren bei 70 °C bis 98 °C (unterhalb des Siedepunktes). In diesem Temperaturbereich wallt das Wasser nicht mehr auf, sodass geformte Lebensmittel, wie Hackfleischklößchen, Fisch, Klöße, Brüh- und Kochwürstchen, nicht zerfallen. Das Garziehen kann im offenen Topf oder mit schräg aufliegendem Deckel erfolgen.

Grießnockerln

125 ml	Milch
10 g	Butter
½ TL	Salz
50 g	Grieß
1	Ei
	Muskat nach Geschmack
	klare Brühe oder Salzwasser

- Die Milch aufkochen lassen.
- Butter, Salz, Grieß und Muskat zur Milch geben und so lange rühren, bis ein dicker Grießteig entstanden ist.
- Die Masse etwas abkühlen lassen und mit dem Ei verkneten.
- Mithilfe von zwei Teelöffeln ein Probeklößchen formen und in der Brühe oder dem Salzwasser garziehen lassen.
- Nach der Geschmacks- und Konsistenzprobe aus dem übrigen Teig alle Nockerln formen und ca. 10 Minuten garziehen lassen.

Fleischklößchen als Suppeneinlage

250 g	Hackfleisch
1 kleine	Zwiebel
½	trockenes Brötchen
1	Ei
	Salz, Pfeffer, Paprika
1 EL	fein gehackte Petersilie
	klare Brühe oder Salzwasser

- Brötchen in einer kleinen Schüssel Wasser einweichen.
- Alle Zutaten, auch das ausgedrückte Brötchen, in eine Schüssel geben und zügig miteinander verkneten.
- Mit einem Teelöffel gleichmäßig große Klößchen abstechen und formen.
- Alles ca. 10 Minuten in der vorbereiteten Brühe gar ziehen lassen.

■ TIPP: Dieser Grundteig (½ Grundrezept) ist auch zur Zubereitung von gebratenen Frikadellen geeignet.

■ TIPP: Kinder mögen oft den Geschmack der Zwiebel nicht. Durch das Dünsten schmeckt die Zwiebel nicht so scharf und die gebildeten Röststoffe verleihen ein zusätzliches Aroma. Dünsten Sie deshalb die gewürfelten Zwiebeln in wenig Margarine an, lassen Sie diese etwas abkühlen und verkneten Sie alles mit dem Fleischteig.

■ TIPP: Anstelle des eingeweichten Brötchens können Sie 1 EL Quark oder 1 EL Haferflocken verwenden. So können auch Menschen mit einer Glutenunverträglichkeit Gerichte aus Hackteig essen.

■ TIPP: Als weitere Geschmackszutaten eignen sich Meerrettich oder Senf.

■ TIPP: Die durchsiebte Garflüssigkeit können Sie als Basis für andere Suppen oder Soßen weiterverwenden, denn sie enthält viele der ausgelaugten Nähr- und Geschmacksstoffe. In einem verschlossenen Schraubglas ist die Brühe im Kühlschrank auch mehrere Tage haltbar.

Quellen

Beim Quellen soll das Gargut Wasser aufnehmen. Quellen erfolgt bei einer Temperatur zwischen 70 °C und 95 °C. Der Topf bleibt dabei geschlossen.
Quellfähige Lebensmittel sind Teigwaren, Reis, Getreide wie Weizen, Grünkern, Hirse oder Quinoa (ein Getreide aus den Anden, das wegen seiner vielen Nährstoffe beliebt ist), Sago oder Grieß.
Für die Flüssigkeitszugabe zum Quellen von Getreide gilt die Faustregel: 1 Teil Getreide : 2 Teile Flüssigkeit. Das heißt z. B. 1 Tasse Reis : 2 Tassen Wasser.

Grundrezept für Reis, Hirse oder Quinoa

1	Zwiebel
20 g	Butter
2 Ts	Reis, Hirse oder Quinoa
4 Ts	Wasser
1 TL	Salz

- Reis mit kaltem, Hirse oder Quinoa unter fließendem, heißem Wasser gut waschen.
- Die Zwiebel fein würfeln und im Fett andünsten.
- Getreide dazugeben, mit dem Wasser ablöschen und salzen. Alles aufkochen lassen, Topfdeckel auflegen und 20 Minuten quellen lassen.

Nudeln

1½–2 l	Wasser
2 TL	Salz
250 g	Nudeln
	Margarine oder Butter

- Das Wasser zum Kochen bringen.
- Salz und Nudeln in das Kochwasser geben und – je nach Nudelsorte und Packungshinweis – zwischen 8 und 12 Minuten quellen lassen.
- Die Nudeln dabei öfter umrühren, damit sie nicht aneinanderkleben.
- Die Nudeln nach Ablauf der Garzeit abgießen und mit kaltem Wasser abschrecken.
- Margarine oder Butter im Topf schmelzen lassen und die Nudeln darin schwenken.Dadurch kleben sie nicht aneinander.

■ TIPP: Wenn Sie eine Zwiebel und ein Lorbeerblatt im Wasser mitkochen lassen, erhalten die Nudeln einen intensiveren Geschmack.

2.2.2 Wasserarme Gartechniken

Dämpfen

Dämpfen ist ein wasserarmes und fettfreies Garverfahren. Die Temperatur erreicht beim Dämpfen zwischen 90 °C und 100 °C. Das Gargut liegt nicht im Wasser, sondern wird durch aufsteigenden Dampf gegart. Dazu werden die Lebensmittel auf einen Siebeinsatz oder in einhängbare Garkörbe aus Metall gelegt und so durch den heißen Wasserdampf im geschlossenen Topf von allen Seiten gleichmäßig gegart.
Dämpfen zählt zu den schonenden Garmethoden, weil die Nährstoffe größtenteils im Lebensmittel enthalten bleiben. Weiterer Vorteil: Die Speisen behalten ihren natürlichen Geschmack und ihre Farbe. Durch die fettlose Zubereitungsart eignet sich das Dämpfen besonders für Schonkost oder Diäten.
Zum Dämpfen eignen sich fettarmer Fisch, zartes Gemüse, Kartoffeln oder Klößchen.
In einem Kombidämpfer (siehe Seite 112) lässt sich die Gartechnik Dämpfen hervorragend und komfortabel durchführen.

Das 3-S-Verfahren zur Vorbereitung von Fisch

Das 3-S-Verfahren steht als Abkürzung für eine Vorbereitungstechnik, von Fisch:

säubern → **säuern** → **salzen**

säubern: Den Fisch kalt abwaschen und mit einem Tuch trocken tupfen.

säuern: Den Fisch mit einer Säure, meist Essig oder Zitronensaft, beträufeln und 5 Minuten ruhen lassen. Durch das Säuern beginnt das Eiweiß zu gerinnen. Das Fischfleisch wird fester und behält seine Struktur.

salzen: Salzen entzieht dem Fisch die Feuchtigkeit. Daher erst kurz vor der Zubereitung salzen, damit Nährstoffe nicht auslaugen, sondern erhalten bleiben.

Gedämpfter Fisch

800 g	Fischfilet (z. B. Lachs, Kabeljau, Rotbarsch)
¼ l	Wasser
2 EL	Essig oder Zitronensaft
1	Lorbeerblatt
1 TL	Salz

- Frischfisch zunächst nach dem 3-S-Verfahren vorbereiten.
- Den Fisch auf den Siebeinsatz im Topf legen und – je nach Dicke der Fischstücke – zwischen 10 und 15 Minuten dämpfen. Zum Wasser zuvor das Salz und das Lorbeerblatt zugeben.

■ TIPP: Möchten Sie „Forelle blau" zubereiten, dann salzen Sie den Fisch nur von innen. Fassen Sie die Forelle nur mit nassen Händen an, damit die Schleimschicht der Haut nicht beschädigt wird. Die Blaufärbung ist sonst nicht durchgängig.

Blumenkohl

1	Blumenkohl	1 EL	Zitronensaft
¼ l	Wasser	40 g	Butter
½ TL	Salz		Muskat

- Den Blumenkohl vorbereiten. Dazu die Hüllblätter entfernen, den Kohl putzen und im stehenden Wasser waschen (siehe Seite 71).
- Wasser in einen Topf füllen und den Siebeinsatz auflegen bzw. einhängen.
- Blumenkohl mit dem Strunk nach unten auf einen Siebeinsatz legen. Der Blumenkohl darf nicht im Wasser liegen.
- Den gut schließenden Topfdeckel auflegen und das gesalzene Wasser mit dem Zitronensaft zum Kochen bringen.
- Sobald das Wasser kocht, wird die Herdeinstellung auf eine kleine Stufe reduziert.
- Der Deckel darf während des Dämpfens nicht geöffnet werden, um den Dampfkreislauf nicht zu unterbrechen.
- Je nach Blumenkohlgröße liegt die Garzeit zwischen 15 und 20 Minuten. Wird der Blumenkohl in einzelnen Röschen gegart, verkürzt sich die Garzeit auf höchstens 15 Minuten.
- Die Butter schmelzen und mit etwas Muskat würzen.
- Zum Anrichten wird der Blumenkohl mit der Butter beträufelt.

Dünsten

Dünsten ist die am häufigsten eingesetzte Gartechnik. Sie wird auch die „Königin der Gartechniken" genannt. Dünsten ist ein Garverfahren im geschlossenen Topf. Es ist weitestgehend das Garen im eigenen Saft, weil nur wenig Wasser oder Fett zugegeben werden. Gedünstet wird entweder im Topf auf der Kochstelle oder im Backofen (bei einer Temperatur von etwa 100 °C). Der Topf mit dem Gargut wird auf hoher Stufe erhitzt. Sobald ein Dampffähnchen erkennbar ist, wird das Lebensmittel auf kleinster Stufe fertig gegart. Dünsten erfolgt bei einer Temperatur zwischen 85 °C und 100 °C. Für alle wasserhaltigen Lebensmittel bietet sich diese Gartechnik an. Der Deckel bleibt beim Dünsten geschlossen, damit der Dampfkreislauf nicht unterbrochen wird und keine Flüssigkeit verloren geht.

Apfel- oder Birnenkompott

750–1000 g	Äpfel oder Birnen
1/8 l	Wasser
2 EL	Zucker
	Saft einer halben Zitrone
	Zimtpulver oder 1/2 Zimtstange

- Obst waschen, schälen und das Kerngehäuse entfernen.
- Obst in gleichmäßig große Stücke schneiden.
- Alles zusammen im geschlossenen Kochgeschirr für 15 Minuten dünsten.

Karotten-/Möhrengemüse

1 kg	Karotten/Möhren	1/2 TL	Zucker
40 g	Butter oder Margarine	3 EL	Wasser
1/2 TL	Salz	1 EL	gehackte Petersilie

- Möhren waschen, putzen und in Scheiben schneiden.
- Die Butter oder Margarine im Topf erhitzen und die Möhren darin kurz andünsten.
- Alles würzen, das Wasser angießen und 10 bis 15 Minuten – je nach Dicke der Möhrenscheiben – dünsten.
- Zum Schluss mit der Petersilie bestreuen.

■ TIPP: Bei Gemüse mit fettlöslichen Vitaminen (z. B. alle Grüngemüse wie Spinat oder auch Pilze) sollte auf die Zugabe von Butter oder Margarine nicht verzichtet werden. Nur so können die fettlöslichen Vitamine wie A, D, E und K vom Organismus genutzt werden.

■ TIPP: Möchten Sie das Rezept abwandeln und ein Erbsen-Möhren-Gemüse zubereiten, dann können Sie Tiefkühlerbsen mit den rohen Möhren gemeinsam in etwas Fett andünsten. Beide haben die gleiche Garzeit.

Ratatouille

3	Zwiebeln (gewürfelt)
1 grüne	Paprika (in Streifen geschnitten)
1 große	Aubergine (in Scheiben geschnitten)
1	Zucchino (in Scheiben geschnitten)
4	Tomaten (gewürfelt)
3 EL	Olivenöl
1–2	Knoblauchzehen
	gehackte Petersilie
	nach Belieben Kräuter der Provence
	Salz, Pfeffer

- Gemüse putzen und in mundgerechte Stücke schneiden.
- Tomaten ggf. blanchieren (siehe Seite 73) und enthäuten.
- Den gepressten Knoblauch kurz im Olivenöl andünsten und das Gemüse dazugeben.
- Alles etwa 10 Minuten im geschlossenen Topf dünsten.
- Mit Salz und Pfeffer würzen, mit frischen Kräutern bestreuen und anrichten.

■ **TIPP:** Verwenden Sie gut schließendes Kochgeschirr und reduzieren Sie die Temperatur frühzeitig, um die Zugabe von Wasser zu vermeiden. Das Gemüse schmeckt dadurch intensiver.

Putengeschnetzeltes

30 g	Fett
500 g	Putengeschnetzeltes
200 g	Champignons frisch oder tiefgekühlt
1 EL	Mehl
¼ l	Wasser
1–2 EL	Zitronensaft
	Salz, Pfeffer, Curry
2–3 EL	saure oder süße Sahne

- Fett erhitzen und das Fleisch in kleinen Portionen andünsten.
- Champignons dazugeben.
- Das Gargut mit dem Mehl bestäuben und anschließend mit dem Wasser ablöschen.
- Alles aufkochen lassen und würzen.
- Zuletzt mit der Sahne verfeinern und in der geschlossenen Pfanne für 5 Minuten in der Nachwärme ruhen lassen.

2.2.3 Braten

Braten ist das Garen und Bräunen in ca. 180 °C heißem Fett. Beim Gargut schließen sich durch die große Hitze sofort die Poren und der Geschmack bleibt im Lebensmittel erhalten. Gebraten wird mit offenem Deckel. Fleisch, Fisch oder Kartoffeln eignen sich hervorragend.
Wichtig ist die richtige Auswahl des geeigneten, wasserfreien Bratfetts.

- Der Rauchpunkt sollte sehr hoch sein.
- Zum Braten eignen sich besonders gehärtete Fette oder Butterschmalz.
- Öl verharzt bei hoher Hitze und es bleiben hässliche Flecken in der Pfanne, die nur durch intensives Scheuern wieder entfernt werden können.
- Mithilfe eines Holzstäbchens, das kurz ins heiße Fett gehalten wird, können Sie erkennen, ob das Fett ausreichend erhitzt ist. Restfeuchte, die im Holz gespeichert ist, verdampft dabei und es bilden sich Bläschen am Holz.

Frikadellen

500 g	Hackfleisch, gemischt	1 TL	Senf
1 trockenes	Brötchen		Salz, Pfeffer, Paprika
1	Zwiebel		Paniermehl
1	Ei		Fett zum Braten

- Das trockene Brötchen in Wasser einweichen.
- Die Zwiebel in sehr feine Würfel schneiden, in wenig Fett kurz andünsten, etwas abkühlen lassen und zum Fleisch geben.
- Das ausgedrückte Brötchen, das Ei, die Gewürze und die Fleischmasse miteinander verkneten.
- Eine kleine Probefrikadelle braten, abschmecken und bei Bedarf nachwürzen.
- Den Teig so portionieren, dass gleich große Frikadellen (Fleischklöße) geformt werden können.
- Die geformten Frikadellen in Paniermehl wälzen und in der Pfanne braten (etwas mehr als die mittlere Herdschaltung). Mehrmaliges Wenden vermeiden.

■ TIPP: Unpanierte Frikadellen können Sie in der Fettpfanne ohne Fettzugabe im Konvektomat oder im Backofen auf mittlerer Einschubhöhe für 20 bis 30 Minuten bei 220 °C backen. Die Garzeit richtet sich nach der Dicke der Fleischklöße. Diese fettarme Gartechnik eignet sich für Sonderkostformen.

Schnitzel „Wiener Art“

4	Schweineschnitzel
2 EL	Mehl
1	Ei
5 EL	Paniermehl
	Salz, Pfeffer
	Fett zum Braten
	Zitronenspalten oder -scheiben zum Garnieren

- Das Schnitzelfleisch plätten, salzen, pfeffern und dann panieren (siehe Seite 76).
- Die panierten Schnitzel möglichst rasch nach dem Panieren in das heiße Bratfett geben.
- Das Fleisch wenden Sie, wenn sich am panierten Fleischrand eine leichte Bräunung zeigt.
- Auf der zweiten Seite fertig braten.
- Die fertigen Schnitzel mit Zitronenspalten oder -scheiben garnieren.

■ TIPP: Um eine erhöhte Fettaufnahme in die Panade zu vermeiden, sollten Sie ein mehrmaliges Wenden des Fleisches vermeiden.

2.2.4 Schmoren

Schmoren ist eine Kombination aus Braten und Dünsten. Das Gargut wird zuerst rundherum in wenig hoch erhitzbarem Fett bei ca. 180 °C scharf angebraten. Ist das Fleisch gebräunt, kommen Wurzelgemüse und Zwiebeln hinzu. Danach wird mit warmem – idealerweise mit heißem – Wasser abgelöscht.
Der Deckel bleibt beim Braten offen und wird beim anschließenden Schmoren geschlossen. Dazu wird im Schmortopf entweder auf der Herdplatte auf kleiner Stufe oder im Backofen bei 130 °C bis 140 °C fertig gegart. Die Garzeit richtet sich nach der Dicke des Garguts.

Rouladen

4	Rouladen
	Senf
	Salz, Pfeffer
2 kleine	Zwiebeln
4 Scheiben	Schinkenspeck <u>oder</u>
200 g	Rinderhackfleisch
¼ l heißes	Wasser
1 EL	Mehl
	Fett zum Braten

- Das Fleisch waschen und trocken tupfen.
- Die ausgelegten Rouladen mit Senf bestreichen und mit Salz und Pfeffer würzen.
- Entweder je eine Scheibe Schinkenspeck auflegen oder mit dem Hackfleisch bestreichen und darauf die gewürfelten Zwiebeln verteilen.
- Die Rouladen an den langen Seiten etwas einschlagen und anschließend von einer (schmalen) Seite aus fest aufrollen. Alles mit Rouladennadeln zusammenstecken.
- Rouladen im Fett von allen Seiten anbraten.
- Sobald die Rouladen schön gebräunt sind, mit heißem Wasser ablöschen.
- Alles 50 bis 70 Minuten im geschlossenen Topf schmoren.
- Rouladen aus der Flüssigkeit nehmen und warm stellen.
- Die Soße mit kalt angerührtem Mehl binden und abschmecken.

■ **TIPP:** Rühren Sie das Mehl zuerst sehr sorgfältig in etwas kaltem Wasser glatt. Um eine Klümpchenbildung zu vermeiden, sollten Sie beim Einrühren mit dem Schneebesen zügig arbeiten.

■ **TIPP:** Essiggurken in Scheiben und Paprika in Stücken verleihen dem Gericht einen pikanten Geschmack.

2.2.5 Frittieren

Frittieren ist das Garen in viel heißem Fett. Das Gargut schwimmt im 160 °C bis 220 °C heißen Fett. Das bekannteste Frittiergut sind Pommes frites. Es eignen sich jedoch auch kleine Fleisch- oder Fischstücke sowie Gemüse oder Obst im Ausbackteig (Teigmantel) zum Frittieren. Vorfrittierte Waren, wie beispielsweise Schnitzel, können mühelos fertig frittiert werden. Frittiertes schmeckt am besten direkt aus der Friteuse – heiß serviert.

Frittieren ist ein ausgesprochen fettreiches Garen und deshalb nicht für Sonderkostformen geeignet. Achten Sie beim Frittieren darauf, dass das Fett nicht überhitzt, denn es können sich gesundheitsgefährdende Stoffe bilden, wie z. B. Acrylamid, das als bläulicher Rauch sichtbar wird und krebsauslösend ist.

2.2.6 Grillen

Grillen ist das Bräunen und Garen durch Strahlungshitze. Diese Hitze erreicht man entweder mit einem Kontaktgrill, in Backöfen mit integrierter Grillfunktion oder aber mittels eines Tischgrills.
Das Gargut wird bei Temperaturen von bis zu 300 °C gegart. Es eignen sich Fleisch, Fisch, Obst oder Gemüse. Werden Fleisch und Fisch vor dem Grillen mariniert, intensiviert sich zum einen der Geschmack, zum anderen brennt das Grillgut nicht so schnell an. Der Grill sollte gut aufgeheizt sein, denn nur im heißen Grill schließen sich die Poren und der Fleischsaft bleibt im Gargut. Gegrilltes schmeckt am besten direkt von oder aus dem Grill – heiß serviert.
Mageres Fleisch ist auch gegrillt leicht verdaulich und kann deshalb als Sonderkost angeboten werden.
Bringen Sie beim Grillen im Backofen die Türe auf Grillstellung. Der Backofen ist dann nicht komplett geschlossen und Sie können eine Überhitzung vermeiden.

2.2.7 Druckgaren

Druckgaren geschieht in einem Dampfdrucktopf (DDT). Für den Küchenbetrieb können auch eine Dampfdruckpfanne oder ein Dampfdruckkessel eingesetzt werden.
Durch das hermetische Verschließen bzw. Verriegeln von Topf oder Pfanne werden Temperaturen von bis 120 °C erreicht. Diese hohe Temperatur verkürzt die Garzeit um mehr als die Hälfte. Nachteil: Die hohen Temperaturen können die Bindegewebsstruktur von feinem Gemüse zerstören. Das Gemüse zerfällt, ist viel zu weich (matschig) und sieht sehr unansehnlich aus.
Als Lebensmittel bietet sich die Zubereitung von großen Fleischstücken, Hülsenfruchtsuppen oder Kohlgerichten an.

Rote Bohnensuppe oder Chili con Carne

500 g	rote Bohnen
1½ l	Wasser
500 g	Hackfleisch
30 g	Fett
3 große	Zwiebeln
3	Knoblauchzehen
1 Ds	Mais
1 Ds	geschälte Tomaten
	Tomatenmark
	Salz, Pfeffer, Zucker, Chili
1 EL	Crème fraîche

- Die getrockneten Bohnen 25 Minuten im Dampfdrucktopf garen.
- Das Hackfleisch in einer Pfanne oder in einem Bräter anbraten.
- Die gewürfelten Zwiebeln leicht mitbräunen.
- Knoblauch, geschälte Tomaten und die gegarten Bohnen dazugeben und alles scharf abschmecken.

- Beim Servieren kann der Geschmack durch Crème fraîche verfeinert werden.
- Dazu wird frisches Baguette gereicht.

■ **TIPP:** Chili wird durch langes Garen immer schärfer. Schmecken Sie das Gericht deshalb endgültig erst kurz vor dem Anrichten ab.

■ **TIPP:** Wer es bunter liebt, gibt zusätzlich Mais aus der Dose hinzu.

Rheinische Erbsensuppe

500 g	Schälerbsen
2 l	Wasser
1 EL	Salz
1	Suppengrün
500 g	Schweinefleisch (z. B. Rippchen, Bauch, Eisbein oder Mettwürstchen)
250 g	Kartoffeln
	Majoran

- Schälerbsen, Fleisch, Suppengrün, Wasser und Salz im Dampfdrucktopf 35 Minuten kochen lassen.
- Die geschälten und gewürfelten Kartoffeln sowie den Majoran dazugeben.
- Nochmals Druck im Topf aufbauen und alles weitere 5 Minuten kochen.
- Abschmecken und servieren.
- Mit frischem Majoran garnieren.

2.2.8 Niedertemperaturgaren

Niedertemperaturgaren ist eine Gartechnik, die vorwiegend bei Fleisch angewendet wird. Das Fleischstück wird mit einem Kerntemperaturfühler ausgestattet und konstant über mehrere Stunden gegart. Das Gargut bleibt saftig und zart.
Zuerst muss das Fleisch von allen Seiten sehr gut angebraten werden, damit sich die Poren schließen und beim späteren Garen kein Fleischsaft austritt. Anschließend wird das Fleisch in den Garraum geschoben und bei 80 °C mehrere Stunden gegart.
Hat das gegarte Fleisch eine Kerntemperatur von 70 °C erreicht, kann es dem Gast angeboten werden, denn bei 70 °C ist das Eiweiß geronnen und das Fleisch ist verzehrfertig.

2.2.9 Sous Vide Verfahren

Aus der Gourmetküche ist das Sous Vide Verfahren, auch als Vakuumgaren bekannt, nicht mehr wegzudenken. Vorwiegend Fleisch aber auch Gemüse oder Fisch wird vakuumiert und bei Temperaturen bis höchstens 62 C° gegart. Die Vakuumbeutel können über mehrere Stunden im Wasserbad eines Sous Vide Garers bleiben. Kurz vor dem Servieren wird das Fleisch aus der Folie genommen und kurz in der heißen Pfanne von beiden Seiten angebraten. Die so entstandenen Röststoffe geben einem Steak dann den gewünschten Geschmack.

Mögliche Zeiten für das Niedertemperaturgaren

Rinderbraten	5 Stunden bei 70 C°
Ente	6 Stunden Bei 60 °C
Gans	9 Stunden bei 60 °C

AUFGABEN

1. Informieren Sie sich über die Unterschiede zwischen Dünsten und Kochen.
2. Analysieren Sie, warum Dünsten auch als die „Königin der Gartechniken" bezeichnet wird.

2.2.10 Backen

Backen bezeichnet das Garen bei trockener Hitze im geschlossenen Raum (Backofen). In dieser Hitze (Backtemperatur) entsteht zwischen 150 °C und 230 °C die gewünschte Bräunung. Das Backen als Gartechnik nutzt man in erster Linie zur Herstellung von Brot, Brötchen, Pizza und Kuchen oder zum Überbacken von Gerichten und für Aufläufe.
Grundsätzlich soll ein noch heißer Kuchen nach dem Backen für 5 Minuten in der Form ruhen, bevor er vorsichtig aus der Backform gelöst wird, um anschließend auf einem Kuchengitter auszudampfen, zu erkalten und eine knusprige Krume zu behalten.

Teigherstellung

Teige können unterschiedlich hergestellt und weiterverarbeitet werden. Zum Herstellen eines Teigs müssen Lebensmittel vermischt werden (siehe Seite 78 ff.).

Küchenmaschine mit Zubehör

Handrührgerät mit Zubehör

Nützliche Arbeitsgeräte zur Teigherstellung sind das Handrührgerät oder die Küchenmaschine. In Küchenbetrieben erleichtern Großmaschinen das Herstellen und Bearbeiten großer Teigmengen. Das Unterheben (siehe Seite 78) sollte in Handarbeit erfolgen.

Grundregeln zur Teigherstellung
Wiegen und messen Sie alle Zutaten möglichst genau ab.
Erhöhen Sie bei der Verwendung von Vollkornmehl die Flüssigkeitsmenge, denn Vollkornmehle quellen stärker auf. Bei 500 g Mehl benötigen Sie z. B. 50 ml mehr Flüssigkeit.
Überprüfen Sie vor dem Einsatz von Vollkornmehlen deren Frische, denn diese sind weniger lagerfähig als Weißmehle.
Grundsätzlich können Sie Mehl bis zur Hälfte durch Stärke, Nüsse oder Haferflocken ersetzen.
Verwenden Sie zur Teigherstellung feinkörnigen Zucker. Zucker können Sie auch durch Honig ersetzen.
Einen Teil der Margarine können Sie durch Quark ersetzen. Dies empfiehlt sich besonders bei Reduktionskost.
Machen Sie die Garprobe, indem Sie mit einem Holzspieß in die Mitte des Kuchens stechen. Sofern sich am Spieß noch klebrige Teigreste befinden, müssen Sie die Backzeit verlängern.
Nutzen Sie bei Elektrobacköfen für mindestens 5 Minuten die Nachwärme. Das spart Energie.

Vorbereiten der Backform

Die Backform sollte noch vor der Teigherstellung vorbereitet werden, damit Sie nach dem Rühren zügig weiterarbeiten können. Das bedeutet, dass Sie die Form zuerst dünn einfetten und danach mit Mehl, Paniermehl, Nussstreuseln oder Kokosraspeln ausstäuben. Überschüssiges Pulver entfernen Sie. Eine andere Möglichkeit, um ein Anbacken des Teigs an der Form zu verhindern, ist das maßgeschneiderte Auslegen der Backform mit Pergament- oder Backpapier. Wenn Sie das fertige Gebäck mit dem Papier aus der Form heben, können Sie dieses problemlos abziehen, indem Sie das Pergamentpapier dünn mit Wasser bepinseln. Wird Backtrennpapier eingesetzt, muss dies ebenfalls passgenau zugeschnitten sein. Durch eine besondere Beschichtung kann Backtrennpapier mehrmals verwendet werden und, ohne zu befeuchten, vom fertigen Gebäck abgezogen werden.

Sparsamer Zuschnitt von Backpapier

Backformen

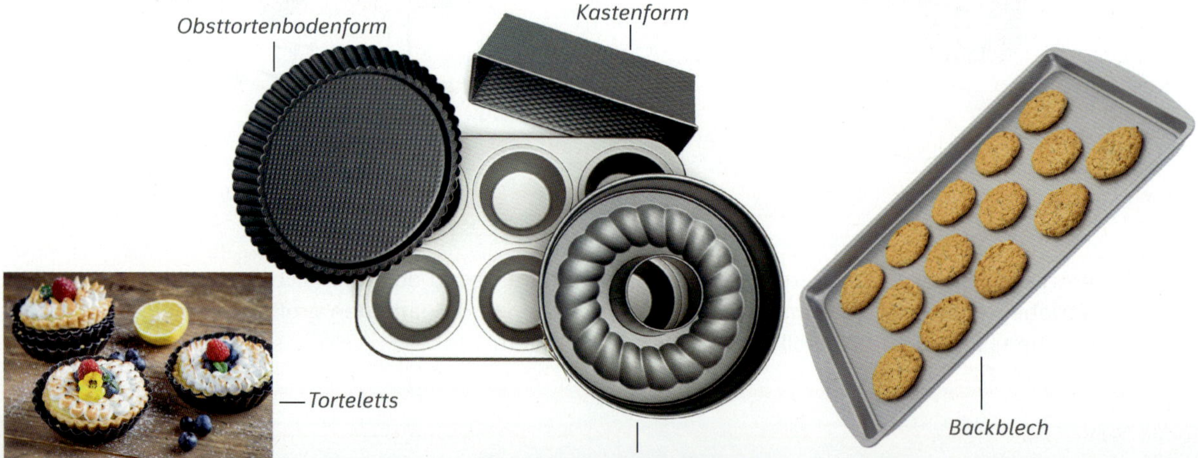

Teigauswahl

Bevor Sie sich für die Herstellung einer passenden Teigart entscheiden, müssen Sie folgende Auswahlkriterien berücksichtigen:

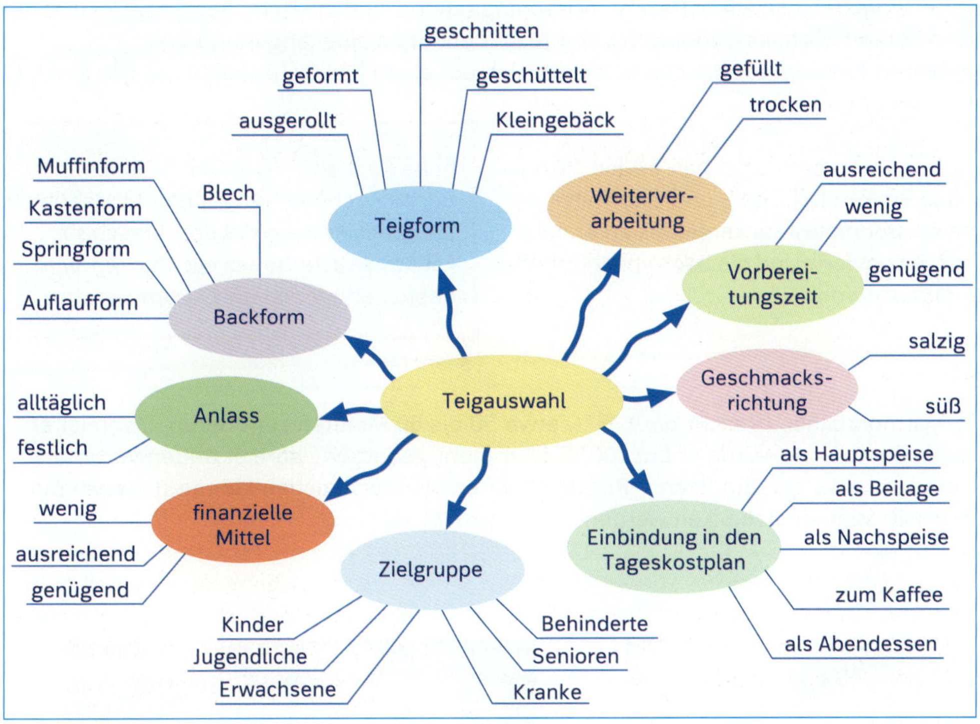

Teiglockerung

Mithilfe von Teiglockerungsmitteln oder durch eine mechanische Teiglockerung lässt sich eine Lockerung des Gebäcks erreichen. Gelockertes Gebäck wird bereits im Mund mit Speichel durchsetzt und spaltet so die ersten Nährstoffe. Der Nahrungsbrei kann auch im weiteren Verdauungstrakt leichter verdaut werden.

Mechanische Teiglockerung	**Teiglockerungsmittel**	
	Anorganische Teiglockerung	**Biologische Teiglockerung**
Kneten Schlagen Rühren Unterrühren	Backpulver Hirschhornsalz Pottasche	Hefen Sauerteig
Durch die mechanische Bearbeitung des Teigs wird Luft zugeführt und eingelagert, die sich beim Backen ausdehnt. Der Teig lockert sich.	In Verbindung mit Flüssigkeit und Wärme entwickeln sich bei diesen Lockerungsmitteln Gase. Dies führt zu einer offenporigen Struktur des Backwerks.	Die Zugabe von Hefen (Reinzuchthefen) bewirkt eine alkoholische Gärung, bei der Zucker in Alkohol und Kohlenstoffdioxid gespaltet wird. Beide Produkte dehnen sich unter Hitzeeinwirkung aus und lockern dadurch das Gebäck.

Grundrezepte

Allgemeine Hinweise zum Umgang mit den Backanleitungen und Rezepten:
- Die Mengen beziehen sich auf eine, dem Rezept entsprechende typische Backform.
- Die Backzeiten variieren bei jedem Rezept. Ausschlaggebend sind die Höhe des Gebäcks und die eingesetzten Zutaten. Schwere oder fettreiche Teige benötigen eine längere Garzeit.
- Die angegebenen Temperaturbereiche beziehen sich auf einen Elektrobackofen mit der Einstellung „Ober- und Unterhitze".

Die empfohlenen Temperaturangaben in den Rezepten sind für das Backen bei Ober- und Unterhitze angegeben. Um ein optimales Backergebnis zu erzielen, ist es ratsam, die Backform und die Backeinschubhöhe aufeinander abzustimmen.

hohe Kuchen → unterer Einschub
flache Kuchen → mittlerer Einschub
überbacken → oberer Einschub
Faustregel: Je höher ein Kuchen wird, desto geringer ist die Gartemperatur.

Beispiel: Ein Marmorkuchen braucht bei 175 °C etwa 50 bis 60 Minuten zum Garen. Dann ist er innen gar und außen braun. Würde er bei 200 °C oder mehr gebacken, wäre er außen verbrannt und innen trotzdem nicht gar. Ein flacher Rührteigkuchen als Blechkuchen könnte dagegen bei 200 °C für 15 bis 20 Minuten gebacken werden.

Hefeteig

Hefeteig kann süß oder salzig sein, je nachdem, welches Gebäck geplant ist. Hefegebäck wird bei hohen Temperaturen zwischen 200 °C und 220 °C gebacken.

Zutaten für einen süßen Hefeteig

500 g	Mehl (Type 550)
40 g	Hefe
80 g	Fett (Butter, Margarine)
60–80 g	Zucker
1 Pr	Salz
¼ l	Milch oder Wasser

Zutaten für einen salzigen Hefeteig

500 g	Mehl (Type 550)
40 g	Hefe
80 g	Fett (Butter, Margarine, Olivenöl)
1 TL	Zucker
1½ TL	Salz, evtl. Kräuter
¼ l	Wasser

Die eingesetzten Hefen als Mikroorganismen benötigen zum Leben Feuchtigkeit, Wärme, Nahrung und Sauerstoff. Entsprechend müssen die Bedingungen bei der Herstellung eines Hefeteigs stimmen. Das bedeutet beispielsweise:

- Alle Zutaten sollten idealerweise nicht direkt aus dem Kühlschrank kommend verarbeitet werden.
- Der direkte Kontakt von zu viel Zucker und Salz entzieht den Hefen das Wasser und zerstört sie.
- Die Flüssigkeit muss genau abgemessen sein. Der Teig ist zu Beginn des Knetens sehr klebrig, löst sich beim Kneten aber dann geschmeidig vom Schüsselrand.
- Fett sollte nie direkt auf die Hefen gegeben werden, denn es umhüllt diese und hemmt deren Wachstum.
- Zum „Gehen" (zur Gärung) vorbereitete Teige müssen zugedeckt, am besten mit einem sauberen Geschirrtuch, an einem möglichst warmen Ort stehen. Zugluft und Überhitzung sind zu vermeiden.
- Will man einen weichen Pizza- oder Kuchenteig herstellen, wird Milch verwendet.
- Soll das Gebäckteil knusprig werden, empfiehlt sich als Flüssigkeitszugabe Wasser.

Die Hefeteigherstellung bietet zwei Verfahren an: die direkte Führung und die indirekte Führung. Durch den Einsatz von leistungsstarken Küchenmaschinen erfolgt vorwiegend die Teigherstellung nach der direkten Führung. Alle Lebensmittel werden dabei auf einmal miteinander verknetet. Die Hefe kann dann im fertigen gemischten Teig einmal gehen. Der sogenannte Vorteig entfällt.
Bei der indirekten Führung bekommt die Hefe durch etwas Flüssigkeit, Nahrung und Wärme die Möglichkeit zur Entfaltung und zum Beginn des Gärprozesses. Sie verdoppelt ihr Volumen. Man nennt das „Gehen". Erst dann kommen alle übrigen Zutaten zum Vorteig und werden gemeinsam lange geknetet. Bei fettreichen Teigen und bei Verwendung von Vollkornmehlen (Brote) wird diese Methode bevorzugt eingesetzt.

Direkte Führung

- Arbeitsplatz vorbereiten, alle Zutaten bereitstellen und abwiegen.
- Das Mehl in eine Rührschüssel geben.
- Die Hefe zerbröckeln und zum Mehl geben.
- Alle übrigen Zutaten darauf verteilen. Zuletzt das weiche Fett hinzugeben.
- Alle Zutaten mit dem Knetwerkzeug der Küchenmaschine oder des Handrührgerätes so lange verkneten, bis der Teig glatt ist und sich vom Schüsselrand löst.
- Den Teig abgedeckt bei Raumtemperatur etwa 20 bis 30 Minuten stehen lassen.
- Zugluft vermeiden.
- Den im Volumen vergrößerten Teig nochmals rasch mit der Hand durchkneten und – je nach Rezept – weiterverarbeiten.

Indirekte Führung

- Arbeitsplatz vorbereiten, alle Zutaten bereitstellen und abwiegen.
- Das Mehl in eine Rührschüssel geben und in die Mitte eine Mulde drücken.
- Die Hefe in die Mehlmulde bröckeln.
- Einen Teelöffel Zucker darüberstreuen, den Rest des Zuckers am Schüsselrand über dem Mehl verteilen.
- Etwa die Hälfte der Flüssigkeit in die Mehlmulde und über die Hefe geben.
- Den Vorteig abgedeckt so lange gehen lassen, bis er sein Volumen verdoppelt hat.
- Das kann zwischen 10 und 20 Minuten dauern.
- Dann alle restlichen Zutaten hinzufügen und so lange mit den Knethaken der Küchenmaschine, des Handrührgeräts (oder per Hand) kneten, bis sich der Teig vom Schüsselrand löst.
- Den Hefeteig für weitere 20 Minuten gehen lassen, bis er fast sein doppeltes Volumen erreicht.
- Den Teig nochmals rasch mit der Hand durchkneten und nach Rezept verarbeiten.

TIPP:

- Sofern Sie Vollkornmehl verwenden, setzen Sie 50 ml mehr Flüssigkeit ein.
- Grundsätzlich eignet sich Weizenmehl der Type 550 am besten.
- Mithilfe der Küchenmaschine lässt sich Hefeteig auch mühelos als „All-in-Teig“ (siehe Seite 99) herstellen. Frischhefe können Sie dabei in der Flüssigkeit auflösen und dann den übrigen Zutaten zugeben.
- Wenn Sie Trockenhefe verwenden, dann vermischen Sie diese einfach mit dem Mehl.

Quarkölteig

Zutaten für einen süßen Quarkölteig

300 g	Mehl
1 Pck	Backpulver
150 g	Quark
6 EL	Milch
6 EL	Öl
50–75 g	Zucker
1 Pck	Vanillezucker

Quarkölteig ist – ähnlich dem Hefeteig – ein Knetteig, der durchaus mit der All-in-Methode (siehe Seite 99) hergestellt werden kann. Die Zutaten werden nacheinander nach dem Prinzip „erst trockene, dann nasse Zutaten“ direkt in die Rührschüssel gegeben. Schnell ist der Teig in der Küchenmaschine oder mit dem Handrührgerät vermischt und geknetet. Die Teiglockerung erfolgt hier durch Backpulver.
Auch Quarkölteig kann süß oder salzig zubereitet werden und schmeckt frisch am besten. Es empfiehlt sich, ein neutral schmeckendes Speiseöl zu verwenden. Quarkölteig wird bei Temperaturen zwischen 180 °C und 200 °C gebacken.
Quarkölteig eignet sich gut für Pizza, Brötchen oder Kleingebäck. Quarkölteig können Sie formen oder ausrollen.

Mürbeteig

Der Name des Mürbeteigs beschreibt seine Teigkonsistenz. Bei richtiger und schneller Verarbeitung der möglichst kalten Zutaten und beim fachgerechten Abbacken wird das Gebackene angenehm mürbe.

Mürbeteig ist ein sehr fettreicher Teig, der sowohl süß für Kuchen und Plätzchen als auch salzig für herzhaftes Knabbergebäck, Gemüsekuchen oder Quiches hergestellt werden kann.
Der Teig sollte gut gekühlt sein, bevor er bei hoher Hitze gebacken wird. Dadurch wird ein Verlaufen des Teiges, vor allem bei Plätzchen, verhindert. Die Herstellung von nur einem Grundrezept kann gut und einfach per Hand auf einer sauberen Arbeitsplatte erfolgen, größere Mengen wären zu kraftaufwendig. Einfach lässt sich Mürbeteig nach der All-in-Methode (siehe unten) herstellen.
Mürbeteig wird bei Temperaturen zwischen 180 °C und 200 °C gebacken.

Zutaten für einen süßen Mürbeteig

300 g	Mehl
½ TL	Backpulver
1 Pr	Salz
100 g	feiner Zucker
1 Pck	Vanillezucker
1	Ei
200 g	Butter oder Margarine

Zutaten für einen salzigen Mürbeteig

300 g	Mehl
½ TL	Backpulver
1 Pr	Zucker
1 TL	Salz
1	Ei
200 g	Butter oder Margarine

All-in-Methode zur Teigherstellung

Die meisten Teigarten eignen sich zur Herstellung mit der All-in-Methode, etwa Quarkölteig, Hefeteig, Mürbeteig oder Rührteig. Die Methode ist simpel:

- Alle Zutaten abwiegen und nacheinander in eine Rührschüssel geben. Die Reihenfolge erfolgt von trocken nach nass. Das heißt: Zuerst das Mehl mit dem Backpulver, den Zucker mit dem Vanillezucker und dem Salz, danach das Ei in die Schüssel geben.
- Die Butter oder Margarine in Flöckchen auf dem Rand der trockenen Zutaten verteilen.
- Alle Zutaten mit den Knethaken des Handrührgerätes schnell zu einem glatten Teig verarbeiten.
- Den Teig mit möglichst kalten Händen zu einer Kugel formen und etwa eine halbe Stunde abgedeckt (in Folie eingewickelt) im Kühlschrank durchkühlen lassen.
- Den Backofen vor der weiteren Verarbeitung des Teiges vorheizen.

Mürbeteig per Hand herstellen

- Arbeitsplatz vorbereiten, die Zutaten bereitstellen und abwiegen.
- Das Mehl mit dem Backpulver vermischen und auf der Arbeitsplatte anhäufen. In die Mitte eine Kuhle drücken.
- Zucker, Vanillezucker und Salz auf dem Rand verteilen.
- Das Ei in die Kuhle des „Mehlbergs" gleiten lassen.
- Das Fett in Flöckchen auf den Rand setzen.
- Die Zutaten mit zwei Teigkärtchen von außen nach innen zerhacken.
- Die Teigbrösel rasch mit kalten Händen verkneten und zu einer Kugel formen.
- Alles etwa eine halbe Stunde abgedeckt (in Folie eingewickelt) im Kühlschrank durchkühlen lassen.
- Den Backofen vor der weiteren Verarbeitung des Teiges vorheizen.

Rührteig

Zutaten für einen Rührteig

250 g	weiche Margarine oder Butter
220–250 g	Zucker
1 Pck	Vanillezucker
	Geschmackszutaten (z. B. Zitronensaft, Bittermandel)
5	Eier
500 g	Mehl
1 Pck	Backpulver
125 ml	Milch

Teigherstellung

- Arbeitsplatz vorbereiten, Backform einfetten und bestäuben und den Backofen vorheizen. Alle Zutaten bereitstellen und abwiegen.
- Die Margarine oder Butter schaumig rühren.
- Den Zucker, den Vanillezucker und die Geschmackszutaten hinzufügen und so lange rühren, bis eine weißliche Masse entstanden ist. Es dürfen keine Zuckerkristalle mehr zu spüren sein.
- Die Eier nach und nach unter Rühren zugeben.
- Das mit dem Backpulver vermischte Mehl und die Flüssigkeit zur Teigmasse hinzufügen und alles rasch zu einem glatten Teig verrühren.
- Den fertigen, schwer tropfenden Teig unmittelbar in die vorbereitete Form füllen und im vorgeheizten Backofen abbacken. Rührteig wird bei Temperaturen zwischen 160 °C und 180 °C gebacken.

■ TIPP:

- Rührteig können Sie gut nach der All-in-Methode (siehe Seite 99) herstellen. Dazu geben Sie alle Zutaten nacheinander (von „trocken nach nass“) direkt in die Rührschüssel und verrühren alles mit der Küchenmaschine.
- In der Regel wird Mehl der Type 405 verwendet. Bei Mehl mit höherem *Ausmahlungsgrad* müssen Sie die Flüssigkeitsmenge um 40 ml oder 2 EL erhöhen.
- Einen Teil des Mehls können Sie durch Stärke ersetzen. Der Teig wird dann lockerer.
- Die Milch können Sie durch Buttermilch oder Sahne ersetzen. Grundsätzlich gilt, dass die Flüssigkeit kalt verwendet wird. Das Backpulver verliert sonst seine Wirkung.

Biskuitteig

Zutaten für einen Biskuitteig

2	Eier
50 g	Zucker
50 g	Mehl

Zutaten für einen Wasserbiskuitteig

1	Ei
1 EL	Wasser
50 g	Zucker
1 Pr	Salz
50 g	Mehl
2 Msp	Backpulver

Das Grundrezept reicht für einen Boden in einer „26er"-Springform. Die Anzahl der verwendeten Eier erhöht das Volumen des Biskuitteigs. Entsprechend können Sie folgendermaßen variieren:

2 Eier → Obsttortenboden
4 Eier → mittelhohe Torte
5 Eier → Biskuitrolle
6 Eier → hohe Torte

Teigherstellung mit getrennten Eiern

- Arbeitsplatz vorbereiten, Backform einfetten und bestäuben und den Backofen vorheizen. Alle Zutaten bereitstellen und abwiegen.
- Die Eier trennen.
- Eiweiß und Wasser in einem Rührbecher steif schlagen (Eischnee).
- Eigelb und Zucker in einer Rührschüssel schaumig rühren, bis die Masse eine weißliche Farbe und eine cremige Konsistenz hat.
- Das gesiebte und mit Backpulver vermischte Mehl und den Eischnee vorsichtig und langsam mit einem Schneebesen unterheben.
- Die Teigmasse sofort in die vorbereitete Form füllen und im vorgeheizten Backofen backen. Biskuit wird – je nach Höhe – bei Temperaturen zwischen 180 °C und 200 °C gebacken. Es gilt: Je höher der Kuchen, desto geringer die Temperatur.

■ TIPP:

- Statt die Eier zu trennen und einen Eischnee herzustellen, können Sie auch ganze Eier verwenden. Verrühren Sie dazu die aufgeschlagenen Eier und das Wasser und lassen Sie den Zucker langsam einrieseln.
- Ein Biskuit wird lockerer, wenn Sie die Hälfte des Mehls durch Stärke ersetzen.
- Das Mehl können Sie durch gemahlene Nüsse oder Mandeln ersetzen. Kakao für einen dunklen Biskuitkuchen sieben und vermischen Sie vorher mit dem Mehl.
- Für eine Biskuitrolle legen Sie ein Backblech vorab mit Pergamentpapier aus und lassen es an den Seiten etwas überstehen. Das erleichtert das Stürzen nach dem Backen. Feuchten Sie das Papier zum Ablösen leicht an (Pinsel).
- Halten Sie die kurze Garzeit des Teigs unbedingt ein. Eine zu trocken gewordene Biskuitplatte können Sie „retten", indem Sie Biskuitschnitten herstellen, die Sie mit Obst belegen und mit Sahne garnieren.

Strudelteig

Zutaten für einen Strudelteig

250 g	Mehl
½ TL	Salz
30 g	zerlassene Butter
1	Ei
8 EL	Wasser
20 g	zerlassene Butter zum Bestreichen

Teigherstellung

- Arbeitsplatz vorbereiten. Alle Zutaten bereitstellen und abwiegen.
- Sämtliche Zutaten mit dem Handrührgerät oder mit der Küchenmaschine zu einem glatten, glänzenden Teig verkneten (All-in-Methode, siehe Seite 99).
- Die entstandene Teigkugel in einen gut vorgewärmten Topf legen, mit einem Teil der flüssigen Butter bestreichen. Den Topf gut verschließen.
- Alles 30 Minuten ruhen lassen.
- Den Teig auf einem bemehlten Geschirrtuch so dünn wie möglich ausrollen und dann von der Mitte aus (mit dem Handrücken) dehnen.
- Diesen Vorgang so lange fortsetzen, bis der Teig hauchdünn ist, sodass das Geschirrtuch darunter gut erkennbar ist.
- Den Teig dünn mit einem Teil der zerlassenen Butter bestreichen und anschließend süß oder salzig füllen.
- Alles aufrollen und die Rolle vor dem Abbacken mit der übrigen zerlassenen Butter bestreichen. Bei hoher Temperatur (220 °C) etwa 40 Minuten backen.

Süße Füllung

1½ kg	säuerliche Äpfel
50 g	Zucker
1 TL	Zimt
100 g	gehackte Nüsse oder Mandeln
100 g	Rosinen
50 g	Paniermehl
10 g	Butter zum Bestreichen

- Die Äpfel waschen, schälen, in Spalten schneiden oder raspeln und mit allen Zutaten vermischen. Die Füllmasse auf dem ausliegenden Teig verteilen.
- Die Seitenränder etwas einschlagen und den Teig mithilfe des Geschirrtuchs aufrollen.
- Den Strudel auf dem Blech mit der übrigen Butter bestreichen und dann abbacken.
- Die Äpfel können durch Früchte der Saison ersetzt werden.

Salzige Füllung

500 g	Hackfleisch gemischt
50 g	Schinkenwürfel oder Putenbrust
1	rote Paprika
1 Bd	Frühlingszwiebeln
100 g	geriebener Emmentaler
2	Eier
	Salz, Pfeffer, Paprika
10 g	Butter zum Bestreichen

- Das Hackfleisch scharf anbraten, würzen und etwas abkühlen lassen. Die gewürfelte Paprika und die in Scheiben geschnittenen Frühlingszwiebeln sowie die übrigen Zutaten untermischen und alles auf dem ausliegenden Teig verteilen.
- Die Seitenränder etwas einschlagen und den Teig mithilfe des Geschirrtuchs aufrollen.
- Den Strudel auf dem Blech mit der übrigen Butter bestreichen und dann abbacken.

Brandteig

Zutaten für einen Brandteig

¼ l	Wasser oder Milch
60 g	Margarine oder Butter
2 Pr	Salz
150 g	Mehl
4–5	Eier
1 TL	Backpulver

Teigherstellung

- Arbeitsplatz vorbereiten, alle Zutaten bereitstellen und abwiegen.
- Die Flüssigkeit, das Salz und das Fett in einem Topf zum Kochen bringen.
- Mehl auf einmal in die nicht mehr kochende Flüssigkeit geben und alles zügig verkneten, bis ein glatter, fester Teig entstanden ist.
- Den Teig so lange über den Topfboden wälzen oder rühren, bis er sich allein vom Topfboden löst. Dafür kann die Nachwärme der Herdplatte genutzt werden. Man sagt: „Der Teig ist abgebrannt." Am Topfboden zeigt sich ein weißlicher Belag.
- Den Teig in eine Rührschüssel geben.
- 1 Ei unter die Masse rühren und dann etwas abkühlen lassen.
- Nacheinander und einzeln die restlichen Eier dazugeben und jeweils kneten, bis ein glatter Teig entstanden ist. Der Teig ist fertig, wenn er schwer tropfend vom Löffel fällt. Zuletzt das Backpulver unterrühren und den Teig zu Windbeuteln oder Ähnlichem (am besten mit einem Spritzbeutel) weiterverarbeiten.
- Brandteig wird bei einer Temperatur von 220 °C gebacken.

■ TIPP:

- Brandteig geht während des Backens doppelt so stark auf. Verteilen Sie deshalb die Einzelteile mit ausreichend Abstand voneinander auf dem Backblech.
- Das Teiggerüst des Brandteigs besteht aus Eiweiß, Stärke und Fett. Die Flüssigkeit im Teigstück verdampft. Damit das Gebäck nicht zusammenfällt, muss die Backofentür während des gesamten Backvorgangs geschlossen bleiben.
- Lassen Sie nach dem Backen die übrige Dampfmasse entweichen, indem Sie das Gebäck noch heiß aufschneiden bzw. einen Deckel abschneiden. Lassen Sie das Gebäck auf einem Rost gut auskühlen.
- Werden die Gebäckteile für eine süße Füllung produziert, verwenden Sie als Teigflüssigkeit Milch. Milch lässt das Gebäck farbintensiver werden.
- Werden die Teile als „Fingerfood" mit einer salzigen Füllung angeboten, verwenden Sie bei der Teigherstellung Wasser.

Nudelteig

Zutaten für einen Nudelteig

2	Eier
5 EL	Wasser
2 EL	Öl
½ TL	Salz
	Muskat
250 g	Mehl

Teigherstellung

- Alle Zutaten mit dem Handrührgerät oder mit dem Handballen zu einem glatten, festen Teig verarbeiten. Den Teig vor dem Ausrollen etwas ruhen lassen.
- Den Teig durch eine Nudelmaschine drehen (oder mit dem Nudelholz ausrollen) und – je nach gewünschter Nudelform – schneiden.
- Frische Nudeln haben im kochenden Wasser eine Garzeit von 3 bis 5 Minuten.
- Danach kurz mit kaltem Wasser abschrecken.

TIPP:

- Um bei längerem Stehen der Nudeln ein Zusammenkleben zu verhindern, können Sie die Nudeln vor dem Servieren in etwas ausgelassener Butter oder Margarine schwenken.
- Für hausgemachte Nudeln können Sie verschiedene Mehlsorten einsetzen, z. B. Mehl von Dinkel, Buchweizen oder Roggen. Vollkornmehle quellen mehr auf und benötigen bei der Teigherstellung 1–2 EL mehr Wasser.

AUFGABEN

1. Eine Pizza können Sie sowohl aus Hefeteig als auch aus Quarkölteig zubereiten. Wählen Sie eine Teigart aus und begründen Sie Ihre Entscheidung.
2. Entwerfen Sie einen Arbeitszeitplan für die Herstellung von einem Blech Gemüsepizza und zum Nachtisch Vanilleflammeri mit Himbeeren. Es stehen Ihnen für die Zeitplanung 60 Minuten zur Verfügung.

2.3 Portionierung von Lebensmitteln

Während die Portionierung zur Herstellung von Speisen und Getränken in einem „normalen" Privathaushalt noch relativ überschaubar ist, kann sie sich in der Großversorgung bzw. in der Gemeinschaftsverpflegung als Herausforderung darstellen. Die richtige und gleichmäßige Portionierung ist deshalb ein wichtiges Thema. Jeder Tischgast soll zum einen ausgewogen, seinen Bedürfnissen entsprechend und in ausreichender Menge versorgt werden, zum anderen soll ein hoher Qualitätsstandard der zubereiteten Lebensmittel erreicht und erhalten werden.

Empfohlene Mengen für eine erwachsene, gesunde Person	
Suppe als Vorspeise	bis 200 ml
Suppe als Hauptspeise	bis 500 ml
Eintopf	bis 500 ml
Suppe als Nachspeise	bis 200 ml
pikante Soßen	bis 125 ml
süße Soßen	bis 125 ml
Salate als Beilage	bis 90 g
Rohkost als Beilage	bis 150 g
Mischsalat als Beilage	bis 200 g
Salat als Hauptgericht	bis 400 g
sättigende Salate	bis 100 g
Gemüse	bis 250 g
Kartoffeln als Beilage	bis 100 g
Reis als Beilage	bis 50 g
Nudeln als Beilage	bis 80 g
Nudeln als Hauptspeise	bis 100 g
Klöße als Beilage	bis 200 g
Fischfilet	bis 200 g
Fisch im Ganzen	bis 250 g
Fleisch	bis 150 g
Fleisch mit Knochen	bis 250 g
Flammeri	bis 125 g
Cremes	bis 125 g
Obstsalat	bis 200 g
Mischgetränke	bis 250 ml

Ein Qualitätsmerkmal der Gemeinschaftsverpflegung ist die gleichmäßige Portionierung. So kann Qualität auch messbar werden. Sie zeichnet sich aus durch:

- gleichmäßige Portionsgröße,
- gleichen Geschmack durch Rezepturen,
- gleichmäßiges Aussehen.

Zur Sicherstellung einer gleich bleibenden Qualität werden in der Praxis Portionierungshilfen verwendet. In Großbetrieben können Frikadellen, Klöße oder andere Kleinteile von 20 g bis 250 g mittels Portionierungsgeräten abgewogen und geformt werden. Eine solche Maschine kann bis zu 1500 Teile pro Stunde produzieren. Kellen, Tassen, Löffel oder auch Tortenteiler können als weitere Portionierungshilfen genutzt werden.

AUFGABEN

1. Eine Wandergruppe mit 45 Personen soll mit einer Rheinischen Erbsensuppe (siehe Seite 92) versorgt werden. Als Nachspeise steht ein Vanilleflammeri auf dem Speiseplan. Wie viele Liter Eintopf müssen Sie zubereiten? Welche Lebensmittelmengen verbrauchen Sie für Haupt- und Nachspeise?
2. Überlegen Sie, welche Standards bzgl. der Portionsgröße eine Fastfood-Kette bereitstellt.

2.4 Küchengeräte

Auch wenn „Handarbeit" ihren eigenen Charme hat: Der Einsatz einer Küchenmaschine eignet sich für Großküchen genauso wie für Privathaushalte, denn dadurch kann Kraft und Zeit gespart werden. Im Ergebnis erzielt die Maschine außerdem Gleichmäßigkeit und Genauigkeit.
Das Grundgerät mit einem Motorblock bildet die Basis jeder Küchenmaschine. Je nach Anforderungen in der Einrichtung ist sie vielfältig erweiterbar. In einer Küche, die beispielsweise vorwiegend frisches Gemüse, Kartoffeln oder Obst verarbeitet, sind entsprechende Schneidewerke im täglichen Einsatz.
In der Regel werden Küchengeräte für folgende Arbeiten eingesetzt:

- Rühren und Schlagen
- Schneiden
- Häckseln
- Pürieren
- Pressen mit der Saftpresse
- Zerkleinern mit dem Fleischwolf

2.4.1 Universalgeräte

Küchenmaschinen

Für den Gebrauch in einem Privathaushalt empfiehlt sich die Anschaffung einer Standküchenmaschine. Die Grundausstattung besteht aus einem Aufsatz mit drei Reiben, einer Rührschüssel sowie Knethaken, Rührstäben und einem Schlagbesen. Das Gerät kann zusätzlich mit einer Getreidemühle, einem Fleischwolf oder zusätzlichen Reiben (z. B. Julienne-Schneider, Scheibenschneider) sowie mit einer Saftpresse oder einem Mixaufsatz aufgerüstet werden.

Küchenwaagen

Küchenwaagen dienen dem genauen Abmessen von Zutaten. Waagen finden sich in unterschiedlichen Größen.

Befahrbare Waagen sind vor allem bei der Warenanlieferung im Einsatz, um die Ware unmittelbar auf Gewicht und Menge überprüfen zu können. Es können Mengen von mehr als 150 kg, vereinzelt bis zu 6000 kg, erfasst werden. So können – je nach Einrichtungsgröße – die angelieferten und noch bestückten Rollcontainer gewogen werden. Werden in einer Einrichtung regelmäßig Mengen unter 150 kg abgewogen, lohnt sich der Einbau einer großen Bodenwaage nicht.

Im Küchenbereich verfügt man in der Regel über ein Tischgerät. Damit lassen sich Mengen zwischen 0 und 30 kg exakt abwiegen. Besonderer Vorteil: Durch Drücken der Tarataste ist das Zuwiegen weiterer Zutaten einfach zu handhaben.

Auch kleine Waagen, die für den Haushalt bestimmt sind, arbeiten sehr genau.

2.4.2 Kartoffelschälmaschine

Viele Küchenbetriebe setzen Kartoffelschälmaschinen ein. Diese sind direkt mit einem Wasseranschluss verbunden. Die ungeschälten Kartoffeln werden zunächst in einen Schälkorb gefüllt. Durch das Rotieren des Korbs werden die Kartoffeln immer wieder gegen die Schälfläche des Korbs gedrückt und dadurch abgerieben. Auf diese Weise werden schließlich die Schalen entfernt. Der Wasserzulauf sorgt für das parallele Waschen der Kartoffeln. In einem Nachbearbeitungsgang müssen die geschälten Kartoffeln zuletzt auf schadhafte Stellen und „Augen" überprüft und von Hand bearbeitet werden. Der Handel bietet häufig kombinierte Kartoffel- und Gemüseschälmaschinen an. Die Kartoffelschälmaschine ist mit einem Stärkeabscheider verbunden.

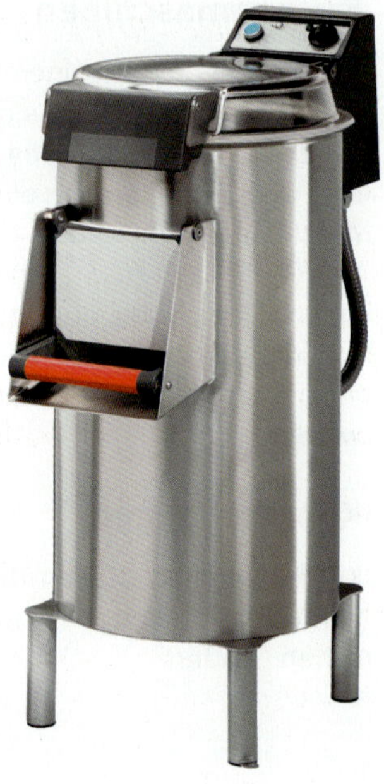

2.5 Gargeräte

2.5.1 Elektroherd mit Gussplatten und Glaskeramik

Jeder Herd zeichnet sich durch integrierte Kochstellen aus, auf denen das Gargut in Töpfen oder Pfannen (siehe Seite 117) erhitzt werden kann. Die Anzahl der Kochstellen variiert je nach Bedarf.

Beispiel: Haushalte mit wenig Platz zum Einrichten einer Küche oder Interimshaushalte (Umzug, Camping) bevorzugen zum Beispiel kleine Geräte mit zwei bis drei Kochplatten. Ein „normaler" Privathaushalt arbeitet in der Regel an einem genormten Herd mit vier Kochstellen, während in Küchenbetrieben Geräte mit sechs und mehr Kochstellen im Einsatz sind.

Kochstellen

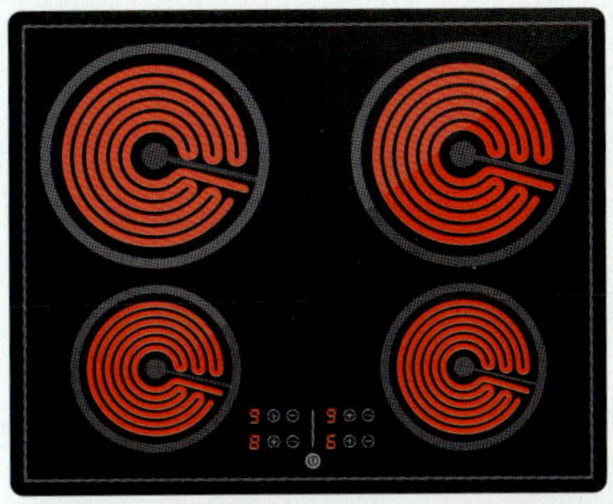

Elektro

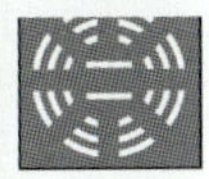

Ceran

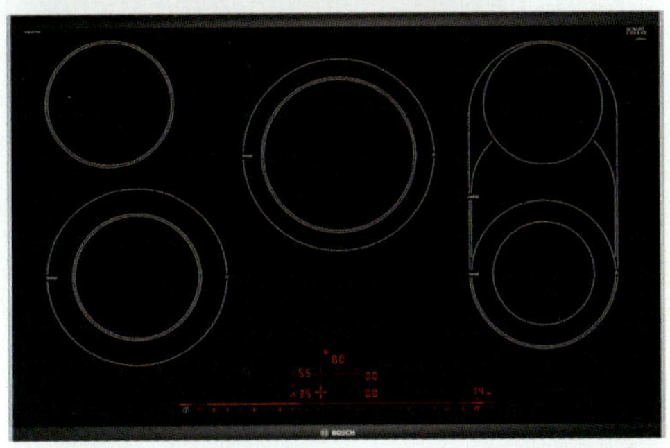

Nicht nur in Privathaushalten, sondern auch in Großküchen und Großhaushalten hat Glaskeramik die Gussplatten weitgehend abgelöst. Nicht allein die einfachere Reinigung, sondern auch die schönere Optik sind dafür mitverantwortlich. Glaskeramik erhitzt sich wesentlich schneller, hält jedoch die Hitze nach dem Ausschalten nicht so lange wie eine Gussplatte. Die Nachwärme kann hier nicht vergleichbar einkalkuliert werden.

Auf höchster Heizstufe können die Platten eine Temperatur von bis zu 550 °C erreichen. Die Glaskeramik hält sogar Schwankungen bis 750 °C aus. Der Vorteil von Glaskeramikkochstellen besteht darin, dass eine Automatik die Stromzufuhr bei einer drohenden Überhitzung abschaltet. Zu einer gefährlichen Überhitzung könnte es zum Beispiel kommen, wenn Herdplatten ohne aufgestellte Töpfe oder Pfannen bzw. ohne Gargut in Betrieb sind.

Moderne Kochfelder sind mit einer elektronischen Topferkennung ausgestattet. Das heißt, nur wenn ein Topf auf einem Heizfeld steht, wird die Kochstelle mit Energie versorgt. Um Energie zu sparen, kann im Bedarfsfall eine zusätzliche Bräterzone oder eine Großtopfplatte zugeschaltet werden. Einige Kochfelder sind mit einer Kontrolllampe für Restwärme ausgestattet, um das Nachgaren zu kontrollieren und um Verbrennungen zu verhindern.

Pflege

Das Kochfeld sollte grundsätzlich nach jeder Benutzung gereinigt werden. Oft reicht es aus, mit einem Tuch und etwas Handspülmittel zu wischen. Übergekochte Speisen können vorher mit einem nassen Tuch eingeweicht werden. Bei größeren und hartnäckigen Verschmutzungen (z. B. eingebrannter Zucker, übergekochte Milch) leistet ein Glas- oder Kunststoffschaber wertvolle Dienste. Beim Einsatz dieses Gerätes sollten Sie vorsichtig sein, um Kratzer im Kochfeld zu vermeiden. Der Handel bietet außerdem unterschiedliche Reinigungsmittel für diese Zwecke an. Es wird empfohlen, keine scheuernden Mittel oder raue Schwämme zu verwenden.

Inbetriebnahme

Jede Kochstelle wird mit einem eigenen Schalter in Betrieb gesetzt. Symbole unter oder neben den Schaltknöpfen zeigen die Kochstellenzugehörigkeit an. Zusätzliche Schalter ermöglichen die erweiterte Inbetriebnahme einer Bräterzone oder einer Großtopfzone. Eine Kontrollleuchte signalisiert die Stromzufuhr. Versenkbare Schaltknöpfe dienen nicht nur dem Kinderschutz, sondern sie erleichtern auch die Reinigung.

Anwendungsbeispiele für 9-Stufen-Schalter

Schaltstufe	Geeignet für
0	Ausstellung
1	Warmhalten, Fortkochen kleinerer Mengen
2–3	Fortkochen
4	Weiterbraten großer Fleischstücke
5–6	Braten
7–8	Braten
9	Ankochen, Anbraten

2.5.2 Gasherd

Gas

Gaskochstellen sind sowohl in Küchenbetrieben als auch in Privathaushalten anzutreffen. Vielfach hat sich bei Hobbyköchen ein Trend in die Richtung entwickelt, dass neben einem Kochplattenherd zusätzliche Gaskochstellen in die Küchenausstattung integriert werden. Das hat seinen Grund: Die Hitzezufuhr kann bei Gaskochstellen gezielter geregelt werden, ein Nachheizen gibt es nicht. Alles Argumente, die für die Zubereitung mancher Gourmetgerichte wichtig sind. Auch im Frontcooking-bereich und für den À-la-carte-Service wird der Gasherd wegen seiner direkten Hitzezufuhr oft eingesetzt.

Die Brennerköpfe werden zentral mit einem Gasgemisch versorgt. Mithilfe einer thermoelektrischen Zündsicherung kann man den Brenner entzünden. Durch Drücken des Schalthebels öffnet sich die Gasleitung und das Gas strömt aus. Die thermoelektrische Zündsicherung löst bei der Taktung einen Funken aus. Dieser lässt das Gas entflammen und sich am Brennerkopf gleichmäßig verteilen.

Die Brennerkopfgröße richtet sich nach der Topfgröße. Für die Auswahl der richtigen Kochstelle zum Topf gilt: Die Flammenspitzen sollten auf keinen Fall über den Topfbodenrand herausragen, denn die Unfallgefahr erhöht sich und wertvolle Energie wird nicht voll genutzt.
Grundsätzlich eignet sich für das Garen auf dem Gasherd jeder Topf. Wichtig: Die Topfgriffe sollten aus nicht brennbarenm und nicht schmelzbarem Material gearbeitet sein (siehe Seite 117).

2.5.3 Elektroherd mit Induktionskochfeld

Induktion

Induktionskochstellen sind auf dem Vormarsch. Gleichermaßen werden sie im Privathaushalt wie auch in Großbetrieben eingesetzt. Die Wärme- und Energieübertragung erfolgt durch ein Magnetfeld in den Boden eines speziellen Kochgeschirrs. Ein Induktionsherd funktioniert nur, wenn der Topfboden magnetisierbar ist. Deshalb ist die richtige Auswahl von Pfannen und Töpfen (siehe Seite 117) unerlässlich.

Ein Induktionsherd besitzt die gleiche Optik wie ein Glaskeramikherd. In der Küche bietet die glatte und unempfindliche Oberfläche darüber hinaus eine zusätzliche Arbeitsfläche. Weil ein Induktionskochfeld keine Wärme speichert, ist es mühelos und unmittelbar nach dem Gebrauch zu reinigen. Meist genügt eine Spülmittellösung, da ein Anbrennen von Lebensmitteln auf der Platte praktisch unmöglich ist.

Eine Induktionskochstelle hilft beim Energiesparen, weil:

- die Platte nur in Verbindung mit einem entsprechenden Topf Energie verbraucht.
- die direkte Hitze genutzt wird und darum eine kurze Ankochzeit erforderlich ist.
- Lebensmittel nicht auf der Oberfläche einbrennen können.

Moderne Kochfelder sparen Energie.

Im Küchenbetrieb ist eine Kombination aus Glaskeramikkochstellen und Induktionskochfeld, z. B. für einen schnellen À-la-carte-Service, empfehlenswert.

Für den Großhaushalt bietet der Handel leider immer noch quadratische Kochstellen an. Dabei heizt die Platte vollständig auf, während wertvolle Energie am runden Topf vorbeigeht, bestenfalls die Küche erhitzt. Im Gegensatz und als Alternative sind bei modernen Induktionskochfeldern für Großküchen pro Kochzone mehrere induktionsgeeignete Töpfe einsetzbar. Dadurch wir nur die Energie verbraucht, die tatsächlich zum Kochen erforderlich ist.

Profiküche der Firma MKN

2.5.4 Backofen

Privathaushalte backen meistens im konventionellen Backofen mit Ober- und Unterhitze oder in einem Heißluftbackofen, gegebenenfalls mit Sonderfunktionen für Grillprogramme. Für den privaten Gebrauch werden außerdem kleinere Kombidämpfer angeboten.

Ein Backofen kann durch Strom oder Gas betrieben werden und ist nicht selten mit einem Kochfeld als Baueinheit integriert.

Heißluft

Auftauen

Ober- und Unterhitze

Oberhitze

Grillen

Grillen mit Heißluft

Beim Backen im Umluftbackofen oder in einem Konvektomaten (siehe unten) kann die ausgewiesene Gartemperatur um 10 °C bis 20 °C reduziert werden. Wegen der gleichmäßigen Luftzirkulation im Backraum ist die Einschubhöhe egal.
Einige Backöfen sind mit einer pyrolytischen Selbstreinigung ausgestattet. Das bedeutet, dass unter hohen Temperaturen von ungefähr 500 °C alle Gebrauchsspuren und Lebensmittelreste (Schmutz) zu Staub „verglühen" und dann mit einem feuchten Tuch als „Aschehäufchen" weggewischt werden können. Diese Selbstreinigungsfunktion erfordert jedoch sehr viel Strom. Die Reinigungszeit liegt bei drei Stunden. Empfehlenswert ist der Einbau eines Backofens auf Arbeitshöhe.

2.5.5 Konvektomat

Ein Konvektomat (auch Kombidämpfer) ermöglicht verschiedene Gartechniken (siehe Seite 81 ff). Das können sein:

Kombidämpfer der Firma MKN

- Kochen
- Dämpfen
- Entfeuchten
- Regenerieren
- Braten
- Niedrigtemperaturgaren
- Grillen

Aufgrund dieser vielfältigen Einsatzmöglichkeiten kann dieses Gerät effizient in jedem Küchenbetrieb eingesetzt werden. Auch für den Privathaushalt werden Kombidämpfer hergestellt und dort gern genutzt. Kombidämpfer gibt es in verschiedenen Größen.

Eigenschaften und Voraussetzungen

- Ein moderner Konvektomat ist programmierbar. Sowohl Art, Gewicht und Gartechnik (z. B. 25 kg, Schweinenackenbraten, Niedertemperaturgaren) werden in einen Handcomputer eingegeben. Das Gerät errechnet den Zeitbedarf und das passende Programm. Per Programmierung kann sowohl der Start als auch das Abschalten des Geräts eingegeben werden.
- Eine Kerntemperaturautomatik, für die ein Temperaturfühler in der Fleischmitte gestochen wird, sorgt dafür, dass das Lebensmittel nicht übergart wird. Der Garraum ist beleuchtet, sodass der Garprozess jederzeit überwacht werden kann. Die Edelstahlaußenwände sind gut isoliert, was ein Energiesparen ermöglicht. Die Tür ist mit einer speziellen Doppelverglasung ausgestattet und lässt sich bei vielen Geräten seitlich einfahren.
- Ein Kombidämpfer benötigt einen Wasseranschluss und eine Wasserablaufmöglichkeit. Das Gerät lässt sich problemlos reinigen. Dafür sorgen auch abgerundete Ecken. Bei neueren Modellen ist ein Selbstreinigungsprogramm integriert.

GN-Angaben

In Großküchen werden unter anderem einheitlich genormte Bleche verwendet, abgekürzt GN für „Gastronormbehälter", die in vielen Bereichen einsetzbar sind (z. B. Bains-Maries, Dampfdruckgarer, Thekenausgabesysteme, Tablettwagen, Hortenwagen, Tabletts). Bleche bestehen aus Edelstahl oder dunkler Emaille. Bei dunklen Blechen ist das Bräunungsergebnis besser, deshalb werden sie für Kuchen eingesetzt.

Bei der Auswahl von Großküchengeräten wird das GN-Maß zugrunde gelegt. So wird z. B. die Größe eines Kombidämpfers in 6, 10 oder 20 GN-Einschüben angegeben. Die GN-Zahl (6, 10, 20) entspricht der Anzahl der einschiebbaren Bleche mit flachem Gargut (Blechkuchen, Steaks oder Schnitzel), die dann gleichzeitig gegart werden können. Die regelmäßige Essenteilnehmerzahl gibt die Orientierungshilfe für den Einkauf des erforderlichen Geräts. Wenn Sie beispielsweise regelmäßig bis zu 80 Tischgäste versorgen sollen, dann reicht ein Kombidämpfer mit der Herstellerangabe 6 GN.

Ein Hortenwagen ist meist für 20 GN ausgelegt. Der komplette Wagen kann mit Gargut bestückt und in den Garraum eingefahren werden. Besonders für den Bereich „Cook and Chill“ ist diese Variante praktisch und empfehlenswert.

2.5.6 Kippbratpfanne

Kippbratpfanne der Firma MKN

In Küchenbetrieben wird die Kippbratpfanne in erster Linie zum Braten von Lebensmitteln eingesetzt. Aber auch andere Gartechniken, wie beispielsweise Dünsten oder Garziehen, sind damit möglich. Beheizt wird sie entweder mit Gas oder Strom, wobei Temperaturen von 50 °C bis 240 °C erreicht werden.

Rechts und links tragen zwei Ständer die Pfanne, sodass sie zum Entleeren und Reinigen gekippt werden kann. Jede Kippbratpfanne besitzt einen passgenauen Deckel und eine Auslaufhilfe. Flüssigkeiten können zielgerichtet umgefüllt oder sogar direkt aus der Pfanne portioniert werden.

Die Pfanne kann direkt mit eingefülltem Spülwasser gereinigt werden. Das Spülwasser kann nach der Reinigung in die im Fußboden eingelassene Wasserablaufrinne entleert werden. Die Wasserablaufrinne ist mit dem vorgeschriebenen Fettabscheider (siehe Seite 245) und dem Abwasserkanal verbunden.

Der Handel bietet Kippbratpfannen in unterschiedlichen Größen an. Ab einer Zahl von regelmäßig 30 Verpflegungsgästen lohnt die Anschaffung.

2.5.7 Kochkessel

Schnellkochkessel

Schnellkochkessel besitzen ein Fassungsvermögen von bis zu 150 l. Diese kleine Füllmenge und eine starke Heizleistung verkürzen die Aufheiz- und Garzeit. Besonders in Betrieben, in denen Speisen über einen längeren Zeitraum immer wieder frisch ausgegeben werden, bietet sich der Schnellkochkessel an. Je nach Organisationsform ist es günstig, eine Kochgruppe mit nebeneinander stehenden Schnellkochkesseln einzubauen. Die Garzeit und die Mengen können dadurch flexibler auf die Anzahl der Tischgäste abgestimmt werden.

Druckkochkessel/Druckbratpfanne

Druckkochkessel bzw. Druckbratpfanne funktionieren nach demselben Prinzip wie ein Schnell- bzw. Dampfdrucktopf im Privathaushalt. Der Druckkochkessel ist wesentlich größer dimensioniert, denn er fasst bis zu 300 l. Im hermetisch abgeschlossenen Gerät entsteht ein Überdruck, der eine Dampftemperatur von 110 °C erreichen lässt.

Sowohl der Schnell- als auch der Druckkochkessel müssen nicht zwangsläufig mit einer Kippfunktion ausgestattet sein. Zur Entnahme von flüssigem Gargut sind die Geräte mit einem Entleerungshahn ausgestattet. Feste Speisen werden mit dem Schaumlöffel oder mit einer Kelle entnommen.

Kippkochkessel

GRUNDLAGEN

Ein Kippkochkessel ähnelt einer Kippbratpfanne (siehe Seite 113). Moderne Geräte sind programmierbar. Das heißt, der Garbeginn oder die Temperatur können eingestellt werden. Das Gerät schaltet sich automatisch ein. Es ist außerdem möglich, die Daten über eine Schnittstelle direkt im PC zu erfassen. So können die Temperatur oder andere Daten für eine *Dokumentation*, z. B. im Rahmen von *HACCP* (**H**azard **A**nalysis **C**ritical **C**ontrol **P**oints, siehe Seite 40), festgehalten werden.

Kippkochkessel der Firma MKN

2.5.8 Druckdämpfer

Druckdämpfer werden bevorzugt in Betrieben mit unterschiedlich langer Essenszeit, z. B. in Kantinen, eingesetzt. Das Gerät wird mit Gastronormbehältern (GN) *beschickt*. Während der Garzeit werden Temperaturen von 108 °C bis 120 °C erreicht. Das verkürzt die Garzeit auf ein Viertel der sonst üblichen Zeit. Den Essensteilnehmern können dadurch jederzeit frische Speisen angeboten werden und der Nährstoff- und Farbverlust im Gargut ist sehr gering.

2.5.9 Grillgeräte und Salamander

In diesen Geräten wird das Gargut über Strahlungshitze gegart. Der Strahlungsheizkörper sollte zwischen drei und fünf Minuten vorgeheizt werden. Während des Grillvorgangs muss die Backofentür in „Grillstellung" geöffnet bleiben, um einem Hitzestau vorzubeugen.
Flaches Grillgut kann nahe der Strahlungsheizung eingeschoben werden. Um ein Verbrennen zu vermeiden, wird größeres Grillgut, das eine längere Garzeit benötigt, tiefer gesetzt.
Der Salamander wird bevorzugt im À-la-Carte-Geschäft eingesetzt. Das Gerät arbeitet ebenfalls mit einem Strahlungsheizkörper, ist aber für den schnellen Gebrauch nach vorne hin offen. Der Salamander kann elektrisch oder mit Gas betrieben werden.

2.5.10 Frittiergerät

Sowohl die Frittiergeräte als auch die Körbe, in denen das Gargut in das heiße Ausbackfett getaucht wird, sind aus Edelstahl. Das Frittieren benötigt Temperaturen von bis zu 180 °C. Mithilfe eines Thermostats können die gewünschten Temperaturen manuell geregelt werden. Das Gerät ist so isoliert, dass die Außenwände kalt bleiben und keine Verbrennungsgefahr besteht. Zum Austausch der verwendeten Fette wird das „alte“ (erkaltete) Fett in der Fritteuse zunächst langsam erwärmt, damit es sich allmählich verflüssigen und dann entnommen werden kann. Bei neuen Modellen lässt sich eine Fettschmelzstufe einstellen. Vorteilhaft ist hierbei der geringere Energieverbrauch. Fritteusen gibt es in unterschiedlichen Größen. Große Frittierbecken können bis zu 40 l Fett aufnehmen und sind sowohl als Einzel- als auch als Doppelbeckenfritteusen erhältlich.
Altes Frittierfett muss gesondert entsorgt werden und gehört nicht in den Restmüll.

Druckdämpfer

Salamander

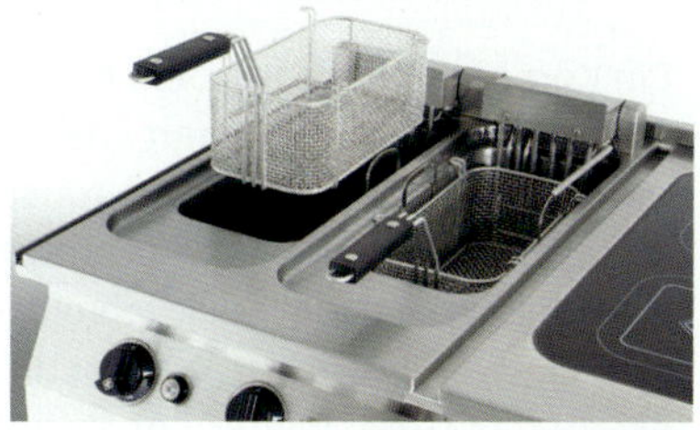

Fritteuse

2.5.11 Mikrowellengerät

In einem eingebauten Magnetron wird im Gerät Elektrostrom erzeugt, der Schwingungen verursacht, die man als Mikrowellen bezeichnet. Die metallischen Innenwände des Geräts und die Tür, welche mit einem Drahtgitter versehen ist, reflektieren diese. Die Strahlen reiben immer wieder aneinander, es entsteht Wärme.
Mikrowellen durchdringen Gefäße aus Glas und Porzellan und erhitzen nur organische Stoffe – also unsere Lebensmittel. Bei Geschirr oder Schüsseln aus Metall, selbst bei Geschirr mit einem feinen Goldrand, kann es zu Blitzen kommen, die das Mikrowellengerät beschädigen. Alufolie, in die man mitunter Lebensmittel einwickelt, lässt die Mikrowellen abprallen. Auch hierbei wird das Gerät zerstört.

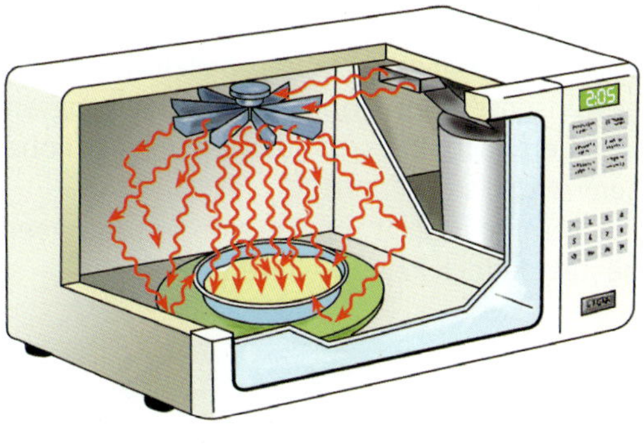

Ein Mikrowellengerät ermöglicht ein schnelles Auftauen tiefgefrorener Kost, aber auch ein blitzschnelles Erwärmen kleinerer Speiseportionen. Mikrowellen werden aus diesem Grund oft in Verteilerküchen eingesetzt. Nachteil: Die Speisen können schnell überhitzen. Das heißt, während die Nahrung außen nur handwarm erscheint, kann sie im Inneren viel zu heiß sein. Besonders beim Erwärmen von Babyfläschchen oder Babybreien (Gläschenkost) ist äußerste Vorsicht geboten. Grundsätzlich ist es deshalb ratsam, Speisen bei geringer Wattzahl zu erwärmen und vor dem Anreichen gut zu verrühren.

2.5.12 Hockerkocher

Hockerkocher finden immer noch in vielen Betrieben Verwendung. Sie sind sehr niedrig, sodass bequem in großen Töpfen gearbeitet werden kann. Hockerkocher sollten als festen Platz einen Standort außerhalb der Verkehrsflächen erhalten. Ein Hockerkocher kann elektrisch oder durch Gas betrieben werden. Allerdings ist bei einem elektrischen betriebenen Kocher ein Starkstromanschluss nötig.

2.6 Koch- und Garzubehör

2.6.1 Kernmessgerät

Ein Kernmessgerät bzw. ein Kerntemperaturfühler ist aus keinem Großhaushalt mehr wegzudenken. Bereits bei Warenanlieferung muss eine Temperaturkontrolle erfolgen. Ist die empfohlene Temperatur beispielsweise von Hackfleisch um 1 °C überschritten, wird die Ware zurückgeschickt. Darüber hinaus erfüllt das Gerät weitere Anforderungen:

- Zum einen ermittelt der Fühler des Kernmessers nach dem Garen die Kerntemperatur des Garguts. So wird sichergestellt, dass das Gargut „durch ist“ bzw. den gewünschten Garpunkt erreicht hat. Dazu wird der Fühler in die Mitte des Garguts eingesteckt.
- Zum anderen sollte vor jeder Speisenausgabe die Temperatur der auszugebenden Speisen gemessen und *dokumentiert* werden. Jeder Tischgast hat Anspruch auf eine 65 °C heiße Mahlzeit.

Messbereiche von –50 °C bis +230 °C sind für jedes Gerät üblich. Ein Kernmessgerät kann grundsätzlich in das Lebensmittel eingeschoben werden. Ein Kerntemperaturfühler hat die gleiche Funktion. Moderne Temperaturfühler sind infrarotgesteuert. Sie werden auf die Lebensmitteloberfläche gehalten und zeigen per *HACCP*-LED-Anzeige sofort an, wenn Grenzwerte überschritten sind.

In Kombidämpfern (siehe Seite 112) ist der Kerntemperaturfühler integriert und elektronisch verknüpft. Beim Garen mit dem Kerntemperaturmesser wird die gewünschte Kerntemperatur vorher programmiert. Das Gerät schaltet sich automatisch ab, sobald diese erreicht ist.
Ein Kernmessgerät ist wie eine Waage geeicht. Es besteht jedoch keine weitere Eichpflicht.

Empfohlene Kerntemperaturen	
Roastbeef	60 °C
Rindfleisch	ca. 85 °C
Schweinebraten	ca. 80 °C
Schweinefilet	ca. 70 °C
Geflügel	ca. 75 °C

2.6.2 Töpfe und Pfannen

Zu jedem Topf gehört ein passender und gut schließender Deckel. Wasserdampf, der sich beim Garen entwickelt, steigt nach oben unter den Topfdeckel. Dort kühlt sich der Dampf wieder ab, *kondensiert* und tropft zurück auf das Gargut. Im Topf entwickelt sich ein Kreislauf, welcher dazu beiträgt, dass das Lebensmittel bei richtiger Temperatureinstellung schnell und energiesparend gar wird.

Kochgeschirr richtig auswählen und einsetzen

- Nur die passende Auswahl und der richtige Umgang mit dem Kochgeschirr garantieren ein gutes Ergebnis.
- Töpfe und Pfannen mit Schüttrand dienen der Sicherheit, da sie eine mögliche Unfallgefahr durch Verbrühungen beim Ausgießen heißer, flüssiger Gerichte weitestgehend verhindern.
- Für Kochtöpfe unterschiedlicher Größe bieten Topfhersteller Dampfeinsätze bzw. Dampfkörbchen zum Dämpfen an.
- Küchenbetriebe und Privathaushalte verwenden in der Regel Pfannen und Töpfe aus Edelstahl, antihaftbeschichtet oder aus Stahl-Emaille.
- Bräter sind oft aus Gusseisen gearbeitet. Achtung: In Verbindung mit Feuchtigkeit rostet Gusseisen. Deshalb ist es wichtig, das Kochgeschirr nach jedem Gebrauch gut zu trocknen. Dazu bietet sich hervorragend die Nachwärme des Backofens an.
- Sandwichböden eignen sich, um eine optimale Wärmeübertragung und Wärmeleitung zu gewährleisten. Diese Topfböden zeichnen sich durch eine besondere Bauweise aus: Zwischen zwei Edelstahlschichten befindet sich eine gut leitende Kupfer-Aluminium-Schicht. Edelstahl allein würde die Hitze der Herdplatte nicht ideal auf das Gargut übertragen.

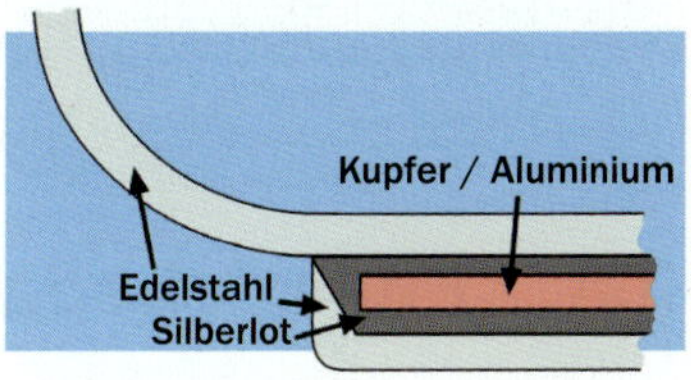

- Topfböden müssen gleichmäßig auf der Herdplatte stehen. Nur wenn der Topfboden glatt und eben ist und schwer auf der Platte steht, kann die Wärme optimal übertragen werden. Bei einem krummen Topf, wie beispielsweise bei einem Campingtopf (aus Aluminium), würde es endlos dauern, bis die Hitze das Gargut auch gart.
- Um Energie optimal zu nutzen, muss der Topf in seiner Größe der Herdplattengröße angepasst sein. Der Topf darf weder zu groß noch zu klein sein.
- Töpfe und Pfannen, die auf einem Induktionskochfeld genutzt werden sollen, müssen einen magnetischen Boden besitzen, da dieser als Energieleiter fungiert. Praktisch und empfehlenswert ist Kochgeschirr aus Stahl-Emaille. Bei Edelstahltöpfen oder Edelstahlpfannen muss eine Schicht aus nickelfreiem, chromlegiertem Stahl in den Topfboden eingearbeitet sein.

- Eine Edelstahlpfanne muss heiß sein, bevor ein geeignetes Fett und Fleisch in die Pfanne gegeben werden.
- Eine beschichtete Pfanne dagegen wird mit dem Fett langsam erwärmt. Vorsicht: Nicht überhitzen!
- Der Preis einer Edelstahlpfanne ist zwar etwas höher als der einer antihaftbeschichteten. Dafür ist Edelstahlkochgeschirr – eine gute Pflege vorausgesetzt – erheblich langlebiger.

- Die Topf- und Pfannengriffe sollten ergonomisch geformt sein, gut in der Hand liegen, keine scharfen Ecken oder Kanten haben, sich nicht aufheizen und schwer entflammbar sein.

2.7 Ernährung, Wohlbefinden und Gesundheit

„Essen und Trinken hält Leib und Seele zusammen." Diese uralte Weisheit hat bis heute nicht an Bedeutung und Wahrheitsgehalt verloren. Vereinfacht dargestellt essen wir, um den Körper als physische Einheit gesund und leistungsfähig und die Lebensprozesse aufrechtzuhalten. Doch auch die Seele als psychische Komponente braucht Nahrung. Essen dient darum nicht allein dazu, den Hunger zu stillen. Vielmehr wird auch der Appetit befriedigt.
Einen Unterschied macht es auch, ob wir allein oder in gemeinsamer Runde am Esstisch sitzen. Eine gute Esskultur mit gesunden und ausgewogenen Lebensmitteln, die ansprechend präsentiert und angerichtet sind, wirkt sich positiv auf das persönliche Wohlbefinden aus. Unser Essverhalten und unsere Essgewohnheiten sind besonders durch Erziehung, Traditionen, soziale Kontakte und die Umgebung beeinflusst. Durch die Aufbereitung, die Ver- oder Bearbeitung von Lebensmitteln lässt sich der Genusswert von Lebensmitteln erhöhen. Lebensmittel werden dadurch teilweise sogar bekömmlicher und für unseren Organismus wertvoller. Mit einer durchdachten Auswahl der Nahrungsmittel und deren richtiger Zubereitung gelingt es Ihnen – egal, ob Sie im privaten oder beruflichen Umfeld agieren –, das Ziel einer gesunden und ausgewogenen Ernährung für sich und Ihre Gäste zu erreichen.

2.8 Energiebedarf

Zum Leben brauchen wir Energie, die wir vorrangig aus der Nahrung beziehen. Unser Stoffwechselsystem wandelt die Nahrungsenergie in körpereigene Energie um. Je nachdem wie wir durch körperliche Aktivität (z. B. Sport, körperliche und geistige Arbeit), unsere gesundheitliche Verfassung (z. B. Krankheit) oder bestimmte Umweltbedingungen (z. B. kalte Temperaturen im Winter) beansprucht sind, schwankt der Energiebedarf.

2.8.1 Grundumsatz

Der Energiebedarf, den ein Mensch benötigt, um lebenswichtige Vorgänge im Körper aufrecht zu erhalten, nennt man Grundumsatz. Dazu gehören:

- die Aufrechterhaltung der Atmung und anderer Organfunktionen (z. B. die Herztätigkeit),
- die Regelung des Stoffwechsels (z. B. Verbrennung),
- die Regulation der Körpertemperatur,
- die regelmäßige und permanent stattfindende Zellerneuerung (z. B. Bildung von Blutkörpern, Haarwuchs, Wachstum der Fingernägel),
- die Abwehr von Krankheitserregern und die Verhinderung von Krankheiten (z. B. Keime, Viren, Bakterien).

Diese Vorgänge finden immer statt, egal, ob wir wach sind oder schlafen. Der Grundumsatz umfasst jedoch nur jene Energiemenge, die ein Mensch in völliger Ruhe (liegend) über einen Zeitraum von 12 Stunden nach der letzten Nahrungsaufnahme (leicht bekleidet in einem leicht temperierten Raum) benötigt, um die grundlegenden Lebensfunktionen zu erhalten. Der Grundumsatz wird deshalb auch als „Ruhe-nüchtern-Umsatz" bezeichnet. Er ist von verschiedenen Faktoren abhängig. Das sind

- Größe und Gewicht,
- Geschlecht sowie
- Alter.

So besitzt beispielsweise ein großer, schwerer Mensch mehr Körpermasse und eine größere Körperoberfläche, deren Temperaturen gleichmäßig und beständig erhalten werden müssen, was Energie kostet. Männer haben aufgrund ihres höheren Muskelanteils einen höheren Grundumsatz als Frauen. Im Alter wiederum verlangsamt sich der Stoffwechsel, was einen niedrigeren Grundumsatz zur Folge hat. Für Kinder gelten andere Richtwerte.

Grundumsatz berechnen

Zur Angabe der Energie, die in Nahrungsmitteln enthalten und durch den Stoffwechsel umgesetzt wird, verwendet man die Einheit Kilojoule (kJ). Eine veraltete, doch vielfach noch immer übliche Angabe ist die Einheit Kilokalorie (kcal). Die Einheiten dürfen nicht gleichgesetzt oder beliebig ausgetauscht werden. Sie müssen vorher umgerechnet werden:

1 kcal = 4,186 kJ (gerundet 4,2) 1 kJ = 0,239 kcal.

Die Formel zur Berechnung des individuellen Grundumsatzes eines Menschen berücksichtigt die Werte zu Gewicht, Körpergröße, Geschlecht und Alter der Person. Als Faustformel lässt sich die Berechnung folgendermaßen vereinfachen:

Der tägliche, individuelle Grundumsatz eines Menschen ist das Produkt aus 4,2 kJ pro kg Körpergewicht pro Stunde.

Beispiel: Ein 70 kg schwerer Erwachsener hat über den Zeitraum von 24 Stunden einen Grundumsatz von 7056 kJ (1680 kcal). Die Rechnung erfolgt so:

$$4{,}2\ \text{kJ} \cdot 70\ \text{kg} \cdot 24\ \text{h} = 7056\ \text{kJ}$$

2.8.2 Leistungsumsatz

Wir bewegen uns vom Bett ins Bad oder vom Esstisch zur Garderobe, wir treiben Sport, wir gehen arbeiten oder in die Schule, wir denken nach oder wir sind verliebt. Auch für diese Aktivitäten und Leistungen benötigt der Körper Energie. Mit der Deckung des Grundumsatzes ist lediglich die Selbsterhaltung gesichert. Leistung und jedes Mehr an Leistung verlangt dagegen mehr und mehr Energie. Diese zusätzlich erforderliche Energie wird als Leistungsumsatz bezeichnet.
Der Leistungsumsatz wird mit dem PAL angegeben. Der Begriff PAL beschreibt den „körperlichen Aktivitätsgrad" (engl. *physical* ***a****ctivity* ***l****evel*). Je nach körperlicher Leistung benötigt der Mensch die entsprechende Energiemenge. Ein körperlich schwer arbeitender Mensch (z. B. auf dem Bau) verbraucht demzufolge mehr Energie als jemand, der seine Arbeit überwiegend im Sitzen (z. B. am PC) verrichtet. PAL-Werte liegen in der Regel zwischen 1,2 und 2,4.

Leistungsumsatz berechnen

Ein PAL-Wert liegt zwischen 2 und 4 kJ. Durchschnittlich berechnen wir 3 kJ pro kg Körpergewicht pro Stunde. Auch hierbei wird auf 24 Stunden ein Durchschnittswert ermittelt.

Beispiel: Der Leistungsumsatz eines 70 kg schweren, berufstätigen, erwachsenen Menschen mit einer überwiegend sitzenden Tätigkeit beträgt beispielsweise 5040 kJ (1200 kcal). Man legt einen PAL-Wert von 1,55 bis 1,65 zugrunde.

2.8.3 Gesamtenergiebedarf

Erst die Summe aus Grundumsatz und Leistungsumsatz zeigt auf, welchen Energiebedarf ein Mensch über einen bestimmten Zeitraum hat. Männer verbrauchen durch ihre größere Muskel- und Körperfettmasse pro Stunde rund 67 kJ (16 kcal) mehr Energie als Frauen.

Beispiel: Für den Gesamtenergiebedarf eines 70 kg schweren, berufstätigen, erwachsenen Menschen mit einer überwiegend sitzenden Tätigkeit ergibt sich ein Gesamt-energiebedarf von 10 584 kJ (2 520 kcal). Die Rechnung erfolgt so:

$$7056 \text{ kJ} \cdot 1{,}5 \text{ PAL} = 10\,584 \text{ kJ } (2520 \text{ kcal})$$

Tätigkeiten und Energiebedarf		
Arbeitsschwere und Freizeitverhalten	**PAL**	**Beispiele von Berufsgruppen**
nur sitzende oder liegende Lebensweise	1,2	alte, gebrechliche Menschen
nur sitzende Tätigkeit mit wenig oder keiner Aktivität	1,3 bis 1,4	Schreibtischtätigkeit
zumeist sitzende Tätigkeit im Wechsel mit teilweise stehender/gehender Tätigkeit	1,5 bis 1,6	Studenten, Schüler, Kraftfahrer, Fließbandarbeit, Laboranten
überwiegend gehende Arbeit	1,7 bis 1,8	Hausfrauen, Kellner, Verkäufer, Hauswirtschafter
körperlich anstrengende berufliche Arbeit	2,0 bis 2,4	Landwirt, Bauarbeiter, Hochleistungssportler

2.8.4 Energieumsatz, Essverhalten und Bewegung

Regelmäßigen Ernährungsberichten zufolge essen viele Menschen im Durchschnitt zu viel Fett, teilweise zu viel Eiweiß und im Gegensatz dazu zu wenig Kohlenhydrate essen (siehe Seite 125). Oft steht energiereiche, zuckerhaltige Nahrung auf dem Speiseplan, die nicht selten zu wenig Vitamine und Mineralstoffe enthält. Wer sich auf diese Weise permanent falsch ernährt, dessen optimale Nährstoffversorgung ist nicht gewährleistet. Krankheiten und Übergewicht sind die Folgen.
Einher gehen ungesunde Essgewohnheiten vielfach mit zu wenig Bewegung. Dabei kann der Energieverbrauch durch regelmäßige leichte oder sportliche Aktivität durchaus erhöht werden. In der Folge lagert der Körper weniger Fettgewebe ein, der Körper bleibt insgesamt leistungsfähiger und gesünder.

Energieverbrauch bei einstündiger Betätigung	
Tätigkeit/Art der Energieverbrennung	**kJ/h**
Gehen auf gerader Strecke	426
Radfahren	702
Staubsaugen	804
Bügeln	678
Joggen	254

2.9 Nährstoffe

Durch die Nahrungsaufnahme führen wir unserem Organismus lebenswichtige Nährstoffe zu. Viele Lebensmittel essen wir roh. Andere bereiten wir durch entsprechende Garverfahren (siehe Seite 81 ff.) so zu, dass die Nahrung von unserem Verdauungssystem in ihre verwertbaren und nicht verwertbaren Bestandteile zerlegt und ins Blut aufgenommen bzw. ausgeschieden werden kann. Garverfahren und Zubereitungsarten sorgen nicht zuletzt dafür, Nahrungsmittel geschmacklich zu verbessern.
Bestandteile der Nahrung sind zum einen Nährstoffe, die Energie liefern (Kohlenhydrate, Fette, Eiweiße als Hauptnährstoffe), zum anderen nicht Energie liefernde Nährstoffe (Vitamine, Mineralstoffe, Wasser, Ballaststoffe als Ergänzungsnährstoffe). Nährstoffe sind in pflanzlichen oder tierischen Produkten enthalten.

Nahrungsmittel
- **pflanzliche Produkte** → **Getreide, Obst, Gemüse**
- **tierische Produkte** → **Fleisch, Milchprodukte, Eier**

Genussmittel → **Tee, Kaffee, Alkohol**

Für unsere tägliche Ernährung benötigen wir entsprechende Lebensmittel. Wir unterteilen unsere Lebensmittel in Nahrungsmittel und Genussmittel. Nahrungsmittel bilden die Grundlage unserer Ernährung. *Genussmittel* enthalten unter anderem Genussstoffe, die sich anregend auf unser Zentralnervensystem auswirken. Im Zusammenhang mit Lebensmitteln werden oft auch Zusatzstoffe genannt. Sie beeinflussen Lebensmittel in ihrer Beschaffenheit und erzielen bestimmte Eigenschaften (siehe Seite 147 ff.).

2.9.1 Nährstoffe und ihre Aufgaben

Nährstoffe erfüllen in unserem Körper unterschiedliche Aufgaben. Kohlenhydrate und Fette liefern Energie. Eiweiße, Mineralstoffe und Wasser sind lebenswichtige Bausteine aller Zellen. Auch Fette sind Zellbestandteil. Vitamine und Mineralstoffe dienen als Schutz- und Reglerstoffe.

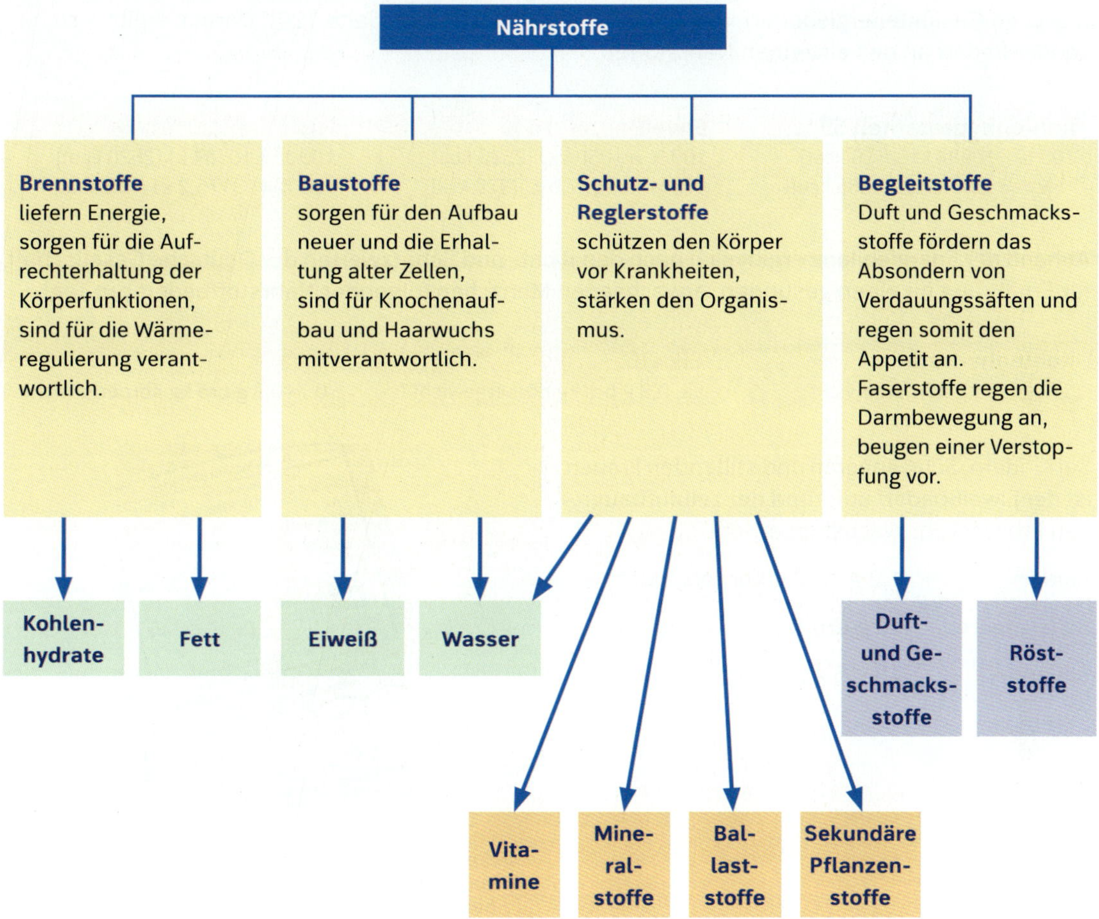

2.9.2 Nährstoffzusammensetzung der Nahrung

Die einzelnen Hauptnährstoffe müssen nicht nur in ausreichender Menge vorhanden sein, sondern auch im richtigen Mengenverhältnis zur Verfügung stehen.

Das optimale Verhältnis der Nährstoffzusammensetzung ist bei folgender Verteilung gegeben:

Kohlenhydrate 55 %	Eiweiß 15 %	Fett 30 %

So hat ein gesunder, erwachsener Mensch mit 70 kg Körpergewicht bei mittelschwerer Arbeit einen täglichen Gesamtenergiebedarf von 10 584 kJ (2520 kcal, siehe Seite 120). Daraus ergibt sich folgender Bedarf an den einzelnen Nährstoffen:

Kohlenhydratanteil 55 %	**Eiweißanteil 15 %**	**Fettanteil 30 %**
100 % = 10584 kJ (2520 kcal)	100 % = 10584 kJ (2520 kcal)	100 % = 10584 kJ (2520 kcal)
55 % = 5821,2 kJ (1386 kcal)	15 % = 1587,6 kJ (378 kcal)	30 % = 3175,2 kJ (756 kcal)

Anhand der Energiebilanz ergibt sich nach den Richt- und Schätzwerten der Deutsche Gesellschaft für Ernährung für einen gesunden, erwachsenen Menschen folgender Nährstoffbedarf pro Tag:

Kohlenhydrate	**Eiweiß**	**Fett**
5–7 g pro kg Körpergewicht	ca. 0,8 g pro kg Körpergewicht	0,7–0,8 g pro kg Körpergewicht

Bei Kindern, Schwangeren und stillenden Frauen ist der Eiweißbedarf aufgrund der zellaufbauenden Prozesse im Wachstum erhöht.

Kinder:	1,2 g pro kg Körpergewicht
Schwangere:	10 g pro Tag
Stillende:	10–15 g pro Tag

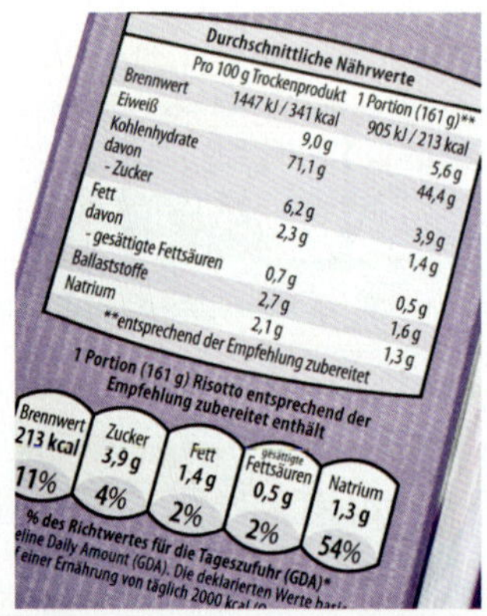

Zur besseren Orientierung sind die Hersteller von Lebensmitteln verpflichtet, Nährwertangaben auf den Verpackungen zu deklarieren.

AUFGABE

Analysieren und bewerten Sie die Nährwertangaben zu einem Schokogetränk in der Tabelle. Geben Sie das Ergebnis entweder in Prozent an oder errechnen Sie, wie viel Fett Sie noch an einem Tag zu sich nehmen könnten.

Nährwertangaben für eine 500-ml-Packung Schokogetränk aus dem Kühlregal

	Pro 100 g	**Für 500 ml**
Eiweiß	2,6 g	13 g
Kohlenhydrate	8,9 g	44,5 g
Fett	3,3 g	16,5 g
Energiegehalt	318 kJ (76 kcal)	1590 kJ (380 kcal)

2.9.3 Kohlenhydrate

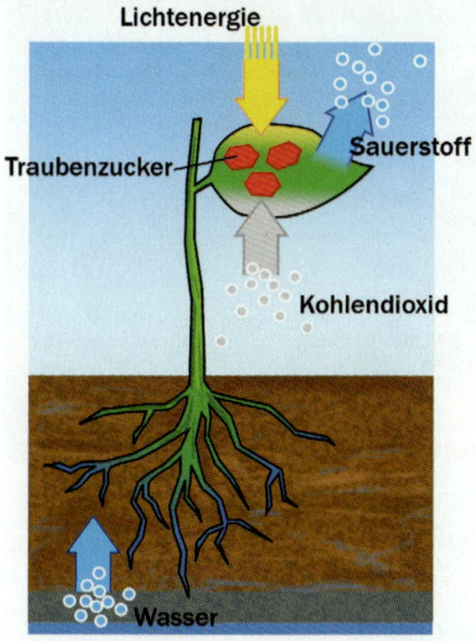

Grundbausteine der Kohlenhydrate sind Einfachzucker (Traubenzucker/Glukose, $C_6H_{12}O_6$). Diese werden durch die Fotosynthese im Chlorophyll (Blattgrün) von Pflanzen gebildet. Dabei werden Kohlenstoffdioxid und Wasser unter Einwirkung von Sonnenlicht in Traubenzucker und Sauerstoff umgewandelt. Der Zucker dient als Energieträger für unsere Ernährung, der Sauerstoff wird durch die Pflanzen an die Luft abgegeben und dient unserer Atmung.

Prinzip der Fotosynthese

Einteilung der Kohlenhydrate

Kohlenhydrate werden nach ihrem Aufbau eingeteilt. Sie bestehen stets aus den Stoffen Kohlenstoff (C), Sauerstoff (O) und Wasserstoff (H). Die Zusammensetzung variiert. Einige Kohlenhydrate existieren als Einfachzucker (Monosaccharide, z. B. Traubenzucker). Andere bestehen aus zwei Einfachzuckermolekülen und werden als Zweifachzucker bzw. Doppelzucker (Disaccharide, z. B. Maltose) bezeichnet. Sie entstehen durch den Zusammenschluss von zwei Einfachzuckern. Vielfachzucker (Polysaccharide, z. B. Stärke oder Cellulose) dagegen sind oft aus hundert oder mehreren hundert Einfachzuckermolekülen zusammengesetzt. Stärke ist für unsere Ernährung einer der wichtigsten Kohlenhydratlieferanten.
Durch die Einteilung der Kohlenhydrate sind vielfältige küchentechnische Eigenschaften abzuleiten. In den verschiedenen Sonderkostformen, z. B. bei einer Laktoseintoleranz oder Diabetes mellitus, kann gezielt Zucker ausgetauscht werden.

Kohlenhydrate		
Einfachzucker/ Monosaccharide	**Doppelzucker/ Disaccharide**	**Vielfachzucker/ Polysaccharide**
$C_6 H_{12} O_6$	$C_{12}H_{22}O_{11}$	$C_6H_{10}O_5$
Traubenzucker/Glukose	Traubenzucker + Traubenzucker = Malzzucker/Maltose	100–1000 Traubenzucker = Stärke
Schleimzucker/Galaktose	Traubenzucker + Schleimzucker = Milchzucker/Laktose	100–1000 Traubenzucker = Glykogen
Fruchtzucker/Fruchtzucker	Traubenzucker + Fruchtzucker = Haushaltszucker/ Saccharose (Rohr- und Rübenzucker)	verschiedene Moleküle = Pektine

Küchentechnische Eigenschaften der Kohlenhydrate

- Haushaltszucker (Rohr- oder Rübenzucker) ist wasserlöslich.
- Fruchtzucker hat eine höhere Süßkraft als Haushaltszucker und wird aus diesem Grund beispielsweise in der Ernährung bei Diabetes mellitus bevorzugt eingesetzt, da Diabetiker Einfachzucker als Energiespeicher benötigen.

Bei Gelierzucker nutzt man die küchentechnischen Eigenschaften der verschiedenen Zucker. Er enthält Zucker zum Süßen und Konservieren sowie Pektine als Gelier- und Bindemittel, was ideal zur Herstellung von Marmeladen ist.

- Haushaltszucker verliert beim Kochen an Süßkraft insbesondere in Verbindung mit sauren Lebensmitteln (z. B. Rhabarber). Deshalb gilt, dass saure Früchte grundsätzlich erst nach dem Garen gesüßt werden, um „leere Kalorien" einzusparen.
- Durch Erwärmen schmilzt Zucker zu einer klaren Masse, dabei erhält er seine volle Süßkraft. Je länger Zucker erhitzt wird, desto intensiver wird seine Farbveränderung. Es entsteht Karamell. Der Zucker verliert dabei zunehmend an Süßkraft und wird sogar bitter. Küchenbetriebe verwenden dieses extrem dunkle Karamell zum Färben von Soßen (im Handel als Zuckercouleur erhältlich). Es genügen lediglich einige wenige Tropfen.
- Zucker wirkt Wasser anziehend (hygroskopisch). Ohne Wasser ist jedoch für Hefen oder Bakterien kein Leben möglich. Zucker entzieht ihnen die Flüssigkeit. Diesen Umstand nutzt man zur Konservierung von Obst, Gelees, Konfitüren, Marmeladen oder Chutneys, da sich durch Zuckerzugabe in den Gläsern keine Bakterien halten.
- Pektine binden Flüssigkeit und gelieren. Bei der Zubereitung von Gelees oder Chutneys sollten Sie deshalb auf pektinreiches Obst achten.
- Je feiner der Zucker, umso schneller verklumpt er in feuchten Räumen. Eine sachgerechte Lagerung ist deshalb wichtig.
- Stärke wird bei trockener Hitze zu Dextrin abgebaut. Dextrin ist leichter verdaulich als Stärke und wird deshalb gerne in der Kinder- bzw. Krankenernährung eingesetzt.
- Stärke ist im Gegensatz zu Ein- und Zweifachzuckern wasserunlöslich. Man verwendet sie jedoch als Bindemittel für verschiedene Flüssigkeiten, zumeist Soßen, oder zur Herstellung von Süßspeisen. Dazu wird die Stärke mit kaltem Wasser verrührt und dann in die kochende Flüssigkeit gerührt. Dort quillt die Stärke während des Garvorgangs auf, bindet die Flüssigkeit und „verkleistert". Im rohen Zustand ist Stärkepulver durch unser Stoffwechselsystem nicht verwertbar.

Aufgaben der Kohlenhydrate

- Kohlenhydrate sind die wichtigsten Energielieferanten in unserer Nahrung. Bei hoher körperlicher oder geistiger Belastung setzt unser Körper diese Energie frei. Hauptaufgabe der Kohlenhydrate als Brennstoff sind die:
- Energiegewinnung,
- Aufrechterhaltung der wichtigsten Lebensvorgänge, wie Atmung und Herztätigkeit,
- Regulierung der Körpertemperatur,
- Versorgung der Nervenzellen und der roten Blutkörperchen.

Der Vielfachzucker Glykogen wird in den Muskeln und in der Leber als Reserve gespeichert und kann im Bedarfsfall zu Glukose abgebaut und direkt an das Blut abgegeben werden.
Cellulose ist nährstofffrei, kommt aber in allen pflanzlichen Lebensmitteln als Gerüststoff in den Zellwänden vor. Sie besteht aus 8000 bis 12 000 Glukosemolekülen. Sie wird mit der Nahrung aufgenommen, regt die Darmtätigkeit an und wird als unverwertbarer Ballast ausgeschieden.

Kohlenhydratbedarf

Kohlenhydrate sollten mit etwa 55 % den Großteil unserer Nahrung ausmachen (siehe Seite 125). Mit Lebensmitteln, die viel Haushaltszucker, Malzzucker oder auch Traubenzucker enthalten (z. B. Süßigkeiten, Gebäck, Limonaden) müssen wir sparsam umgehen. Ein- und Zweifachzucker besitzen nur einen geringen Sättigungswert, liefern jedoch reichlich Energie. Man bezeichnet sie oft als „leere Kalorien". Sie lassen den Blutzucker schnell ansteigen. Diese Lebensmittel werden unmittelbar

nach dem Verzehr verdaut und als Glukose an das Blut abgegeben. Andere werden vom Darm aus ins Blut aufgenommen.
Der Hauptanteil des Kohlenhydratbedarfs sollte mit Vielfachzuckern gedeckt werden. Nicht nur für Sportler ist es besonders wichtig, die Kohlenhydratspeicher stets gefüllt zu halten. Hauptvertreter stärkereicher Lebensmittel sind:

- Vollkornprodukte,
- Kartoffeln,
- Reis,
- Nudeln.

Die großen Moleküle der Vielfachzucker werden im Verdauungsprozess langsam gespalten, geteilt und verarbeitet. Jedes dieser Teile liefert Energie und ist deshalb für unseren Organismus wertvoll und lebensnotwendig.
Sobald wir mehr Kohlenhydrate verzehren, als wir tatsächlich zur Energiegewinnung benötigen, werden diese als Energiereserve gespeichert. Ist sämtliche Speicherkapazität ausgeschöpft, werden die „übrigen" Kohlenhydrate in der Leber zu Fett umgewandelt und im Fettgewebe gespeichert. Das erklärt, weshalb auch Menschen, die vielleicht wenig Fett zu sich nehmen, dafür aber gern und viel Limonade (allein 0,2 l Limonade enthalten 8 Stückchen Würfelzucker) trinken oder Süßigkeiten naschen, aus den „Nähten platzen".

Beispiel: Einer Studie der Südzucker AG, eines großen Zuckerlieferanten in Deutschland zufolge, lag der Zuckerverbrauch in den Jahren 2015/2016 bei 38,4 kg pro Kopf und Jahr. Dass viele Produkte Zucker enthalten, zeigt eine Übersicht zum Zuckerabsatz in jenen Jahren:

26,4 %	Sonstiges
17,3 %	Getränke
17,1 %	Süßwaren
14,7 %	Bioethanol
14,2 %	Backwaren
5,0 %	Brotaufstriche, Obstkonserven
4,5 %	Milchprodukte, Speiseeis
0,8 %	chemische und pharmazeutischeIndustrie

AUFGABEN

1. Begründen Sie die Strategie von Sportlern, vor Wettkämpfen große Mengen Nudeln, Reis oder auch Vollkornbrot zu essen.
2. Ein Glas Cola (0,33 l) enthält die Menge von 11 Stückchen Würfelzucker. Türmen Sie diese Menge an Würfelzucker auf und ermitteln Sie den Energiegehalt des Zuckers. Wie viel Prozent Ihres persönlichen Kohlenhydratbedarfs für einen Tag sind mit dieser Menge Cola gedeckt? Ein Stück Würfelzucker hat einen Energiegehalt von 40 kJ (10 kcal).

2.9.4 Ballaststoffe

Ballaststoffe werden der Gruppe der Kohlenhydrate zugeordnet, denn es handelt sich auch hier um – wenn auch für den Menschen nährstofffreie – Polysaccharide. Dazu gehören Pflanzenfasern oder Pektin. Ballaststoffe liefern dem Menschen keine Energie. Aus diesem Grund galten sie lange und zu Unrecht als wertloser „Ballast" der Nahrungsmittel. Inzwischen ist erwiesen, dass Ballaststoffe

wichtige Bestandteile unserer Nahrung sind. Ihre Verweildauer im Magen ist länger, weshalb sie länger satt machen. Auch helfen Ballaststoffe dem Organismus, Schlacken oder andere Reste des Stoffwechsels über den Darm zu entsorgen.
Obst, Gemüse, Getreide oder Hülsenfrüchte sind wertvolle Lieferanten von Ballaststoffen und sollten auf dem täglichen Speisenplan nicht fehlen. Außerdem enthalten auch Keimlinge (Sprossen) und Samen sehr viele Ballaststoffe. Sie sind darüber hinaus ausgesprochen reich an Mineralstoffen und Vitaminen. Auch Pilze (besonders Pfifferlinge) bieten sich für eine ballaststoffreiche Ernährung an. Eine ausgewogene Ernährung berücksichtigt die empfohlene Menge an Ballaststoffen von rund 30 g pro Tag.

Ob ein Saftgetränk Fruchtfleisch enthalten soll, ist nicht allein eine Frage persönlicher Vorlieben. Fruchtfleisch bedeutet stets ein wertvolles Mehr an Ballaststoffen.

Zum Keimen eignen sich in der Küchenpraxis alle Körner (z. B. Getreide, Buchweizen, Quinoa), Samen der Hülsenfrüchte (z. B. Linsen, Sojabohnen) oder kleinere Samen (z. B. Kresse, Alfalfa).

2.9.5 Sekundäre Pflanzenstoffe

Hinter dem Oberbegriff sekundäre Pflanzenstoffe verbergen sich mehr als 30 000 verschiedene Substanzen. Sekundäre Pflanzenstoffe haben einen nachgewiesen positiven Effekt auf die Gesundheit. Die Wirkung der in Pflanzen gebildeten sekundären Pflanzenstoffe ist erst in letzter Zeit erkannt worden. Viele Wirkungen sind allerdings noch unbekannt. Auch der exakte Bedarf an den einzelnen Stoffen für den Organismus ist bisher nicht einwandfrei bewiesen. Trotzdem besitzen sie inzwischen einen hohen Stellenwert für unsere Ernährung. Sekundäre Pflanzenstoffe üben in unserem Körper eine Vielzahl von Schutzfunktionen aus. Eine Ernährung, die reich an pflanzlichen Lebensmitteln ist und damit eine Vielzahl sekundärer Pflanzenstoffe enthält, leistet einen wichtigen Beitrag zum Schutz vor Krebs und Herz-Kreislauf-Erkrankungen. Außerdem stärken sie das Immunsystem und fördern die Verdauung. Viele der sekundären Pflanzenstoffe sind hitzeempfindlich. Deshalb ist der Verzehr von rohem Obst und Gemüse stets zu bevorzugen.

Vertreter sekundärer Pflanzenstoffe und ihre Wirkung	
Carotinoide (Vorstufe zu Vitamin A, siehe Seite 137) z. B. enthalten in Lebensmitteln mit gelber und roter Farbe (Paprika, Tomaten) sowie Spinat oder Grünkohl	• Hemmen die Entstehung von Krebs. • Reduzieren Herz-Kreislauf-Störungen. • Unterstützen die Bildung von Immunstoffen. Hinweis: Das Garen sollte in Verbindung mit Fett geschehen (fettlösliche Vitamine).
Flavonoide z. B. enthalten in Brokkoli und verschiedenen Kräutern	• Schützen vor freien Radikalen. • Beugen einem Herzinfarkt vor. • Wirken entzündungshemmend.
Phytosterine z. B. enthalten in Oliven, kalt gepressten Ölen (Olivenöl) oder fettreichen Samen (Sonnenblumenkerne, Sesam)	• Wirken insbesondere im Verdauungstrakt. • Senken den Cholesterinspiegel. • Schützen vor Dickdarmkrebs.

2.9.6 Fette

Fette (Lipide) kommen sowohl in pflanzlichen als auch in tierischen Lebensmitteln vor. Sie gehören zu unseren Grundnahrungsmitteln, nicht mehr als 30 % unserer täglichen Energieaufnahme aus Nahrungsmitteln sollten durch Fette gedeckt werden (siehe Seite 124). Der Energiegehalt liegt bei 37 kJ/g (9 kcal/g).
Nehmen wir zu viel Nahrungsfett auf bzw. mehr als unmittelbar erforderlich, wird dieses größtenteils im Unterhautfettgewebe und in den Zellmembranen gespeichert. Bis die Energie aus dem Fettspeicher dann tatsächlich vom Körper abgerufen wird, kann viel Zeit vergehen, denn an erster Stelle wird stets das Kohlenhydratdepot zur Energiegewinnung eingesetzt. Gelingt es nicht, die Fettreserven abzubauen, können Übergewicht, Fettleibigkeit bis hin zu krankhafter Adipositas entstehen. Auch sich daraus entwickelnde Krankheiten, wie Bluthochdruck, Herz-Kreislauf-Probleme, Diabetes mellitus, sind oft die Folge.
Der Umkehrschluss, um sich vor Fettleibigkeit zu schützen, darf jedoch nicht der generelle Verzicht auf Fett sein. Vielmehr ist eine gezielte Fettauswahl bei der Speisenzubereitung sinnvoll und notwendig.

Aufbau und Einteilung der Fette

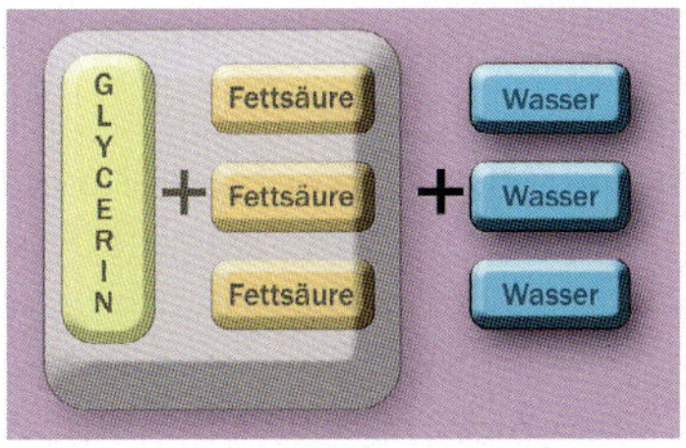

1 Molekül Glycerin + 3 Moleküle Fettsäure = 1 Molekül Fett + 3 Moleküle Wasser
Alle Fette und Öle enthalten unterschiedliche Anteile verschiedener Fettsäuren.

Pflanzen bauen Fette aus den Grundstoffen Kohlenstoff, Wasserstoff und Sauerstoff auf. Auch Kohlenhydrate bestehen daraus. Fette entstehen durch Veresterung. Veresterung bedeutet, dass sich bei der Fettbildung Glycerin mit drei Fettsäuren unter Abspaltung von drei Wassermolekülen zu einem Fettmolekül verbindet. Glycerin ist ein dreiwertiger Alkohol.
Grundsätzlich wird in kurz-, mittel- und langkettige Fettsäuren gegliedert. Ungesättigte Fettsäuren (z. B. Ölsäure, Linolsäure) enthalten mindestens eine Mehrfachbindung. Gesättigte Fettsäuren (z. B. Palmitinsäure, Stearinsäure) enthalten nur Einfachbindungen. Durch eine jeweils andere Struktur entstehen völlig

neue Eigenschaften. Flüssige Fette enthalten überwiegend ungesättigte Fettsäuren. Gesättigte Fettsäuren sind meist in festen Fetten und in tierischen Fetten enthalten.

Einteilung der Fette

	Gesättigte Fettsäuren	**Einfach ungesättigte Fettsäuren**	**Mehrfach ungesättigte Fettsäuren**
	Palmetinsäure, Stearinsäure	Ölsäure	Linolsäure, Linolensäure
Enthalten in	Butter, Schmalz, Biskin, Palmin	Olivenöl, Rapsöl	Sonnenblumenöl, Fettfisch (z. B. Lachs, Makrele)
Eigenschaften	feste Konsistenz, schwer verdaulich, kann der Körper selbst herstellen	flüssige Konsistenz, gut verdaulich, kann der Körper selbst herstellen	flüssige Konsistenz, sind *essenziell* und wir können sie nicht selbst herstellen
Herkunft	hauptsächlich aus tierischer Herkunft	aus pflanzlicher und tierischer Herkunft	nur aus pflanzlicher Herkunft mit Ausnahme von fetten Fischen

Küchentechnische Eigenschaften der Fette

- Fett ist leichter als Wasser. Es schwimmt auf der Oberfläche und kann deshalb leicht von einer erkalteten Flüssigkeit abgenommen (entfernt) werden.
- Fette sind wasserunlöslich.
- Fette sind Geschmacksträger.
- Die fettlöslichen Vitamine A, D, E und K können vom Organismus nur in Verbindung mit Fett aufgenommen werden.
- Fette sollten kühl, dunkel und kurz aufbewahrt werden. Sie zersetzen sich bei falscher Lagerung schnell und werden ranzig.
- Kalt gepresste Öle verändern durch Erhitzen den Geschmack. Sie verlieren darüber hinaus wertvolle Vitamine.
- Fett lässt sich emulgieren (siehe Seite 79). Durch schnelles Rühren verbindet sich Fett mit einer Flüssigkeit und verteilt sich so in kleinste Tröpfchen.
- Butter und Margarine beinhalten Eiweißanteile und Wasser. Bei großer Hitze spritzt der Wasseranteil im Fett. Verbrennungen auf der Haut können die Folge sein.
- Die Eiweißstoffe verbrennen und verändern den Geschmack.
- Durch mehrmaliges Erhitzen zersetzen sich Fette. Verwenden Sie ein Fett deshalb höchstens dreimal zum Frittieren.
- Fleisch, das in entsprechend heißem Fett angebraten wird, bildet Röst- und Aromastoffe. Dies ist erwünscht, denn Röststoffe gelten als appetitanregend und als Geschmacksträger.
- Fette können sich durch zu hohe Temperaturen selbst entzünden. Im Falle eines Falles nie mit Wasser löschen, sondern einen Deckel auflegen, um die Flammen zu ersticken.
- Beachten Sie stets den Rauch- oder Zersetzungsbereich des Fettes. Bei höheren Temperaturen zersetzen sich Fette. Es entstehen stechende, gesundheitsschädliche Dämpfe. Öle schäumen und werden dunkel.

- Fett sollte nicht über 180 °C erhitzt werden. Bei Überhitzung kann sich der krebserregende Stoff Acrolein bilden.
- Fette mit einem hohen Anteil an gesättigten Fettsäuren haben eine längere Haltbarkeit und sind höher erhitzbar.
- Aus küchentechnischer Sicht sollten Öle nicht zum Braten verwendet werden. Öle können bei Hitze verharzen. Die entstandenen Harze können nur mühsam von dem Kochgeschirr entfernt werden.
- Weiche Fette, wie Butter oder Margarine, eignen sich als Streichfett oder zum Backen und Dünsten (siehe Seite 86).
- Fette dienen mitunter als Trennmittel, etwa bei der Blätterteigherstellung.
- Das vorherige Einfetten von Kuchenblechen und -formen verhindert ein Festbrennen oder Anbacken des Teigs.

Aufgaben der Fette

Fette sind Energielieferanten. Als Brennstoff haben sie unterschiedliche Aufgaben:
- Fette polstern und schützen die Organe vor Verletzungen.
- Fette regulieren den Wärmehaushalt durch Energieverbrennung im Organismus.
- Fett dient dem Körper als Reservestoff, der im Unterhautfettgewebe für „Mangelzeiten“ gespeichert wird. 1 kg Körperfett entspricht etwa 29 400 gespeicherten kJ.
- Erst Fette ermöglichen die Aufnahme bestimmter Vitamine (A, D, E und K) durch unseren Körper.

Fettbedarf

Übergewicht und die daraus entstehenden Folgen gehören zu den Zivilisationskrankheiten. Es ist wichtig für ein ausgeglichenes Wohlbefinden, die Fettaufnahme unserem tatsächlichen Bedarf anzupassen. Als Faustregel gilt: 1 g Fett pro kg Körpergewicht nicht überschreiten. Dabei dürfen neben den sichtbaren Fetten (z. B. in Butter, Margarine, Öl oder fettem Fleisch) auch die unsichtbaren oder verborgenen Fette in Käse, Wurst, Kuchen, Schokolade oder Nüssen nicht übersehen werden. Lebensmittel, die viele gesättigte Fettsäuren enthalten, sind für die tägliche Ernährung nicht empfehlenswert.
Essenzielle Fettsäuren (Linolensäure, Omega-3-Fettsäure) können vom Körper nicht selbst gebildet werden. Wir müssen sie über die Nahrung (z. B. Rapsöl, Sojaöl, Distelöl, Walnussöl, Leinöl, Lachs, Thunfisch) aufnehmen. Über den Tagesbedarf ist man sich nicht einig, man geht von etwa 10 g aus.

Beispiel: Wie schnell ein Übermaß an Fettaufnahme geschieht, zeigt das Beispiel aus der Imbissbude: Eine Bratwurst deckt bereits den Tagesbedarf an Fett. Doch wer lässt es dabei bleiben? Üblicherweise werden dazu auch frittierte Pommes „rot-weiß“ gereicht.

2.9.7 Eiweiße

Eiweiße (Proteine) sind Makromoleküle, die aus vielen verknüpften Aminosäuren bestehen. Sie sind Baustoffe unserer Körperzellen und dienen dem Organismus bei dessen Aufbau und Erhaltung. Unlösliche Gerüsteiweiße stabilisieren die Zellen, während lösliche Eiweiße im Stoffwechsel aktiv sind. Enzyme sind meist Eiweiße. Ohne Eiweiß ist kein Leben möglich. Eiweiße sind *essenziell* (lebensnotwendig), denn sie können nicht im Körper gebildet werden. Der menschliche Körper besteht zu 15 % bis 20 % aus Eiweiß. 1 g Eiweiß liefert uns 17 kJ (4 kcal) Energie.

Zusammensetzung der Eiweiße

Jede Körperzelle enthält etwa 4000 Eiweißstoffe mit unterschiedlichen Aufgaben. Genau wie Kohlenhydrate und Fette bestehen auch Eiweiße aus Kohlenstoff, Sauerstoff und Wasserstoff. Doch Eiweiße enthalten zusätzlich Stickstoff. Bausteine sind die Aminosäuren, von denen 20 am Aufbau der Eiweiße beteiligt sind. 12 dieser Aminosäuren kann unser Körper mithilfe der anderen Aminosäuren aufbauen. Die übrigen müssen mit der Nahrung zugeführt werden. Hierbei sprechen wir von *essenziellen* (lebensnotwendigen) Aminosäuren.
Um für den Körper verwertbares (körpereigenes) Eiweiß aufzubauen, wird das aufgenommene Eiweiß in die 20 Aminosäuren zerlegt und über die Darmwand in das Blut aufgenommen, zur Leber transportiert, dort für den Aufbau von Bluteiweißstoffen verwendet und dann in die einzelnen Körperzellen gebracht. In jeder einzelnen Zelle findet eine ständige Verjüngung oder Erneuerung der Körpereiweißstoffe statt.

Biologische Wertigkeit und Ergänzungswirkung

Die biologische Wertigkeit (BW) ist ein Maß dafür, mit welcher Effizienz ein Eiweiß aus einem Lebensmittel in körpereigenes Eiweiß umgesetzt werden kann. Je ähnlicher ein Eiweiß im Nahrungsmittel dem körpereigenen Eiweiß ist und je höher seine biologische Wertigkeit, desto weniger wird davon für die Bildung eines körpereigenen Eiweißes benötigt. Vereinfacht gesagt: Je höher die BW-Zahl, desto wertvoller ist das Eiweiß für unseren Organismus.
Acht essenzielle Aminosäuren sind in unterschiedlichen Mengen in einem Lebensmittel enthalten. Die am geringsten vertretene essenzielle Aminosäure gibt die biologische Wertigkeit an. Diese Zahl sagt aus, wie viel Gramm Körpereiweiß aus 100 g Nahrungsmitteleiweiß gebildet werden kann. Die Berechnung erfolgt in Prozent.

Beispiel: Die biologische Wertigkeit von Rindfleisch liegt mit 76 % hoch. In einem 100 g schweren Rindersteak sind beispielsweise 19 g Eiweiß. Hier können somit 14,5 g Körpereiweiß aufgebaut werden.

Rechnung: 100 % = 19 g Eiweiß 76 % = 14,5 g Eiweiß

Biologische Wertigkeit von	
Hühnerei	94 %
Schweinefleisch	85 %
Rindfleisch	76 %
Putenbrust	70 %
Kartoffeln	67 %
Hülsenfrüchte	30 %

Durch eine geschickte Speisenzusammenstellung lässt sich die biologische Wertigkeit eines Gerichts steigern. Das gelingt zum Beispiel durch die Kombination von verschiedenen Eiweißlieferanten aus pflanzlichen und tierischen Lebensmitteln. Die Aminosäuren ergänzen sich dann optimal. So haben etwa Kartoffeln und Eier zusammen eine hohe biologische Wertigkeit bzw. einen hohen Ergänzungswert.

Optimale Ausnutzung von Eiweißquellen

Lebensmittelkombination	Beispiele für die Speiseplangestaltung
Kartoffeln und ein Milchprodukt	Pellkartoffeln mit Kräuterquark Kartoffelauflauf mit Käse überbacken
Kartoffeln und Fisch	Petersilienkartoffeln mit Seelachsfilet
Getreide und Milch	Müsli
Hülsenfrüchte und Getreide	Linsen mit Spätzle
Hülsenfrüchte und Fleisch	Erbsensuppe mit Fleischeinlage
Kartoffeln und Eier	Kartoffelpüree mit Rührei

AUFGABE

Ermitteln Sie anhand der Nährwerttabelle ab Seite 324 weitere eiweißreiche, pflanzliche und tierische Lebensmittel.

Einteilung der Eiweiße

Grundsätzlich wird zwischen einfachen und zusammengesetzten Eiweißen differenziert. Einfache Eiweiße bestehen aus verknüpften Aminosäurenketten, zusammengesetzte Eiweiße (z. B. Hämoglobin, Casein) enthalten neben den Aminosäuren noch andere Bestandteile.
Kleber- und Gerüsteiweiße gehören zu den einfachen Eiweißen. So sorgen beispielsweise Gluten und Gliadin bei der Teigherstellung für die gewünschte Quellfähigkeit. Manche Menschen leiden unter einer Gluten-Unverträglichkeit (Zöliakie). Durch eine entsprechende Diät wird in solchen Fällen der Verzehr von Maismehl, Reismehl oder Hirsemehl empfohlen, da diese Getreide frei von Gluten sind.
Der Gerüsteiweißstoff Kollagen ist mit fast 1000 Aminosäureresten einer der längsten Eiweiße. Kollagen, das vorwiegend in Gelatine vorkommt, kann das Tausendfache des eigenen Gewichts binden.

Einfache Eiweiße	Vorkommen
Albumine	Blut, Milch, Eier, Muskelfleisch, Hülsenfrüchte, Kartoffeln
Globuline	Fleisch, Fisch, Hülsenfrüchte, Nüsse, Getreide

Klebereiweiße	
Gluten	Weizen, Hafer, Roggen, Gerste
Gliadin	Weizen, Mais
Gerüsteiweiße	
Kollagene	Knorpel, Knochen, Gelatine
Zusammengesetzte Eiweiße	
Caseinogen	Milchprodukte
Hämoglobin	Blut

Küchentechnische Eigenschaften der Eiweiße

- Eiweiße sind empfindlich gegen Hitze und Chemikalien. Bei 60 °C beginnt Eiweiß zu gerinnen. Seine Struktur verändert sich. Diesen Umstand kann man in der Küchenpraxis absichtlich herbeiführen. Er kann aber auch ungewollt eintreten. So ist bei der Herstellung von Omeletts oder Eierstich eine Gerinnung erwünscht. Sobald jedoch im Kaffee die Sahne (Milcheiweiß) ausflockt, ist dies nicht gewollt. Auch in Verbindung mit Säure beginnt Eiweiß auszuflocken.
- Werden Fleisch- oder Hülsenfrüchte gekocht, tritt der wasserlösliche Eiweißstoff Albumin aus. Er wird als weißer Schaum sichtbar. In der Hauswirtschaft sollte dieser Schaum nicht abgeschöpft werden. Anders im Gastgewerbe, wo bevorzugt eine sehr klare Suppe angeboten werden soll.
- Eiweiße können bis zur doppelten Menge ihres Eigengewichts aufnehmen und binden. Bei der Herstellung von Soßen oder Suppen oder bei der Zubereitung eines Brandteigs (siehe Seite 104) wird diese Bindefähigkeit genutzt.
- Gerüsteiweiß (Kollagen) quillt auf und bindet Flüssigkeit. Dies ist für die Herstellung von Sülzen, Aspik oder bei Nachspeisen (Gelatineherstellung) wichtig.
- Bei der Mayonnaiseherstellung wird Fett mithilfe von Eiweiß emulgiert (siehe Seite 79). Eiweiß und Lecithin (ein Teil einer Fettsäure) wirken als natürliche Emulgatoren.
- Eine ernährungsphysiologische Aufwertung ist das Legieren (siehe Seite 77). Legierte Soßen oder Suppen werden durch Eigelb nährstoffreicher, gebunden und verfeinert.
- Bei der Teigherstellung (Hefeteig) wird so lange geknetet, bis sich die Klebereiweißstoffe Gluten und Gliadin miteinander verbinden und dadurch für die Quellfähigkeit und Lockerheit des Gebäcks sorgen.

Aufgaben von Eiweiß

Eiweiße dienen dem Körper als Baustoffe. Oft werden sie auch als Reparaturstoffe bezeichnet. Sie erfüllen unterschiedliche Aufgaben:

- Aufbau und Wachstum neuer Zellen
- Wachstum von Haaren und Fingernägeln
- Erhaltung der Zellen sowie regelmäßige Zellerneuerung
- Aufbau von Muskelgewebe

Eiweißbedarf

Ein erwachsener Mensch sollte über die Nahrung täglich etwa 1 g Eiweiß pro Kilogramm Körpergewicht zu sich nehmen (siehe Seite 124). Ganz exakt ist der Eiweißbedarf jedoch nicht festzulegen. Er liegt zwischen 0,8 und 1,4 g, wobei er bei Säuglingen sogar bei 2,2 g pro kg Körpergewicht liegt. Die Gründe sind vielfältig. So ist der tatsächliche Eiweißbedarf von verschiedenen Faktoren abhängig, wie etwa dem Lebensalter, der persönlichen Lebenssituation, besonderen körperlichen Belastungen (z. B. Schwangerschaft, Hochleistungssport) oder der aktuellen Gesundheit.
15 % unserer täglichen Nahrung sollte aus Eiweiß gedeckt werden. Eiweiße können – im Gegensatz zu Fetten oder Kohlenhydraten – nicht im Körper gespeichert werden. Eine regelmäßige Zufuhr ist erforderlich. Bei einer Unterversorgung nimmt die *Leistungsfähigkeit* ab. Beispiele sind hungernde Kinder in Dürre- oder Katastrophengebieten, die bei einer Unterversorgung massiv an körperlicher und geistiger Leistungsfähigkeit verlieren. In den westlichen Industrieländern liegt der Konsum dagegen über dem doppelten Bedarf. So gilt Gicht als klassische „Wohlstandskrankheit", da sie durch eine Purin-Überversorgung ausgelöst werden kann. In der Folge steigt der Harnsäurespiegel, die Nieren scheiden zusätzlich Stoffwechselprodukte aus.

AUFGABE

Überlegen Sie, weshalb ein Kleinkind einen höheren Eiweißbedarf pro kg Körpergewicht hat als ein alter Mensch.

2.9.8 Mineralstoffe

Mineralstoffe sind anorganische Nahrungsbestandteile, die in pflanzlichen und tierischen Lebensmitteln vorkommen. Der menschliche Organismus kann sie nicht herstellen und ist deshalb auf eine Versorgung über die Nahrung angewiesen. Wie Vitamine (siehe Seite 137) gehören Mineralstoffe als Ergänzungsnährstoffe zu den Bau-, Schutz- und Reglerstoffen. Ihre Aufgaben sind vielfältig. Ohne eine Zufuhr an Mineralstoffen kann es zu Mangelerscheinungen bis hin zu Krankheiten kommen. Mineralstoffe liefern keine Energie und können nicht gespeichert werden, weshalb eine regelmäßige Zufuhr erforderlich ist.

Einteilung der Mineralstoffe

Die Einteilung der Mineralstoffe erfolgt nach zwei Ausrichtungen. Das ist zum einen die jeweilige Funktion der Stoffe (siehe Aufgaben der Mineralstoffe), zum anderen gliedert man Mineralstoffe nach ihrer Konzentration im Organismus. Entsprechend der Konzentration unterteilen wir in Mengenelemente und Spurenelemente. Benötigt der Körper von einem Stoff mehr als 50 mg pro Kilogramm Körpergewicht, zählt man diesen zu den Mengenelementen. Spurenelemente dagegen werden nur in kleinsten Mengen benötigt werden. Trotzdem sind sie *essenziell* und notwendig. Mineralstoffe werden auch als Mikronährstoffe bezeichnet.

Magnesium (Mg^{2+})	46,0
Natrium (Na^{+})	38,0
Calcium (Ca^{2+})	166,0
Hydrogencarbonat (HCO_3^{-})	340,0
Nitrat (NO_3^{-})	geringer 0,25
Fluorid (F^{-})	0,66
Chlorid (Cl^{-})	88,0
Sulfat (SO_4^{2-})	280,0

Mindestens haltbar bis: siehe oben

Es lohnt sich, das Etikett einer Mineralwasserflasche genauer zu studieren, denn es gibt Auskunft über die enthaltenen Mineralstoffe.

Mengenelemente		Spurenelemente	
Mineralstoff	**Vorkommen**	**Mineralstoff**	**Vorkommen**
Calcium	Milch/Milchprodukte, Eigelb, grünes Gemüse	Eisen	Innereien, Fleisch, Eigelb, Gemüse
Natrium	in allen Lebensmitteln	Zink	Rindfleisch, Getreide
Kalium	in allen pflanzlichen Lebensmitteln	Kupfer	in tierischen Lebensmitteln, Roggen, Kartoffeln
Phosphat	Innereien, Milchprodukte, Hülsenfrüchte	Mangan	Hülsenfrüchte, Innereien
Magnesium	in allen grünen Gemüsesorten	Jodid	Seefisch, jodiertes Salz
Chlorid	in allen Lebensmitteln	Fluorid	Seefisch, schwarzer Tee, Mineralwasser

Küchentechnische Eigenschaften der Mineralstoffe

- Mineralstoffe sind – ähnlich den Vitaminen (siehe Seite 137) – gegen äußere Einflüsse (Hitze, Luft) weitestgehend empfindlich.
- Mineralstoffe sind wasserlöslich. Lebensmittel sollten darum nicht zu klein geschnitten und nicht zu lang im Wasser liegen gelassen werden.
- Mineralstoffe verleihen dem Essen einen intensiven Eigengeschmack, der durch die richtig gewählte Gartechnik noch unterstützt wird.
- Die Lebensmittel sollten in möglichst wenig Wasser garen, nach Möglichkeit sollte die Kochflüssigkeit weiterverwendet werden, da hier die ausgeschwemmten Stoffe enthalten sind.
- Wer dem Gargut Salz hinzufügt, muss beachten, dass Salze dem Lebensmittel Flüssigkeit, mit wertvollen Mineralstoffen, entziehen. Das Lebensmittel verliert an Geschmack und Farbe.

Aufgaben der Mineralstoffe

Mineralstoffe sind im Organismus an vielfältigen Prozessen beteiligt. Sie arbeiten sowohl im funktionellen Regelkreis des Organismus (z. B. Nervenfunktionen), helfen aber auch bei der Aufrechterhaltung des Zelldrucks oder bei der Bildung von Hormonen. Beispiele:

- Calcium und Magnesium unterstützen die Muskelentspannung und erhöhen und stärken die Nervenfunktion.
- Calcium, Magnesium und Phosphor sind am Knochenaufbau und der Erhaltung der Zähne beteiligt.
- Natrium unterstützt und regelt den Wasserhaushalt in unserem Körper und stabilisiert – gemeinsam mit Kalium – den Zelldruck (Gewebsspannung).
- Jodid ist Bestandteil des Schilddrüsenhormons. Es hilft bei der Steuerung des Grundumsatzes und verhindert eine Fehlfunktion der Schilddrüse mit der möglichen Folge einer Kropfbildung.
- Fluorid härtet den Zahnschmelz und reduziert das Risiko einer Karieserkrankung.
- Bei mangelnder Insulinbildung sollte auf eine verstärkte zinkreiche Nahrung Wert gelegt werden.
- Eisen ist Bestandteil der roten Blutkörperchen und mit für den Sauerstofftransport verantwortlich, Kupfer dient dem Aufbau des roten Blutfarbstoffs.
- Chlorid benötigen wir für die Regelung des Wasserhaushalts.
- Mangan steigert die Verwertung von Vitamin B1 und unterstützt damit die Insulinproduktion.

Mineralstoffbedarf

In einer vollwertigen Ernährung sind alle notwendigen Mineralstoffe in ausreichender Menge vorhanden. Mineralstoffe, die der Körper nicht verwertet (ca. 15–20 g pro Tag), werden ausgeschieden und müssen neu aufgenommen werden.

Bestimmte körperliche Umstände (Schwangerschaft, Stillzeit, Monatsblutung, Hormonschwankungen) erfordern einen deutlich erhöhten Bedarf. Auch starke körperliche Belastungen im Beruf oder im Sport lassen den Mineralstoffbedarf steigen. Durch Schwitzen werden viele Mineralien ausgeschieden, die ersetzt werden müssen.

2.9.9 Vitamine

Vitamine sind organische Verbindungen, die der Körper nicht selbst bilden kann und die über die Nahrung aufgenommen werden. Sie dienen nicht als Energielieferanten, sondern werden für lebenswichtige Funktionen, z. B. den Stoffwechsel, benötigt. Zu wenige Vitamine führen zu Mangelerscheinungen. Wer dagegen zu viele Vitamine (lat. *vita* = Leben) in Form von Obst, Gemüse oder Nahrungsergänzungsmitteln zu sich nimmt, wird bzw. lebt nicht gesünder, denn ungenutzte Vitamine werden nicht gespeichert, sondern ausgeschieden und müssen erneut aufgenommen werden. Überschüssige, wasserlösliche Vitamine werden über die Nieren ausgeschieden, fettlösliche Vitamine können nur kurzfristig im Fettgewebe gespeichert werden.
Der Körper kann Vitamine nicht oder nur in ungenügender Menge selbst bilden. Provitamine, die dem Körper zugeführt werden, werden erst im Körper aktiv. Sie sind im Nahrungsmittel als unbrauchbare Vorstufe vertreten. So bildet beispielsweise der Körper erst aus Beta-Carotin das wertvolle Vitamin A.
Vitamine kommen sowohl in pflanzlichen als auch in tierischen Lebensmitteln vor. Eine ausgewogene, vollwertige Ernährung sichert grundsätzlich die Versorgung mit Vitaminen in ausreichender Menge und macht Vitamintabletten und Nahrungsergänzungsmittel überflüssig.

Einteilung der Vitamine

Man unterteilt Vitamine – je nach ihrer Löslichkeit im Körper – in fettlösliche und wasserlösliche Vitamine.

- Zu den fettlöslichen Vitaminen gehören etwa die Vitamine A, D, E und K.
- Zu den wasserlöslichen Vitaminen zählen z. B. die Vitamine B1, B2, B12, C, Biotin oder Folsäure.

Küchentechnische Eigenschaften der Vitamine

Vitamine sind empfindlich gegenüber Wärme und Hitze, Luft und Licht. Bei der Verarbeitung von Lebensmitteln ist darauf zu achten, dass eine Mahlzeit zeitnah zum Verzehr vor- und zubereitet wird. Die Schonung der Vitamine beginnt bereits beim Einkauf.

- Die Lagerung soll so kurz wie möglich gehalten werden. Kaufen Sie deshalb vitaminreiche Lebensmittel erst kurz vor der Zubereitung ein.
- Sorgen Sie für optimale Lagerbedingungen (d. h. kühl und dunkel).
- Verarbeiten Sie die Lebensmittel zügig. Das bedeutet auch, dass die Vorbereitungen „waschen, schälen, zerkleinern“ rasch erledigt werden (siehe Seite 70 ff.).

LERNFELD 5

Obst und Gemüse sind stets ein Garant für vitaminreiche Kost.

- Lebensmittel sollten nicht zu klein geschnitten werden und nicht zu lange im Wasser verweilen, weil Vitamine und Mineralstoffe auslaugen.
- Schonende Gartechniken (z. B. Dünsten, Dämpfen, siehe Seite 85 f.) und kurze Garzeiten sichern einen möglichst guten Erhalt der Vitamine im Lebensmittel.
- Warmhaltezeiten sollten vermieden bzw. so gering wie möglich gehalten werden.
- Lebensmittel, die fettlösliche Vitamine enthalten, müssen mit etwas Butter oder Margarine zubereitet werden. Nur so können sie vom Körper aufgenommen und genutzt werden.
- Ausgeschwemmte Vitamine können über die bei der Weiterverarbeitung verwendete Garflüssigkeit erhalten und verzehrt werden.
- Tiefgekühltes Obst oder Gemüse sollte noch im gefrorenen Zustand weiterverarbeitet werden. Ein Farb- und Nährstoffverlust durch das auftretende Auftauwasser ist so minimiert.

Aufgaben der Vitamine

Vitamine gehören zu den Schutz- und Reglerstoffen. Grundsätzlich sind sie mitverantwortlich für das Funktionieren des ungestörten Ablaufs verschiedener Stoffwechselvorgänge. Vitamine stärken das Immunsystem und sind beim Aufbau von Zellen, Knochen, Zähnen und Blutkörperchen unverzichtbar. Somit wirken sie vorbeugend gegen Krankheiten und helfen bei der Gesunderhaltung des Körpers.
Als typische Krankheiten aufgrund von Vitaminmangel kennen Sie sicher Skorbut (fehlendes Vitamin C), Rachitis (fehlendes Vitamin D) oder Beri-Beri (fehlendes Thiamin). Diese kommen heute kaum mehr vor. Mangelerscheinungen heute zeigen sich etwa an Hautveränderungen, Zahnfleischproblemen, Knochenerweichung oder auch an der sogenannten Frühjahrsmüdigkeit.

AUFGABEN

1. Recherchieren Sie, bei welcher Menschengruppe Skorbut vorwiegend festgestellt wurde.
2. Erklären Sie den Zusammenhang zwischen Skorbut, Sauerkraut und Zitronensaft. Nutzen Sie zur Beantwortung die Nährwerttabelle ab Seite 324.

Vitaminbedarf

Wer sich bewusst und ausgewogen ernährt, ist grundsätzlich vor Vitaminmangelerscheinungen geschützt. Trotzdem kann es für Menschen in besonderen Lebenslagen wichtig sein, auf eine zusätzliche Versorgung mit bestimmten Vitaminen zu achten. Das ist der Fall bei:
- Kindern und Jugendlichen im Wachstum,
- Frauen während der Schwangerschaft und Stillzeit,
- älteren Menschen mit Appetitlosigkeit, Kau- und Schluckbeschwerden,
- Rauchern oder
- Menschen, die regelmäßig Alkohol konsumieren.

	Täglicher Vitaminbedarf im Überblick			
	Vitamin	**Tagesbedarf**	**Enthalten in**	**Aufgaben**
Fettlösliche Vitamine	A (Retinol) Provitamin A–Carotin	0,8–1,1 mg	Eigelb, Butter, Fisch, Leber, Möhren, Paprika	stärkt das Sehvermögen (auch Vermeidung von Nachtblindheit)
	D (Calciferol)	5 µg*	fette Fische oder Fischöl, Eigelb, Milch	stärkt und festigt die Knochen, beugt Osteoporose vor
	E (Tocopherole)	12–15 mg	Tomaten, Avocados, Vollkornprodukte, Keimöle, Grüngemüse	wirkt gegen krebsauslösende freie Radikale
	K (Phyllochinon)	70–80 µg	Grüngemüse, Fleisch, Fisch	unterstützt die Blutgerinnung
Wasserlösliche Vitamine	B1 (Thiamin)	1,0–1,3 mg	Vollkornprodukte, Schweinefleisch	stärkt Muskeln und Nervensystem, verhindert „Beri-Beri".
	B2 (Riboflavin)	1,2–1,5 mg	Milch, Milchprodukte, Fleisch, Eier	vermindert Hautveränderungen (Hautrisse, Lichtempfindlichkeit), stärkt das Nervensystem
	B6 (Pyridoxin)	1,2–1,6 mg	Getreide, Obst, Gemüse, Fleisch, Fisch	vermindert Hautveränderungen
	B12 (Cobalamin)	3 µg (3,5 µg Schwangerschaft) (4 µg Stillzeit)	in allen tierischen Lebensmitteln	vermindert die Zellteilung, stärkt das Nervensystem, verhindert Blutanämie, Vegetarier haben oft Mangelerscheinungen.
	Biotin	30–60 µg	Eier, Getreideprodukte, Sojabohnen	vermindert Hautveränderungen
	C (Ascorbinsäure)	100 mg	Obst, Paprika, Kohl, Kartoffeln	vermindert Zahnfleischprobleme und Infektanfälligkeit, fördert die Wundheilung
	Folsäure	400 µg (600 µg Schwangerschaft)	Gemüse, Fleisch, Vollkornprodukte	verhindert Blutanämie

** Ältere Menschen haben einen erhöhten Bedarf an Vitamin D.*
Der Bedarf an einzelnen Vitaminen wird häufig in µg angegeben. 1 µg entspricht einem tausendstel Milligramm (mg).

2.9.10 Nährstoffdichte

Jeder Nährstoff, den wir mit der Nahrung aufnehmen, erfüllt im Organismus spezielle, oft sehr komplexe Aufgaben. Nicht allein die Art des Nährstoffs, sondern auch die Zufuhr im richtigen Verhältnis hilft dabei, Stoffwechselvorgänge optimal zu regeln. Eine einseitige, unausgewogene oder auch übermäßige Ernährung führt zu Mangelerscheinungen und Krankheiten.

Die Qualität und der gesundheitliche Wert eines Lebensmittels kann ermittelt und beurteilt werden, indem man seine Nährstoffdichte überprüft. Die Nährstoffdichte beschreibt das Verhältnis zwischen Nährstoffgehalt und Energiegehalt. Die Energie unserer Nahrung wird zwar in kJ berechnet und deklariert (siehe Seite 119 ff.), die Berechnung erfolgt dagegen in der Einheit kcal. Man rechnet:

Nährstoffdichte = Nährstoffgehalt (g oder mg) : Energiegehalt (kcal)

100 g Schweinefilet liefern 21,5 g Eiweiß und 104 kcal.
Rechnung: 21,5 g : 104 kcal = 0,21 g/kcal.
Die Nährstoffdichte beträgt hier 0,21 g/kcal.

Das Verhältnis zwischen dem Energie- und dem Nährstoffgehalt sollte im Einklang stehen. Das heißt, je höher die Nährstoffdichte, desto besser ist das Lebensmittel geeignet. Lebensmittel mit einer niedrigen Nährstoffdichte werden oft als „leere Kalorien" bezeichnet.

Beispiel: Bei einer verordneten Reduktionskost müssen zum Beispiel alle Nährstoffe im richtigen Verhältnis vorhanden sein, und das bei einer gleichzeitigen Energiereduzierung. Das bedeutet für die Praxis, dass der Speisenplan überwiegend Lebensmittel enthält, die eine hohe Nährstoffdichte aufweisen. Steht man hinsichtlich des Eiweißgehalts nun vor der Wahl „Filet" oder „Eisbein" bzw. „Kabeljau" oder „Lachs" zu servieren, vergleicht man den Eiweißgehalt von Schweinefilet und Eisbein bzw. Kabeljau und Lachs:

100 g Schweinefilet liefern	21,5 g Eiweiß : 104 kcal = 0,21 g/kcal
100 g Eisbein liefern	19,0 g Eiweiß : 186 kcal = 0,10 g/kcal

Die Nährstoffdichte für Eiweiß liegt beim Schweinefilet mit 0,21 g/kcal höher als beim Eisbein mit 0,10 g/kcal.

↓

100 g Lachs liefern	20 g Eiweiß : 202 kcal = 0,1 g/kcal
100 g Kabeljau liefern	18 g Eiweiß : 77 kcal = 0,23 g/kcal

Die Nährstoffdichte für Eiweiß liegt bei Kabeljau mit 0,23 g/kcal höher als bei Lachs mit 0,1 g/kcal.

↓

Auf dem Speiseplan steht im optimalen Fall öfter Filet als Eisbein bzw. bevorzugt Kabeljau anstelle von Lachs.

2.9.11 Erhaltung der Nährstoffe

Unsere Nahrung durchläuft von ihrer Erzeugung bis zum Verzehr viele Stationen. Auf diesem Wege gehen viele Nährstoffe verloren. Heute gelingt es nur noch wenigen, zumeist bäuerlichen Haushalten, „Nahrungsmittel vom Feld direkt auf den Tisch" zu bringen. Im Großhaushalt ist diese Idealform fast ganz ausgeschlossen.
Um die Nahrungsmittel trotz des Risikos von Nährstoffverlusten möglichst gehaltvoll zubereiten und verzehren zu können, ist es wichtig, sorgsam mit ihnen zu verfahren. Ihr persönlicher Einflussbereich ist dabei begrenzt, haben Sie doch in der hauswirtschaftlichen Praxis zumeist erst ab dem

Zeitpunkt der Warenannahme eine direkte Einflussmöglichkeit. Trotzdem können Sie im Vorfeld als Kunde auch darüber befinden, welche Nahrungsmittel Sie einkaufen. Im Zuge eines Qualitätsmanagements können Sie darüber befinden, welche Einkaufskriterien und Qualitätsstandards der Einrichtung wichtig sind. Auswahlkriterien und Einflussfaktoren können sein:

GRUNDLAGEN

Anbau	• biologischer Anbau oder • herkömmlicher Anbau (regelmäßige Düngung der Böden bzw. der Lebensmittel)
Ernte	• Ernte von reifen Früchten oder • Nachreifen in Reifehäusern
Transport	• zeitnaher Transport bei richtiger Temperatur sowie • Dauer des Transports
Lagerhaltung	• möglichst kurze Lagerung frischer Lebensmittel • richtige Lagertemperatur bei richtiger Luftfeuchtigkeit und Helligkeit • Berücksichtigung des Mindesthaltbarkeitsdatums und Vermeidung von Überlagerung • Beachtung der *Hygiene*vorschriften
Konservierungsverfahren	• Einsatz ausgewählter *Convenience-Produkte* • Schockgefrieren anstelle eines langsamen Einfrierens • Einfrieren statt Trocknen, Salzen oder Zuckern
Handel	• richtige Temperatur im Laden und im Lieferwagen • richtige Luftfeuchtigkeit
Verarbeitung	• Lebensmittel so naturbelassen wie möglich zum Verzehr anbieten • Lebensmittel nur im Bedarfsfall und dann sehr dünn schälen • Lebensmittel nicht im Wasser liegen lassen • Lebensmittel sparsam salzen bzw. zuckern • Lebensmittel erst kurz vor der Weiterverarbeitung vorbereiten
Gartechnik	• Dünsten oder Dämpfen (siehe Seite 85 f.) statt Kochen • Garen im Fett bei über 180 °C vermeiden • kurze Garzeiten bevorzugen und einhalten • küchentechnische Eigenschaften berücksichtigen (z. B. bei fett- bzw. wasserlöslichen Vitaminen) • richtige Auswahl von und richtiger Umgang mit Fett, z. B. Oliven- oder Walnussöl nicht erhitzen
Warmhaltezeiten	• das Essen zeitnah zubereiten und servieren • lange Warmhaltezeiten vermeiden
Hygiene	• Bei mangelhafter *Hygiene* haben Bakterien, Keime oder Pilze ideale Möglichkeiten, um sich zu vermehren und die Lebensmittel zu verderben.

LERNFELD 5

LERNFELD 5

2.10 Speisen geschmacklich aufwerten

Um unseren Speiseplan abwechslungsreicher zu gestalten, einzelne Lebensmittel geschmacklich zu verändern oder ihre Bekömmlichkeit zu erhöhen, verwenden wir Kräuter und Gewürze. Auch Salz oder die Zugabe von Wasser verändern nicht allein den Geschmack der Lebensmittel, sondern oft auch ihr Aussehen. Trinkwasser gilt hierbei nicht nur als Zutat, sondern oft auch als Hilfsstoff für die Lebensmittelverarbeitung, um ein Lebensmittel überhaupt erst bekömmlich zu machen (Hülsenfrüchte).

2.10.1 Kräuter und Gewürze

Kräuter zum Würzen sind aus unserer Ernährung nicht mehr wegzudenken. Sie werten unsere Speisen auf, sind appetitanregend und machen ein übermäßiges Würzen mit Kochsalz (siehe Seite 145) hinfällig. Der Handel bietet eine sehr gute Qualität von tiefgekühlten Kräutern an. Getrocknete Kräuter entfalten ihr Aroma in Flüssigkeit, ansonsten können sie noch etwas zerstoßen werden. Noch vorhandene Zellwände fallen noch mehr zusammen und geben Aromastoffe ab.
Werden Kräuter zu Dekorationszwecken verwendet, können sie in gehackter oder geschnittener Form als Nahrungsbestandteil auf dem Teller arrangiert werden. Petersilie wird gern zur Dekoration von Speisen als „Sträußchen" eingesetzt.
Einigen Kräutern werden heilende Substanzen zugesprochen. Die ätherischen Öle erfüllen teilweise medizinische Zwecke. Einige werden seit Jahrhunderten eingesetzt, um gezielt Krankheiten zu heilen oder Genesungsprozesse zu unterstützen.

Egal, ob Kräuter aus dem eigenen Kräutergarten, aus dem kultivierten Blumentopf auf der Fensterbank oder vom Händler: Kräuter liefern neben vielen Vitaminen und Mineralstoffen auch Aroma- und Farbstoffe.

Bekannte Würzkräuter im Überblick

Basilikum passt hervorragend zu Tomaten, Auberginen oder Ragouts. Nur die Blätter werden verwendet und schmecken frisch am besten, zum Beispiel als Basilikumpesto.

Bohnenkraut wird sparsam eingesetzt, weil es beim Kochen erst langsam sehr geschmacksintensiv wird und das volle Aroma entfaltet. Die Blättchen eignen sich gut zum Trocknen und für die Bevorratung.

Borretsch wird vorwiegend fein gehackt zu Salaten, Gurken oder für die „grüne Soße" eingesetzt. Die blauen Blüten sind nicht nur Dekoration, sondern schmecken auch im Salat gut.

Dill gilt als das typische Fisch- und Gurkengewürz. Am besten schmecken die feinen Spitzen. Dillspitzen eignen sich auch zum Trocknen.

Bekannte Würzkräuter im Überblick
Estragonblätter schmecken frisch sehr würzig. Eingelegt in Essig, zu Soßen oder Fischgerichten rundet er viele Speisen perfekt ab.
Kerbel ist mit einem leichten Anisgeschmack sehr aromatisch. Er wird gern für Salate oder Fisch verwendet. Die kleinen Blättchen sollten vorsichtig dosiert werden.
Kresse (Brunnen- oder Gartenkresse) wird geschnitten oder als „Sträußchen" zur Dekoration auf Platten, Schnittchen oder Salaten eingesetzt.
Liebstöckel ist wegen seines Geschmacks als Maggikraut bekannt. Aufgrund seines intensiven Geschmacks sollte Liebstöckel nicht zu lange und nur in Eintöpfen oder Fleischgerichten gekocht werden.
Majoran bzw. der als Wildkraut bekannte **Oregano** eignen sich für herzhafte Speisen, wie Pizza oder Tomatengerichte. Es werden nur die Blättchen verwendet.
Petersilie ist das bekannteste Küchenkraut und kann für alle Speisen in gehackter Form verwendet werden.
Pfefferminze ist nicht nur als Grundlage für Tee beliebt. Gehackt wird sie gern für süße Speisen oder typisch englische Soßen eingesetzt.
Rosmarin setzt sein starkes Aroma während des Garens frei. Es passt zu Lamm oder Schwein sowie zu Kartoffelspeisen oder Tomatengerichten.
Salbeiblätter sind kräftig im Geschmack und passen zu Fleisch-, Fisch- und Eiergerichten. Salbei lässt sich gut trocknen und als Tee verarbeiten.
Schnittlauch wird in gleichmäßig feine Streifen geschnitten und passt zu herzhaften Speisen, Quarkgerichten, Salaten, aber auch als Dekoration auf belegten Broten oder Sandwiches.
Thymian ist bei der Zubereitung von Wild (z. B. Kaninchen, Hirsch) und bei der Wurstherstellung ein Muss. Seine kleinen Blättchen werden vom Strunk abgestreift. Sie schmecken sehr intensiv.
Zitronenmelisse hat einen frischen, feinen Zitronengeschmack und eignet sich besonders für Tee, süße Speisen oder Salate.

Gewürze werden in der Regel aus unterschiedlichen getrockneten Pflanzenteilen gewonnen. Sie haben ein starkes Aroma, gelten als appetitanregend und werten eine Speise geschmacklich auf. Gewürze wachsen meist in heißen Regionen. Durch die Sonneneinstrahlung entwickelt die Pflanze intensive Duft- und Geschmacksstoffe. Küchenkräuter geben den Speisen nicht nur den gewünschten Geschmack, sondern werten diese – insbesondere im frischen Zustand verwendet – durch ihren Reichtum an Vitaminen und Mineralstoffen auf.

Muskatnüsse, Pfefferkörner, Sternanis, Zimt, Nelken, Chili, Kurkuma (Gelbwurz), Ingwer

Bekannte Gewürze im Überblick		
Name	**verwendete Teile**	**Anwendungsgebiete**
Anis	Samengewürz	Gebäck, Süßspeisen
Kapern	Blütengewürz	Fleischgerichte oder Fischgerichte
Kardamom	Samengewürz	Gebäck
Chili	Fruchtgewürz	herzhafte, scharfe Speisen
Ingwer	Wurzelgewürz	Gebäck, Tee, indische, asiatische Küche
Kreuzkümmel	Samengewürz	türkische, mexikanische Küche
Kümmel	Samengewürz	Gemüse, Getränke
Kurkuma	Wurzelgewürz	Farbgebung z. B. bei Curry, indonesische Küche
Lorbeer	Blattgewürz	Gemüse, Eintöpfe, Suppen
Muskat	Samengewürz	Kartoffelspeisen, Suppen, Eintöpfe
Nelke	Blütengewürz	Wild, Fisch, Brühen, Weihnachtsgebäck
Paprika	Fruchtgewürz	Fleisch, Fisch, Eintöpfe
Pfeffer	Fruchtgewürz	Fleisch, Suppen, Gemüse, Dressing
Piment	Fruchtgewürz	Suppen, Eintöpfe, Wild
Safran	Blütengewürz	als Farbstoff für Reis, Kuchen, Fisch
Vanille	Fruchtgewürz	für alle süße Speisen (z. B. Kuchen, Nachspeisen)
Zimt	Rindengewürz	süße und herzhafte Speisen, Getränke

Gewürzmischungen (z. B. Curry, Lebkuchengewürz, Pizzagewürz, Pfeffermischungen) sind in der Regel Zusammenstellungen aus unterschiedlichen Gewürzen, die sich für bestimmte Gerichte besonders eignen. Sie gehören zu den *Convenience-Produkten*.

Darüber hinaus bietet der Handel in flüssiger Konsistenz die Würzsoßen, in pastenartiger Konsistenz die Würzpasten oder in streufähiger Form die Streuwürzen an. Oft sind ihnen Geschmacksverstärker (z. B. Glutamat) zugesetzt. Gewürzmischungen sind in der Regel gezielt für spezielle Gerichte vorgesehen. So gibt es das Hähnchengewürz genauso wie die fertige Mischung für das Fischgericht oder die Zubereitung von Gyros. Durch das Zumischen von Zusatzstoffen oder Geschmacksverstärkern kann der typische Geschmack der einzelnen Lebensmittel unterstützt werden.

Der Einkauf sollte nur in kleinen Gebinden und in einer überschaubaren Menge erfolgen. Eine längere Bevorratung verursacht Farb- und Geschmacksverluste.

2.10.2 Salz

Speise- oder Kochsalz dient als Universalwürzmittel. Es handelt sich um das Mineralsalz Natriumchlorid (NaCl) und ist in vielen Lebensmitteln enthalten. Der Körper eines erwachsenen Menschen hat einen Salzanteil von 150 bis 300 g.

Wir unterscheiden Salz nach der Herkunft.

- Steinsalz wird durch den Abbau aus Sedimentgestein,
- Meersalz wird durch Verdunstung aus dem Meerwasser gewonnen.
- Salinensalz ist durch das Eindampfen von Sole entstanden.

Salz wird mit zusätzlichen Mineralien im Handel angeboten. So gelten jodiertes und fluoridiertes Salz als gesundheitsfördernd.
Salz ist lebenswichtig und spielt in der Ernährung eine wichtige Rolle. Auch hier gilt es, das richtige Maß zu finden. Der tägliche Salzbedarf eines Menschen liegt bei maximal 5 g. Dieser Grundbedarf könnte gut durch eine ausgewogene und mineralstoffreiche Kost gedeckt werden. Frische Kräuter können beispielweise das gekochte Ei auf einem Butterbrot genauso würzen wie Salz. Salz als Universalwürzmittel sollte sparsam verwendet werden. Eine tödliche Tagesdosis für Erwachsene liegt bei einer Salzzufuhr von mehr als 100 g.

Schwitzen wir, scheiden wir über die Haut Salz aus. Bei starker körperlicher Aktivität erhöht sich der Salzverlust, ebenso bei Durchfallerkrankungen, da hier viel Salz verloren wird, das rasch wieder zugeführt werden muss.

2.11 Wasser

Kein Lebewesen ist ohne Wasser (H_2O) überlebensfähig. 50 % bis 70 % unserer Körpermasse bestehen aus Wasser. Der Mensch kann einige Wochen ohne feste Nahrung leben, jedoch nicht länger als 4 bis 5 Tage ohne Flüssigkeit.

Wasser liefert keine Energie, ist aber an zahlreichen lebenserhaltenden Prozessen beteiligt. Es ist ein Grundbestandteil unserer Nahrung. Der durchschnittliche Wasserverbrauch liegt bei uns zwischen 140 und 150 l am Tag. Davon werden etwa 4 l zum Essen und Trinken aufgewendet.

Größtenteils decken wir unseren täglichen Wasserbedarf von 1,5 bis 2 l durch Trinken. Über die Nahrung nehmen wir weitere 0,5 bis 1 l auf. So bestehen etwa Gurken zu 95 %, Kartoffeln zu 80 %; Fleisch zu 70 % oder Brot zu 40 % aus Wasser.

- Wasser regelt den Temperaturhaushalt. Ist der Körper geschwächt, oder bei Fieber braucht er mehr Wasser.
- Wasser ist Transportmittel. Schlacken werden abtransportiert, Nährstoffe werden über die Blutbahn in die Zellen transportiert.
- Wassermangel kann schwere Durchblutungsstörungen auslösen.
- Bei Magen-Darm-Erkrankungen (Durchfall) verlieren wir viel Wasser und Mineralien. Das muss wieder aufgefüllt werden.
- Wer eine Gewichtsreduzierung plant, sollte viel Wasser trinken. Der Magen ist gefüllt und das Hungergefühl reduziert.
- Bei körperlicher Anstrengung oder bei hohen Temperaturen kann der Flüssigkeitsbedarf um mehr als das Doppelte ansteigen.
- Ohne ausreichend Wasser leiden wir unter Konzentrationsmangel.
- Über die Haut und die Lunge verlieren wir etwa 1 l Flüssigkeit, der Rest wird über Blase und Darm ausgeschieden.
- Wasser lässt sich bis auf 100 °C erwärmen, und es gefriert bei 0 °C.

2.12 Getränke

Durch Trinken decken wir den größten Teil unseres täglichen Flüssigkeitsbedarfs. Getränke sind – genau wie das Essen – auch Geschmacks- und Genusssache. Wir unterteilen Getränke nach ihrer Herkunft oder nach ihrer Zusammensetzung. Unterirdische Quellen versorgen uns mit natürlichem Mineralwasser. Auch Obst und Gemüse nutzen wir zur Herstellung von Getränken. Darüber hinaus mischt und komponiert die Getränkeindustrie permanent neue mehr oder weniger geschmackvolle Getränke, die nicht zuletzt mit Mineralien und Spurenelementen, oft auch mit reichlich Zucker und Aromastoffen versetzt werden.
Natürliches Mineralwasser enthält mehr als 1000 mg Mineralstoffe. Gemessen wird der Mineralstoffgehalt gelöst in 1 l (1000 ml) Flüssigkeit.

Inhaltsstoffe von Getränken

Für die Herstellung und Bezeichnung von Getränken gelten feste Vorgaben:

- **Fruchtsäften** dürfen zum Ausgleich eines natürlichen Mangels an Zucker ohne Deklaration 15 g Zucker zugesetzt werden.
- **Fruchtnektar** besitzt einen Fruchtsaftanteil (auch Fruchtmark) von 25 % bis 50 %. Der Rest besteht aus gezuckertem Wasser.
- Bei einem **Fruchtsaftgetränk** gilt es als ausreichend, wenn der Fruchtanteil zwischen 10 % und 30 % beträgt.
- Eine **Limonade** enthält 3 % bis 15 % Fruchtsaft, darüber hinaus Wasser, Zucker und Geschmacksstoffe.
- Bei **coffeinhaltigen Limonaden** wurden bis zu 25 mg Coffein pro Liter zugesetzt. Pflanzenauszüge von der Kola-Nuss verleihen den typischen Geschmack. Die braune Farbe erreicht man durch Zuckercouleur.

- Bei **Lightgetränken** wird der Zucker durch Süßstoff ersetzt.
- **Milchgetränke** sind nährstoffreich. Einem gesunden, erwachsenen Menschen kann ein Milchgetränk als Powergetränk dienen.
- **Sportgetränke** oder isotonische Getränke haben einen hohen Mineralstoff- und Kohlenhydratanteil.
- Für sogenannte **Wellnessgetränke** bilden Kräuter- oder Früchtetees die Basis. Der Zuckeranteil kann stark variieren. Das Etikett gibt Aufschluss darüber. Es sollten nicht mehr als 4 g Zucker pro 100 ml Flüssigkeit enthalten sein.
- Bei **Konzentraten** und **Nektargetränken** ist vor allem das Etikett sorgfältig zu lesen. Oft werden den Säften bereits im Ernteland bis zu 60 % Wasser entzogen. Nach dem Transport wird die fehlende Flüssigkeit nicht selten mit gezuckertem Wasser wieder aufgefüllt.

Für eine ausgewogene Versorgung mit Flüssigkeit empfehlen sich alle Arten von (Mineral-) Wasser, Tees, Saftschorlen und kalorienarmen Getränken. Cola, Limonaden oder Fruchtsaftgetränke sollten nicht auf dem täglichen Plan stehen. Sie liefern durch ihren hohen Zuckeranteil viele leere Kalorien. Meist sind keine natürlichen Vitamine und Mineralstoffe enthalten. Alkoholische Getränke sollten nur in geringen Mengen und nicht regelmäßig getrunken werden.

2.13 Zusatzstoffe in Lebensmitteln

Mit Zutaten meinen wir alle Stoffe, die bei der Herstellung einer Speise oder eines Lebensmittels verarbeitet werden. Unter Zusatzstoffen versteht man jene Stoffe, die Lebensmitteln hinzugefügt werden, um deren Eigenschaften zu verbessern. Das sind:

- eine längere Haltbarkeit/Lagerfähigkeit,
- eine andere bzw. intensivere Farbe/ein besseres Aussehen,
- eine bessere Verarbeitbarkeit,
- ein intensiverer oder spezieller Geschmack.

Bekannte Zusatzstoffe sind allgemein Konservierungsstoffe, Farbstoffe, Emulgatoren, Gelier- oder Verdickungsmittel, Säuerungsmittel, Geschmacksverstärker, Trenn- oder Überzugsmittel, Pack- und Treibgase oder Süßungsmittel. Manche Lebensmittel sind mit Vitaminen und Mineralstoffen angereichert. In diesem Falle gelten diese ebenfalls als Zusatzstoffe.

Nicht jede Zutat und nicht jeder Zusatzstoff gelten als unbedenklich. Einige stehen im Verdacht, die Entwicklung von Allergien oder gesundheitliche Probleme zu begünstigen. Manche Menschen vertragen bestimmte Lebensmittel oder auch Nährstoffe grundsätzlich nicht (z. B. Lactoseintoleranz, Glutenunverträglichkeit).

Kennzeichnungspflicht

Auf nationaler Ebene wird durch die Lebensmittelinformationsdurchführungverordnung (LMIDV) spezielle zusätzliche Anforderungen an die Lebensmittelkennzeichnung gestellt. Die Verordnung beinhaltet die Lebensmittelkennzeichnungsverordnung und die Nährwertkennzeichnungsverordnung. Die Allergenkennzeichnung findet sich darin auch wieder. Hier ist ganz klar geregelt, dass der Endverbraucher die Möglichkeit haben muss, Angaben zu Allergenen im Lebensmittel sofort zu erkennen, z. B. durch Aufsteller in der Nähe der Speisen oder auf der Speise- und Getränkekarte. Die Angaben müssen in Deutschland grundsätzlich deutsch sein. Nährwertangaben sind seit dem Dezember 2016 nur auf verpackter Ware Pflicht.

Eine besondere Kennzeichnungspflicht besteht für diese 14 Allergene:

- Eier
- Erdnüsse
- Fisch
- glutenhaltiges Getreide
- Krebstiere
- Lupine
- Milch
- Schalenfrüchte (Mandeln und Nüsse)
- Schwefeldioxid und Sulfite
- Sellerie
- Senf
- Sesamsamen
- Soja
- Weichtiere

sowie alle Erzeugnisse, die aus diesen Stoffen hergestellt werden.

2.13.1 Konservierungsmittel

Konservierungsmittel sollen den Befall von Lebensmitteln durch Mikroorganismen (z. B. Bakterien, Schimmel) verhindern. Ohne Konservierungsstoffe könnten Lebensmittel frühzeitig verderben (Fäulnis, Vergärung).

Eine Vertreterin ist z. B. die Sorbinsäure (E200–203), die wir in Lebensmitteln, wie Margarine, Käse, Fleisch-, Fisch- und Wursterzeugnissen, Brotaufstrichen (Marmeladen) oder Backwaren, finden. Sorbinsäure ist Bestandteil der Vogelbeere. Die Nummern E200 bis E330 stehen für Konservierungsmittel.

2.13.2 Farbstoffe

Farbstoffe sollen mögliche, im Herstellungsprozess verursachte Farbveränderungen ausgleichen. Nicht selten dienen sie dem Zweck, ein Produkt appetitlicher („Das Auge isst mit") und gesünder aussehen zu lassen. Farbveränderungen sind beim Lebensmittel durch verschiedene Bearbeitungsverfahren möglich. Mit Farbstoffen können entweder ganze Lebensmittel oder nur ihre Oberfläche gefärbt werden. Neben natürlichen, pflanzlichen Farbstoffen (Betanoin, Chlorophyll) wird vielfach schneller und effektiver mit synthetischen (künstlich hergestellten Farbstoffen) oder mit anorganischen Farbstoffen (Pigmenten) gefärbt. Die Nummern E100 bis E180 stehen für Farbstoffe.

2.13.3 Geschmacksverstärker

Geschmacksverstärker sollen den Eigengeschmack eines Lebensmittels hervorheben. Glutamate sind die bekanntesten unter ihnen, doch in letzter Zeit in die Kritik geraten. Manche Menschen reagieren mit gesundheitlichen Problemen auf den Verzehr von Glutamaten (z. B. „China-Syndrom"), weshalb sie einer Kennzeichnungspflicht unterliegen. Obwohl die Geschmacksverstärker nicht zu den Zusatzstoffen gehören, sind sie deklarationspflichtig. Die Nummern E620 bis E640 geben Auskunft über enthaltene Geschmacksverstärker.

2.14 Mahlzeitenverteilung

Die *Leistungsfähigkeit* eines Menschen kann durch eine entsprechende Ernährung beeinflusst werden. Durch die richtige Mahlzeitenverteilung vermeiden wir Leistungstiefs. Empfohlen werden fünf Mahlzeiten über den Tag verteilt. Am günstigsten nehmen wir zwischen drei Hauptmahlzeiten jeweils eine Zwischenmahlzeit. Naschereien zwischendurch sollten die Ausnahme bleiben. Besonders für Kinder ist eine gleichmäßige, über den Tag verteilte Energiezufuhr wichtig, denn sie besitzen noch keine Energiereserven.
Die biologische Leistungskurve (siehe Seite 23) macht deutlich, wann unsere Akkus leer sind und aufgefüllt werden müssen.

Ein optimaler Mahlzeitenplan berücksichtigt folgende Energieverteilung des Gesamtnährstoffbedarfs pro Tag:

1. Frühstück	20–25 %
2. Frühstück	10 %
Mittagessen	30–35 %
Nachmittag	10 %
Abendessen	25 %

Beispiel: Wenn durch das erste Frühstück 20–25 % der Tagesgesamtenergie aufgenommen werden sollen, fallen bei einem Tagesenergiebedarf von beispielsweise 10 584 kJ (siehe Beispiel Seite 120) rund 2500 kJ auf diese Mahlzeit. Diese Energie kann jetzt aufgeteilt werden in 55 % Kohlenhydrate, 30 % Fett und 15 % Eiweiß.

100 %	2500 kJ
55 %	1375 kJ Kohlenhydrate : 17 kJ = 80,8 g Kohlenhydrate
30 %	750 kJ Fett : 37 kJ = 20,2 g Fett
15 %	375 kJ Eiweiß : 17 kJ = 22 g Eiweiß

Dies sind empfohlene Werte zur Orientierung, die je nach persönlicher Situation variieren können. Die Empfehlung für die Fettmenge sollte auf Dauer nicht überschritten werden.

Erstes Frühstück

LERNFELD 2

Das Frühstück ist der Energieschub in den Tag. In vielen Einrichtungen (Heime, Hotels, sogar erste Krankenhäuser) wird das Frühstück in Büfettform angeboten. Eine Abwechslung ist sichergestellt, es ist für jeden etwas dabei. Der Tischgast kann frei nach seinem Gusto, seinen Gewohnheiten sowie seinem Mengenbedarf auswählen. Das Angebot von verschiedenen Brötchen- oder Brotsorten, Frischkornmüsli, Obst, Eierspeisen, eiweißreichen Getränken und vielem anderen lässt den Tag gut beginnen. Abwechslung, eine entspannte Atmosphäre (keine Eile, ansprechend gedeckter Tisch) und eventuell Tischpartner sind die Garanten für einen guten Start in den Tag. Wer glaubt, das Frühstück einsparen zu können oder es lediglich bei einer Tasse Kaffee oder Tee zu belassen, vergisst, dass diese fehlende Energie letztlich über andere Mahlzeiten des Tages aufgenommen wird. Nicht selten sind dann bereits morgens Konzentrationsschwächen vorhanden.

Müsli nach „Bircher Art“ (pro Person)

1 El	geschrotetes 6-Korn (oder Haferflocken)	1 EL	Zitronensaft
3 El	Wasser zum Einweichen	1 EL	gehackte Nüsse
1	geriebener Apfel (mit Schale)	1 TL	Honig
		100–150 ml	Joghurt natur (alternativ Dickmilch)

- Das Korn (außer den Haferflocken) über Nacht im Wasser einweichen.
- Alle Zutaten miteinander vermischen.

■ **TIPP:** Alle Früchte der Saison können miteinander kombiniert werden.

Zweites Frühstück

Das zweite Frühstück als erste Zwischenmahlzeit – gern auch als „Bürofrühstück“ bezeichnet – nehmen wir in aller Regel während einer Pause am Arbeitsplatz oder in der Schule ein. Es soll die Energiezufuhr durch das erste Frühstück ergänzen. Das „Pausenbrot“ hält das Niveau der Tagesleistungskurve auf dem Höhepunkt und bringt neuen Schwung in unser Gehirn.

In Einrichtungen werden die sogenannten Zwischenmahlzeiten oft mit dem Frühstück verteilt oder separat gegen 10.30 Uhr angeboten. Diabetiker benötigen diese Zwischenmahlzeit, um ihren Blutzuckerspiegel aufrechtzuerhalten.
Eine Pausenverpflegung kann gut am Abend vorher zubereitet und in Frischhaltedosen im Kühlschrank gelagert werden. Genauso kann in ausrangierte Marmeladengläser Joghurt und Obst abwechselnd geschichtet werden. Am nächsten Morgen gibt man als „Crunch“ Körner oder Haferflocken zu. Abwechslungsreich belegte Brote (verschiedene Brotsorten im Wechsel) und vorbereitetes Obst oder Gemüse stellen eine gesunde Mischung dar. Zusätzlich stillen Milchprodukte (Joghurt, Quark, Milchgetränk) an fleischlosen Tagen den Eiweißbedarf. Sogenannte Powerriegel oder süße Kuchen lassen die empfohlene Energiezufuhr von 10 % schnell übersteigen und sorgen dafür, dass sich rasch ein erneutes Hungergefühl einstellt.

Durch frische Kräuter lässt sich Salz sparen.

Mittagsmahlzeit

Das Mittagessen fällt im Tagesverlauf in die Zeit, in der sich die Leistungskurve (siehe Seite 23) nach unten bewegt. Für die meisten Menschen ist das Mittagessen die Hauptmahlzeit des Tages. 30 % der Gesamtenergiemenge kann jetzt eingeplant werden, aber auch nicht mehr, da der Körper im Anschluss eine gewaltige Verdauungsleistung zu absolvieren hat. Die geistige Leistungsfähigkeit lässt dadurch nach. Sorgen Sie dafür, dass das Mittagessen nicht zur Belastung für den Organismus wird, indem Sie keine zu gewaltigen Portionen anbieten. Bedenken Sie, dass sich erst nach 15 Minuten ein Sättigungsgefühl einstellt. Langsames Essen in ruhiger Umgebung sind dazu ideal.
Empfohlene Speisen sind Gemüse, Fisch, kohlenhydratreiche Beilagen (Kartoffeln, Nudeln, Reis), Salate und Obst. Saisonalen und regionalen Produkten ist grundsätzlich der Vorzug zu geben.

Pikante Fischschnitte

750 g	Fischfilet (Seelachs, Kabeljau, Rotbarsch)	1	Rosmarinzweig
3 EL	Zitronensaft	4 Scheiben	Käse (Gouda, Emmentaler)
	Salz		Butter oder Olivenöl für die Auflaufform
2	Zwiebeln		
4	Tomaten		

- Fisch nach dem 3-S-Verfahren (siehe Seite 85) vorbereiten.
- Zwiebeln in feine Scheiben und die Tomaten in etwas gröbere Scheiben schneiden.
- Die Hälfte der Fischfilets in die gefettete Auflaufform legen.
- Tomaten- und Zwiebelscheiben sowie den Käse darüber verteilen.
- Die restlichen Fischfilets darüberlegen.
- Den Rosmarinzweig und den Zitronensaft mit in die Form geben.
- Alles mit einem Deckel oder mit Alufolie abdecken und im Backofen bei 180 °C für etwa 25 Minuten garen.

Nachmittagsmahlzeit

Die Zwischenmahlzeit fällt in ein Leistungstief. Der Körper braucht neue Energie. Ähnlich dem zweiten Frühstück sollte die Energiezufuhr 10 % des Gesamtbedarfs betragen. Vitamin- und mineralstoffreiche Snacks erfüllen diesen Zweck optimal. Für viele Menschen entspricht die Nachmittagsmahlzeit dem „Kaffeetrinken“, bei dem eine Tasse Kaffee oder Tee und ein Stück Kuchen gereicht werden.
Wer die salzige Variante lieber mag kann sich auch einen pikanten Wrap vorbereiten.

Das Auge isst immer mit.

1	Wrap (Weizen-Mais-Tortillas aus dem Kühlregal)
2 EL	Eisbergsalat
1/2	Paprika in Würfel geschnitten
1	Sch. gekochter Schinken; gewürfelt
evtl. 1/2	Avocado in Würfel
1/2	Zitrone
1 EL	Crème fraîche

Wrap-Fladen auf die Arbeitsfläche legen, mit Crème fraîche bestreichen, restliche Zutaten vermischen und auf dem Wrap verteilen. Wrap unten einschlagen dann fest aufrollen. Rollen halbieren, die Enden mit Pergamentpapier umwickeln, evtl. mit Küchengarn fixieren.
Der Wrap ist in der Brotbox gut zu transportieren.

Achten Sie auf den Fettanteil der Mahlzeit. Pommes frites oder Bratwurst eignen sich nicht als Zwischenmahlzeit. Auch in Einrichtungen freuen sich die Gäste über ein Stück Kuchen oder angebotenes Obst. Eine vitamin- und mineralstoffreiche Zwischenmahlzeit kann z. B. aus folgender Kombination bestehen:

- 125 ml Buttermilch
- 1 Obst je nach *Saison*
- 1 Scheibe Brot mit Belag nach Vorlieben bzw. nach Appetit
- 125 ml Orangen- oder Apfelsaft
- ½ Paprika oder 2 Möhren (in Streifen geschnitten)

Abendessen

Das Abendessen schließt – oft als gemeinsame Mahlzeit am Familientisch – den Tag ab. Ein zu spätes und zu fettreiches Essen ist hier nicht empfehlenswert, denn es belastet den auf „Sparflamme“ eingerichteten Organismus unnötig. Vielmehr bietet sich nun die Chance, einen letzten Schub an Vitaminen und Mineralstoffen zu erhalten. Rohkostsalate, belegte Vollkornbrote, Quark sowie Mineralwasser, Tee oder eine Saftschorle ergänzen sich zu einer ausgewogenen Abendmahlzeit. Wer tagsüber keine warme Mahlzeit einnehmen konnte, kann dies nun nachholen. Zwei Stunden vor dem Zubettgehen sollte nichts mehr gegessen werden.

Kräuterquark

500 g	Quark
2 EL	Olivenöl
4 EL	Milch
	Salz
2 EL	Petersilie
1 Bund	Schnittlauch
1 EL	Dill
evtl. 1	Knoblauchzehe
evtl. 1	kleine Zwiebel

Pellkartoffeln

1 kg	festkochende, gleich große, kleine Kartoffeln
1 TL	Salz
½ TL	Kümmel
	Wasser

- Kartoffeln waschen und in einen Topf geben.
- Mit Wasser bedecken und auf höchster Stufe zum Kochen bringen.
- Dann auf kleine Stufe reduzieren und 20–25 Minuten fertig garen.
- Das Kartoffelwasser abgießen.
- Die heißen Kartoffeln mit kaltem Wasser abschrecken und pellen.
- Kräuter unter fließendem Wasser waschen, trocken schütteln, fein schneiden.
- Die Knoblauchzehe zerdrücken, die Zwiebel klein würfeln.
- Alle Zutaten für den Kräuterquark cremig rühren, zuletzt die Kräuter unterheben.

In der Gemeinschaftsverpflegung wird für Diabetiker in der Regel eine Spät- oder Nachtmahlzeit bereitgestellt. Meist reicht eine Scheibe Brot oder ein Joghurt. Die „nahrungslose" Zeitspanne von einem meist frühen Abendessen bis zum Frühstück am kommenden Morgen wäre für diese Personengruppe zu lang.

AUFGABEN

1. Ermitteln Sie, aus wie vielen kJ das erste Frühstück für Sie selbst bestehen sollte.
2. Stellen Sie mithilfe der Nährwerttabelle (siehe Seite 326 ff.) ein ausgewogenes Mittagessen zusammen.
3. Beurteilen Sie das oben stehende Abendessen (Pellkartoffeln mit Kräuterquark) auf Nährstoffdichte.

2.15 Verpflegungssysteme

Sobald mehrere Personen zu verpflegen sind, stellt sich dies als enorme Herausforderung dar. Das Essen soll nicht nur schmecken. Es soll zudem ernährungsphysiologisch ausgewogen und auf die Zielgruppe abgestimmt sein. Nicht zuletzt müssen die Kosten im Blickfeld gehalten werden. Egal, ob eine Institution wohlfahrts- oder gewinnorientiert arbeitet, grundsätzlich gilt Kostendeckung als Minimalmaßstab.

Während in einem Altenheim die Bewohner das Speisenangebot über einen längeren Zeitraum nutzen und dabei in besonderen Bedarfsfällen auch Sonderkost gewährleistet ist, arbeitet eine Krankenhausküche rund um die Uhr für eine beständig wechselnde Klientel mit speziellen Bedürfnissen. Anders in einer Betriebskantine, die zu einer festgelegten Uhrzeit viele Essen auf einmal vorbereiten und punktgenau anbieten muss. In jeder dieser Einrichtungen sind die Erwartungen der Kundschaft die, dass ein einwandfreies, hochwertiges und heißes Essen auf den Tisch kommt.

Um diesen Anspruch zu erfüllen, ist ein perfektes Zusammenspiel vieler Mitarbeiterinnen und Mitarbeiter bzw. Abteilungen sowie eine exakte Planung erforderlich. Grundsätzlich muss jede Einrichtung, die Menschen zu verpflegen hat, darüber entscheiden, welches Verpflegungssystem den jeweiligen Anforderungen am ehesten gerecht wird. Bei der Auswahl und Planung des Verpflegungssystems fallen verschiedene Faktoren ins Gewicht:

- Zahl der Essensteilnehmer
- Mahlzeitenhäufigkeit
- Größe der Küche im Haus
- Gerätebedarf und Ausstattung
- Mitarbeiterbedarf
- Liefermöglichkeiten und Lagerkapazität
- Energiekosten
- Art und Umfang von *Convenience-Produkten*

Erst wenn alle Punkte kalkuliert wurden, kann ein Verpflegungssystem festgelegt werden. Grundsätzlich unterscheidet man das thermisch gekoppelte und das thermisch entkoppelte Angebot. Qualitativ kann der Tischgast grundsätzlich mit jedem effizient organisierten System zufriedengestellt werden.

2.15.1 Cook and serve

Das Frischkostsystem „Cook and serve“ verlangt das zeitnahe Zubereiten der Speisen. Jedes Gericht wird vor Ort gekocht (engl. *cook*) und unmittelbar serviert (engl. *serve*). Eine gut ausgestattete Küche bereitet das Essen zu. Dort wird es zentral ausgegeben bzw. sofort portioniert. Es handelt sich hierbei um ein thermisch gekoppeltes Verpflegungssystem. Man kalkuliert eine Verzögerung von 10 bis maximal 20 Minuten ein. Durch die Vermeidung einer langen Warmhaltedauer gewährleistet das Frischkostsystem eine Kost, die reich an Nährstoffen ist und kaum Farbveränderungen aufweist.

Vorteile

- Wünsche der Tischgäste können berücksichtigt werden.
- Vitamine und Mineralstoffe bleiben erhalten.
- Die Speisen wirken optisch sehr ansprechend.

Nachteile

- Bei der Essensausgabe entstehen Arbeitsspitzen.
- Hoher Personalbedarf notwendig.
- Qualitativ hochwertige Küchenausstattung erforderlich.
- Keine Kosteneinsparung durch Nutzung von Billigstromzeiten möglich.

2.15.2 Cook and chill

Entscheidet sich eine Einrichtung für das Verpflegungssystem „Cook and chill" (engl. *cook* = kochen, *chill* = kühlen), ist der Herstellungsbereich vom Verzehrbereich getrennt (thermisch entkoppelt). Um die fertig aufbereiteten Speisen zum Kunden zu bringen, müssen nicht selten viele Kilometer zurückgelegt werden.
„Cook and chill" bedeutet, dass die Speisen zentral zubereitet werden. Den Zeitpunkt der Speisenzubereitung beeinflussen dabei auch Faktoren wie Billigstromzeiten oder betriebsbedingte Personaleinsatzpläne.
Unmittelbar nach dem Garen werden die fertigen Gerichte portioniert und für höchstens 90 Minuten schockgekühlt. Der Vitamin- und Mineralstoffverlust ist damit minimiert. Die Temperatur der Speise darf nach dem Schockkühlen maximal noch 10 °C betragen. Die Speisen können dann 3 bis 5 Tage bei Temperaturen von 2–4 °C gelagert werden. Unmittelbar vor dem Servieren werden sie erwärmt bzw. regeneriert, das heißt, sie werden meist im Kombidämpfer innerhalb kurzer Zeit (höchstens 30 Minuten bei großen Portionen) schonend auf die Ausgabetemperatur von 70 °C gebracht. Das Regenerieren und die zeitnahe Speisenausgabe können problemlos durch Hilfskräfte erledigt werden. Durch eine gut geplante Kühllagerhaltung können viele Menschen zu unterschiedlichen Zeiten mit hochwertigen Speisen versorgt werden. Oftmals bleibt es dem Kunden verborgen, dass sein Essen nicht frisch zubereitet wurde.

2.15.3 Cook and freeze

Beim Verpflegungssystem „Cook and freeze" (engl. *cook* = kochen, *freeze* = einfrieren) werden die Speisen frisch zubereitet, dann bei –30 bis –40 °C schockgefroren und so für einen längeren Zeitraum haltbar gemacht. Die Lagerung erfolgt bei –18 °C. Alle weiteren Arbeiten, wie das thermische Aufbereiten und die Speisenausgabe, erfolgen später in der Aufbereitungsküche.

LERNFELD 5

Die Aufbereitung der Speisen kann sowohl im Wohnbereich, aber auch in den Stationsküchen stattfinden. Hier gilt es, tiefgekühlte, gekühlte oder in anderer Form (pasteurisieren oder sterilisieren) haltbar gemachte Speisen – idealerweise mit einem Kombidämpfer (siehe Seite 112) – aufzubereiten und dem Tischgast zu portionieren. Empfohlen wird, das Angebot durch frische Salate oder Obst zu ergänzen und aufzuwerten.

2.16 Speisen servieren

Zum Thema „Service" kann sicher jeder eine Geschichte über gute und schlechte Erfahrungen bei einem Restaurantbesuch oder während einer Familienfeier erzählen. Service ist eine Dienstleistung, die zeigt, wie entscheidend sich Leistung und Qualität auf den Erfolg einer gesamten Veranstaltung auswirken.
Ein guter Service schafft eine angenehme Raum- und Tischgestaltung. Er versorgt den Gast umsichtig mit Speisen und Getränken, ohne dabei aufdringlich zu wirken. Das Wohlbefinden des Tischgastes steht dabei stets im Vordergrund. Guter Service lässt ein ausgezeichnetes Menü erst zum richtigen Genuss für alle Sinne werden.

Der bekannte Ausspruch „Das Auge isst mit" bezieht sich dabei nicht allein auf eine ansprechende Speisendekoration. Service demonstriert eine Tischkultur, die über die reine Nahrungsaufnahme hinausgeht. Tischkultur ist in allen Ländern und Kulturkreisen ein wichtiges, verbindendes Element in Familienleben und Gesellschaft. Beim gemeinsamen Einnehmen einer Mahlzeit kommen Menschen aus ihrer unterschiedlichen Alltagsbeschäftigung heraus zusammen, sie erleben Austausch im Gespräch und schöpfen neue Kraft für den restlichen Tag. In *stationären Einrichtungen,* wie Altenheimen oder Krankenhäusern, geben diese gemeinsamen Mahlzeiten eine wichtige Struktur im Tagesablauf.

2.16.1 Service planen

Was für den Tischgast während seines Aufenthaltes so unaufdringlich und reibungslos wie möglich geschieht, ist immer das Ergebnis von hohem Fachwissen, Können und vor allem genauer Planung. Sie können sich bestimmt gut vorstellen, wie groß der materielle Schaden und der Ansehensverlust für eine Einrichtung sein können, wenn eine große Festlichkeit mit hoher Gästezahl chaotisch und schlecht organisiert ablaufen würde. Eine gute Servicekraft weiß, was sie tut. Deshalb steht zu Beginn jeder Serviceleistung die gründliche und intensive Vorplanung. Kleinere, weniger aufwendige und regelmäßige Aufgaben werden mit der Zeit zur eingespielten Routine, wie beispielsweise der Mahlzeitenservice im Speisesaal. Bei größeren und außergewöhnlichen Veranstaltungen beginnt dagegen jede Vorbereitung frühzeitig mit den einzelnen Vorplanungen.
Am Anfang jeder Planung steht die Auseinandersetzung mit dem Anlass. Das setzt ein Gespräch mit dem Auftraggeber oder Kunden voraus, um dessen Wünsche zu ermitteln und den Anlass der Feierlichkeit zu erfragen.
Wenn es sich um einen alltäglichen Dienstleistungsauftrag für eine Mahlzeit in Ihrer Einrichtung handelt, gilt es zunächst, einige Basisdaten zu ermitteln. Die Anzahl der Essensgäste, die vorgesehene Uhrzeit und die geplante Dauer der Mahlzeit geben Ihnen wichtige Hinweise für Ihre Arbeit. Denn die Vorbereitungen für einen kurzen Pausenimbiss unterscheiden sich deutlich von denen für ein ausgiebiges Mittagessen; ein kurzer Pausensnack bedarf keiner aufwendigen Speisen- und Tischgestaltung.

2.16.2 Speisenauswahl und Speisenfolge

Bevor die konkrete Speisenauswahl erfolgt, muss die Anzahl der Menügänge festgelegt werden. Wir sprechen von einem Menü, wenn mindestens drei Gänge serviert werden. Festliche Menüs können auf bis zu sechs Gänge erweitert werden. Mit der Anzahl der Gänge reduzieren sich die einzelnen Portionsgrößen, denn dann darf ein einzelner Gang nicht zu sehr sättigen.

Für die Mengenkalkulation der Speisen gibt es Anhaltspunkte, die sich auf professionelle Erfahrungswerte stützen. Hierbei ist jeweils eine Mengenspanne angegeben, mit der man sich am Bedarf und am Appetit der Gäste sowie an der Anzahl der Gänge orientieren kann.
Ein dreigängiges Menü (Grundmenü) besteht aus:

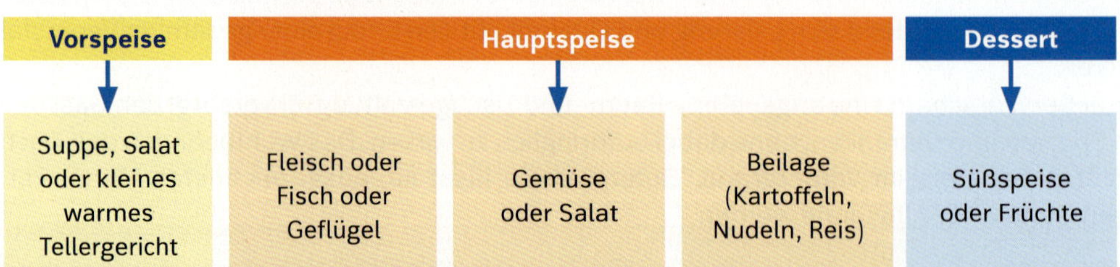

Bei festlichen Menüs wird diese Grundfolge um weitere Gänge ergänzt. So werden zum Beispiel nach dem Hauptgang gerne eine Käseauswahl und ganz zum Schluss noch Kaffeevarianten angeboten. Folgende Regeln sind bei der Menüauswahl zu beachten:

- Eine erste Orientierung geben immer der Anlass der Veranstaltung und die Kundenwünsche.
- Wenn Sie die *Saisonalität* der Lebensmittel berücksichtigen, spart dies Einkaufskosten, und es bringt Frische, Abwechslung und jahreszeitliche Aktualität ins Menü.
- Beachten Sie die Jahreszeit der Veranstaltung auch dahingehend, dass zum Beispiel ein Sommermenü leichter sein sollte als ein gehaltvolles winterliches Menü.
- Bei der Planung eines Menüs ist es sinnvoll, zuerst das Hauptgericht festzulegen und die weiteren Gänge „darum herum" darauf abzustimmen.
- Die einzelnen Gänge des Menüs sollten sich sowohl in der Lebensmittelauswahl als auch in ihrer geschmacklichen Ausrichtung (z. B. mild, würzig, scharf) unterscheiden, es sei denn, das Menü steht unter einem Motto, etwa „Spargel" oder „Wild".
- Vermeiden Sie Wiederholungen von Gartechniken im Menü, etwa gegrillte Antipasti als Vorspeise und Steaks im Hauptgang.
- Sorgen Sie für Abwechslung in den Farben, in der Form und Struktur. So wirkt etwa ein Menü aus Spargelcremesuppe, Hühnerfrikassee mit Reis und abschließend einem Vanilleflammeri sehr trist in der optischen Aufmachung und in der Konsistenz sehr langweilig, da alles kleinstückig oder pastös ist.
- Auch bei der Speisendekoration sollten Sie Abwechslung auf den Tisch bringen. Das Petersiliensträußchen auf allen Gängen zeugt von Fantasielosigkeit und bietet keinen optischen Gewinn mehr.

2.16.3 Speisenausgabesysteme

Aus der Gastronomie und aus Speisesälen der Gemeinschaftsverpflegung kennen wir den Service am Tisch. Hier wird dem Gast das Menü am Platz serviert. Dies kann mit in der Küche vorbereiteten Einzeltellern (Tellerservice) erfolgen oder es werden die Platten und Schüsseln (Schüsselservice) zum Anreichen oder zur Selbstportionierung auf den Tisch eingestellt. Für die Tischgäste stehen neben der Einnahme der Mahlzeit auch die gemeinsame Kommunikation und die Tischkultur im Blickpunkt.

In den meisten Krankenhäusern, aber auch in Pflegestationen von Altenheimen findet die Essensausgabe im Tablettsystem statt. In der Großküche wird für jeden Essensteilnehmer ein Tablett mit den Speisenkomponenten vorbereitet. Meist geschieht dies in einer Fließbandausgabe, bei der für jede Menükomponente ein Mitarbeiter die Portionierung übernimmt. Die Information über die Portionsgröße oder die Bestellung des Essensteilnehmers ist auf Karteikarten festgehalten und liegt auf dem jeweiligen Tablett. Dabei kann besonders auf krankheitsbedingte Sonderkostformen oder individuelle Menüwünsche (z. B. Vegetarier) Rücksicht genommen werden.
Ebenfalls mit einem Tablettsystem, aber mit einer eigenen Auswahl der Speisenkomponenten durch die Essensteilnehmer, arbeitet die Cafeteriaausgabe. In vielen Kantinen oder Mensen bedienen sich die Kunden an der Speisentheke selbst oder es erfolgt eine Ausgabe der warmen Speisen durch Servicemitarbeiter. Am Ende der Speisentheken befindet sich die Kasse zum Bezahlen.

Ist die Zusammenstellung der Mahlzeit in ihren einzelnen Komponenten für den Kunden völlig frei, wird dies als Free-Flow-System bezeichnet. Gegenüber einer Cafeteria, bei der zwischen zwei oder drei von der Küche zusammengestellten Hauptgerichten (z. B. Nudeln mit Bolognesesoße oder Seelachsfilet mit Salzkartoffeln) gewählt werden kann, wählt der Gast beim Free-Flow-System die Komponenten frei (z. B. Salzkartoffeln mit Bolognesesoße).

2.16.4 Arbeiten im Service

LERNFELD 4

Je nach Gästezahl und Serviceumfang variiert die Anzahl der Mitarbeiter im Team. Neben der Absprache über die Aufgabenverteilung spielen auch Umgangsformen und Erscheinungsbild eine Rolle für den Erfolg einer Servicedienstleistung.

GRUNDLAGEN

Äußeres Erscheinungsbild

- idealerweise einheitliche Dienstkleidung mit Namensschild zur persönlichen Ansprache
- gepflegtes Äußeres durch gute Körperhygiene und Handpflege
- keine auffällige und störende Frisur oder Schmuck
- dezentes Make-up bei Frauen
- gute Körperhaltung
- gutes Schuhwerk (bei lang andauerndem Einsatz ist ein Schuhwechsel mit unterschiedlichen, stabilen Absatzhöhen zur Entlastung der Muskulatur sinnvoll)

Umgangsformen und Kommunikation

- gute Umgangsformen (siehe Seite 251 ff.)
- freundliches, aufgeschlossenes Auftreten
- höfliches, zuvorkommendes Verhalten
- unaufdringliche Dienstbarkeit, Bedürfnisse des Gastes erkennen (z. B. Getränke nachgießen, ohne das Essen oder die Tischgespräche zu stören)
- gute Kenntnisse über die angebotenen Speisen und Getränke (Das ermöglicht eine optimale Beratung des Gastes.)
- keine Einmischung in Tischgespräche
- Verschwiegenheit und Zuverlässigkeit
- keine spürbaren Personaldifferenzen vor den Gästen zeigen
- kein Pausenaufenthalt bei den Gästen, sondern im vorgesehenen Personalraum

2.16.5 Tische eindecken

Tischgrößen und Tafelformen

Die Größe und Form des Raumes bildet die Grundlage für die Planung der Tafelform und Tischeinstellung. Am besten halten Sie den Grundriss des Raumes in einer Skizze fest. Auch Kundenwünsche (Tafel- oder Einzeltischordnung, vorgegebene Sitzordnung der Gäste) finden ihre Berücksichtigung.

Zur Kalkulation der Anzahl der benötigten Tische gilt:

- Jeder Tischgast benötigt mindestens 70 cm der Tischlänge für sich.
- Der Platzbedarf in Richtung Tischmitte beträgt 35–40 cm.

Die Höhe der Tische sollte 72 cm betragen. Bei der Einstellung mehrerer Tische ist auf eine einheitliche Höhe und Breite zu achten.

Tafelformen im Überblick

Lange Tafel

für 8–16 Personen

- Geeignet für längliche Räume.
- Gastgeber bzw. Hauptperson wird am Kopf der Tafel platziert.
- Tafellänge kann der Gästezahl angepasst werden.
- Nachteil: Bei schmalen Tischen wenig Platz für eine üppige Tischdekoration.

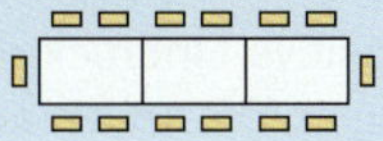

U-Tafel

für 14–40 Personen

- Optimale Raumausnutzung.
- Für die Gastgeber sehr übersichtlich.
- Gastgeber bzw. Hauptperson wird außen und in der Mitte des U platziert.

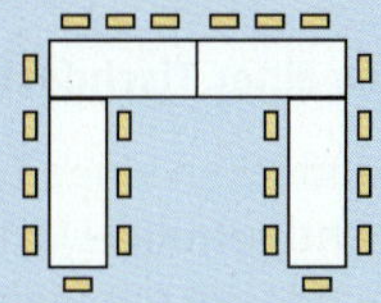

E-Tafel

für 21–80 Personen

- Geeignet für einen großen Personenkreis.
- Gastgeber bzw. Hauptperson wird am Mittelbalken der E-Tafel platziert.
- Nachteil: Form lässt bei schmalen Tischen wenig Platz für Tischdekorationen.

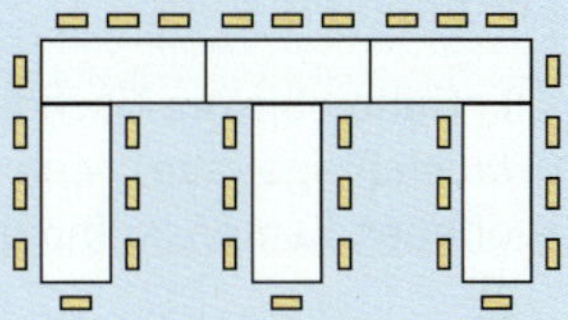

T-Tafel

für 9–25 Personen

- Gut geeignet für Festlichkeiten mit Ehrengästen (z. B. Brautpaar).

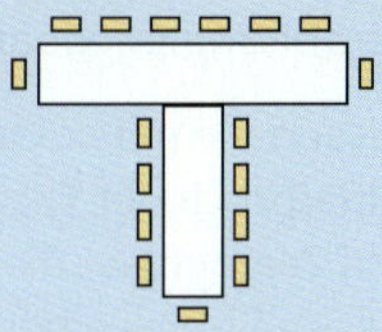

Blockform

für 12–20 Personen

- Geeignet für kleinere Gästekreise durch gute Übersichtlichkeit.
- Die Tischtiefe eröffnet viele Möglichkeiten für die Tischdekoration.
- Die Tafelform bietet genügend Platz für den Schüsselservice.
- Nachteil: Eine zu große Tischtiefe wirkt sich negativ auf die Erreichbarkeit der Speisen und auf die Kommunikation mit dem Gast gegenüber aus.

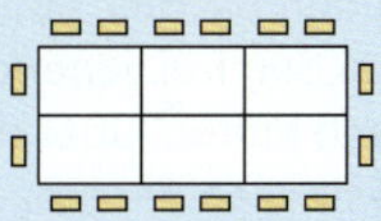

Gelockerte Tafelform

- Offene Anordnung von Einzeltischen.
- Wirkt lockerer als eine lange Tafelform.
- Bietet hervorragende Konversationsmöglichkeiten für die Tischgäste, da diese dichter beieinander und gegenüber sitzen und gut miteinander kommunizieren können.

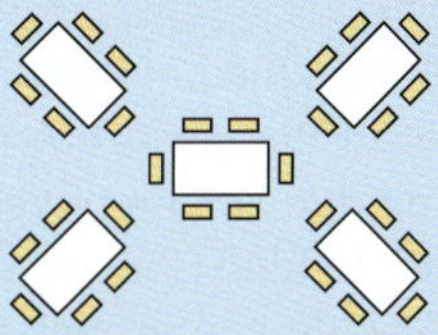

Fischgrät-Form

- Sehr platzsparend, da man mehr Gäste im Raum unterbringen kann, denn die Stuhlrücken stehen versetzt zueinander. Es ist nicht so viel Platz für die Laufwege erforderlich.
- Ermöglicht bei großen Veranstaltungen eine optimale Raumausnutzung.

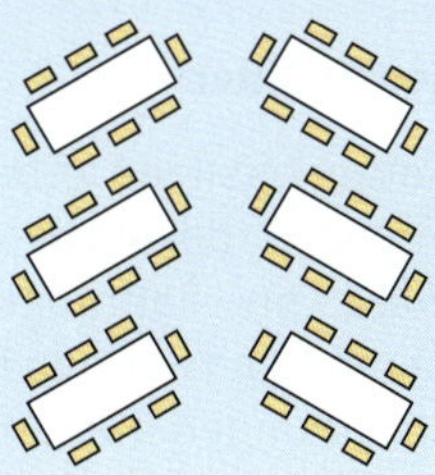

Tischwäsche und Servietten

Der positive Eindruck eines gedeckten Tisches wird durch die Auflage einer Tischdecke erheblich gesteigert. Die Art der ausgewählten Tischwäsche beeinflusst die Wirkung des Tisches auf den Gast. So lässt beispielsweise ein grob gewebtes Tischtuch die Tischgestaltung rustikal wirken, während eine weiße *Damast*tischdecke Festlichkeit und Exklusivität vermittelt. Tischwäsche wird aus unterschiedlichen Faserarten und -mischungen hergestellt. Klassisch sind Tischdecken aus Leinen, Halbleinen und Baumwolle oder pflegeleichte Chemiefasermischungen für jeden Tag.

Auflegen einer Tischdecke

Beim Eindecken eines Tisches spielt auch die *Hygiene* eine wichtige Rolle. Darum ist es wichtig, das Auflegen der Tischdecke mit wenigen, sparsamen Handgriffen durchzuführen:

1. Entfalten Sie die Tischdecke so, dass der Mittel*bruch* (Bügelfalte) oben liegt und die beiden offenen Kanten zu Ihnen gewendet liegen.
2. Lassen Sie das Tischtuch dabei auf beiden Seiten des Tisches rechts und links gleich lang herabhängen; idealerweise 25 cm.
3. Fassen Sie mit beiden Händen jeweils den Mittelbruch der Tischdecke zwischen Daumen und Zeigefinger, die darunter liegende Kante fassen Sie zwischen Zeigefinger und Mittelfinger.
4. Heben Sie das Tischtuch an und schwingen Sie nun den frei liegenden unteren Teil der Decke nach hinten, über die hintere Tischkante. Durch Loslassen der einzelnen Faltlagen legen Sie die Tischdecke komplett auf. Achten Sie darauf, dass der Mittelbruch mittig, gerade und parallel zur Tischkante liegt.
5. Sofern Sie bei Ihrer abschließenden Qualitätskontrolle etwas korrigieren müssen, tun Sie es mit den Fingerspitzen, denn ein Glattstreichen mit beiden Händen sollte aus hygienischen Gründen unterbleiben.

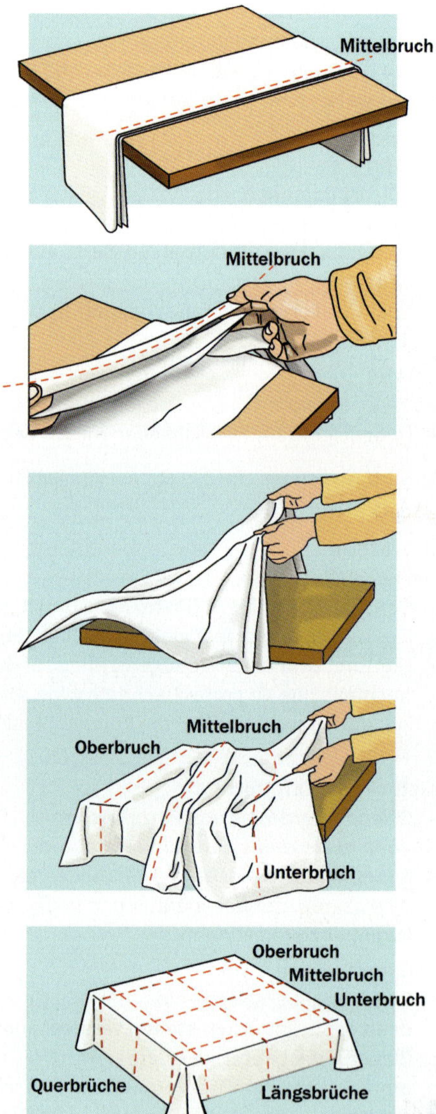

Servietten falten

Servietten besitzen neben ihrem praktischen Nutzen einen enorm dekorativen Effekt. Es gibt eine große Auswahl an Faltmöglichkeiten, von einfachen, zweckmäßigen Formen bis hin zu prächtigen, kunstvollen Faltungen. Neben dem Zeitaufwand für deren Anfertigung sollte ein Aspekt nicht außer Acht gelassen werden: Eine aufwendige Form erfordert zwangsläufig ein häufiges Berühren während der Faltung, was mit Einbußen in der *Hygiene* verbunden ist. Bewusst machen müssen Sie sich auch, dass der Dekorationserfolg nicht zwangsläufig mit einem höheren Faltaufwand steigt. Eine schlichte Form aus hochwertigem Material wirkt meist exklusiver. Einfach, aber klassisch sind die folgenden Beispiele:

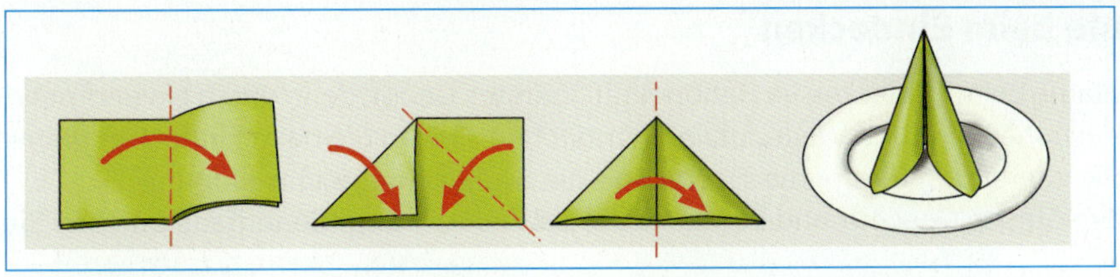

Spitz oder First

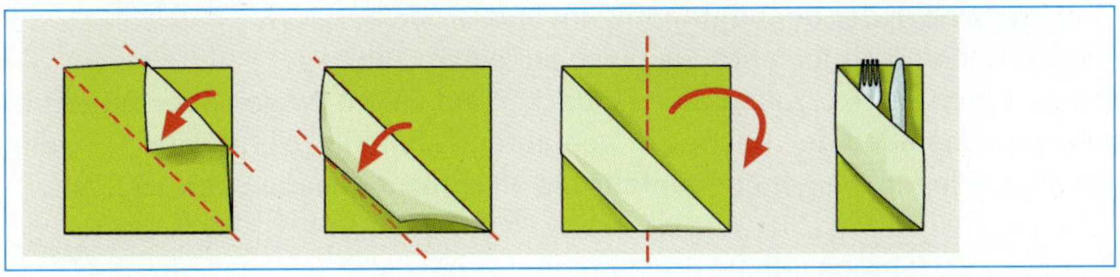

Diagonale Serviettentasche

Grundgedecke

Frühstücksgedeck

- Das Grundgedeck kann durch einen Eierbecher mit Löffel ergänzt werden, welche rechts oberhalb, zwischen Teller und Tasse eingestellt werden.
- Zusätzlich kann zur Ergänzung ein Menülöffel für *Cerealien* oder Müsli rechts neben dem Messer eingelegt werden.

Mittags- oder Abendgedeck für Vor-, Hauptspeise und Dessert

- Bei Tellerservice (siehe Seite 157) wird ohne Teller eingedeckt.
- Grundsätzlich gilt: Es wird entsprechend der Menüfolge eingedeckt. Das heißt, der Gast benutzt die Bestecke von außen nach innen. Dementsprechend werden sie aufgelegt.
- Das Glas steht immer rechts, oberhalb des Menümessers. Werden mehrere Gläser eingedeckt, stehen die Gläser in einer diagonalen Linie zum Gedeck.
- Der Brot- oder Salatteller wird links, oberhalb der Menügabel, eingedeckt.

Sofern mehrere Menügänge serviert werden, sprechen wir von einem erweiterten Grundgedeck. Hierbei wird das Grundgedeck durch weiteres Geschirr, zusätzliche Gläser und Bestecke ergänzt.

Nachmittagsgedeck

- Zum Kaffee- oder Teegedeck gehören stets auch Zuckerdose und Milchkännchen.
- Neben den üblichen Standard-Kaffeetassen können auch spezielle Tassen für Tee eingesetzt werden.

Arbeitsabläufe beim Eindecken

GRUNDLAGEN

Für die Arbeitsabläufe beim Eindecken ist Rationalität oberstes Gebot, denn durch ein undurchdachtes Vorgehen kann ein hoher Zeit- und Wegeaufwand entstehen. Gehen Sie beim Eindecken planvoll vor:
- Unterziehen Sie zuerst den Raum, die Tische und die Stühle einer Sichtreinigung.
- Kontrollieren Sie Gläser, Geschirr und Bestecke auf Sauberkeit. Gegebenenfalls müssen Sie nachpolieren.
- Legen Sie die Tischwäsche in der benötigten Anzahl und Größe bereit.
- Falten Sie alle Servietten und deponieren Sie diese auf einem Tablett.
- Stellen Sie alle benötigten *Betriebsmittel* zum Eindecken auf einem Wagen oder Tablett bereit.
- Rücken Sie nach dem Einstellen der Tische zur geplanten Tafelform (siehe Seite 159) die Stühle von den Tischen ab und legen Sie gegebenenfalls die Tischtücher (siehe Seite 160) auf.

Bei der Wahl des Eindeckverfahrens gibt es drei Vorgehensweisen:

Mit einem Wagen wird die Tafel umrundet. Dabei werden die einzelnen Teile in Serienarbeit (siehe Seite 27) eingedeckt, d.h. erst alle Teller, dann alle Messer usw.	Mit einem Wagen wird die Tafel umrundet. Dabei wird jeweils ein komplettes Grundgedeck aufgelegt.	Bei kleineren Tafeln (4–6 Personen) werden von einem Standort aus mehrere Gedecke in Greifnähe eingedeckt. Der Wagen wird dabei neben der eindeckenden Person positioniert.

Die Reihenfolge beim Eindecken erfolgt nach folgendem Schema:
- Für jedes Grundgedeck beginnen Sie mit dem Einstellen des Menütellers. Dieser sollte etwa 1–2 cm von der Tischkante entfernt stehen. Sofern ein Tellerservice angeboten wird, können Sie anstelle des Tellers mithilfe einer zum Dreieck gefalteten Serviette das Maß für das weitere Eindecken vorgeben.
- Das Einsetzen der einzelnen Geschirrteile erfolgt je nach Gedeckart (siehe Seite 161). Achten Sie aus hygienischen Gründen darauf, dass Sie die Geschirr- und Besteckteile nur am Rand oder mit Servierhandschuhen anfassen.
- Ebenso sorgfältig werden anschließend die Gläser und Servietten eingestellt. Hierbei gilt der Grundsatz: „Vom Flachen zum Hohen eindecken."
- Bei einem Schüssel- und Plattenservice wird das Vorlegebesteck in Fächerform aufgelegt. Für 4 bis 6 Personen rechnet man jeweils einen Satz. Beachten Sie hierbei auch die Menüreihenfolge.
- Anschließend folgen die *Menagen* (Salz und Pfeffer und/oder Essig und Öl).
- Zuletzt wird dekoriert, d.h., die Dekorationselemente, wie Menü- oder Tischkarten, Blumen oder Kerzen, werden arrangiert.

Nachdem Sie die Stühle in gleichmäßigem Abstand (halbe Sitzfläche) zum Tisch eingestellt haben, steht als abschließende Maßnahme die Qualitätskontrolle mit eventuell notwendigen Korrekturen an. Zuletzt können Sie alle Arbeitsgeräte und *Betriebsmittel* ordnungsgemäß entsorgen bzw. aufräumen.

GRUNDLAGEN

2.16.6 Speisen servieren

Das Servieren sollte stets so erfolgen, dass sich der Gast nicht gestört fühlt. Ziel ist es, alle Teilnehmer des Menüs möglichst gleichzeitig zu bedienen. Hektik und Lärm sind zu vermeiden, selbst dann, wenn es „hinter den Kulissen" alles andere als entspannt zugeht. Sitzt ein Teilnehmer nicht an seinem Platz, wird er erst bedient, wenn er zurückgekehrt ist. Für die Reihenfolge des Servierens gibt es ein paar Grundsätze:

Der Ehrengast/Jubilar wird zuerst bedient.

Ältere werden vor jüngeren Gästen versorgt.

Damen werden vor Herren bedient.

- Beim Servieren wird vorwärts um den Tisch herum gegangen.
- Speisen und Getränke werden von rechts serviert: Dazu gehören das Einsetzen von Menütellern und das Präsentieren von Getränken.
- Speisen von Platten werden dagegen von links dargeboten und vorgelegt. Dabei bedient sich der Gast selbst. Ebenso werden alle links vom Gast stehenden Teile, wie Salat-, Kompott- bzw. Brotteller oder Gabeln, von links eingesetzt bzw. nachgelegt.
- Die Teller sollten nicht überladen sein.
- Für warme Speisen sollten heiße Teller, für kalte Speisen kalte Teller verwendet werden. Das Gleiche gilt für die Getränke.
- Achten Sie beim Anbieten von Platten darauf, dass das Vorlegebesteck mit den Griffenden zum Gast hinzeigt.
- Beim Einschenken von kalten Getränken wird das Glas zu $^3/_5$ gefüllt. Handelt es sich um ein langstieliges Glas, wird dieses am unteren Stielende gehalten.

2.16.7 Speisen abservieren

GRUNDLAGEN

Ob ein Tischgast mit dem Essen fertig ist, erkennen Sie an der Art und Weise, wie er sein Besteck ablegt. Liegt das Besteck mit den Griffen nach rechts, ist er satt. Liegt das Besteck dagegen gekreuzt auf dem Teller, hat er seine Mahlzeit noch nicht beendet. Gern können Sie höflich nachfragen, ob abserviert werden darf.

- Grundsätzlich wird zwischen jedem einzelnen Menügang abserviert, und zwar erst dann, wenn alle Gäste mit dem Verzehr fertig sind.
- Das Abservieren erfolgt stets von der rechten Seite, ausgenommen sind die Teile, die auf der linken Seite des Gastes stehen.
- Entnehmen Sie zunächst alle Schüsseln und Platten aus der Tischmitte. Danach tragen Sie die benutzten Geschirr- und Besteckteile ab.
- In der Regel bleiben die Gläser während eines mehrgängigen Menüs stehen und werden nur auf Wunsch des Gastes entfernt oder ausgetauscht.
- Mit der rechten Hand heben Sie das Geschirr und Besteck vom Tisch ab und stapeln es hinter dem Rücken des Gastes auf der linken Hand. In dieser Weise gehen Sie von Gast zu Gast vor. Etwa nach 4–6 Gästen bringen Sie den Geschirrstapel zu einem Schmutzgeschirrwagen oder in die Spülküche.
- Bei größeren Gästezahlen ist es zweckmäßig, wenn sich das Servicepersonal im Abservieren bestimmter Geschirrteile abspricht und Serienarbeit (siehe Seite 27) anwendet. So entnimmt etwa ein Mitarbeiter alle Brotteller, ein weiterer alle Salatschalen und eine dritte Kraft serviert alle Teller ab.
- Prüfen Sie beim Abservieren auch den Zustand der Tafel. So erkennen Sie frühzeitig, ob das Austauschen verschmutzter Tischwäsche notwendig ist, und können entsprechend handeln.

Das richtige Servieren der Speisen und Abservieren des Geschirrs erfordert Übung. Die Abbildung zeigt den Abserviergriff.

WOHN- UND FUNKTIONSBEREICHE REINIGEN UND PFLEGEN

LERNSITUATION

Die Jugendherberge „Am Waldsee" ist bei Studenten und Familiengruppen zwar sehr beliebt, doch die Erwartungen der Gäste an Ausstattung und Komfort der Unterkunft steigen. Deshalb soll die 1980 erbaute Einrichtung modernisiert werden. Im Zuge der Renovierungsarbeiten wird zunächst eine Etage mit zwölf Zimmern für je vier Personen mit neuen Bodenbelägen und modernem Mobiliar ausgestattet werden. Die großen Baumaßnahmen haben große Auswirkungen auf den Personaleinsatz und die anschließende Reinigungsdurchführung und Organisation. Immer wieder stellt sich für die Hausleitung die Frage, ob ein Fremdunternehmen die bessere Alternative ist.

ARBEITSSCHWERPUNKTE

- Gegenüberstellung der Vor- und Nachteile von verschiedenen Fußbodenbelägen hinsichtlich der durchzuführenden Reinigungsmaßnahmen
- Erarbeitung eines Vorschlags zur Bestückung des Reinigungswagens
- Erarbeitung eines Vorschlags zur Einrichtung und Ausstattung der Reinigungskammern auf den Etagen
- Erstellung eines Reinigungsplans für eine Etage einschließlich Zeitbedarf
- Zusammenstellung eines Reinigungs- und Pflegemittelsortiments für die Jugendherberge
- Vergleich externer Angebote zur Fensterreinigung mit den Kosten der Eigenreinigung
- Präsentation der Vorschläge

	KOMPETENZCHECK	✓
1.	*Ich kenne die Unfallverhütungs- und Hygienemaßnahmen und kann sie anwenden.*	❑
2.	*Ich kenne die Ziele der Reinigung und Pflege von Materialien und Räumen.*	❑
3.	*Ich kenne die Grundlagen der Reinigung und Pflege von Materialien.*	❑
4.	*Ich kann verschiedene Verschmutzungsarten unterscheiden.*	❑
5.	*Ich kann verschiedene Reinigungs-, Pflege-, und Desinfektionsmittel unterscheiden und situationsgerecht einsetzen.*	❑
6.	*Ich kann verschiedene Reinigungsverfahren und -methoden unterscheiden und situationsgerecht einsetzen.*	❑
7.	*Ich kenne die Inhaltsstoffe von Reinigungs-, Pflege- und Desinfektionsmitteln und kann situationsgerecht und umweltschonend eine Auswahl treffen.*	❑
8.	*Ich bin über die verschiedenen Dosiermöglichkeiten von Reinigungsmitteln informiert und kann deren Vor- und Nachteile abwägen.*	❑
9.	*Ich bin über das betriebliche Hygienekonzept informiert und kann es umsetzen.*	❑
10.	*Ich kenne die betrieblichen Reinigungspläne und Leistungsverzeichnisse und setze sie um.*	❑
11.	*Ich kenne die gesetzlichen Grundlagen bei Reinigungsarbeiten.*	❑
12.	*Ich kenne verschiedene Betriebsmittel und Maschinen zur Reinigung und kann deren Einsatz planen.*	❑
13.	*Ich kann verschiedene Organisationsvarianten in der Reinigung unterscheiden.*	❑
14.	*Ich kenne die verschiedenen Abfallarten und kann sie nachhaltig und umweltgerecht dem Wertstoffkreislauf zuführen oder vermeiden.*	❑
15.	*Ich kann verschiedene Fußbodenbeläge unterscheiden und deren Auswirkungen auf die Wohnqualität und das Raumklima beschreiben.*	❑

Auf den ersten Blick sind Reinigungsmaßnahmen etwas ganz Alltägliches und Selbstverständliches. Doch hinter dieser Fassade verbirgt sich hohe Professionalität. In die Gestaltung von privaten und öffentlichen Lebens- und Arbeitsbereichen werden immense Summen investiert. Eine fachgerechte Reinigung und Pflege sorgt nicht allein für eine schöne Optik, sie dient auch der Werterhaltung von Materialien und trägt langfristig zur Senkung von erneuten Anschaffungs- oder von Reparaturkosten bei. Aber auch die allgemeinen und individuellen Hygienestandards sind gestiegen. Sie stellen eine wichtige Voraussetzung dafür dar, Infektionskrankheiten buchstäblich „im Keim zu ersticken".

Bei der professionellen Pflege von Wohn-, Arbeits- und Funktionsbereichen gilt es, die Gratwanderung zwischen Kundenansprüchen, gesetzlichen Vorgaben, der Sicherung von Arbeitsplätzen und den wirtschaftlichen Zielen des Betriebes zu meistern.

3.1 Grundlagen der Reinigung und Pflege

Unsere veränderten Ansprüche an Sauberkeit und *Hygiene*, insbesondere in Gemeinschaftseinrichtungen, aber auch der technische Fortschritt bei der Entwicklung von neuen Materialien setzen professionelles und stets aktuelles Fachwissen bei der Reinigung und Pflege von Räumen und Gegenständen voraus.
Zum Ersten schont eine fachgerechte Reinigung die eingesetzten Materialien und erhöht deren Lebensdauer, was wiederum Kosten spart; zum Zweiten verbessert sich der optische Eindruck von Räumen, Geschäfts- und Arbeitsbereichen für die Kunden und Nutzer. Drittens profitieren alle Mitarbeiterinnen und Mitarbeiter von besseren Arbeitsbedingungen.
Doch nicht allein die zu reinigenden Materialien haben sich verändert oder weiterentwickelt. Auch Reinigungschemie und Reinigungsverfahren wurden (und werden) im Laufe der Zeit verbessert und angepasst. Diese Umstände erfordern eine permanente Kontrolle der Reinigungsabläufe und *Hygienestandards*.
Im Vordergrund der durchzuführenden Reinigungsarbeiten stehen sowohl die Bedürfnisse der Zielgruppe als auch die organisatorischen Rahmenbedingungen in der Einrichtung.

LERNFELD 1

Verschiedene Gesetze und Verordnungen zur Gesunderhaltung der Kundschaft und der Beschäftigten nehmen einen großen Einfluss auf das „Was?, Wie?, Wo?, Warum? und Wann?" von Reinigungs- und Pflegemaßnahmen.

Ziele der Reinigung
vollständige Schmutzabtragungohne Oberflächenbeschädigung sowie ohne Gesundheits- und Umweltbeeinträchtigung

Bereiche

Reinigung
Beseitigung unerwünschter Substanzen (Schmutz) von Oberflächen

Pflege
Auftragen erwünschter Substanzen (Pflegemittel) auf gereinigte Oberflächen

Aufgaben

- Entfernung von Schmutz
- Werterhaltung der Materialien
- Entziehung der Lebensgrundlage für Mikroorganismen

- Gesunderhaltung
- Verbesserung des Aussehens
- Verbesserung der Gebrauchseigenschaften

Beispiel: Die Reinigung in einem Altenpflegeheim müssen Sie beispielsweise anders organisieren als in einer Tagungsstätte oder in einem Hotel. Während Sie in einer Altenpflegeeinrichtung die Bewohner häufig in ihrem Zimmer antreffen und sich oft ein gewünschter Austausch oder ein nettes Gespräch ergeben, werden Sie die Säuberung eines Hotelzimmers stets so managen, dass der Gast davon nichts mitbekommt und sich nicht gestört fühlt.
Reinigungsprozesse sind deshalb nicht nur das Mittel, um ein sauberes Umfeld zu schaffen und zu erhalten, sie können vereinzelt in personenbezogene Betreuungsleistungen eingebunden werden.

3.2 Einflussfaktoren auf die Reinigung

3.2.1 Schmutzarten

Schmutz ist eine unerwünschte Materie zur falschen Zeit am falschen Platz. In seiner Zusammensetzung kann Schmutz ausgesprochen vielseitig sein. Die jeweilige *Hygiene*erziehung eines Kulturkreises schwankt sehr stark und macht die Beurteilung von Schmutz zu einer weitestgehend subjektiven Empfindung.

- Verschmutzungen auf Gegenständen sind ein Hygienerisiko, denn sie bieten einen Nährboden für Keime.
- Schmutz beeinflusst das Aussehen von Oberflächen meist negativ und kann zu mechanischen oder chemischen Schäden an Gegenständen führen.

- Schmutz kann in seiner Konsistenz fest, flüssig oder weich sein.
- Ziel der Reinigung ist es, Schmutz ergonomisch, ökologisch und ökonomisch zu entfernen. Das bedeutet, dass geeignete Reinigungsmittel, Reinigungsverfahren und Reinigungsmethoden ausgewählt und aufeinander abgestimmt werden müssen, um Schmutz zu entfernen.

Unterscheidung nach Art der Zusammensetzung

Schmutz

anorganische Stoffe
mineralische Stoffe, wie z. B. Sand, Erde, Ton, Metalle, Rost, Kalkablagerungen, Salze

organische Stoffe
biologische Stoffe, wie z. B. Haare, Blut, Hautschuppen, Speise- und Getränkereste, Ungeziefer, Blätter, Eiweiß, Fette, Wein, Kaffee

Unterscheidung nach Schmutzhaftung, Löslichkeit und Entfernbarkeit

Schmutzarten			**Beispiele**
Lose aufliegender Schmutz	**Grobschmutz**		Papierknäuel, Sand, Laub, Getränkedosen
	Feinschmutz	Grobstäube	Flusen, *Wollmäuse*
		anorganische Feinstäube	Metallstaub, Zementstaub
		organische Feinstäube	Bakterien, Viren, Pilzsporen, Blütenstaub
		Kolloidstaub	Staub, der sich permanent in der Schwebe hält
Haftende Verschmutzungen	**wasserlösliche** oder mit wasserhaltigen Reinigern entfernbare Verschmutzungen		Getränkeflecken, Essensreste, Fingerspuren
	wasserunlösliche bzw. nur mit Lösungsmitteln entfernbare Verschmutzungen		Kaugummi, Farbflecke, Klebstoffe
	Oberflächen verändernde Verschmutzungen, die nur mechanisch entfernbar sind		*Korrosions*rückstände, wie Rost, Patina

AUFGABEN

1. Erstellen Sie mit dem PC eine Übersicht über die verschiedene Schmutzarten, die bei Ihnen in der Küche, im Bad und im Wohnzimmer anfallen? Präsentieren Sie Ihre Ergebnisse.
2. Nennen Sie Gründe, warum dieser Schmutz beseitigt werden sollte.

3.2.2 Reinigungsarten

Der Verschmutzungsgrad eines Raumes und der *Hygiene*- und Qualitätsstandard eines Betriebes oder Haushaltes ist ausschlaggebend für den Arbeitsumfang oder das Ausmaß der Reinigung. So muss z. B. die stark frequentierte Eingangshalle einer Schule häufiger und intensiver gereinigt werden als der Büroraum des Schulleiters. Wesentliche Fragen, um die Reinigung bedarfsgerecht zu planen, sind:

- Wann muss bzw. kann ein Raum oder eine Fläche gereinigt werden?
- Wie oft muss bzw. kann der Raum oder eine Fläche gereinigt werden?
- Wie gründlich muss bzw. kann ein Raum oder eine Fläche gereinigt werden?

Sichtreinigung

Bei der Sichtreinigung werden alle sichtbaren Verschmutzungen entfernt. Sie wird in der Regel dann eingesetzt, wenn eine Unterhaltsreinigung überbrückt werden soll. Häufig wird sie für den Personalbedarf mit einem Zeitwert berechnet, der pro Raum benötigt wird. In einem Altenheim kann die Sichtreinigung sonntags eingesetzt werden, um beispielsweise den Speisesaal für die nächste Mahlzeit oder für Besucher wieder optisch ansprechend wirken zu lassen.

Unterhaltsreinigung

Bei der Unterhaltsreinigung – auch als laufende Reinigung bezeichnet – werden Reinigungsarbeiten in festgelegten und regelmäßigen Zeitabständen durchgeführt. Die Unterhaltsreinigung dient der Einhaltung des *Hygienestandards* und hat darüber hinaus eine werterhaltende Funktion. In einem Krankenhaus werden alle Patientenzimmer zum Beispiel täglich komplett gereinigt, um die Hygienestandards sicherzustellen.

Grundreinigung/Intensivreinigung

Eine Grundreinigung wird in größeren Zeitabständen regelmäßig durchgeführt. Sie ist sehr aufwendig und personalintensiv. In Schulen nutzt man zum Beispiel Ferienzeiten, um die Räumlichkeiten des Gebäudes und bestimmte Flächen gründlich und intensiv zu reinigen und zu pflegen.

Fußböden: Unter Einsatz von speziellen Maschinen und Reinigungsmitteln werden abgenutzte Pflegefilme und haftende Verschmutzungen oder Rückstände komplett beseitigt. Die Reinigung beinhaltet auch das Reinigen an schwer zugänglichen Stellen, z. B. unter Schränken oder anderen Möbeln.

Mobiliar: Zur Grundreinigung gehört auch die Reinigung und Pflege einzelner Einrichtungsgegenstände, etwa die Innenreinigung von Schränken, das Abwischen von Lampen, das Entkalken von Armaturen, die Reinigung von Polstermöbeln oder das Waschen von Gardinen.

Zwischenreinigung/Teilflächenreinigung

Die Zwischen- und Teilflächenreinigung sind intensive Reinigungs- und Pflegearten, um die Optik zu verbessern. Das Ziel ist es, die Grundreinigung möglichst lange hinauszuzögern. In Büroräumen wird zum Beispiel nur der Teppichboden, der durch Flecken und Laufstraßen unansehnlich geworden ist, gereinigt. Das Mobiliar oder Fenster und Gardinen bleiben unberücksichtigt. Die Grundreinigung kann durch diese gezielte Bearbeitung einer einzelnen Fläche hinausgezögert werden.
Die Teilflächenreinigung beschränkt sich auf Fußbodenflächen, die aufgrund hoher Beanspruchung abgenutzt sind. Bei nicht textilen Fußböden wird die Beschichtung angeschliffen und durch ein geeignetes Pflegeprodukt angeglichen. Textile Fußböden werden durch Pulverreinigung und Trockenshampoonierung (siehe Seite 177) gesäubert.

Einpflege/Grundpflege

Die Ein- oder Grundpflege setzt eine Grundreinigung oder Baufeinreinigung voraus. Dabei werden Pflegemittel auf Oberflächen aufgebracht, um die nachfolgende Unterhaltsreinigung zu erleichtern. Sie sollen Oberflächen vor mechanischer Beanspruchung schützen und damit den Wert erhalten. In Schulgebäuden werden die Fußböden der Klassenräume häufig mit einer Pflegemittelschicht versehen, die den Bodenbelag vor Kratzern schützen soll. So wird nur die Pflegemittelschicht (Opferschicht) beschädigt und das Fußbodenmaterial geschont. Das erhöht die Lebensdauer des Fußbodenbelags.

Baufeinreinigung/Bauschlussreinigung

Die Baufeinreinigung findet in der Regel nach Umbau-, Renovierungs- oder Neubaumaßnahmen statt. Prämisse ist, dass kein Handwerkerschmutz mehr vorhanden ist. Dazu gehört auch, dass Etiketten, Farbspritzer, Mörtelreste oder Bohrstaub entfernt werden müssen.

Beispiel: Die Reinigung für einen Büroraum erfordert einen unterschiedlichen Aufwand. Je nachdem, welche Reinigungsart ansteht, müssen unterschiedliche Tätigkeiten absolviert werden. Das hat zur Folge, dass der Zeitaufwand für jede Reinigungsart enorm variiert:

Sichtreinigung	Unterhaltsreinigung	Grundreinigung
• lüften • Aschenbecher und Papierkorb leeren • Kontrolle und Entfernung grober Verschmutzungen • Entfernen von Griffspuren an Türen • Gardinen zuziehen und ausrichten	• lüften • wöchentliche Blumenpflege • Oberflächen des Mobiliars (Schreibtisch, Telefon, Stuhl, Schränke, Lichtschalter) feucht reinigen • Aschenbecher und Papierkorb leeren • Türen und Heizkörper komplett feucht abwischen • Handwaschbecken, Fliesen, Spiegel feucht reinigen • Boden saugen oder 1-stufiges Nasswischverfahren • Fenster schließen • Gardinen zuziehen und ausrichten	• lüften • gesamtes bewegliches Mobiliar ausräumen • Gardinen abhängen und zum Waschen weiterleiten • Fensterreinigung mit Glas und Rahmen • Waschecken komplett nass reinigen • Boden je nach Material mittels Einscheibenmaschine oder Sprühextraktionsgerät reinigen und/ oder einpflegen • gesamtes Mobiliar innen und außen reinigen und pflegen • Mobiliar einräumen • Fenster schließen • Gardinen zuziehen und ausrichten
zweimal wöchentlich	dreimal wöchentlich	einmal jährlich

AUFGABEN

1. Erkunden Sie, welche Reinigungsaufgaben in Ihrem Ausbildungsbetrieb anfallen und ordnen Sie diese der Reinigungsart zu. Begründen Sie Ihre Entscheidung.
2. Aus welchen Gründen wird versucht, die Grundreinigung zeitlich so lange wie möglich hinauszuzögern?

3.2.3 Reinigungsmethoden

Die Anwendung einer Reinigungsmethode ist von unterschiedlichen und zum Teil sehr speziellen Einflussfaktoren abhängig. Die Entscheidung, welche Reinigungsmethode schließlich ausgeführt wird, beeinflusst auch die Auswahl der Reinigungsgeräte (siehe Seite 202) und der Reinigungschemie (siehe Seite 183). Die Reinigungsmethode orientiert sich an:

- dem Hygiene- und Reinigungsplan (z. B. Standard und Anforderungen der jeweiligen Einrichtung),
- der Raumart (z. B. Büro, Pflegezimmer, WC),
- der Materialart (z. B. Holz, Glas, Stoff),
- der Reinigungsart (z. B. Sicht-, Unterhalts- und Grundreinigung),
- der Oberflächenbeschaffenheit der zu reinigenden Flächen bzw. Oberflächen (z. B. glatt, aufgeraut, feuchtigkeitsbeständig, glänzend),
- dem Verschmutzungsgrad (z. B. lose aufliegender Feinstaub, stark haftende, wasserunlösliche Verkrustung),
- dem möglichen (vorhandenen) Geräteeinsatz (z. B. Besen, Breitwischgerät, Hochdruckreiniger).

Folgende Reinigungsmethoden werden unterschieden:

Trockenreinigung	Nass- bzw. Feuchtreinigung
• Kehren • Saugen • Kehrsaugen • Bürstsaugen • Polieren/Poliersaugen/Saugbohnern • Staubwischen	• Nebelfeuchtwischen • Feuchtwischen • Nasswischen, 1- oder 2-stufig • Nassscheuern • Sprayreinigen/Cleanern • Shampoonieren • Sprühextrahieren • Dampfreinigen • Hochdruckreinigen • Detachieren

Methoden zur Trockenreinigung

Kehren

Ziel: Entfernen von lose aufliegendem, feinem und grobem Schmutz (z. B. Sand, Papierknäuel, Zigarettenkippen) auf Bodenflächen

Das Kehren erfolgt entweder manuell mit einem Besen oder maschinell mit einer Kehr- oder Kehrsaugmaschine. Da beim Kehren die Staubaufwirbelung sehr groß ist, sollte es lediglich zur Vorreinigung und zur Vorbereitung für andere Reinigungsverfahren angewendet werden. Die Verschmutzungsart und das Material des Bodens bestimmen die Auswahl des Besens (siehe Seite 205).

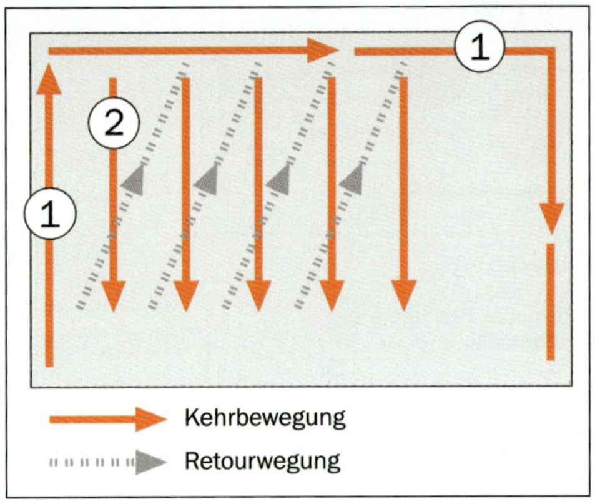

Kehrschema in einem unmöblierten Raum

Saugen

Ziel: Entfernen von feinem Schmutz, Krümeln, Flusen oder Haaren auf Oberflächen, die nicht glatt, sondern rau sind.

Diese Methode ist besonders zur Staubentfernung auf textilen Flächen geeignet, etwa Teppichböden oder Polstermöbel. Mit speziellen Aufsatzdüsen können sogar Hartbeläge, wie Fliesen oder Parkett bzw. schwer zugängliche Stellen, abgesaugt werden. Für Polstermöbel gibt es separate Polsterdüsen (siehe Seite 210).

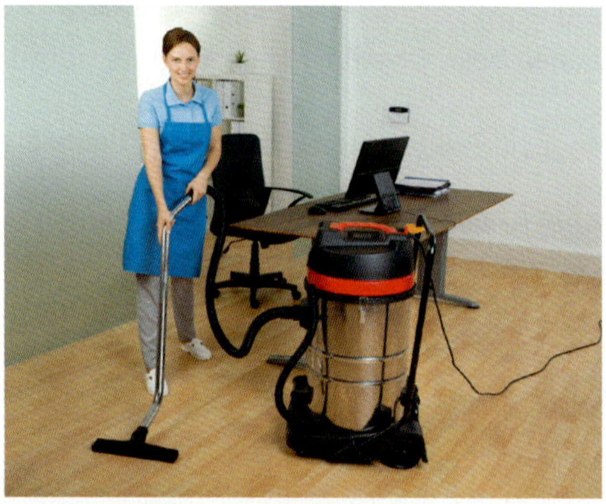

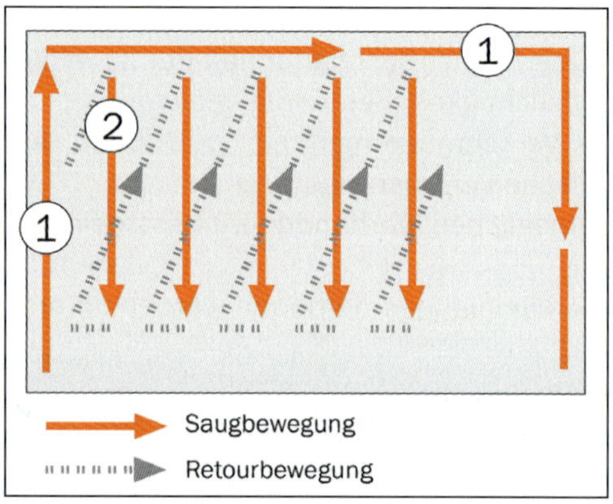

Schema beim Saugen einer Fläche oder eines Teppichs

Polieren/Poliersaugen/Saugbohnern

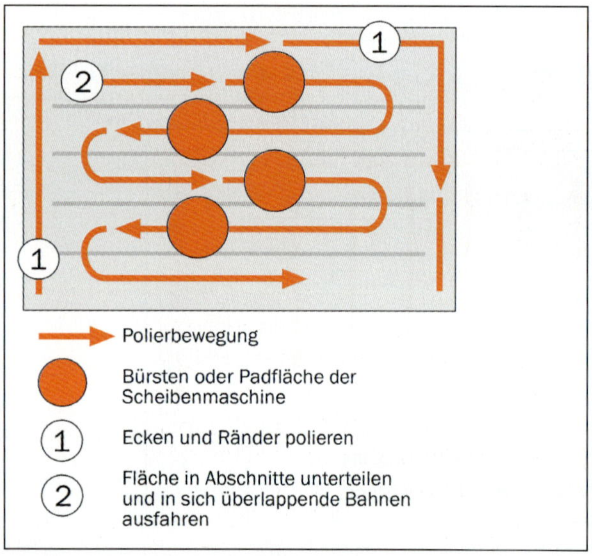

Bewegungsablauf beim Polieren mit einer Einscheibenmaschine

Ziel: Beseitigen von Laufspuren und Absatzstrichen auf glatten Fußböden sowie Verbesserung der Optik und Erleichterung der Reinigung

Das Polieren von glatten Bodenflächen erfolgt maschinell entweder mit einer Einscheibenmaschine, einer High-Speed-Maschine oder einer Ultra-High-Speed-Maschine und den geeigneten Bürsten oder Pads (siehe Seite 212 f.). Bei dieser Methode werden unbehandelte oder mit Pflegefilmen behandelte Fußböden von Laufspuren oder Absatzstrichen befreit. Der vorhandene Pflegefilm wird durch die starke Reibung und Wärmeentwicklung erneut verdichtet. Es entsteht eine einheitliche Optik und die weitere Reinigung wird durch die glatte und egalisierte Oberfläche erleichtert. Vor dem Polieren muss der Boden mindestens feucht gereinigt werden.
Beim Poliersaugen entfällt das vorherige Wischen, da der entstehende abgeriebene Schmutz durch ein Saugaggregat direkt abgesaugt wird.
Das Polieren von Oberflächen erfolgt durch den Einsatz von nicht fusselnden, weichen Tüchern und mittels mechanischem Druck.

Methoden zur Nassreinigung

Methoden zur Nassreinigung unterscheidet man nach:

- dem Umfang bzw. der Menge der aufgebrachten *Reinigungsflotte* (nebelfeucht, feucht oder nass),
- der Anzahl der Reinigungsstufen (1, 2, 3),
- der Anzahl der eingesetzten Eimer (0, 1, 2),
- der Verwendungsdauer der Reinigungsutensilien (1 Bezug pro Zimmer, 2 Bezüge pro Zimmer oder Dauereinsatz eines Bezugs, der nicht gewechselt und nur ausgewaschen wird, farbcodiertes Tuchsystem),
- der Art des Aufbringens der Reinigungslösung auf den Bezug, das Wischtuch oder die Fläche (tauchen, sprühen, schütten, Verwendung vorgetränkter Tücher),
- dem Einsatz von Mechanik (wischen, scheuern).

Nebelfeuchtwischen

Ziel: Entfernen von aufliegendem, lose anhaftendem Feinschmutz auf Fußböden oder Oberflächen

Nebelfeuchte Reinigung bedeutet, dass mit sehr wenig Wasser und sehr wenig oder sogar ohne Reinigungschemie gewischt wird. Die nebelfeuchte Reinigung von Fußbodenflächen erfolgt mittels eines Breitwischgerätes und nebelfeuchten oder stark geschleuderten Wischbezügen oder Einwegvliestüchern. Bei der nebelfeuchten Reinigung von Mobiliar finden Vlies- oder Mikrofasertücher mit oder ohne Reinigungsmittel ihren Einsatz.
Bei dieser Methode wird kaum Staub aufgewirbelt, allerdings gelingt es nicht, hartnäckige Verschmutzungen, wie Getränkeflecken oder Absatzstriche, zu entfernen. Die Methode eignet sich für alle glatten, versiegelten und wasserempfindlichen Fußbodenbeläge (Parkett) und Mobiliaroberflächen (Naturholzmöbel). Ein Vorteil ist, dass Fußbodenflächen nach der Reinigung relativ schnell wieder begehbar sind.
Zur Befeuchtung der Reinigungstextilien ist ein Sprühkännchen erforderlich. Eine Desinfektion ist mit dieser Methode nicht möglich.

Feuchtwischen

Ziel: Entfernen von aufliegendem, lose anhaftendem Feinschmutz auf Fußböden und Oberflächen

Je nachdem, welches Reinigungs- bzw. Behandlungsmittel zum Einsatz kommt, kann gleichzeitig während des Wischvorgangs zur Reinigung auch

- ein Pflegefilm aufgetragen werden oder
- eine Desinfektion von Fußböden oder Oberflächen erfolgen.

Feuchte Reinigung bedeutet, dass etwas mehr *Reinigungsflotte* auf die Oberflächen aufzubringen ist als bei der Nebelfeuchtreinigung. Das Auftragen der Reinigungsflotte kann sowohl durch Schütten aus einem Messbecher auf den Bezug oder direkt auf die Fußbodenfläche geschehen.
Eine Alternative ist die sogenannte Vortränkungsmethode, bei der Bezüge oder Tücher mit Behandlungsmitteln vorgetränkt sind. Diese Methode ist ein einstufiges Reinigungssystem. Reinigungstextilien wie Mikrofasertücher und Breitwischbezüge werden in Systembehältern mit Reinigungs- oder Desinfektionsmittel übergossen und besitzen einen bestimmten Feuchtegrad. Bei der Entscheidung für dieses System muss jedoch genau überprüft werden, ob es den gewünschten Sauberkeitsgrad und Hygienestandard im jeweiligen Reinigungsbereich erreicht. Der Vorteil liegt in der passgenauen Verwendung der Reinigungsflotte und der Erleichterung für die Reinigungskräfte. Kritisch zu hinterfragen sind jedoch die Lagerfähigkeit der vorgetränkten Textilien und die Anschaffung der hochpreisigen Systemwagen.
Auch beim Feuchtwischen werden das Breitwischgerät und ein Bezug oder Eimer mit Schrubber und Scheuertuch verwendet. Für die Oberflächen von Gegenständen eignen sich Vlies- oder Mikrofasertücher, die ausgewrungen werden oder bereits vorgewässert sind.

Die Feuchtwischmethode ermöglicht das Entfernen von allen trockenen und leicht anhaftenden Verschmutzungen, darunter auch wasserlösliche Getränkeflecken. Hartnäckige Verschmutzungen lassen sich so nicht beseitigen. Auf feuchtigkeitsbeständigen Oberflächen sollte sich ein einheitlicher durchgängiger Feuchtigkeitsfilm befinden, der nicht wieder aufgewischt wird.

Nasswischen

Ziel: Entfernen von grobem, nassem Schmutz (Straßenschmutz) sowie Entfernung von fest anhaftendem Schmutz (Getränkeflecken, Speiseflecken)

Je nachdem, welches Reinigungs- bzw. Behandlungsmittel zum Einsatz kommt, kann gleichzeitig während des Wischvorgangs zur Reinigung auch

- ein Pflegefilm aufgetragen werden oder
- eine Desinfektion von Fußböden oder Oberflächen erfolgen.

Nasse Reinigung bedeutet, dass viel Feuchtigkeit (mindestens 20 ml Flüssigkeit pro Quadratmeter) auf eine Oberfläche aufgebracht wird. Nur so lassen sich auch hartnäckige Verschmutzungen lösen. Als Reinigungstextilien kommen ein Scheuertuch oder ein Breitwischbezug zum Einsatz, die in die *Reinigungsflotte* getaucht und gar nicht oder nur ganz gering entwässert werden.
In einem zweiten Arbeitsgang wird die überschüssige Flüssigkeit mitsamt gelöstem Schmutz durch ein sauberes oder ausgewaschenes Reinigungstextil aufgenommen. Die Restfeuchte trocknet von selbst ab.
Bei diesem Reinigungsverfahren wirken alle Reinigungsfaktoren (siehe Seite 181) optimal zusammen: Die Reinigungsflotte hat eine ausreichende Einwirkzeit, um den Schmutz aufzuweichen, der dann durch Mechanik in einem zweiten Wischgang entfernt wird.
Das Nassswischen eignet sich für feuchtigkeitsbeständige Fußböden und Oberflächen.
Der Nachteil dieser Methode besteht in der sehr geringeren *Flächenleistung*. Durch das ständige Eintauchen der Reinigungsutensilien in die Reinigungsflotte, das anschließende Nachwischen und zuletzt das erneute Wischen ist das Verfahren sehr zeitintensiv und nicht zuletzt durch die enormen Wassermengen körperlich ausgesprochen anstrengend.
In der Bilanz bringt diese Methode bei richtiger Anwendung jedoch einen hohen Reinigungs- und *Hygienestandard* mit sich.

Flächen richtig und systematisch wischen

Allen Wischverfahren liegt grundsätzlich der gleiche Bewegungsablauf zugrunde. Dieser garantiert, dass sämtliche Teilflächen, auch an den Rändern und in der Mitte, erreicht und gereinigt werden. Das Wischgerät darf während der Reinigung der Raummitte nicht vom Boden abgehoben werden, da der Schmutz liegen bleiben würde.

Reinigen kleiner, schmaler Flächen

1. Führen Sie das Wischgerät zuerst komplett an der Randzone entlang.
2. Reinigen Sie danach die Raummitte im Achterschwung.
3. Nehmen Sie den Restschmutz mit dem Handfeger und der Kehrschaufel auf.

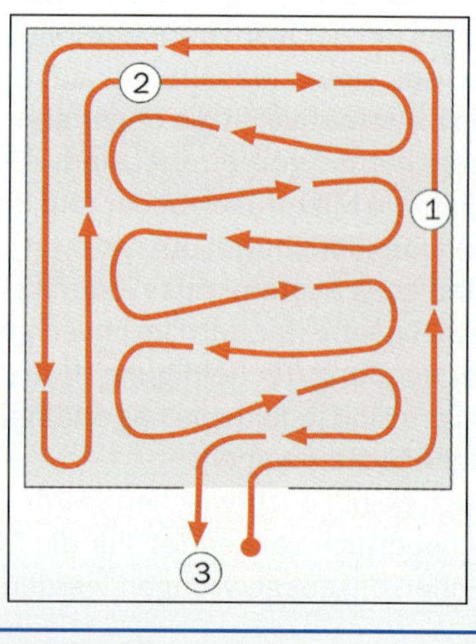

Reinigen großer, breiter Flächen

1. Führen Sie das Wischgerät zuerst vollständig an der rechten Randzone des Raums entlang.
2. Reinigen Sie im Anschluss die rechte Raumhälfte im Achterschwung und führen Sie das Wischgerät zum Ausgangspunkt zurück.
3. Reinigen Sie in einem zweiten Schritt die linke Raumhälfte nach dem gleichen Schema wie die rechte Raumhälfte.
4. Nehmen Sie den Restschmutz mit dem Handfeger und mit der Kehrschaufel auf.

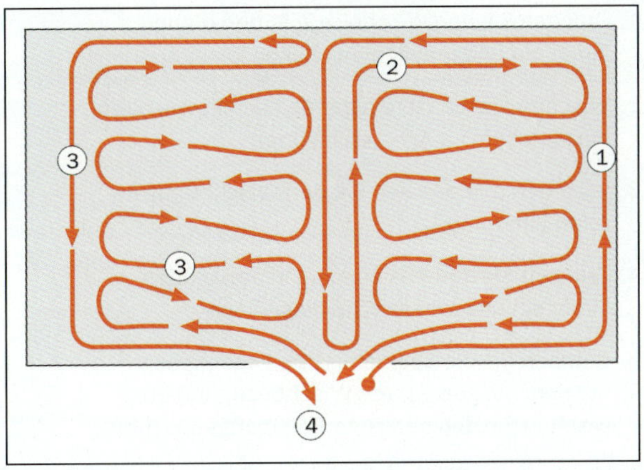

■ **TIPP:** Bei der Verwendung von Mikrofaserbezügen ist es sinnvoll, sich erst mittig im Reinigungsabschnitt eine „feuchte" Spur zu legen. Mikrofaserbezüge haben die Eigenschaft, sich nach einer gewissen Reinigungsfläche „festzusaugen", was die Reinigung erschwert.

Anwendungsbeispiele im Vergleich

Die folgenden Beispiele für den Einsatz von Reinigungsverfahren zeigen, wie sich einzelne Wischmethoden in der Anzahl der Eimer, der Menge der aufgebrachten *Reinigungsflotte,* der Anzahl der Bezüge und der Verwendungsdauer der Bezüge unterscheiden. Die Entscheidung, welches Verfahren angewendet wird, hängt von den Kosten, der Qualität des Reinigungsergebnisses, der Arbeitsbelastung für das Reinigungspersonal und von den hygienischen Ansprüchen des Betriebes bzw. des zu pflegenden Raumes ab. So ist beispielsweise die Gefahr der Keimverschleppung bei einem Dauerbezugsverfahren sehr hoch und bei Bezugswechselverfahren sehr niedrig. Außerdem zeigt sich, dass beim Einsatz des Doppelfahreimers die Reinigungsflotte in gewissem Grad verschmutzt und ebenfalls verkeimt.

Zwei-Eimer-Wischverfahren	Bezugswechselverfahren
Vorbereitung 1. Füllen Sie den blauen Eimer bis ca. 10 cm unter den Eimerrand mit der Reinigungsflotte. 2. Füllen Sie den roten Eimer zu einem Viertel mit klarem Wasser. 3. Bringen Sie die Presse über dem roten Eimer an. 4. Bereiten Sie den Wischbezug und das Wischgerät vor.	**Vorbereitung** 1. Bereiten Sie den Eimer oder die Wanne mit Reinigungs- oder Desinfektionslösung vor. 2. Legen Sie pro Raum zwei Wischbezüge bereit. 3. Anstelle der Presse können Sie ein Abtropfsieb einsetzen.

Zwei-Eimer-Wischverfahren	Bezugswechselverfahren
Arbeitsablauf 1. Tauchen Sie den Wischbezug in den blauen Eimer ein und pressen Sie diesen leicht aus. 2. Wischen Sie die zu reinigende Fläche, wie oben beschrieben, im Achterschwung. 3. Waschen und pressen Sie den Wischbezug im roten Eimer aus. 4. Tauchen Sie den Wischbezug in den blauen Eimer ein und pressen Sie diesen aus. 5. Nehmen Sie die überschüssige Feuchtigkeit mit dem ausgepressten Wischbezug auf oder wischen Sie den nächsten Reinigungsabschnitt. 6. Wiederholen Sie den Vorgang so lange, bis die gesamte Fläche gereinigt ist.	**Arbeitsablauf** 1. Spannen Sie den Wischbezug auf, tauchen Sie diesen in die Reinigungslösung ein und drücken Sie den Bezug in der Presse oder auf dem Abtropfgitter leicht aus. 2. Wischen Sie die zu reinigende Fläche, wie oben beschrieben, im Achterschwung. 3. Spannen Sie den Bezug aus und geben Sie diesen in den Abwurfbehälter für schmutzige Wischbezüge. 4. Spannen Sie einen neuen Bezug auf dem Abtropfgitter ein und wischen Sie die gereinigte Fläche nach. Geben Sie den Bezug in den Abwurfbehälter für schmutzige Wischbezüge. 5. Spannen Sie einen neuen Bezug auf und gehen Sie zum nächsten Raum.

Nassscheuern

Ziel: Entfernen von stark gealtertem, hartnäckigem und schwer löslichem Schmutz sowie Entfernung von Pflegefilmresten

Wasser zum Lösen des Schmutzes und mechanischer Druck helfen, sehr hartnäckige und stark haftende Verschmutzungen oder Pflegefilmreste zu beseitigen. Dazu kann durch Aufbringung größerer Flüssigkeitsmengen mit geeigneten Reinigungsmitteln manuell oder maschinell gescheuert werden.

- Für kleine Fußbodenflächen eignen sich Schrubber, Bürsten, Pads und Eimer.
- Große Flächen müssen maschinell bearbeitet werden, entweder mit einer Einscheibenmaschine und einem Wassersauger oder mit einem Scheuersaugautomaten, jeweils ausgestattet mit Bürsten oder Pads.
- Für Mobiliar oder Kücheneinrichtungsgegenstände kommen Schwämme, Topfkratzer, Edelstahlspiralen oder Bürsten zum Einsatz.

Boden mit Schrubber reinigen

Das Verfahren ist zumeist Bestandteil der Grundreinigung und zum einen außerordentlich zeit- und kraftaufwendig, zum Zweiten sehr personalintensiv. In der Praxis wird es aus wirtschaftlichen Gründen deshalb nur in großen Zeitintervallen eingesetzt. Ziel ist es, sämtliche Schmutzrückstände oder Pflegefilme zu entfernen.

Scheuern mit Handpads

Sprayreinigen/Cleanern

Ziel: Entfernen von hartnäckigen Flecken (Absatzstriche, Schleifspuren), Egalisierung und Ergänzung des Pflegefilms, Verbesserung der Optik und des Gesamteindrucks

Mittels eines Handsprühkännchens oder einer Sprühvorrichtung an einer Bodenreinigungsmaschine wird das Cleanermittel punktuell oder großflächig auf der Fußbodenbelagsfläche verteilt. Die Umdrehungszahl der Scheibenmaschine und die Auswahl der Pads müssen genau auf die Bodenbelagsart abgestimmt werden. Die Methode eignet sich zur Unterhalts- und Zwischenreinigung, sie ersetzt jedoch keine Grundreinigung. Das Ergebnis ist eine von hartnäckigen Flecken und „Verstrichungen" befreite Oberfläche mit einem intakten einheitlichen Pflegefilm und einer gleichmäßigen Optik.

Shampoonieren

Ziel: Entfernen von anhaftendem Schmutz aus textilen Oberflächen

Die Shampoonierung wird nur auf textilen Flächen, wie Teppichböden, Teppichen oder Polstermöbeln, angewendet. Mit einer geeigneten flüssigen Shampoolösung oder mit Teppichreinigungspulver kann es beim Shampoonieren gelingen, fest haftende Verschmutzungen aus textilen Belägen herauszulösen. Das Shampoonierverfahren ist sehr zeitaufwendig, personalintensiv und erfordert fachgerechtes Arbeiten.
Die Shampoonierung lässt sich in zwei Bereiche gliedern, die Trockenshampoonierung und die Nassshampoonierung.

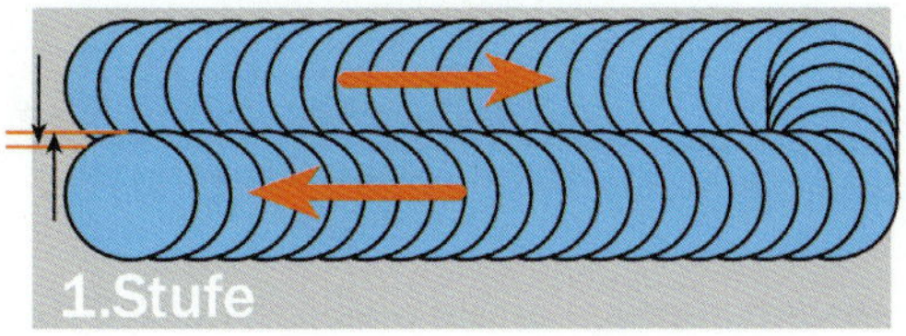

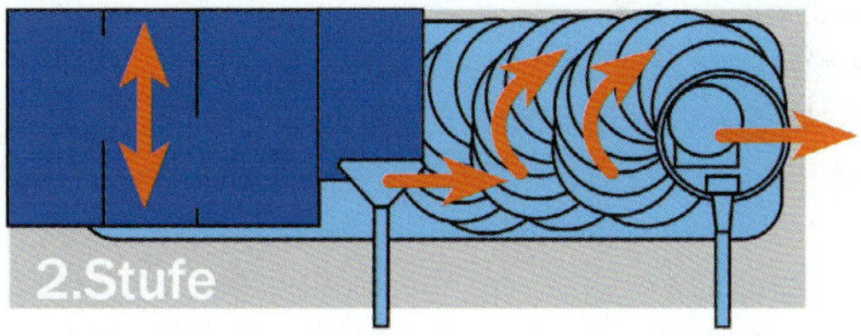

Schema des Bewegungsablaufs beim Shampoonieren

Trockenshampoonierung mit Pulver

Maschine beim Nassshampoonieren

Shampooniermethoden im Vergleich	
Trockenshampoonierung	**Nassshampoonierung**
Einsatzfelder Trockenreinigungspulver eignet sich für textile Böden, die keine Nassreinigung vertragen. Für Nadelfilz und Teppiche mit langem Flor oder Schlingen ist diese Methode ungeeignet.	**Einsatzfelder** Nassschaum kann auch bei Teppichen mit langem Flor oder Nadelfilz eingesetzt werden, vorausgesetzt der Untergrund eignet sich zur Nassreinigung.
Anwendung Das Reinigungsmittel wird mittels Einscheibenmaschine in kreisförmigen Bewegungen, oder manuell mit einem Schrubber in den textilen Belag einmassiert. Während der Einwirkzeit darf der Belag nicht begangen werden. Nach der Trocknung werden die kristallin angetrockneten Schmutz- und Reinigungsmittelrückstände abgesaugt.	**Anwendung** Die Reinigungsleistung ist bei der Verwendung von Nassschaum deutlich höher, da der höhere Wasseranteil die Schmutzpartikel besser löst. Je nach Einwirk- und Trocknungszeit wird der angetrocknete Schaum mit einem Sprühextraktionsgerät oder einem Nassstaubsauger aufgesaugt. Das Verfahren eignet sich in Kombination mit dem Sprühextraktionsverfahren zur Grundreinigung von textilen Bodenbelägen. Der Reinigungserfolg hierbei ist sehr hoch.

Sprühextraktion

Ziel: gründliche Entfernung von anhaftendem Schmutz aus textilen Belägen (Teppichböden, Polster)

Hierbei wird in einem Arbeitsgang die Reinigungslösung unter Druck in den Flor der textilen Oberfläche eingespült. Der gelöste Schmutz wird unmittelbar über die Saugdüse in den Schmutzwassertank geleitet. Das intensive Umspülen der Faser mit Wasser gewährleistet, dass nur wenige Reinigungsmittelrückstände zurückbleiben. Der Wiederanschmutzungsgrad ist sehr gering. Die Trocknungszeit beträgt ca. 24 Stunden.
Prüfen Sie vor der Anwendung, ob der Untergrund (bei Teppichböden gilt das für den Kleber) feuchtigkeitsverträglich ist oder ob die Materialien möglicherweise abfärben.
Teppichböden sind von Herstellerseite oft schmutzabweisend imprägniert. In diesen Fällen dürfen Sie nur ein tensidfreies Produkt oder klares Wasser verwenden.

Teppich-Pad-Reinigung

Ziel: Reinigung von örtlich begrenzten Verschmutzungen auf Laufstraßen oder Belägen, die deshalb nicht nass gereinigt werden dürfen, weil wasserlösliche Kleber eingesetzt wurden.

Ein geeignetes Produkt aus dem Fachhandel wird abschnittsweise auf den Boden gesprüht und mit einer Einscheibenmaschine und untergelegtem Garn-Pad bearbeitet. Je nach Verschmutzung des Teppichbodens muss das Garnpad gewendet bzw. gewechselt werden.
Nicht geeignet für die Teppich-Pad-Reinigung sind Nadelfilz, grobe Schlingenware und sehr langflorige Teppiche.

Dampfreinigen

Ziel: umweltfreundliche Reinigung ohne Chemie sowie gründliche Reinigung von schwer zugänglichen Stellen

Die Dampfreinigung gilt als umweltfreundliche Reinigungsmethode, weil hier allein mit klarem Wasser und ohne chemische Zusatzstoffe gearbeitet wird. Durch verschiedene Aufsatzdüsen oder Bezüge wird der Schmutz gelöst und aufgenommen. Die Dampfreinigung eignet sich sowohl für Steinböden, Fliesenwände oder Glasscheiben als auch für äußerst schwer zugängliche Stellen (z. B. Heizungsrohre, Fugen, Gleitschienen). Der Einsatz auf Polstermöbeln kann nur als Auffrischung betrachtet werden, weil der Schmutz lediglich oberflächlich gelöst wird. Die Materialien müssen Sie in diesem Fall vorher unbedingt auf ihre Hitzebeständigkeit und Farbechtheit prüfen. Wichtig ist auch, dass sich nicht jedes Gerät für die Reinigung von Polstermöbeln eignet.
Bei der Reinigung in kleinen Räumen kann es zu übermäßiger Dampfentwicklung kommen, sorgen Sie deshalb für frische Luft. Da der Behälter des Geräts unter Druck steht, müssen Sie die Sicherheitshinweise des Herstellers unbedingt beachten.

Hochdruckreinigen

Ziel: Grundreinigung von wasserfesten Werkstoffen unter hohem Wasserdruck mit oder ohne Chemie

Die Hochdruckreinigung wird sowohl zur Grundreinigung von Sanitärbereichen als auch in Großküchen oder in Außenbereichen eingesetzt. Diese Technik macht es möglich, den Wasserstrahl unter starkem Druck auf den zu reinigenden Gegenstand zu lenken. Verschiedene Aufsatzdüsen leiten den Strahl entweder punktgenau oder breitflächig auf die zu reinigende Fläche.

Falsche Ein- und Aufsätze können Werkstoffe beschädigen. Für den Einsatz von Hochdruckreinigern sind bestimmte Sicherheitsvorkehrungen zu treffen. Jede Person muss in den Umgang mit diesem Gerät eingewiesen werden. Ein Hochdruckreiniger macht darüber hinaus gewisse bauliche Voraussetzungen erforderlich. Das sind ein Bodenablauf, ein Wasseranschluss sowie unempfindliche wasserfeste Werkstoffe.

Detachieren

Ziel: Fleckentfernung von textilen Werkstoffen

Detachieren bezeichnet das Verfahren, um punktuelle, klein- oder großflächige Flecken von textilen Bodenbelägen oder Polstermöbeln zu entfernen. Vor dem Einsatz müssen die Oberflächen (Stoffe) auf ihre Materialverträglichkeit geprüft werden. Die Kenntnis über die textile Faser ist eine zwingende Voraussetzung, um Textilien ohne Schäden (z. B. Verblassung, Gewebezerstörung) zu reinigen.

Der größte Teil der Flecken (ca. 90 %) lässt sich mit Wasser entfernen. Deshalb sollte dieser Versuch stets am Anfang stehen. Erst dann kann zu spezieller Fleckenchemie gegriffen werden. Kleine Stellen können Sie mit Wasser und einem Schwamm oder einer Bürste reinigen. Für großflächige Flek-

ken setzen Sie eher Pads ein. Flecken können aber auch mit der Einscheibenmaschine oder dem Sprühextraktionsgerät bearbeitet werden.
Halten Sie beim Einsatz spezieller Fleckenchemie die Sicherheitsvorschriften ein.

AUFGABEN

1. Welche Reinigungsmethoden wenden Sie in Ihrem Betrieb an?
2. Ordnen Sie diese Reinigungsmethoden den Reinigungsarten zu.

3.2.4 Sinner'scher Kreis

Der Sinner'scher Kreis, benannt nach dem Chemiker Herbert Sinner, geht davon aus, dass alle Wasch- und Reinigungsprozesse sich letztlich auf vier Einflussgrößen zurückführen lassen. Das sind Mechanik, Temperatur, Zeit und Chemie (siehe Seite 181).

Temperaturerhöhung durch Verwendung von warmem Wasser oder durch Reibung

Einsatz von Behandlungsmitteln (Reinigungs-, Pflege- und Desinfektionsmittel)

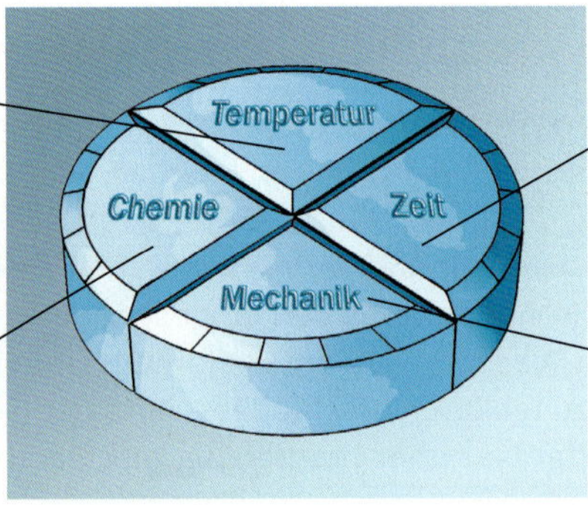

Einwirkzeit der Behandlungsmittel oder Bearbeitungszeit durch Maschinen und Geräte

Krafteinsatz durch Reinigungsgeräte und Reinigungsmaschinen oder durch manuelle Reinigungsbewegungen (Schrubben, Scheuern)

- **Temperatur:** Der Faktor Temperatur spielt bei Reinigungsvorgängen in der modernen Reinigungstechnik inzwischen nur noch eine untergeordnete Rolle, denn viele Reinigungsverfahren wirken bereits im Niedertemperaturbereich (bis etwa 20 °C). Für die Reinigungsverfahren Spülen, Wäschewaschen oder Dampfreinigen besitzt dieser Faktor nach wie vor eine große Bedeutung.
- **Zeit:** Personalkosten nehmen bei der Reinigung den größten Anteil an den Gesamtkosten ein. Deshalb hat bei der Auswahl eines Reinigungsverfahrens die Verringerung der Arbeitszeit eine entscheidende Bedeutung.
- **Mechanik:** Um die Personalkosten zu reduzieren und um bessere Reinigungsergebnisse zu erzielen, werden immer leistungsfähigere Maschinen eingesetzt.
- **Chemie:** Um das Reinigungspersonal vor gesundheitlichen Gefahren zu schützen und aus Umweltschutzgründen sollte ein Reinigungsverfahren mit einem möglichst geringen Chemieanteil eingesetzt werden.

Wird einer dieser Faktoren bei einem Reinigungsvorgang verändert, dann beeinflusst dies die anderen drei Faktoren. Im Ergebnis bleibt der Reinigungserfolg als Summe aller vier Faktoren stets gleich. Lediglich die Gewichtung der Faktoren verändert sich.

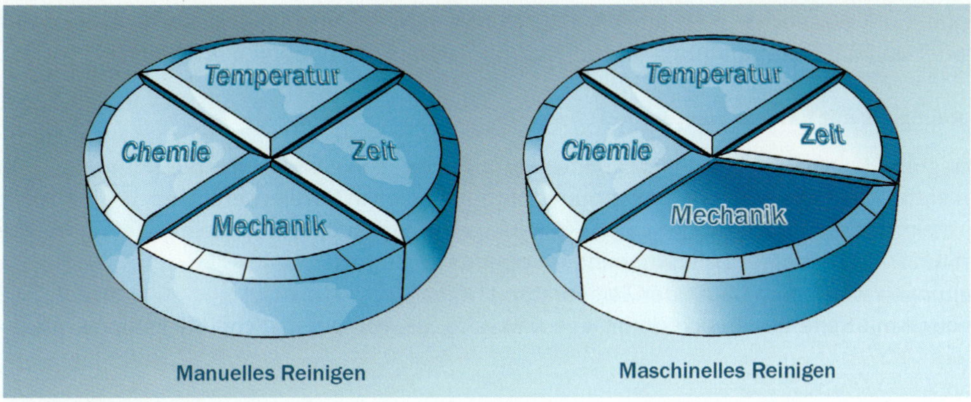

Reinigungsfaktoren im Vergleich: Wischen eines Fußbodens per Hand und mit einer Maschine

Erweiterter Sinner'scher Kreis

Die Beteiligung einer Vielzahl von Faktoren am Reinigungsprozess sowie aktuellere und komplexere Anforderungen an die Reinigungs- und Sicherheitstechnik, aber auch die Umweltproblematik machen eine Erweiterung des Sinner'schen Kreises erforderlich. Besonders die Motivation der am Reinigungsprozess beteiligten Personen ist in diesem erweiterten Modell stärker ins Blickfeld gerückt worden, auch um den Anforderungen des Umweltschutzes und der Arbeitssicherheit Rechnung zu tragen.

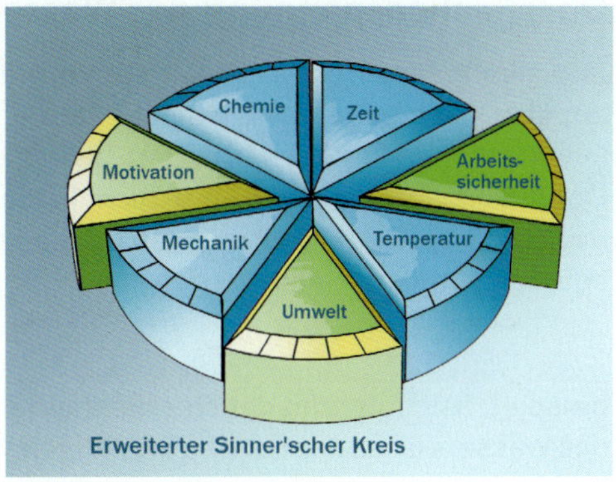

3.2.5 Wasser im Reinigungsprozess

Wasser spielt in allen Lebensbereichen und auch in Reinigungsprozessen eine wichtige Rolle. Durch Wasser werden nicht nur Verschmutzungen gelöst und transportiert, sondern Wasser bietet chemischen Wirkstoffen zur Reinigung überhaupt erst eine Basis zum Reagieren.

Wasserhärte

Während des Regnens bindet das Niederschlagswasser die in der Atmosphäre befindlichen Stoffe, z. B. Gase oder Rußpartikel. Sobald der Regen im Erdreich versickert, werden – je nach geologischer Zusammensetzung – verschiedene Mineralien gelöst. Das hat zur Folge, dass die Wasserhärten je nach Ortslage variieren.
Bestimmt wird die Wasserhärte durch den Anteil an Kalzium- und Magnesiumsalzen. Diese Kalzium- und Magnesiumsalze sind es, die Reinigungs- und Waschprozesse „stören". Ein hoher Anteil an diesen Salzen führt zwangsläufig zu einer höheren Dosierung, weil diese mit einigen Reinigungsmittelbestandteilen (besonders Seifen) unlösliche Verbindungen (Kalkseifen) eingehen. Dieser (veränderte) Anteil an Seife steht dann für den Reinigungsprozess nicht mehr zur Verfügung, wodurch mehr Reinigungs- oder Waschmittel zugesetzt werden muss.

Früher wurde die Wasserhärte in °dH (deutscher Härte) angegeben. Vor einigen Jahren wurden die Härtebereiche an europäische Standards angepasst und werden jetzt in Millimol Calciumcarbonat je Liter mmol/l angegeben.

- Härtebereich weich: weniger als 1,5 mmol Calciumcarbonat, entspricht 8,4°dH
- Härtebereich mittel: 1,5 bis 2,5 mmol Calciumcarbonat, entspricht 8,4 bis 14°dH
- Härtebereich hart: mehr als 2,5 mmol Calciumcarbonat, entspricht mehr als 14°dH

Aufschluss über die Wasserhärte erhalten Sie durch eine Anfrage beim jeweiligen Wasserversorgungsamt oder durch die Bestimmung mit Indikatorpapier, das in Apotheken erhältlich ist.

Folgen des Reinigens mit hartem Wasser

- Auf gereinigten Flächen zeichnen sich Kalkflecken oder ein Kalkschleier ab, die nur mit sauren Reinigern entfernt werden können. Besonders sichtbar ist dies in Sanitärbereichen.
- In und an elektrischen Geräten kommt es zu Kalkablagerungen, auch Kesselstein genannt, welche das Gerät auf Dauer in seiner Leistung mindern oder es zerstören.
- Zuflussleitungen werden im Laufe der Zeit verstopft und setzen sich zu.
- In Verbindung mit Seife bildet sich unlösliche Kalkseife, die schwer lösliche Rückstände hinterlässt.

Folgen durch das Reinigen mit zu weichem Wasser

- Seife wird nur unzureichend gelöst und schäumt übermäßig stark.

Oberflächenspannung des Wassers

In einem Wassertropfen bilden die Wassermoleküle Kräfte aus, die nach innen gerichtet sind. So entsteht nach außen eine Spannung, die auch als Oberflächenspannung bezeichnet wird. Diese Oberflächenspannung verhindert beim Reinigen zum Beispiel eine umfassende Benetzung von Oberflächen: Das Wasser kann nicht in kleine Hohlräume eindringen und somit den Schmutz auch nicht unterspülen. Erst durch die Zugabe von Tensiden (siehe Seite 183 ff.) kann diese Oberflächenspannung herabgesetzt werden.

Beispiel: Nur aufgrund der Oberflächenspannung des Wassers ist es dem leichtgewichtigen Wasserläufer möglich, über die Wasseroberfläche zu krabbeln, ohne dabei unterzugehen. Doch dessen nicht genug: Der Wasserläufer hat eine Methode entwickelt, durch die er sich sehr flink bewegt. Aus seinem Hinterteil gibt er seifenähnliche Flüssigkeit auf die Wasseroberfläche ab. Das setzt die Oberflächenspannung des Wassers herab und sorgt für eine Art „Düsenantrieb", der das Insekt nach vorn schiebt.

Aufgaben des Wassers im Reinigungsprozess

Wasser übernimmt in Reinigungsprozessen vielfältige Aufgaben:

- Es fungiert als Träger der Inhaltsstoffe von Reinigungs- und Pflegemitteln.
- Es hält den Schmutz bis zum Entsorgen der *Reinigungsflotte* in der Schwebe und verhindert dessen unerwünschte Wiederanhaftung.
- Als Temperaturträger ermöglicht Wasser das Erreichen der erforderlichen Wirktemperatur von bestimmten Reinigungsmitteln.
- Wasser bewirkt, dass der Schmutz aufquillt und sich dadurch leichter von der Oberfläche lösen lässt.

3.3 Reinigungschemie

3.3.1 Chemische Grundlagen

pH-Wert

Der pH-Wert ist eine Maßzahl für die in einer Lösung enthaltenen Hydronium-Ionen. Die Abkürzung pH steht für *potentia hydrogenii*, was so viel bedeutet wie: Potenzial der Hydronium-Ionen-Konzentration. Der pH-Wert macht eine Aussage über den sauren, neutralen oder alkalischen (basischen) Charakter von wässrigen Lösungen, zu denen auch Reinigungslösungen gezählt werden können.

Der Messbereich wird auf einer Skala von 0 bis 14 dargestellt.

- Neutrale Lösungen besitzen einen pH-Wert von genau 7.
- Saure Lösungen (Säuren) besitzen einen pH-Wert von unter 7.
- Basische oder alkalische Lösungen (Laugen) besitzen einen pH-Wert von über 7.

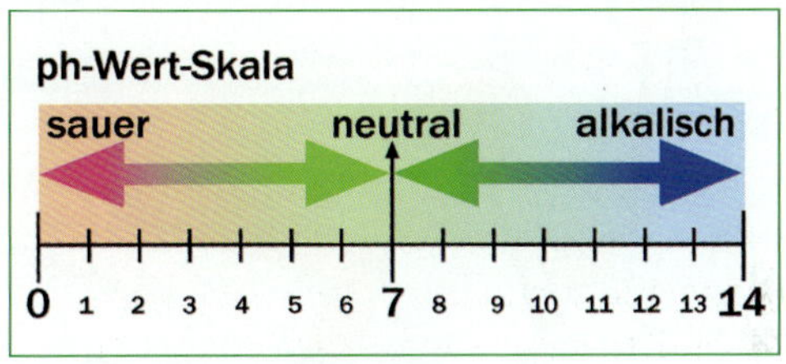

Damit einem Reinigungsmittel eine spezielle Reinigungseigenschaft zugeordnet werden kann, weist es in seiner Liste der technischen Daten einen spezifischen pH-Wert auf. Entsprechend lassen sich Reinigungsmittel klassifizieren in:

Saure Reiniger

Sanitärreiniger, Kalklöser, Rostlöser

Neutrale Reiniger

Allzweckreiniger, Alkoholreiniger

Alkalische Reiniger

Schmierseife, Seifenreiniger, PVC-Grundreiniger, Grillreiniger

Gefahrenabwehr durch Neutralisation

Der pH-Wert gibt auch Auskunft über den Grad der Aggressivität von sauren oder alkalischen Reinigungsmitteln. Bei unsachgemäßer Anwendung von starken Säuren oder Laugen besteht die Gefahr von gesundheitlichen sowie Material- und Umweltschäden. Reinigungsmittel dürfen beispielsweise nicht unverdünnt in die Kanalisation gelangen. Sie können Rohrleitungen beschädigen und das empfindliche System von Mikroorganismen in Kläranlagen zerstören.
Deshalb müssen Reinigungslösungen stark verdünnt werden, um sie nahezu zu neutralisieren, denn ein pH-Wert zwischen 6 und 9 birgt wenige Gefahren für die Gesundheit, die Umwelt und für Werkstoffoberflächen. Die Herstellerangaben zur Verdünnung (Neutralisation) und Konzentration sind deshalb unbedingt einzuhalten.

Inhaltsstoffe von Reinigungsmitteln

Tenside

Tenside werden auch als reinigungs- oder waschaktive Substanzen (WAS) bezeichnet. Fast jedes Reinigungsmittel enthält natürliche oder synthetische Tenside. Sie sind in erster Linie am Reinigungsvorgang beteiligt. Seife ist das älteste natürliche

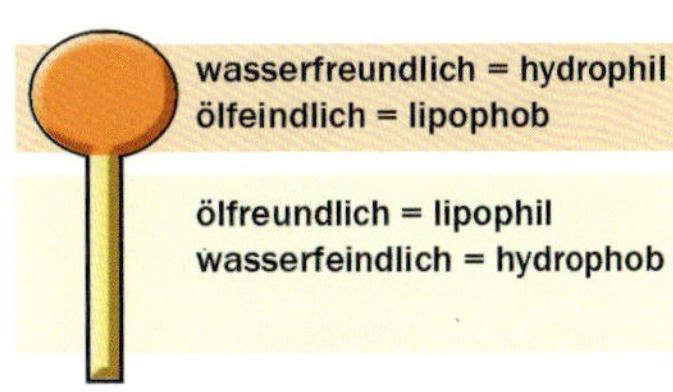

Tensid-Molekül

Tensid. Sie wurde als Bestandteil von Reinigungsmitteln inzwischen fast vollständig von den synthetisch hergestellten Tensiden verdrängt.
Tensidmoleküle enthalten einen wasserfreundlichen, fettabstoßenden Teil (hydrophil) und einen fettfreundlichen, wasserabstoßenden Teil (hydrophob).

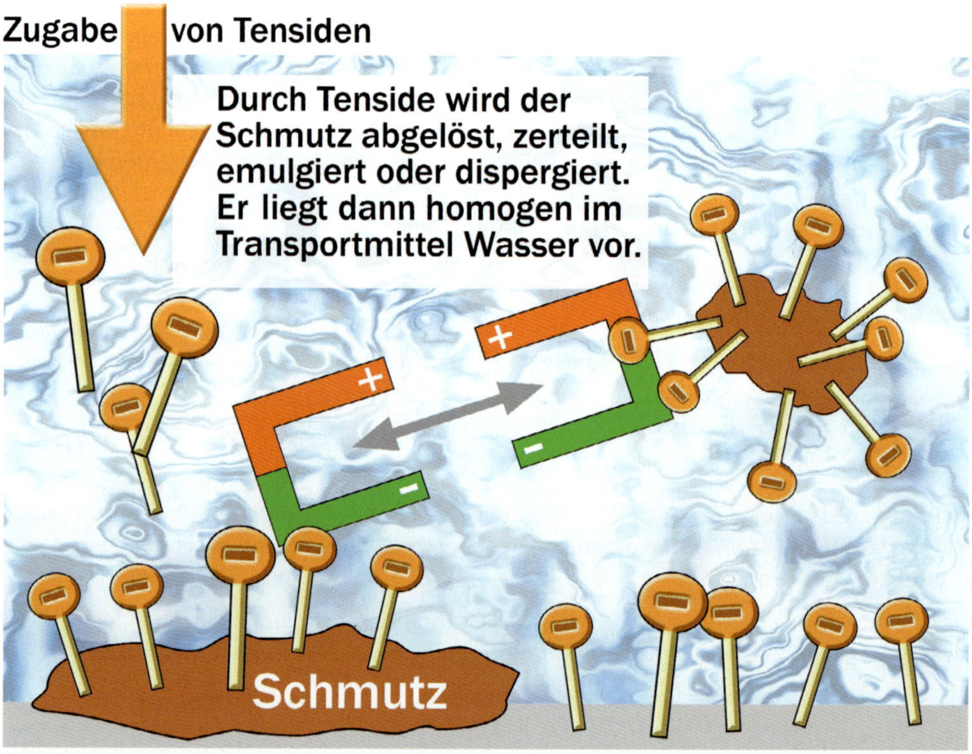

Schema der Schmutzabtragung durch Tenside

Tenside sind grenzflächenaktive Substanzen, d. h., sie setzen die Oberflächenspannung von Wasser herab (siehe Seite 182), wodurch Reinigungsoberflächen vollkommen mit Wasser benetzt werden können.

Aufgrund ihrer Struktur besitzen sie außerdem die Fähigkeit, sich mit ihrem wasserabstoßenden Teil an Schmutzpartikel oder Fettpartikel zu heften und den Schmutz dadurch zu binden (emulgieren und dispergieren). Sie halten den Schmutz bis zum Abtransport in der Schwebe.

Aufgrund ihrer Positiv- und Negativladung werden Tenside in verschiedene Gruppen eingeteilt, denn sie besitzen unterschiedliche Reinigungsleistungen.

Tensidklasse	Modell	Eigenschaften
anionische Tenside		beste Reinigungsleistung, hohe Schaumbildung
kationische Tenside		schlechteste Reinigungsleistung, werden als desinfizierende Komponente genutzt

Tensidklasse	Modell	Eigenschaften
amphotere Tenside		keine reinigungstechnische Bedeutung, schwache Reinigungsleistung, verbessern aufgrund ihres Aufbaus die Hautverträglichkeit von anionischen Tensiden oder begünstigen den Abperleffekt auf Armaturen
nichtionische Tenside		zweitbeste Reinigungsleistung, geringere Schaumbildung als anionische Tenside; kommen bei niedrigen Temperauren zum Einsatz

Säuren

Der pH-Wert (siehe Seite 183) eines Reinigungsmittels gibt Auskunft über seinen Säuregrad. Saure Reinigungsmittel liegen im Wertebereich von 0 bis 7. Sie werden zur Entfernung von Kalk, Urinstein, Rost und Zementschleiern eingesetzt. Ihre Wirkung variiert stark.
Bei der Entscheidung, welcher Reiniger mit welcher Säureart zur Anwendung kommen soll, müssen mehrere Faktoren berücksichtigt werden.

Reinigungsergebnis: Die Auswahl einer Säure hängt vom Verschmutzungsgrad ab. Bei starken Verkrustungen und Kalkablagerungen kommt man mit schwachen Säuren, wie Essigsäure, Ameisensäure und Zitronensäure, nicht zu dem Ziel, die Ablagerungen zu beseitigen. In solchen Fällen ist der Einsatz einer stärkeren Säure, wie etwa Amidosulfonsäure, unter Einhaltung der vorgegebenen Arbeitsschutzhinweise und Dosierungsempfehlungen gerechtfertigt.

Arbeitsschutz: Aus Sicht des Arbeitsschutzes hat jede Säure ihre Nachteile. Auch die vielfach empfohlene Essigsäure entwickelt Dämpfe, die bei Dauereinsatz Schleimhäute und Atemwege reizen, was zu bleibenden Gesundheitsschäden führen kann. Starke Säuren, wie Phosphor- oder Salzsäure, können die Atemwege reizen und bei unsachgemäßem Gebrauch Verätzungen verursachen. Aus Sicht des Arbeitsschutzes ist der Einsatz von Zitronensäure der empfehlenswerteste.

Materialschädigungen: Sowohl Essigsäure als auch Salzsäure schädigen bei dauerhaftem Einsatz die Chromüberzüge an Armaturen. Sie „unterwandern" die Chromschicht, die sich schließlich ablöst. An anderen Metallteilen, wie etwa Kupfer, bildet sich Grünspan.

Umweltschutz: Aus der Sicht des Umweltschutzes kann bei einer regelmäßigen, ordnungsgemäßen Ausführung der Unterhaltsreinigung auf starke Säuren grundsätzlich verzichtet werden.

Fazit: Bei einer sachgerechten und regelmäßigen Unterhaltsreinigung sind Zitronensäure als organische Säure und Amidosulfonsäure als stärkere anorganische Säure die geeignetsten Säurearten.

Alkalien

Laugen, Basen oder Alkalien sind eine übergeordnete Bezeichnung für die basischen Salze von Alkalimetallen und Erdalkalien. Sie begegnen uns in Reinigungsmitteln als Kalilauge, Natronlauge, Ammoniak, Silikate, Amine, Phosphate und Soda.

Alkalien haben die Fähigkeit, fett- und eiweißhaltigen Schmutz von Oberflächen abzulösen. Der pH-Wert liegt zwischen 8 und 14. Alkalien können empfindliche Oberflächen, wie zum Beispiel Linoleum, lackierte Oberflächen und Pflegefilme, schädigen. Deshalb ist die Anwendungskonzentration genauestens einzuhalten. Schmierseife ist ein starker alkalischer Reiniger, und das selbst bei einer niedrigen Konzentration.
Durch die Fähigkeit, Eiweiße zu lösen, ist der Hautkontakt unbedingt zu vermeiden.

Weitere Inhaltsstoffe

Inhaltsstoffe	Reinigungswirkung	Bemerkungen
organische *Lösemittel* wasserlöslich: Alkohol wasserunlöslich: Terpentin, Benzin	entfernen Fette, Öle, Klebstoffe, Filzstifte, Lacke, alte Pflegemittelreste	außer Alkohol sind sie umweltbelastend; Arbeitsschutzmaßnahmen ergreifen; oft feuer- oder explosionsgefährlich
Enzyme (Biokatalysatoren)	bauen Eiweiß, Kohlenhydrate und Naturfarbstoffe ab	keine Umweltbelastung; Arbeitsschutzmaßnahmen ergreifen
Enthärter/Komplexbildner	unterstützen die Leistung von Tensiden; enthärten das Wasser	belasten die Umwelt
Oxidationsmittel/ Bleichmittel	zerstören die Farbpigmente in Flecken; je nach Konzentration desinfizieren sie auch	belasten zum Teil die Umwelt; Arbeitsschutzmaßnahmen erforderlich (Verätzungen); aggressiv gegenüber Materialoberflächen
Abrasivstoffe	feinstgemahlene Schleifkörper lösen den Schmutz durch Mechanik	geringe Umweltbelastung, Oberflächen auf Beschaffenheit prüfen
Inhaltsstoffe	**Reinigungswirkung**	**Bemerkungen**
Inhibitoren/ Korrosionsinhibitoren	verhindern die *Korrosion* von Metallen	
Farb- und Duftstoffe	keine Reinigungswirkung; verbessern Aussehen und Geruch	Duftstoffe können als störend empfunden werden; Farbstoffe dienen auch der Farbcodierung (siehe Seite 204) bei Reinigungsmitteln
Konservierungsstoffe	keine Reinigungswirkung; verlängern die Haltbarkeit	geringe Umweltbelastung
Stellmittel	keine Reinigungswirkung; beeinflussen die Konsistenz des Mittels (dick- oder dünnflüssig)	Verdickungsmittel sollen die Haftung auf Oberflächen verlängern

3.3.2 Einteilung der Reinigungschemie

Die grobe Einteilung der Reinigungsmittel geschieht nach ihrer Wirkungsweise.

Art	Beispiele	Wirkung
chemisch wirkende Mittel	Allzweckreiniger, Sanitärreiniger, Spezialreiniger	Schmutzteilchen werden auf chemischem Weg gelöst und abgehoben. Der pH-Wert (sauer oder alkalisch) ist entscheidend.
mechanisch wirkende Mittel	Stahlwolle, Marmormehl, Schmirgelpapier	Schmutzteilchen und auch Teile der Oberflächen werden unter Krafteinsatz durch Scheuern, Reiben oder Polieren abgerieben. Die Härte des Mittels muss auf die Härte der Oberfläche abgestimmt sein, da sonst Oberflächenbeschädigungen riskiert werden (z. B. Kratzer).
chemisch und mechanisch wirkende Mittel (kombinierte Mittel)	Scheuermilch, Silberputztücher, verseifte Stahlwolle	Schmutzteilchen werden durch den gleichzeitigen Einsatz von Chemie und Mechanik entfernt.

Allgemeine Eigenschaften

Von jedem Reinigungsprodukt werden ganz konkrete Gebrauchseigenschaften erwartet, um die Schmutzabtragung zu gewährleisten. Das sind zum Beispiel:

- eine gute Reinigungsleistung,
- eine hohe Ergiebigkeit,
- ein angenehmer Geruch,
- eine gute Umweltverträglichkeit,
- eine gesundheitliche Unbedenklichkeit,
- keine Materialschädigung,
- ein Desinfektionserfolg oder
- eine optimale Pflege.

Alle Reinigungs-, Pflege- und Desinfektionsmittel werden im übergeordneten Sinne als Behandlungsmittel bezeichnet. In der Praxis setzt man sie zur Unterstützung der mechanischen Reinigung durch Tücher, Schwämme oder Maschinen ein. Die wichtigsten Kategorien für Behandlungsmittel sind Reinigungsmittel, Pflegemittel, Kombinationsprodukte und Spezialmittel.

Art des Behandlungsmittels	Beispiele
Reinigungsmittel	Allzweckreiniger, Alkoholreiniger, Fußbodengrundreiniger, Sanitärreiniger, Seifenreiniger, Scheuermittel, Schmierseife
Pflegemittel	Polituren, Selbstglanzemulsionen, Wachse, Öle, Silikon, Wachsemulsionen
Kombinationsprodukte	Wischpflegemittel, Desinfektionsreiniger
Produkte für Sonderaufgaben	Desinfektionsmittel, Fleckenmittel

Reinigungsmittel

Allzweckreiniger

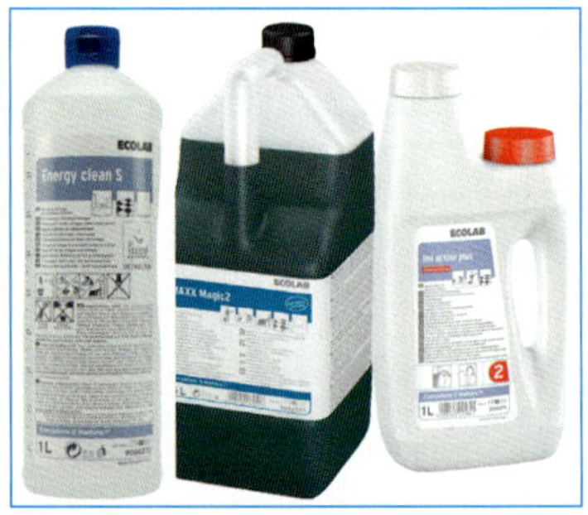

Allzweckreiniger – auch als Vielzweckreiniger, Universalreiniger, Neutralreiniger bekannt – enthalten Tenside, Wasser, Komplexbildner, Duft- und Farbstoffe sowie *Konservierungsmittel*. Sie sind für alle Werkstoffe mit wasserbeständiger Oberfläche geeignet. Das sind beispielsweise Kunststoffe, Glas, Keramik, versiegelte Holzböden oder lackierte Flächen. Der pH-Wert liegt zwischen 6 und 10. Allzweckreiniger sind besonders für fettige Verschmutzungen geeignet. Sie sind relativ gering umweltbelastend und aufgrund ihrer Inhaltsstoffe gesundheitlich unbedenklich.
Lediglich Allzweckreiniger mit einem pH-Wert zwischen 6 und 8 dürfen als Neutralreiniger bezeichnet werden. Sie werden vorzugsweise auf empfindlichen oder glänzenden Oberflächen eingesetzt. In der gewerblichen Reinigung sind sie oft als Konzentrate im Gebrauch.

Alkoholreiniger

Alkoholreiniger enthalten Tenside, Alkohole (Ethanol, Propanol), Komplexbildner sowie Duft- und Farbstoffe. Sie sind für alle Werkstoffe mit glänzender Oberfläche geeignet, seien es Glas, glasierte Fliesen, Kunststoffflächen oder lackierte Oberflächen. Der pH-Wert liegt im neutralen Bereich zwischen 6 und 8. Der Alkoholanteil im Reiniger bewirkt, dass die Feuchtigkeit schneller verdunstet und die bearbeitete Fläche ohne Streifen trocknet. Alkoholreiniger sind für fetthaltige Verschmutzungen geeignet. Die Reinigungslösung darf nur mit kaltem Wasser angesetzt werden, weil der Alkohol sich bei Hitze verflüchtigen würde.
Alkoholreiniger sind durch ihren neutralen pH-Wert nicht aggressiv gegenüber Werkstoffen. Mit Pflegefilmen behaftete Fußböden werden durch die Behandlung stumpf. Die Reiniger sind durch den biologisch abbaubaren Gehalt an Alkohol kaum umweltbelastend.

Sanitärreiniger

Saure Sanitärreiniger enthalten Säuren, *Korrosionsinhibitoren*, Tenside und Duftstoffe. Sie dürfen auf allen säurebeständigen Oberflächen im Sanitärbereich zur Entfernung von Kalk, Kalkseifen, Urinstein und Rostablagerungen eingesetzt werden. Der pH-Wert liegt zwischen 0 und 2. Bei der Auswahl eines Sanitärreinigers ist unbedingt auf die Säureart zu achten. Zur Unterhaltsreinigung (siehe Seite 169) sollte keinesfalls Essigreiniger eingesetzt werden, weil die Armaturen beschädigt und die Atemwege gereizt werden können.

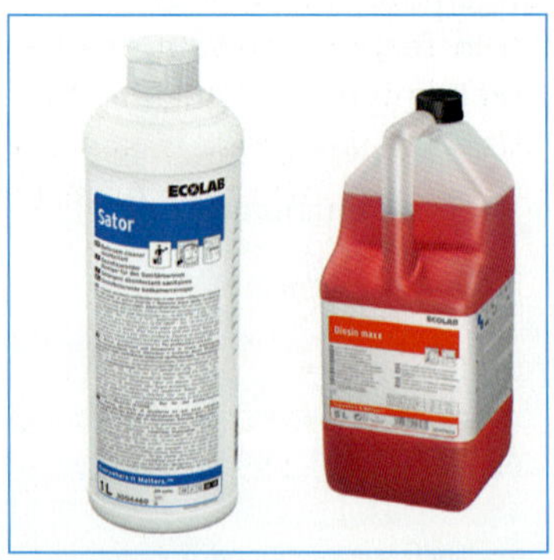

Phosphorsäurehaltige Produkte schädigen bei Daueranwendung elastische Fugenmassen (z. B. Silikon-abdichtungen bei Duschkabinen). Salzsäurehaltige Produkte reinigen zwar gut, sind jedoch sehr aggressiv gegenüber Werkstoffen (z. B. Beschädigung von Armaturen) und der Haut. Aufgrund der Salzbildung im Abwasser ist die Umweltbelastung sehr hoch.
Empfehlenswert für die Sanitärreinigung sind Reiniger, die Amidosulfonsäure enthalten. Diese greift Armaturen nicht an.
Besondere Vorsicht ist bei säureempfindlichen Oberflächen, wie etwa Marmor, geboten. Verfugungen sollten Sie grundsätzlich vorwässern.

Je nach Verschmutzungsart und -grad kommen in Sanitärbereichen auch Spezialprodukte, wie beispielsweise Urinsteinlöser, Rostlöser, Kalkentferner oder **Sanitärgrundreiniger,** zum Einsatz. Ihre Wirkungsweise ist wesentlich intensiver, aber auch aggressiver als bei einfachen Sanitärreinigern. Darum dürfen Sie diese keinesfalls zur täglichen Unterhaltsreinigung einsetzen. Eine kontinuierliche und gewissenhafte Unterhaltsreinigung macht solche Produkte überflüssig.

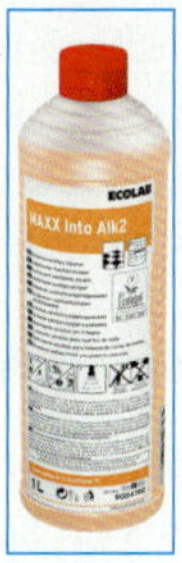

Alkalische Sanitärreiniger enthalten Tenside und können zusätzlich Chlorverbindungen beinhalten. Sie besitzen eine gute Reinigungsleistung gegenüber Fettverschmutzungen und Seifenrückständen. Sie wirken bleichend und fleckentfernend, lösen jedoch keine Kalkrückstände. Ihr pH-Wert liegt zwischen 8 und 14. Durch kaum abbaubare Verbindungen stellen alkalische Sanitärreiniger eine hohe Umweltbelastung dar.
Achten Sie beim Umgang mit chlorhaltigen Sanitärreinigern unbedingt auf die Sicherheitshinweise. Sie dürfen keinesfalls mit sauren Reinigern gemischt werden, weil dies zur Entwicklung von Chlorgas und in der Folge zu Chlorgasvergiftungen führen kann.

Grundreiniger

Grundreiniger enthalten Alkalien, Tenside, Komplexbildner und *Lösemittel* in einer hohen Konzentration. Sie werden auf wasserbeständigen Fußböden zur Entfernung hartnäckiger Verschmutzungen, Beschichtungen und Verkrustungen eingesetzt. Der pH-Wert liegt zwischen 10 und 13. Grundreiniger sind aufgrund ihres hohen Anteils an Alkalien gegenüber Werkstoffen stark aggressiv. Bei nicht alkalibeständigen Fußböden, wie zum Beispiel Linoleumbelägen, kann es zu erheblichen Oberflächenbeschädigungen kommen. Stimmen Sie den Grundreiniger deshalb stets auf den zu reinigenden Werkstoff ab.
Grundreiniger können Gefahrstoffe sein und müssen als solche deklariert werden (siehe Seite 17). Beim Umgang müssen Sie auf eine ausreichende Belüftung achten. Informieren Sie sich unbedingt über die Sicherheitshinweise der Hersteller. Durch den hohen Anteil an Alkalien und Lösemitteln sind Grundreiniger stark umweltbelastend und sollten sparsam und fachgerecht eingesetzt werden.

Rohr- und Abflussreiniger

Bei Rohr- und Abflussreinigern werden flüssige Reiniger und Granulate unterschieden. Sie lösen auf chemischem Weg Rohrverstopfungen und gehören zu den aggressivsten Reinigungsmitteln, die es auf dem Markt gibt. Granulate enthalten mit Natrium- und Kaliumhydroxiden stark ätzende, alkalische Substanzen, die mit Wasser Laugen bilden. Diese lösen organisches Material wie z. B. Haare auf. Ein weiterer Bestandteil ist Aluminium, das durch die Reaktion mit der Lauge zur Entwicklung von Dämpfen und Hitze führt. Dadurch können das Rohrleitungssystem und Gummidichtungen geschädigt werden. Flüssige Abflussreiniger enthalten ebenfalls alkalische Substanzen sowie oft Bleichmittel und Tenside und wirken leichter im weiteren Rohrsystem. Bei der Anwendung bleichmittelfreier Reiniger entstehen keine Dämpfe. Diese sind zudem schonend für Rohre und Dichtungen.
Verwenden Sie Abflussreiniger der Umwelt zuliebe nicht vorbeugend, sondern nur bei Bedarf. Arbeiten Sie beim Umgang mit Rohrreinigern konzentriert. Beim Einatmen der Dämpfe und bei Hautkontakt besteht eine große gesundheitliche Gefahr. Halten Sie die Sicherheitshinweise der Hersteller strikt ein. Durch den hohen Alkaligehalt entsteht eine große Umweltbelastung.

Seifenreiniger

Seifenreiniger dürfen Sie nicht mit Schmierseife verwechseln, denn Seifenreiniger sind ein Gemisch aus Schmierseife und Allzweckreinigern. Sie enthalten zusätzlich Komplexbildner, um bei hartem Wasser die Entstehung von Kalkseife zu verhindern.

Aufgrund der Zusätze von synthetischen Tensiden sind Seifenreiniger reinigungsaktiver als Schmierseife. Sie gelten als umweltverträgliche, hautschonende und materialschonende Behandlungsmittel. Sie dürfen aber trotz ihrer geringeren Aggressivität nicht für alle Bodenbeläge, z. B. nicht auf Linoleum, eingesetzt werden.

Schmierseife

Schmierseife wird industriell durch das Sieden von Fetten und Ölen mit Kalilauge hergestellt. Sie ist somit eine Kaliseife, bei der man aus Kostengründen den Überschuss an Kali nicht entfernt hat. Ihr pH-Wert liegt zwischen 12,9 und 13,3 und selbst in 1%iger Verdünnung noch bei einem pH-Wert von 11. Dieser hohe Laugenanteil macht Schmierseife aggressiv gegenüber Linoleum, Gummibelägen und polierten Kalksteinen.
In Verbindung mit hartem Wasser (siehe Seite 182) bilden sich Kalkseifen, die ausflocken und ausfallen. Das bewirkt, dass ein Teil der Reinigungsaktivität verlorengeht.
Bei längerfristigem Kontakt kann es zu Hautverätzungen kommen. Das Reinigungspersonal sollte deshalb unbedingt mit Schutzhandschuhen, so wie es generell üblich ist, arbeiten.
Der Vorteil von Schmierseife besteht in einem zurückbleibenden Pflegefilm, der sich leicht auspolieren lässt. Schmierseife ist häufig kostengünstiger als andere Allzweckreiniger.
Die Umweltbelastung ist differenziert zu betrachten: Der Herstellungsprozess ist zwar umweltfreundlich, im Abwasser bleiben jedoch die schnell ausgefällten Kalkseifen zurück. Diese benötigen für den Abbauprozess enorm viel Sauerstoff. Zudem ist die Alkalibelastung für die Gewässer groß.

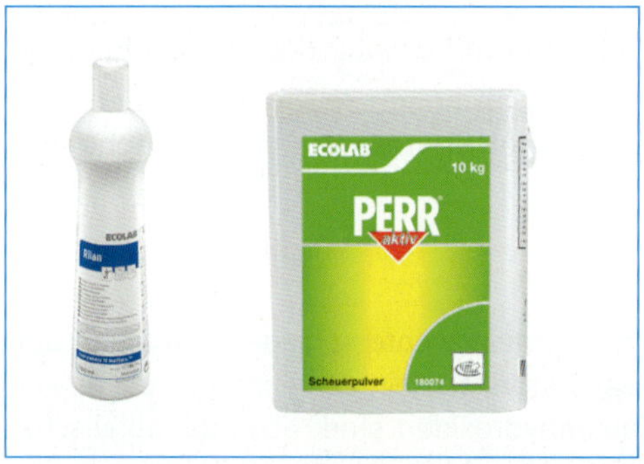

Scheuermittel

Scheuermittel gibt es in fester (Pulver) oder flüssiger Form (Scheuermilch). Sie wurden zur Entfernung hartnäckiger Verschmutzungen in Küche oder Sanitärbereich konzipiert. Die eigentliche Reinigungsleistung wird von *Abrasivstoffen,* das sind feinst gemahlene Quarz- oder Marmormehle, erbracht. Unterstützt wird die Leistung durch Tenside, Alkalien oder Bleichmittel. Pulver sind in der Regel gröber, flüssige Produkte sind feiner gemahlen.
Prüfen Sie vor dem Einsatz von Scheuermitteln den zu reinigenden Werkstoff auf seine Kratzfestigkeit. Bei längerfristigem oder dauerhaftem Gebrauch kann die Oberfläche beschädigt werden (aufgeraut, Kratzer). Eine schnellere Wiederanschmutzung ist die Folge. Chlorabspaltende Produkte sollten Sie aufgrund ihrer stark umweltbelastenden Stoffe vermeiden.

Pflegemittel

Pflegemittel werden eingesetzt, um die Oberflächen von Werkstoffen gegen schädigende Einflüsse zu schützen. Im Alltagsgebrauch wird nur die Pflegemittelschicht beschädigt. Das Fußbodenmaterial wird geschont. In Fachkreisen spricht man von der „Opferschicht“.
Pflegemittel sorgen damit für eine längere Lebensdauer, eine bessere Optik der Materialien (z. B. Glanz) und erleichtern die Reinigung generell. Vor jedem Einsatz von Pflegemitteln muss die Oberfläche gereinigt werden. Bei der Auswahl erfolgt eine genaue Abstimmung zwischen Pflegemittel und Oberfläche.

Beispiel: Ein falsches Pflegemittel haben Sie beispielsweise dann gewählt, wenn Sie einen Linoleumboden im Eingangsbereich und auf den Fluren eines Altenheims durch den Einsatz von Bohnerwachs in eine Rutschbahn verwandelt haben, auf dem die Bewohner, Besucher und Beschäftigten ausrutschen oder stürzen könnten.

Pflegemittel können Fette, Öle, Wachse, wasserlösliche und wasserunlösliche Kunststoffe (Polymere) oder Kunstharze enthalten. Es gibt sie in unterschiedlichen Konsistenzen: flüssig, pastenförmig und fest.

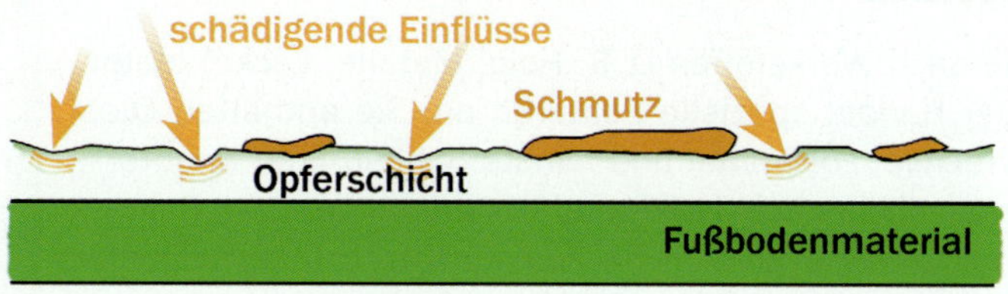

Schema zur Funktion der Opferschicht

Wachse

Wachse werden in fester, pastenförmiger und flüssiger Form angeboten. Je nach Inhaltsstoffen gibt es natürliche, halbsynthetische und synthetische Wachse. Bei natürlichen Wachsen wird das Wachs beispielsweise aus Pflanzen (z. B. Carnaubawachs) oder von Tieren (Bienenwachs) gewonnen. Wachse können nicht von selbst glänzen, sie müssen aufpoliert werden. Sie weisen keine hohe Strapazierfähigkeit auf. Feste Wachsprodukte müssen zuerst mit Wärme verflüssigt werden. Wachse werden zu Wachslösungen und zu Wachsemulsionen verarbeitet.
Hinweis: Alle Wachsprodukte müssen von den behandelten Flächen und vor allem von Böden in regelmäßigen Zeitabständen durch aufwendige Verfahren entfernt werden.

Wachslösungen

Alle Wachslösungen bestehen zu 70 % bis 80 % aus *Lösemitteln*. Nach dem Auftragen verdunsten die Lösemittelanteile und der haftende, getrocknete Pflegefilm kann aufpoliert werden. Lösemittelhaltige Pflegemittel dürfen nur auf lösemittelbeständigen Belägen, wie etwa Holz, Linoleum, Kork, oder auf bestimmten Steinböden eingesetzt werden. Für den Einsatz auf PVC-Böden kommen sie nicht infrage. Lösemittelhaltige Wachslösungen sind umweltbelastend.
Achten Sie beim Auftragen von Wachslösungen auf eine ausreichende Belüftung und lesen Sie die Sicherheitsangaben der Hersteller vorher durch.

Wachsemulsionen

Wachsemulsionen gibt es in flüssiger Form. Sie enthalten neben Wachsen Tenside und Wasser. Wachse und Tenside wirken als Emulgatoren, daher sind sie sehr umweltverträglich. Wachsemulsionen können Sie auf allen wasserbeständigen Fußbodenbelägen einsetzen. Je höher der Wachsanteil ist, umso besser lässt sich der Pflegefilm polieren. Der Nachteil besteht in der erhöhten Unfallgefahr durch Wachsanteile. Sie sind nicht gesundheitsschädlich.

Selbstglanzdispersionen

Selbstglanzemulsionen werden zur Beschichtung von Fußböden eingesetzt, um eine geschlossene, trittsichere Oberfläche und einen dauerhaften Pflegefilm zu erzeugen. Dadurch wird der Werterhalt gesteigert und die Reinigung erleichtert. Ihre Inhaltsstoffe sind Emulgatoren bzw. Dispergiermittel, Kunststoffkomponenten in unterschiedlicher Menge. Sie machen den Boden glatt. Je höher wiederum der Kunststoffanteil in der Dispersion ist, desto schlechter lässt sich der Pflegefilm auspolieren und entfernen. Dagegen steigt jedoch die Trittsicherheit.
Selbstglanzdispersionen können nur mittels Grundreinigern entfernt werden.
Die genauen Eigenschaften einer Selbstglanzdispersion, die Eignung für bestimmte Fußbodenbeläge und die Resistenz gegenüber Desinfektions- und Alkoholreinigern ist den Herstellerangaben zu entnehmen und genauestens mit den Reinigungsmitteln zu kombinieren.

Inhaltsstoffe:
< 5% nichtionische Tenside
Konservierungsmittel,
Pflegekomponenten,
Hilfsstoffe, Parfümöle

Polituren

Je nach Werkstoffen (z. B. Holz, Metalle, Lacke) bietet der Handel spezielle Polituren an. Sie enthalten Öle, Wachse, *Lösemittel* und feinste Schleifmittel in unterschiedlicher Konsistenz und Zusammensetzung. Polituren kommen mit dem Ziel zum Einsatz, Kratzer in Oberflächen auszugleichen, Farben aufzufrischen und einen leichten Schutzfilm gegen Staub und Nässe zu erzeugen, um eine schmutzabweisende Wirkung zu erreichen. Tenside verstärken den Reinigungseffekt. Lösemittelhaltige Polituren sind umweltbelastend. Beachten Sie die Herstellerangaben bezüglich der Anwendung.

Öle, Fette und Silikone

Diese Pflegemittel auf der Basis von Ölen, Fetten oder Silikonen werden für unterschiedliche Werkstoffe eingesetzt. Öle sind von flüssiger Konsistenz und besitzen nur eine geringe Schutzwirkung. Sie werden bei der Pflege von Holz, z. B. zur Pflege von Teakholzmöbeln für den Außenbereich, oder bei der Pflege von blanken Metallen, z. B. als Edelstahlpflegeöl, eingesetzt.
Fette besitzen vergleichbare Eigenschaften wie Öle, haben jedoch eine pastenartige Konsistenz. Auch sie eignen sich für die Pflege von Metallen.
Silikon ist unterschiedlichen Pflegemitteln beigesetzt, um eine wasserabweisende Wirkung zu erreichen. Produkte zur Pflege von Lederwaren (z. B. Schuhcreme) enthalten oft Silikone.

Kombinationsprodukte

Wirtschaftliche Aspekte spielen eine wichtige Rolle beim Einsatz von Kombinationsprodukten. Der große Vorteil besteht darin, dass durch ihre Verwendung mehrere Arbeitsschritte in einem erledigt werden können. Es gibt Kombinationsprodukte, die

- reinigen und pflegen,
- reinigen und desinfizieren,
- reinigen, pflegen und desinfizieren.

Je nach Zusammensetzung steht entweder der Reinigungs-, Pflege- oder Desinfektionsschwerpunkt im Vordergrund. Der Einkaufspreis für solche Produkte liegt meist über dem der Produkte mit nur einem Behandlungsschwerpunkt. Hier muss deshalb genau überlegt und kalkuliert werden, ob der Einsatz dieser Produkte im Endeffekt wirtschaftlich ist.

Produkte für Sonderaufgaben

Desinfektionsmittel

GRUNDLAGEN

Desinfektionsmittel sind Produkte, die Mikroorganismen (siehe Seite 306) in ihrem Wachstum hemmen, sie abtöten oder inaktivieren sollen. Je nach Einsatzgebiet besitzen die Mittel unterschiedliche Inhaltsstoffe. Sie dienen der Desinfektion der Haut oder der Desinfektion von Schleimhäuten, Händen, Flächen und diversen Utensilien sowie Instrumenten, aber auch der Wäschedesinfektion in Einrichtungen (z. B. Krankenhäuser, Großküchen, Altenpflegeeinrichtungen).
Alle Desinfektionsmittel werden von unabhängigen Gutachtern und Gesellschaften auf ihre Wirksamkeit kontrolliert und in Listen deklariert (siehe Seite 240). Solche Gesellschaften sind zum Beispiel der Verbund für Angewandte Hygiene e.V. (VAH), das *Robert-Koch-Institut (RKI)* oder die Deutsche Veterinärmedizinische Gesellschaft (DVG).

- Flüssige Desinfektionsmittel werden in einer bestimmten Dosierung (siehe Seite 193 f.) dem Wischwasser zugesetzt.
- Sprayprodukte bestehen oft aus Alkohol und dienen der Schnelldesinfektion.
- Desinfektionsreiniger desinfizieren und reinigen gleichzeitig. Sie sind Desinfektionsmittel mit guter Reinigungsleistung und werden oft eingesetzt, um einen separaten Arbeitsgang zur Desinfektion zu sparen.

Desinfektionsreiniger und Wischpflege

Bestimmten Desinfektionsmitteln darf zur Fußbodendesinfektion eine genau vorgeschriebene Menge an Wischpflegemitteln zugesetzt werden. Desinfektionsmittel können aufgrund ihrer Zusammensetzung bestimmte Fußbodenbeläge auslaugen. Deshalb gibt es, je nach Hersteller, für jedes Desinfektionsmittel ein genau abgestimmtes Wischpflegeprodukt, das zugesetzt werden darf.

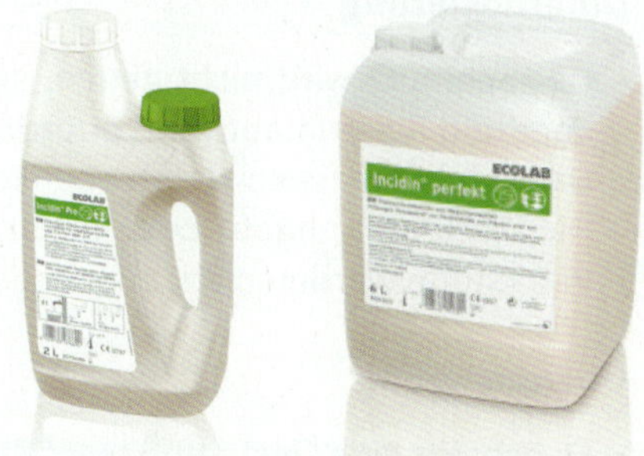

Grundregeln bei der Verwendung von Desinfektionsmitteln
Halten Sie die vorgeschriebene Dosierung exakt ein. Bei Nichtbeachtung könnten sich desinfektionsmittelresistente Erregerstämme bilden *(Hospitalismus)*.
Beachten Sie sämtliche Arbeitsschutzmaßnahmen genau, um Hauterkrankungen, Schleimhautreizungen oder Allergien bei sich selbst und Ihren Kolleginnen und Kollegen, aber auch bei Besuchern, Bewohnern oder Kunden zu vermeiden.
Vermeiden Sie eine Überdosierung, ansonsten kann es zu einer Schädigung von erwünschten Mikroorganismen in Kläranlagen kommen. Zudem können bei Überdosierungen Oberflächen und Werkstoffe angegriffen werden.

Spezialmittel

Spezialmittel sind in ihrer Wirkungsweise auf einen bestimmten Werkstoff oder eine spezielle Verschmutzungsart abgestimmt. Beispiele für Spezialmittel sind Fleckenchemie, Teppichreinigungsmittel, Grillreiniger, Glasreiniger oder Metallreinigungsmittel. Die Anzahl von Spezialmitteln sollte so gering wie möglich gehalten werden, denn sie sind häufig teurer als Reinigungsmittel mit breitem Wirkungsspektrum und enthalten oftmals gefährlichere, umweltbelastendere und gesundheitsgefährdendere Inhaltsstoffe. Ihre Anwendung setzt meist spezielle Kenntnisse der Reinigungstechnologie voraus. Eine breite Palette an Spezialreinigern erhöht das Risiko von Vertauschungen und falschen Anwendungen und stört damit auch einen reibungslosen Arbeitsablauf.

Tensidfreie Reinigungsmittel

Tensidfreie Reinigungsmittel hinterlassen im Gegensatz zu tensidhaltigen Reinigern keine Kalkseifen- oder Tensidrückstände auf der zu reinigenden Oberfläche. Sie sind ideal für die Reinigung von Feinsteinzeugfliesen mit mikroporöser Oberfläche, von textilen Belägen und Edelstahl geeignet und funktionieren sehr gut mit Mikrofasererzeugnissen. Sie besitzen eine sehr gute Reinigungswirkung und schützen vor Wiederanschmutzung.

3.3.3 Dosierung von Reinigungs- und Behandlungsmitteln

Damit die Reinigung sowohl ökonomisch als auch ökologisch korrekt bzw. vertretbar durchgeführt werden kann und dabei trotzdem ein optimales Ergebnis erzielt wird, ist die Einhaltung der Dosierangaben der Hersteller von großer Bedeutung. Bei den eingesetzten Behandlungsmitteln handelt es sich in der Praxis meist um hoch konzentrierte Reinigungsprodukte, die entsprechend der Dosieranleitungen (auf den Verpackungen) mit Wasser verdünnt werden müssen. Das gilt insbesondere beim Einsatz von Desinfektionsmitteln in Krankenhäusern und Altenpflegeeinrichtungen, um der Gefahr des *Hospitalismus* vorzubeugen. Eine unsachgemäße Dosierung hat schwerwiegende Folgen.

Unterdosierung

- Der Schmutz wird nicht gelöst, sodass eine erneute Reinigung mit zusätzlichem Personal-, Zeit- und Materialaufwand erforderlich wird.
- Das Infektionsrisiko steigt, ebenso die Gefahr des Hospitalismus.
- Die Optik wird negativ beeinflusst, Flächen sehen ungepflegt und schmutzig aus.
- Werkstoffe werden nicht ausreichend gepflegt, Werte mangelhaft oder kaum erhalten.

Überdosierung

- Es besteht eine Gesundheitsgefährdung des Reinigungspersonals (Hautallergien, gefährliche Dämpfe).
- Der Verbrauch pro Reinigungsgang steigt, das Mittel geht rascher zur Neige und muss nachbestellt werden. Dies verursacht Mehrkosten.
- Zu konzentrierte Reinigungsmittel greifen Oberflächen an und führen zu Materialbeschädigungen.
- Die Optik wird negativ beeinflusst, da konzentriertere Lösungen die Bildung von Streifen und Schlieren begünstigen.
- Die Umweltbelastung steigt enorm.

Optimale Dosierung

- reduziert die Reinigungskosten,
- gewährleistet die Gesunderhaltung des Personals,
- belastet die Umwelt minimal,
- erhält die Werkstoffe,
- sichert den *Hygienestandard.*

AUFGABEN

1. Erkunden Sie das Reinigungs- und Pflegemittelsortiment in Ihrem Ausbildungsbetrieb und ordnen Sie die Mittel den einzelnen Behandlungsmitteln zu.
2. Stellen Sie ein Grundsortiment an Reinigungs- und Pflegemitteln für einen Privathaushalt zusammen.
3. Warum sollte man auf viele verschiedene Spezialprodukte verzichten?
   Nennen Sie mögliche Alternativen.

Dosiersysteme

Für eine einfache und sichere Handhabung zur richtigen Dosierung von Reinigungslösungen werden verschiedene Dosierhilfen eingesetzt. In der Regel liefern die Hersteller diese Hilfsmittel mit. Die Dosierung wird grundsätzlich in personenabhängige und personenunabhängige Verfahren unterteilt.
Personenabhängig bedeutet, dass das Behandlungsmittel immer von der jeweiligen Reinigungskraft zugesetzt wird. Hier können sich – je nach Wissensstand und persönlichen Befindlichkeiten – viele Fehler einschleichen.

Personenunabhängig heißt, dass das Behandlungsmittel automatisch über ein Dosiergerät in der jeweiligen vorgeschriebenen Konzentration zugefügt wird, dadurch immer gleich ist und automatisch überwacht wird.
Ein Dosiersystem, das alle Ansprüche erfüllt, gibt es nicht. Stets müssen die Gegebenheiten des Hauses berücksichtigt werden. Priorität hat immer der Gesundheitsschutz des Reinigungspersonals. Das macht eine regelmäßige Schulung erforderlich, um den Risikofaktor „Mensch“ so gering wie möglich zu halten.

Ansetzen von Gebrauchslösungen

Beim Ansetzen von Gebrauchslösungen müssen Sie zur Vermeidung von Gefahren für Mensch und Material stets die Unfallverhütungsvorschriften bezüglich der persönlichen Schutzausrüstung einhalten (siehe Seite 16).
Beachten Sie, dass Sie beim Ansetzen einer Reinigungs- oder Desinfektionsmittellösung zuerst das Wasser und dann die Chemie hinzugeben. Dies verhindert z. B. ein Überschäumen der Lösung.

- Die Verwendung von heißem Wasser kann zur Entwicklung von Dämpfen führen, die vom Reinigungspersonal eingeatmet werden könnte. Außerdem kann es zu ungewollten chemischen Reaktionen kommen.
- Bei der Verwendung von Desinfektionsmitteln darf die Wassertemperatur beim Mischen und beim Einsatz der Lösung nicht über 20 °C liegen.

Herstellerangaben

Auf den Reinigungsmittelverpackungen werden verschiedene Angaben zur Konzentration vom Hersteller angegeben. Die Konzentration wird häufig in Prozent (%) oder in Milliliter (ml) angegeben.

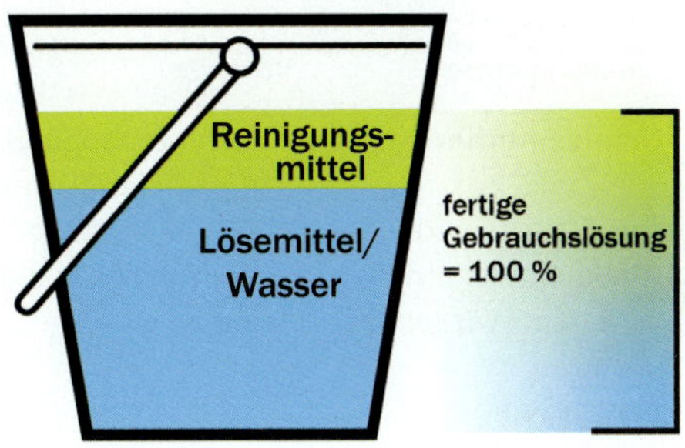

Angabe der Gebrauchslösung in Prozent (%)

Die Angabe in Prozent weist aus, wie viel Gramm oder Milliliter des Reinigungs- bzw. Desinfektionsmittels in **1 Liter Lösung** (das entspricht 1000 ml) enthalten sind.

1 Liter	*1%ige Gebrauchslösung enthält*	*→*	*990 ml Wasser + 10 ml Chemie*
	100 %	*=*	*99 % + 1 %*
5 Liter	*1%ige Gebrauchslösung enthalten*	*→*	*4950 ml Wasser + 50 ml Chemie*
	100 %	*=*	*99 % + 1 %*

Angabe der Gebrauchslösung im Mischungsverhältnis

Die Angabe des Mischungsverhältnisses gibt an, welchen Anteil das Reinigungs- bzw. Desinfektionsmittel an der **Gesamtmenge** der fertigen *Reinigungsflotte* hat.

Rechenschema 1

↓

Mischungsverhältnis 1 : 4 bei einer Gebrauchslösung von 2 Litern (= 2000 ml).

↓

Zusammen sind es 5 Anteile.

↓

1 Teil entspricht 400 ml,
denn 2000 ml : 5 = 400 ml.

↓

4 Teile entsprechen 1600 ml Wasser,
denn 400 ml x 4 = 1600 ml.

↓

2 Liter fertige Gebrauchslösung enthalten demnach 1600 ml Wasser und 400 ml Reinigungsmittel (Chemie).

Rechenschema 2

↓

Es sollen 4 Liter (4000 ml) Wasser mit einem Allzweckreiniger im Mischungsverhältnis 1 : 200 angesetzt werden.

↓

Ein Teil entspricht 20 ml,
denn 4000 ml : 200 = 20 ml.

↓

Zur Mischung der fertigen Gebrauchslösung müssen 4 Liter Wasser mit 20 ml Reinigungschemie angesetzt werden.

Cleanern: verdünnbar mit Wasser im Verhältnis 1:2
Wischpflege: 100–200 ml auf 10 l Wasser

Dosiersysteme im Überblick

Dosiersystem	Vorteile	Nachteile	Bemerkungen
Schussmethode Aus Flaschen oder großen Kanistern wird dem Wasser ein „Schuss" Reinigungsmittel zugesetzt.	• kein Kostenaufwand für Dosierhilfsmittel • schnelles Ansetzen der Reinigungslösung	• ungenaue Dosierung (ca. 40 % zu viel) • hohe Verbrauchskosten • hohe Umweltbelastung • kraftaufwendig (Heben der Kanister) • schlechtes Reinigungsergebnis durch Rückstände auf Oberflächen	• personenabhängig • veraltetes System • Schutzkleidung erforderlich • Lagerung und Leergutbeseitigung der Kanister erforderlich
Schraubkappen Mithilfe von Schraubkappen wird das Reinigungsmittel aus dem Kanister oder der Flasche abgemessen.	• Dosierhilfe wird als Verschluss mitgeliefert • preiswert • Dosierung kann auf die Wassermenge abgestimmt werden 	• Hautkontakt möglich • kraftaufwendig (Heben der Kanister) • Fehldosierung möglich • Kanister werden durch Rückstände verschmutzt	• personenabhängig • Personal muss in der Umrechnung geschult werden • Schutzkleidung anlegen • Lagerung und Leergutbeseitigung der Kanister erforderlich

Dosiersystem	Vorteile	Nachteile	Bemerkungen
Dosierhahn Der Dosierhahn wird auf den Kanister aufgeschraubt und das Reinigungsmittel kann abgemessen werden.	• preiswerte Anschaffung • gute Handhabung • genaue Dosierung in Verbindung mit einem Messbecher möglich • wiederverwendbar • Dosierung kann auf die Wassermenge abgestimmt werden	• Gefahr der Verkeimung möglich • Auslaufhahn kann nachtropfen	• personenabhängig • Personal muss in der Umrechnung geschult werden • Schutzkleidung anlegen • Lagerung und Leergutbeseitigung der Kanister erforderlich
Messbecher Aus dem Kanister wird mittels Schussmethode oder mit einem Dosierhahn die Menge des Reinigungsmittels abgemessen.	• preiswerte Anschaffung • genaue Dosierung möglich • leichtere Dosierung gegenüber Kanister- und Schraubkappenvariante	• Hautkontakt möglich • Gefahr der Verkeimung durch Rückstände • Risiko der Fehldosierung durch falsches Abmessen • Zweckentfremdung der Messbecher	• personenabhängig • Personal muss in der Umrechnung geschult werden • Schutzkleidung anlegen • in Verbindung mit dem Dosierhahn gute Dosierung möglich • Lagerung und Leergutbeseitigung der Kanister erforderlich
Dosierpumpe Die Dosierpumpe wird auf den Kanister aufgeschraubt. Mittels Pumpenhub wird die eingestellte Menge abgegeben.	• preiswerte Anschaffung • kein Hautkontakt • gute Handhabung • wiederverwendbar 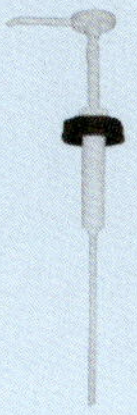	• Verkeimung möglich durch Rückstände • Nachtropfen der Pumpe und dadurch bestehende Rutschgefahr • Fehldosierung möglich durch Verstopfen der Pumpe oder unsachgemäße Handhabung • Füllung des Pumpenhubs meist (20 ml) stimmt nicht immer mit der Wassermenge überein	• personenabhängig • Personal muss in der Umrechnung geschult werden • Lagerung und Leergutbeseitigung der Kanister erforderlich • in Verbindung mit Messbecher ist eine gute Dosierung möglich
Dosierflasche Durch ein integriertes 2-Kammer-System im Inneren der Flasche wird mittels Druck oder durch Umdrehen der Flasche das Reinigungsmittel in bestimmten Portionsmengen dosiert.	• Hautkontakt fast ausgeschlossen • leichte Handhabung • Dosierflaschen können wiederverwendet werden • kein Heben und Tragen schwerer Kanister erforderlich	• Dosiermenge ist an Wassermenge gebunden • Fehldosierung möglich • teurer in der Anschaffung • erhöhter Leergutanfall	• personenabhängig • Personal muss in der Umrechnung geschult werden • Flaschen können mit Hochkonzentraten wieder befüllt werden, müssen dann aber regelmäßig desinfiziert werden

Dosiersystem	Vorteile	Nachteile	Bemerkungen
Sprühflasche Auf eine Reinigungsmittelflasche wird ein Sprühkopf aufgeschraubt, der das Reinigungsmittel zerstäubt. Bei Mischsprühflaschen im 2-Komponentensystem wird das Reinigungsmittel automatisch einer vorgegebenen Wassermenge zudosiert.	• für die Oberflächenreinigung geeignet • leichte Handhabung • preiswertes System • Hochkonzentrate können eingesetzt werden	• Sprühköpfe können verkeimen • Sprühnebel kann eingeatmet werden • Fehldosierung möglich 	• personenabhängig • Personal muss geschult werden • Sprühköpfe müssen regelmäßig desinfiziert werden
Portionierung durch Tabs, Portionsbeutel, Tabletten Die portionierte Menge des Reinigungsmittels wird einer vorgegebenen Wassermenge zugesetzt.	• genaue Kontrolle des Verbrauchs möglich • leichte Handhabung • geringer Lagerplatzbedarf	• Fehldosierung möglich • Dosierung nur auf vorgeschriebene Wassermenge möglich • teurer im Einkauf • Hautkontakt beim Aufreißen der Beutel • Umweltbelastung durch Einmalverpackung • teilweise lange Auflösungszeiten	• personenabhängig • Personal muss geschult werden
Zentrale automatische Dosierung Automatische Mischung von Wasser und Konzentrat in der eingestellten Konzentration. Das Gerät wird zentral in einer Einrichtung (z. B. im Keller) aufgestellt.	• kein Hautkontakt • genaue Dosierung • mehrere Entnahmestellen über verschiedene Stockwerke möglich • einfache Handhabung • Einsatz von Konzentraten möglich, daher sehr kostengünstig	• hohe Anschaffungskosten • technische Wartung nötig • Verkeimungsgefahr • nur ein Produkt einsetzbar • verzweigtes Leitungssystem muss vorhanden sein	• personenunabhängig • für Desinfektionsmittel müssen geprüfte und zugelassene Dosieranlagen eingesetzt werden
Dezentrale automatische Dosierung Automatische Mischung von Wasser und Konzentrat in der eingestellten Konzentration. Die Geräte werden dezentral (z. B. auf der Station) eingebaut	• kein Hautkontakt • genaue Dosierung • einfache Handhabung • keine Verkeimung möglich 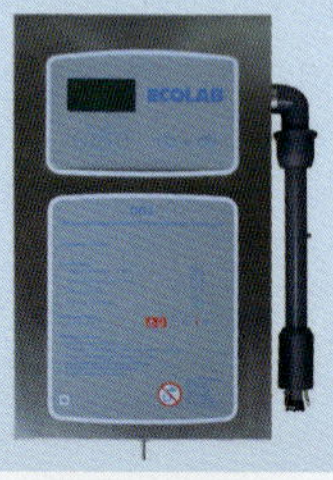	• hohe Anschaffungskosten • nur eine Entnahmestelle • nur ein Produkt einsetzbar • hoher Installationsaufwand	• personenunabhängig • Dosierung abhängig vom Wasserdruck • für Desinfektionsmittel müssen geprüfte und zugelassene Dosieranlagen eingesetzt werden

AUFGABEN

1. Finden Sie heraus, wie in Ihrem Ausbildungsbetrieb oder bei Ihnen zu Hause die Reinigungsmittel dosiert werden. Erläutern Sie die Vor- und Nachteile und prüfen Sie ggf. Alternativen.
2. Welche Folgen kann eine Unter- bzw. Überdosierung von Reinigungsmitteln haben?

3.3.4 Einkauf von Reinigungschemie

Einkaufskriterien im Privathaushalt

Bei der Auswahl von Behandlungsmitteln stehen oftmals persönliche Vorlieben (z. B. Duft, Markenname) und die finanziellen Möglichkeiten im Vordergrund. Jedoch nicht nur der Preis, sondern auch umweltschützende Aspekte sollten beim Kauf eine Rolle spielen. Wichtig ist, dass

- die Behandlungsmittel auf die Einrichtung und die vorhandenen Werkstoffe abgestimmt werden.
- auf Desinfektionsmittel verzichtet wird, sofern keine Person an einer ansteckenden Krankheit leidet.
- Behandlungsmittel mit möglichst weitem Wirkungsspektrum ausgewählt und auf den tatsächlichen Verschmutzungsgrad abgestimmt werden.
- mögliche allergische Reaktionen von Haushaltsmitgliedern Berücksichtigung finden.
- Sonderangebote gezielt genutzt werden.
- nach Möglichkeit Nachfüllpackungen und Hochkonzentrate bevorzugt eingesetzt werden, um Verpackungsmüll zu vermeiden.
- der Einsatz von Chemie möglichst durch eine intensivere mechanische Bearbeitung oder Hausmittel (z. B. Salz, Zitrone) reduziert bzw. vermieden wird.
- nur Verpackungen mit kindersicheren Verschlüssen eingekauft werden.

Produkte, die mit dem Skandinavischen Öko-Label „Nordic Swan" ausgezeichnet sind, bieten eine Gewähr für besonders hohe Anforderungen im gesamten Lebenszyklus von Produkten von der Rohstoffgewinnung bis zur Entsorgung.

Mit der „Blume" als EU-Umweltzeichen können Dienstleistungen und Produkte ausgezeichnet werden, die von unabhängigen Stellen auf die Einhaltung strenger ökologischer und gebrauchstauglichkeitsbezogener Kriterien geprüft wurden.

Einkaufskriterien im Großhaushalt

Der Einkauf von Behandlungsmitteln im Großhaushalt erfordert Fachkenntnis in der professionellen Gebäudereinigung und setzt Kenntnisse in den gesetzlichen Vorgaben voraus. Je nach Zielsetzung und Struktur des Großhaushaltes unterliegt der Einkauf der Reinigungschemie hier wesentlich strengeren Kriterien. Die Beschaffung von Reinigungschemie ist ein wichtiger Baustein zur Qualitätssicherung und dient nicht zuletzt dem wirtschaftlichen Erfolg einer Einrichtung. Persönliche Vorlieben können bei der Auswahl nicht berücksichtigt werden.

- Gesetzliche Vorgaben (z. B. LMHV, IfSG, GefStoffV, siehe Seite 324 f.) bestimmen die Wahl der Reinigungschemie. So muss genau festgelegt werden, welche Desinfektionsmittel für welche Bereiche eingesetzt werden.
- Vorgaben des gesetzlich vorgeschriebenen Arbeitsschutzes (Ersatzstoffprüfung, siehe Seite 201) können die Kosten zwar erhöhen, dürfen jedoch nicht ignoriert werden.
- Behandlungsmittel müssen auf die vorhandenen Werkstoffe und den Verschmutzungsgrad abgestimmt werden.

- Der genaue Mengenverbrauch muss bekannt sein, um die Abnahme von großen Mengen zu sichern und erfolgreiche Preisverhandlungen führen zu können.
- Wenige Spezialmittel verhindern Fehler bei der Anwendung.
- Verpackungen müssen auf ihre Nachfüllmöglichkeiten hin geprüft werden. Nach Möglichkeit sind Hochkonzentrate zu bevorzugen, um Verpackungsmüll zu vermeiden.
- Nur solche Verpackungen sollten eingekauft werden, die mit kindersicheren Verschlüssen ausgestattet sind.

Wassergefährdungsklassen

Bestimmte Behandlungsmittel werden mit Gefahrstoffhinweisen ausgestattet. Immer wenn ein Behandlungsmittel mit einem dieser Symbole gekennzeichnet ist, wird es auch in eine Wassergefährdungsklasse (WGK) eingeteilt. Je höher ein Mittel eingestuft ist, umso größere Sicherheitsvorkehrungen sind bei der Lagerung, beim Transport und beim Umgang damit zu treffen. So darf ein Produkt der Gefährdungsklasse 3 nur in speziellen Auffangwannen gelagert und transportiert werden, die eine unbeabsichtigte Einleitung ins Abwassersystem verhindern.
Die Einteilung der Wassergefährdungsklassen ist im Wasserhaushaltsgesetz geregelt. Unterschieden wird in drei Klassen.

WGK 3
stark wassergefährdende Stoffe

WGK 2
wassergefährdende Stoffe

WGK 1
schwach wassergefährdende Stoffe

3.3.5 Gefahrenkennzeichnung

GRUNDLAGEN

Zum Schutz des Menschen vor Gesundheitsgefahren und zum Schutz der Umwelt hat der Gesetzgeber die Gefahrstoffverordnung (siehe Seite 17) erlassen. Sie regelt den Umgang, das Inverkehrbringen, die Aufbewahrung, die Lagerung und die Beseitigung von gefährlichen Stoffen sowie deren Gemischen.

Einige Behandlungsmittel fallen aufgrund ihrer chemischen Zusammensetzung unter die Kennzeichnungspflicht. Die Hersteller solcher Mittel müssen auf den Verpackungen das entsprechende Gefahrensymbol (siehe Seite 17) und die Gefahrenbezeichnung angeben.
International werden Gefahrstoffe nach GHS (Globally harmonized system of classification and labelling of hazardous chemicals) gekennzeichnet. Für Gemische ist eine Übergangsfrist bis 2015 vorgesehen.

Die häufigsten Gefahrensymbole auf Behandlungsmitteln sind:

brandfördernd

reizend

umweltgefährdend

ätzend

giftig

explosionsgefährlich

hoch- oder leichtentzündlich

gesundheitsschädlich

Ermittlungspflicht

Jeder Arbeitgeber bzw. eine verantwortliche Person (z. B. Hauswirtschaftsleitung) ist zum Schutz der Beschäftigten dazu verpflichtet, zu ermitteln, ob es sich bei einem Behandlungsmittel um einen Gefahrstoff handelt. Der Hersteller eines Produkts muss Auskunft über alle enthaltenen Gefahrstoffe, die konkreten Gefahren sowie die zu ergreifenden Maßnahmen geben, wenn es zu einem Unfall im Zusammenhang mit dem Mittel kommt. Dazu stellt der Hersteller das sogenannte Sicherheitsdatenblatt zur Verfügung.

Ersatzstoffprüfung

Bevor ein Behandlungsmittel, welches Gefahrstoffe beinhaltet, zum Einsatz kommt, muss die verantwortliche Person prüfen, ob es ein anderes Mittel gibt, das die gleiche Wirksamkeit besitzt, den Gefahrstoff dagegen nicht enthält. Über die Ersatzstoffprüfung ist ein Nachweis zu führen.

Betriebsanweisung

Nachdem die Ersatzstoffprüfung durchgeführt wurde, wird aus den ermittelten Daten eine Betriebsanweisung für das letztlich ausgewählte Mittel erstellt, die im Rahmen von Schulungen allen Beschäftigten bekannt gemacht wird. Betriebsanweisungen sind arbeitsplatz- und tätigkeitsbezogene verbindliche schriftliche Anordnungen und Verhaltensregeln des Arbeitgebers an die Mitarbeiter zum Schutz vor Unfall-, Gesundheits- sowie Brand- und Explosionsgefahren und zum Schutz der Umwelt bei Tätigkeiten mit Gefahrstoffen. Eine Betriebsanleitung enthält folgende Angaben:

- Arbeitsbereich und Arbeitsplatz: Für welchen Arbeitsbereich und welche Beschäftigten gilt die Anweisung?
- Gefahrstoffbezeichnung: Das Mittel und seine Funktion werden benannt.
- Gefahren für Mensch und Umwelt: Was kann bei einem unsachgemäßen Gebrauch passieren?
- Schutzmaßnahmen und Verhaltensregeln: Wie kann man die Gefahren durch richtiges Verhalten im Umgang mit dem Gefahrstoff minimieren?
- Verhalten im Gefahrfall: Was ist zu tun, wenn es zu einer gefährlichen Situation im Umgang mit dem Gefahrstoff (z. B. ausgelaufene Flüssigkeit) gekommen ist?
- Erste Hilfe: Welche Maßnahmen sind bei Verletzungen durch den Gefahrstoff zu treffen? Wer ist der zuständige Ersthelfer und wie ist er telefonisch zu erreichen?
- Sachgerechte Entsorgung: Was muss bei der Entsorgung des Gefahrstoffs und ggf. seiner Verpackung beachtet werden?

Informationen für Tätigkeiten mit Chemikalien beim Bauen, Renovieren und Reinigen erhalten Sie mit WINGIS, dem Gefahrstoffinformationssystem der Berufsgenossenschaft der Bauwirtschaft, siehe www.bgbau.de/gisbau/wingis

3.3.6 Alternative Reinigungsmittel

Für die professionelle Gebäudereinigung scheiden sogenannte Hausmittel aufgrund gesetzlicher Vorgaben aus. Der Einsatz alternativer Reinigungsmittel wird von vielen Menschen trotzdem ernsthaft überdacht und umgesetzt, denn Kostengründe, Umweltgedanken und Gesundheitsschutzgründe spielen eine große Rolle, sich schonenderen Mitteln zuzuwenden und auf teure Spezialmittel zu verzichten. Alternative Reinigungsmittel eignen sich deshalb in der Tat zum Einsatz in Privathaushalten.

Alternative Reinigungsmittel und ihre Einsatzfelder	
Zitronensäure	• Entkalkung von Heißwassergeräten, z. B. Wasserkocher, Eierkocher, Kaffeemaschine • Entfernung von Kalkverschmutzungen im Sanitärbereich
Backpulver	• Reinigung verfärbter Fugen im Sanitärbereich
Salz	• Entfernung von Rotweinflecken (mit Salz bestreuen) • Scheuermittel zur mechanischen Reinigung, z. B. von Glasvasen
Mineralwasser	• Entfernung frischer Flecken auf Polstermöbeln, Teppichböden oder *Textilien* durch die Wirkung der enthaltenen Kohlensäure
Gallseife	• Entfernung von fetthaltigen Verschmutzungen auf Textilien

3.4 Betriebsmittel zur Reinigung

Für jede Verschmutzung gibt es das passende Equipment zu ihrer Beseitigung. Kaum ein Privathaushalt kommt heute ohne Staubsauger oder Waschmaschine aus. Darüber hinaus werden Reinigungsgeräte und Reinigungsmaschinen beständig weiterentwickelt und verbessert. Der richtige Einsatz spart Zeit, Kraft und häufig auch Chemie. Auch neue Materialien bei Einrichtungsgegenständen oder Fußbodenbelägen erfordern eine professionelle Auswahl der entsprechenden Geräte oder Reinigungstextilien. Damit die *Betriebsmittel* richtig eingesetzt werden und eine möglichst lange Lebensdauer erhalten, sind Informationen vor dem Neukauf wichtig, denn eine falsche oder unsachgemäße Anwendung kann zu Unfällen, höheren Reparatur- und Wartungskosten bis hin zu notwendigen Neuanschaffungen führen.

3.4.1 Reinigungsgeräte und Zubehör

Reinigungstücher

Die Auswahl von Reinigungstüchern richtet sich nach
- der Beschaffenheit der zu reinigenden Oberflächen,
- der Reinigungsart und
- der Reinigungschemie.

Reinigungstücher werden in verschiedenen Ausführungen (z. B. gewebt oder gewirkt) und aus unterschiedlichen Materialien (z. B. Baumwolle, Viskose, Mischgewebe, Mikrofasern) hergestellt. Das Endergebnis der Reinigung wird entscheidend durch die Auswahl der passenden Reinigungstücher beeinflusst. Generell müssen Reinigungstücher fusselfrei, haltbar sowie griffig und bei hohen Temperaturen waschbar sein.

- **Staubtücher** werden als Einweg- und Mehrwegtücher verwendet. Oft sind sie mit staubbindenden Mitteln imprägniert. Sie weisen eine aufgeraute, weiche Oberfläche auf und werden aus synthetischen Materialien oder aus Baumwolle hergestellt. Ihren Einsatz finden Staubtücher auf Oberflächen von Möbelstücken und bei der Fußbodenreinigung.
- **Scheuertücher** werden zur Fußbodenreinigung oder als Spültücher verwendet. Sie sind meistens aus Baumwolle hergestellt und werden in verschiedenen Größen angeboten. Sie habe eine grobe Struktur, sind kochfest und lange haltbar.
- **Allzwecktücher** werden in unterschiedlichen Ausführungen aus Baumwolle, Viskose, Synthetics oder Mischgeweben produziert. Sie eignen sich für die nasse und feuchte Reinigung. Je nach Verarbeitung sind sie fusselfrei, saugstark und für leichte bis starke Verschmutzungen geeignet.
- **Fensterleder** und **Lederersatztücher** werden aus Echtleder oder aus synthetischen Materialien mit einem Vliescharakter hergestellt. Sie sorgen für eine streifenfreie Reinigung.
- **Poliertücher** sind in der Regel aus Baumwolle oder Leinen hergestellt. Sie sind fusselfrei und eignen sich zum streifenfreien Nachpolieren von Geschirr und Einrichtungsoberflächen. Sie sollten eine weiche Oberfläche besitzen.
- **Schwammtücher** werden aus synthetischen Materialien hergestellt und dienen aufgrund ihrer waffelartigen Struktur zur Vorreinigung von wasserbeständigen Oberflächen. Durch eine punktuelle Beanspruchung wird die Schwammauflage zerstört und das Grundgewebe wird sichtbar. Deshalb haben diese Tücher in der gewerblichen Reinigung keine lange Lebensdauer.

Mikrofasertücher

Mikrofasertücher bestehen aus einer Polyester-Polyamid-Mischung, die zu extrem dünnen Fasern versponnen wird. Der Faden einer Mikrofaser kann aus bis zu 1 000 Einzelfäden bestehen. Durch diese Technik der Bündelung von Fasern wirkt das Material wie eine Bürste. Die Tücher zeichnen sich durch hohe Wasserspeicherkapazität und deshalb ein hohes Schmutzaufnahmevermögen aus. Ihre volle Wirkung entfalten sie, wenn ohne tensidhaltige Reinigungsmittel gereinigt wird. Das senkt nicht zuletzt den Verbrauch an Reinigungschemie. Wichtig ist es, die Herstellerangaben zum Waschen (keine Weichspüler!) und Trocknen der Tücher zu beachten.

Durch eine geeignete Falttechnik während der Reinigung kann rationell, hygienisch, ökologisch und wirtschaftlich gearbeitet werden, denn es steht durch Aufklappen oder Falten immer eine unbenutzte Seite zur Verfügung. Das häufige, zeitaufwendige Auswaschen und Auswringen entfällt.

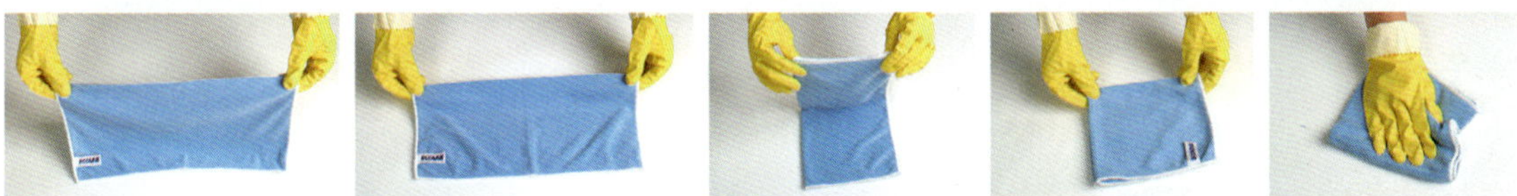

Richtiges Falten spart Zeit.

Schwämme und Edelstahlspiralen

Schwämme sind als Reinigungs- und Padschwämme im Einsatz. Naturschwämme finden in der Reinigung keine Anwendung. Dagegen eignen sich Schwämme aus strapazierfähigen Synthetik- oder Viskosematerialien mit und ohne Scheuerseite hervorragend. Die Scheuerseiten der Schwämme unterscheiden sich in der Art ihrer Padauflage: Weiße Pads sind kratzfrei, dunkle Pads haben eine starke *abrasive* Wirkung. Bei falscher Anwendung können sie Werkstoffe und Oberflächen schädigen. Reinigungsschwämme sollten ausreichend groß und dick sein (rund 3–4 cm) und eine Griffmulde besitzen, um sie der Handform anzupassen.

Edelstahlspiralen werden aus rostfreiem Stahl hergestellt und eignen sich in der Küche zum Reinigen von Töpfen. Achtung: Sie können empfindliche Materialien zerkratzen.

Farbcodierung für Tücher, Schwämme und Eimer

Um eine hygienisch einwandfreie Reinigung zu ermöglichen, werden Reinigungstücher, Schwämme und Eimer in verschiedenen Farben angeboten (farbcodiert). In der Regel legt jede Einrichtung die jeweilige Farbe für eine Nutzungsart selbst fest, jedoch sollte Rot grundsätzlich bei der WC-Reinigung eingesetzt werden, denn Rot steht sinnbildlich für die Gefahr der Keimverschleppung. Oft sind Reinigungstücher zusätzlich mit einem Piktogramm gekennzeichnet, um Verwechslungen auszuschließen. Ein mögliches Farbspektrum für die einzelnen Reinigungsbereiche könnte so aussehen:

- Rot = WC, Urinal
- Blau = Mobiliar, Patientenzimmer
- Gelb = Bad, Waschbecken, Spiegel, Fliesen
- Grün = Küche

Hilfsmittel zur Oberflächenentstaubung

Oberflächen können trocken oder feucht entstaubt werden. Die Hilfsmittel dienen durch ihren Aufbau und die Auswahl der Reinigungstextilien zum Beispiel zur Reinigung von Heizkörpern, Wänden, Türen oder Möbeln. Außerdem eignen sie sich zur schnellen Reinigung von vertikalen Flächen, wie Türen, Schrankwänden und Tapeten.

Spinnfegerkopf

Staubmopp

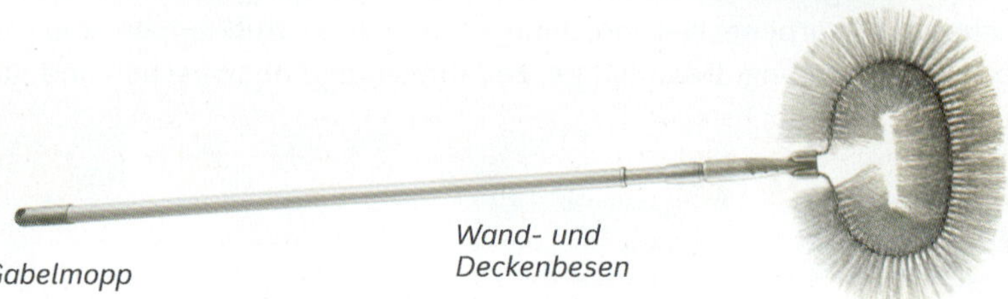

Gabelmopp

Wand- und Deckenbesen

Hilfsmittel zur trockenen Anwendung bestehen meist aus synthetischen Fasern. Sie müssen während des Arbeitens oft im Freien ausgeschlagen werden. Ihre Wirkung entfaltet sich erst durch eine elektrostatische Aufladung. Deshalb sollten sie vor der Reinigung über eine Kunststofffläche gezogen werden.

Borstenerzeugnisse

Borstenerzeugnisse treffen wir in der Reinigung als Besen, Handbürsten, Handfeger, Tellerbürsten für Einscheibenmaschinen, Walzenbürsten für Scheuer- und Poliermaschinen und als Kehrwalzen für Kehrmaschinen an. Die Utensilien unterscheiden sich nach ihrem Härtegrad, ihrer Feinheit, ihrer Länge und ihrem Ausgangsmaterial. So ist beispielsweise ein Besen für den Wohnbereich wesentlich feiner und weicher in seiner Zusammensetzung als ein Straßenbesen, der für grobe Verschmutzungen eingesetzt wird.

Naturborsten

Naturborsten werden aus pflanzlichen oder tierischen Fasern gewonnen. In ihrer Länge und ihrem Querschnitt sind sie ungleichmäßig. Sie können sich nicht *elektrostatisch* aufladen. Durch ihr Quellvermögen verändern Naturfasern ihre Eigenschaften bei Arbeiten in nassen Bereichen. Sie trocknen langsamer als Kunststoffborsten.

Kokosfaserbesen

Naturhaarbesen

Reisstrohstraßenbesen

Fasern pflanzlicher Herkunft		
Faserart	**Ursprung**	**Einsatzgebiete**
Kokosfasern	Fasern der Kokospalme	Saalbesen, Handfeger, Teppichbesen
Reisstroh	Faserstängel der Reispflanze	Besen für den Außenbereich
Arenga	Fasern einer Palmart	Hof-Straßen- oder Saalbesen

Fasern tierischer Herkunft		
Faserart	**Ursprung**	**Einsatzgebiete**
Naturhaar	Schwanz- oder Mähnenhaare des Pferdes	Handfeger, Saalbesen, Deckenbesen, Kleiderbürsten
Schweineborsten	Rückenhaare des Schweins	Polierpads, Pinsel, Schuhbürsten

Kunststoffborsten

Kunststoffborsten können fein oder grob und elastisch sein. Ihr Vorteil besteht darin, dass sie weder verfilzen noch durch Nässe verrotten. Gegenüber Chemikalien sind sie weitestgehend beständig. Sie lassen sich leichter reinigen und besitzen eine höhere Lebensdauer als Naturborsten. In trockenem Zustand können sie sich elektrostatisch aufladen und ziehen dadurch Staub an.

Metallborsten

Metallbürsten aus Messing oder Stahldraht eignen sich für grobe Arbeiten. Sie werden in der Industrie und im Haushalt zur Reinigung von Grillrosten oder als Scheuerbürsten für Bodenreinigungsmaschinen eingesetzt.

Besen, Handfeger und Bürsten

Der vorgesehene Einsatz für eine bestimmte Belags- und Verschmutzungsart bestimmt die Auswahl des passenden Besens. Unterschiede gibt es hinsichtlich der Breite, des Borstenmaterials und der Art der Befestigung der Borsten. Zur Befestigung der Borsten dient ein Holz- oder Kunststoffbalken mit einer Vorrichtung für die Anbringung des Stiels. Der Stiel wird aus Holz, Leichtmetall oder Kunststoff gefertigt.

Besen müssen hängend aufbewahrt werden, weil die Borsten durch das Eigengewicht abknicken würden, was wiederum die Funktionalität beeinträchtigt. Außerdem sollen Besen regelmäßig mit einem grob gezinkten Besenkamm ausgekämmt werden.
In lebensmittelverarbeitenden Betrieben sowie im Hotelgewerbe und in der Gastronomie, in Krankenhäusern, Molkereien sowie Schlachtbetrieben und Metzgereien muss der Auswahl von Besen, Bürsten und Schrubbern besondere Aufmerksamkeit geschenkt werden. Die eingesetzten Geräte unterliegen den Bestimmungen der Europäischen Lebensmittelverordnung bezüglich Qualität, Hitze- bzw. Kälte-, Säuren- und Laugenbeständigkeiten und müssen die Kriterien für die *HACCP*-Anwendung (siehe Seite 40) erfüllen. Das heißt, die Geräte sollen leicht zu reinigen sein, sie dürfen durch ihr Ausgangsmaterial keine Keime verschleppen und müssen gegenüber Hitze und Reinigungschemikalien unempfindlich sein. Im Handel sind sie auch in farbcodierten Systemen (siehe Seite 204) erhältlich.

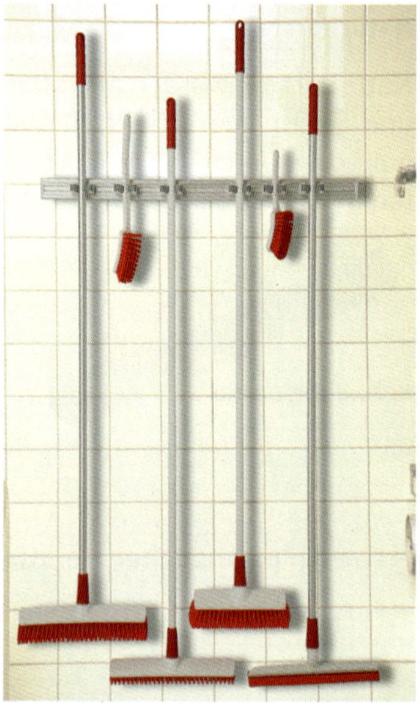

Reinigungsgeräte für die manuelle Fußbodenreinigung

Bezugshalter

Der jeweilige Bezugshalter bestimmt die Technik des Reinigungsverfahrens. Bezugshalter und Stiele werden für die verschiedenen Geräte in verschiedenen Ausführungen angeboten. Das sind
- Bezugshalter mit Schnell-, Klapp- oder Federbügelverschluss,
- Bezugshalter als trapezförmige Wischplatte mit einer elastischen Unterseite aus Kunststoff zum Einklemmen von Gazetüchern.

Geräte mit Wischplatten bestehen aus einem Stiel und einem Bezugshalter, auf dem ein Kreuz- oder Kugelgelenk die Beweglichkeit in alle Richtungen ermöglicht.

Ein Breitwischgerät wird in verschiedenen Breiten (von 40 bis 160 cm) angeboten. Der Bezugshalter kann aus Edelstahl oder Kunststoff gefertigt sein. Je breiter ein Gerät ist, desto mehr Kraftaufwand ist beim Arbeiten damit erforderlich. Breitwischgeräte mit extremer Breite werden nur zur trockenen Reinigung, etwa in Turnhallen, oder zur Vorreinigung von Grobschmutz eingesetzt. Je mehr Möbel in einem Raum stehen, umso schmaler sollte der ausgewählte Bezugshalter sein.

Bezüge

Sowohl die Art und das Material der Bezüge als auch die Faserart bestimmen deren Eignung für eine bestimmte Reinigungsart oder ein Reinigungsverfahren. Zur Fußbodenreinigung werden Bezüge mit Schlingen, Fransen sowie Vlies- oder Gazetücher eingesetzt. Die Bezüge selbst können aus unterschiedlichen Faserarten, etwa Baumwolle, Viskose, Mikrofasern oder Mischgeweben, hergestellt sein.

Schlinge mit Mikrofaserstreifen

Vollschlinge

Vollfranse

Vlies

Nasswischmopp

Er kommt heute nur noch zum Einsatz, wenn es um die Aufnahme von hohen Flüssigkeitsmengen geht. Ein Mopp besteht aus langen Baumwollfransen, die in einem Federbügelhalter eingespannt werden. Der Nasswischmopp kann nicht von Hand entwässert werden, sondern muss in einer Korbpresse ausgepresst werden.

Fransenmopp zum Nasswischen mit Bezugshalter

Breitwischbezüge

Breitwischbezüge haben den Nasswischmopp wegen ihrer höheren *Flächenleistung* und ihrer ergonomischeren Gestaltung verdrängt. Sie unterscheiden sich in der Faserart, der Länge und Dicke der Fasern, Schlinge oder Fransen und hinsichtlich der Befestigungsart am Bezugshalter. Anforderungen an einen Breitwischbezug sind:

- ein gutes Schmutz- und Wasseraufnahmevermögen bei gleichmäßiger Wasserabgabe,
- ein gutes Gleitvermögen auf dem Fußboden,
- geringe Verschleißerscheinungen und
- eine gute Formbeständigkeit.

Der Bezug wird je nach Bodenbeschaffenheit ausgewählt. So eignen sich beispielsweise für raue Böden, Ecken oder Kanten Bezüge mit offenen Außenfransen.

Stiele

Stiele werden aus Aluminium, Kunststoff oder Glasfiber hergestellt. Für eine ergonomische und rückenschonende Arbeitsweise werden Teleskopstiele angeboten, die sich in der Länge auf die richtige Körpergröße der Beschäftigten einstellen lassen.

Rand- und Wandputzgeräte

Rand- und Wandputzgeräte gibt es als Stiel- und als Handgeräte. Stielgeräte sind mit einem Kreuzgelenk versehen und für die Reinigung von Fußböden an schwer zugänglichen Stellen vorgesehen. Die Unterseite des Halters ist mit Noppen versehen, an welcher der Reinigungspad haften bleibt.
Bei Handgeräten ist der Griff direkt am Halter befestigt und nicht beweglich.

Sonstige Hilfsmittel zur Reinigung

Eimer, Wannen und Pressen

Für die Oberflächenreinigung benötigt man Eimer als Behälter für die Reinigungslösung. Diese werden aus Kunststoff mit einem Fassungsvermögen zwischen 6 und 8 l hergestellt. Die Eimer sind in farbcodierten Systemen (siehe Seite 204) und mit Piktogrammen erhältlich, um Keimverschleppungen zu vermeiden.
Auch die größeren Eimer und Wannen für die Fußbodenreinigung werden aus Kunststoff hergestellt. Sie stehen auf einem Fahrgestell, das – je nach Reinigungssystem – einen oder zwei Eimer bequem und ohne Tragearbeit transportiert. Die Eimer haben in der Regel ein Fassungsvermögen von 18–30 l. Je nach Hersteller- und Reinigungssystem werden passende Pressen angeboten, die das anstrengende Auswringen per Hand vermeiden.

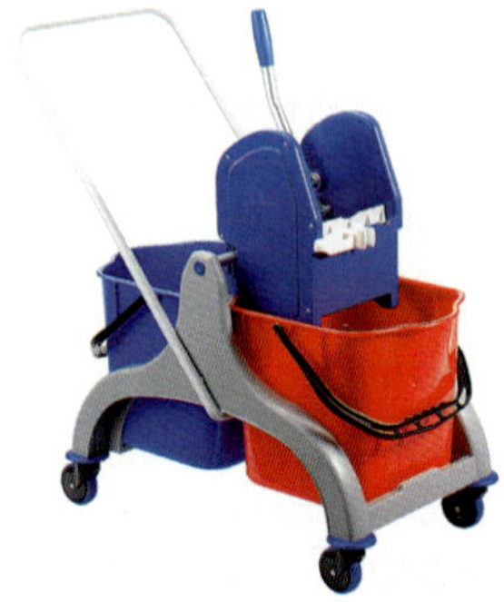
Doppelfahreimer

Systemwagen

Ein Systemwagen besitzt neben dem Fahrgestell, dem Eimer und den Pressen weitere Befestigungsmöglichkeiten oder Ablagevorrichtungen. Er enthält dadurch alle Arbeitsgeräte und Utensilien, die zur Reinigung bestimmter Abteilungen notwendig sind. Gleichzeitig können verschiedene Bestückungsmaterialien, wie etwa Toilettenpapier oder Papierhandtücher, mitgeführt werden.
Systemwagen bieten folgende Vorteile:
- Unproduktive Wegezeiten entfallen.
- Arbeitserleichterung, weil alle Materialien griffbereit transportiert werden.
- Ideale Abstimmung des Wagens auf das Reinigungssystem.

Die Hersteller bieten verschiedene Kombinationsmöglichkeiten an, sodass jeder Wagen wie ein Baukastensystem individuell zusammengestellt werden kann.

Hilfsmittel für die Fensterreinigung

Der **Einwascher** ① besteht aus einem Spezialhalter, der mit einem strapazierfähigen Bezug ② aus Mikrofaser oder Nylon-Velours ausgekleidet wird. Dieser Bezug wird mit Druckknöpfen verschlossen und dient dem Aufbringen der Reinigungslösung auf die Glasscheibe oder sonstige senkrechte Flächen (z. B. Fliesenwände).

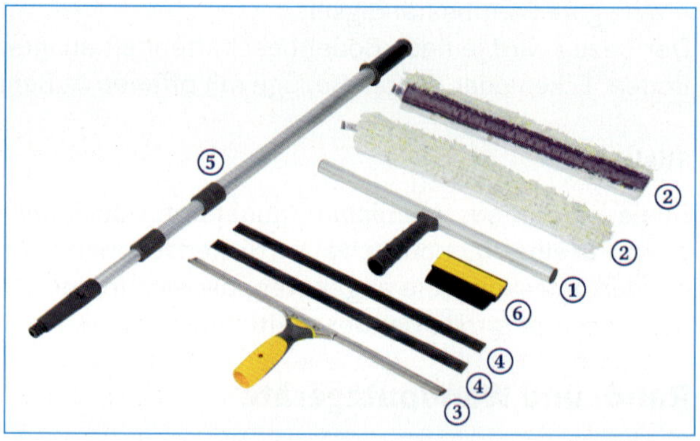

Der **Fensterabzieher** ③ besitzt ebenfalls einen Spezialgriff, auf dem eine Wischerschiene mit Gummilippe ④ angebracht ist. Wischerschiene und Gummilippe sind auswechselbar oder in der Breite verstellbar. Mit ihr zieht oder schiebt man die Reinigungslösung von der Glasscheibe. Die Gummilippe muss vor der Benutzung auf Kerben oder Risse überprüft werden, ansonsten entstehen Streifen und Schlieren auf der Glasscheibe.

Die **Teleskopstange** ⑤ ist auf den Halter des Einwaschers und des Abziehers abgestimmt. Sie ermöglicht die Reinigung von schwer zugänglichen Glasscheiben und ersetzt dadurch häufig die Leiter. Sie kann zusätzlich mit einsetzbaren Winkelstücken versehen werden, um den Kraftaufwand beim Überkopfarbeiten möglichst gering zu halten.

Glashobelklingen ⑥ sind hochwertige Spezialklingen, die zur Entfernung von hartnäckigen Verschmutzungen (z. B. Farbspritzer, Klebereste) eingesetzt werden. Auch diese sind bei Bedarf kompatibel mit der Teleskopstange. Sie werden darüber hinaus zur Reinigung von Cerankochfeldern (siehe Seite 109) im Küchenbereich eingesetzt.

Der Einsatz von **Fenstersaugern** ⑦ mit Akkubetrieb bietet sich in Haushalten mit vielen Glas- oder Spiegelflächen an. Aufgetragene Reinigungsmittellösung wird mittels der Gummilippe sofort in einem Schmutzwasserbehälter aufgefangen. Empfindliche Fußbodenbeläge wie Parkett oder Teppichböden müssen so nicht abgedeckt werden.

3.4.2 Reinigungsmaschinen und Zubehör

Staubsauger

Staubsauger werden zur Entfernung von Staub, Krümeln oder Haaren auf textilen glatten Bodenbelägen eingesetzt. Mit speziellen Aufsatzdüsen lassen sie sich auch zur Staubentfernung von Oberflächen (z. B. Polstermöbel, Schränke, Regale, Tische) verwenden. Durch die Regulierung der Saugkraft und durch entsprechende Aufsatzdüsen können dadurch fast alle Materialien und Raumausstattungen entstaubt werden.

Im Staubsaugergehäuse befindet sich ein motorbetriebenes Gebläseaggregat, das einen Unterdruck erzeugt. Durch diesen Unterdruck wird der Staub angezogen und in einen Sammelbehälter geleitet. Für den Einsatz in hygienisch sensiblen Bereichen sind Filtersysteme zu wählen, welche den aufgesaugten Feinstaub möglichst gut im Staubsauger zurückhalten. Die Sammelbehälter, die meist mit Beuteln aus Papier oder vielfach auch aus hochwertigem Vliesmaterial ausgestattet sind, müssen regelmäßig kontrolliert und gewechselt werden, weil sie eine erhebliche Auswirkung auf die Reinigungsleistung haben.

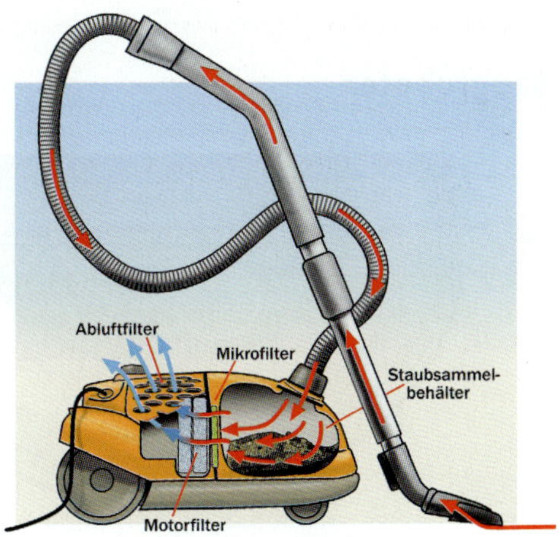

Funktionsprinzip eines Staubsaugers

Bodendüsen werden zur Reinigung von textilen Bodenbelägen (Teppichböden), aber auch für glatte Bodenbeläge (Parkett) verwendet. Die Düsen sind mit einem Fußpedal ausgestattet, das einen Bürstenkranz herausstellen lässt und somit den glatten Boden schonend (ohne Kratzer), aber effektiv reinigt.

Polsterdüsen sind zur Reinigung von Polstermöbeln, Gardinen und Matratzen vorgesehen.

Fugendüsen eignen sich für die Reinigung kleinster Zwischenräume und Ritzen.

Möbelpinsel werden zur Reinigung von empfindlichen Gegenständen (Elektrogeräte, Bücher, Gardinen) eingesetzt.

Durch das Aufsetzen von Bürstvorsätzen lässt sich der Staubsauger in einen Bürstsauger umwandeln. Die rotierenden Bürsten richten den Flor auf und erleichtern die Aufnahme von Haaren und Fäden.

Saugroboter

In privaten Haushalten liegt die Nutzung von Saugrobotern im Trend. Ein Saugroboter hat die Funktionsweise eines Staubsaugers. Der Schmutz wird in einer Auffangschale aufgenommen. Je nach Ausführung kann er sogar unterschiedliche Bodenbeläge erkennen. Vor der Anschaffung sollten Sie sich in Fachportalen über die Vor- und Nachteile eines solchen Gerätes informieren.

Nasssauger

Der Nasssauger wird zum Aufsaugen von Flüssigkeiten, z. B. nach Fußbodengrundreinigungen, angewendet. Seine Saugdüse ist mit einer Gummilippe versehen. Der Sauger funktioniert nach dem gleichen Prinzip wie ein Trockenstaubsauger. Sein Sammelbehälter besteht jedoch nicht aus einem textilen oder Papierfilter, sondern aus Kunststoff oder Edelstahl, um ihn leicht reinigen zu können. Der Handel bietet auch Kombigeräte an, die sich von einem Trockenstaubsauger in einen Nasssauger umwandeln lassen.

Reinigungsautomaten

Reinigungsautomaten oder Scheuersaugmaschinen dienen dem gleichzeitigen Nassscheuern und Aufsaugen der gelösten *Schmutzflotte*. Sie erbringen in einem Arbeitsgang die Wirkung einer scheuernden Scheibenmaschine und der eines Nasssaugers. Sie sind mit einem Frischwasser- und einem Schmutzwassertank ausgestattet. Die Reichweite der Reinigungsautomaten richtet sich nach der Batterieleistung und dem Fassungsvermögen des Abwassertanks. Reinigungsautomaten sind für wenig überstellte Flächen, beispielsweise große Hallen oder Flure, geeignet. Das Reinigungspersonal muss im Umgang mit dem Reinigungsautomaten besonders geschult werden.

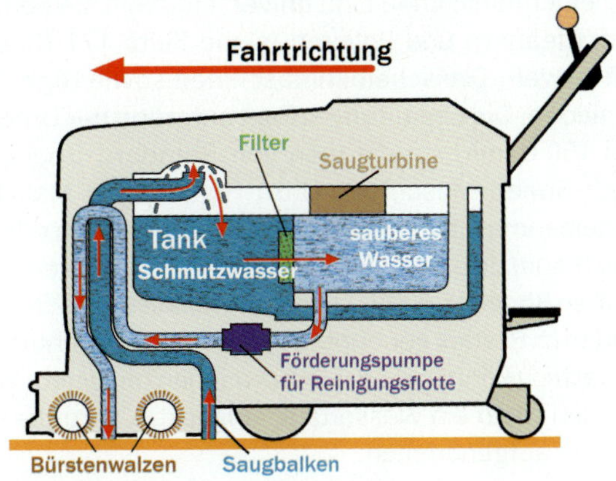

Funktionsprinzip eines Reinigungsautomaten

Sprühextraktionsgeräte

Sprühextraktionsgeräte sind für die Grundreinigung von textilen Bodenbelägen oder Polstermöbeln geeignet. Ebenso wie Reinigungsautomaten besitzen sie einen Frisch- und einen Abwassertank. Zuerst wird die *Reinigungsflotte* über Düsen in die textile Oberfläche gesprüht. Dann wird der gelöste Schmutz über eine Absaugdüse aufgenommen und in den Abwassertank geleitet (siehe Seite 178).
Sprühextraktionsgeräte können auch nach einem Shampooniervorgang (siehe Seite 177) mit der Einscheibenmaschine zum Absaugen der Schmutzflotte eingesetzt werden. Vor dem Einsatz des Gerätes sind jedoch der Untergrund und die Verarbeitung der textilen Fläche auf ihre Beständigkeit hin zu prüfen.

Dampfreinigungsgeräte

Dampfreinigungsgeräte (siehe Seite 178) erzeugen in einem druckfesten Behälter 140–150 °C heißen Wasserdampf. Dieser wird durch die Düsenöffnungen mit Druck auf die zu reinigende Oberfläche aufgebracht. Der Druck und der heiße Dampf sorgen dafür, dass Verschmutzungen auf glatten Oberflächen und an schwer zugänglichen Stellen (z. B. Fensterlaufschienen, Heizkörperrohre, Duschkabinenrillen) gelöst und danach abgewischt werden können. Dampfreinigungsgeräte werden ohne Chemie betrieben und gelten deshalb als umweltfreundliche Reinigungsgeräte. Da der Behälter unter Druck steht, sind die Sicherheitshinweise der Hersteller unbedingt zu beachten.

Hochdruckreiniger

Beim Arbeiten mit einem Hochdruckreiniger (siehe Seite 179) wird ein Wasserstrahl mit hohem Druck auf die zu reinigende Oberfläche geleitet. Der starke Druck und die Feuchtigkeit lösen den Schmutz. Die Geräte gibt es als Heißwasser- oder Kaltwassergeräte. Ihr Einsatz kann mit oder ohne Chemie erfolgen. Hochdruckreiniger sind bei stark verschmutzten Küchenfußböden, Schwimmbädern oder hartnäckigen Verschmutzungen in Außenbereichen (Gartenmauern, Pflasterflächen, Hauswände) geeignet. Beim Einsatz des Hochdruckreinigers innerhalb von Gebäuden sollte ein Bodenablauf vorhanden sein. Elektrische Geräte (z. B. in der Großküche) müssen strahlwassergeschützt sein. Das heißt, die Geräte müssen so abgedichtet sein, dass trotz des Wasserdrucks kein Wasser in das Gehäuse eindringen kann. Hochdruckreiniger dürfen nur von geschultem Personal eingesetzt werden.

Scheibenmaschinen

Scheibenmaschinen sind universell, denn sie können zum Scheuern, Nassscheuern, Shampoonieren, Cleanern und Polieren (siehe Seite 171 ff.) eingesetzt werden. Grundsätzlich wird zwischen Ein-, Zwei-, Dreischeibenmaschinen sowie High-Speed- und Ultra-High-Speed-Maschinen unterschieden. Die Einstufung erfolgt aufgrund der Umdrehungszahl (U/min = Umdrehungen pro Minute). Bei 150 U/min spricht man von Standard-Speed-Maschinen, bei 350 U/min handelt es sich um High-Speed-Maschinen. Ultra-High-Speed-Maschinen leisten zwischen 1 500 und 3 000 U/min.
Scheibenmaschinen arbeiten mit Tellerbürsten oder mit einem Treibteller und Bodenreinigungsscheiben (Pads). Je nach Fußbodenbelag werden unterschiedliche Bodenreinigungsscheiben eingesetzt. Bei glatten Böden (z. B. PVC, Linoleum, siehe Seite 234) werden vorwiegend Pads verwendet. Bei unebenen Böden (z. B. stark genoppte oder aufgeraute Sicherheitsfliesen) werden vorwiegend Bürsten eingesetzt. Zusätzlich können Scheibenmaschinen mit einem Wassertank oder einer Absaugvorrichtung versehen werden. Wird ein Wassertank eingesetzt, wird die Flüssigkeit anschließend mit einem Nass-Trocken-Sauger aufgenommen.

Einscheibenmaschine zum Scheuern

Einscheibenmaschine zum Polieren und Cleanern

Ultra-High-Speed-Maschine zum Hochglanzpolieren

Bodenreinigungsscheiben (Pads) und Bürstenscheiben

Pads bestehen aus Vliesstoffen (Polyamid oder Polyester), in die teils Schleifkörper eingearbeitet sind. Sie werden anhand ihrer Dicke, Härte und ihrer Farbe unterschieden: Je dunkler die Pads, desto härter sind sie.

Padfarbe	Schleifkörpergehalt	Einsatzbereiche
weiß 	kein Abrieb, da ohne Schleifkörper	Polieren empfindlicher Böden (z. B. Marmor, versiegeltes Holz)
gelb bis beige	geringer Abrieb durch sehr feine Schleifkörper	Polieren (z. B. PVC-Böden, Linoleum, Holzfußböden)
rot 	geringer Abrieb durch kleinste Schleifkörper	Cleanern (siehe Seite 177)

Padfarbe	Schleifkörpergehalt	Einsatzbereiche
grün/blau 	stärkerer Abrieb durch kleine Schleifkörper	Grundreinigung von empfindlichen Böden (z. B. Gummibeläge, Linoleum)
braun/schwarz 	starker Abrieb aufgrund grober Schleifkörper	Grundreinigung (nass) von unempfindlichen Böden (z. B. PVC)

Bürstenscheiben unterscheidet man nach variierenden Arten und Härtegraden. Sie werden aus unterschiedlichen Materialien hergestellt und sind je nach ihrer Länge, Feinheit und Härte verschieden.

Musterbürstenscheibe

Faser- und Garnpads

Faser- und Garnpads sind für Spezialreinigungen vorgesehen. Faserpads erkennt man an ihrem veloursähnlichen Flor aus Polyester oder Polyamid. Sie eignen sich zur Nassreinigung von Gumminoppenbelägen, Feinsteinzeugoberflächen oder textilen Fußbodenbelägen (siehe Seite 234 ff.).
Garnpads besitzen eine schlingenartige Oberfläche und bestehen aus Polyamid oder Polyacryl. Sie werden in der textilen Fußbodenreinigung und zur Reinigung von Elastomerbelägen (siehe Seite 235) zum Einsatz gebracht.
Mikrofasern können als Alternative zur Standardbürste zum Nassscheuern verwendet werden. Sie besitzen eine hohe Reinigungswirkung und eignen sich für den Einsatz auf Feinsteinzeug oder anderen porösen Oberflächen.

3.5 Reinigungsmanagement

QM

Die wenigsten machen sich bewusst, welches komplexe Management sich hinter der Organisation der Reinigung verbirgt. Reinigung ist eine Dienstleistung, die perfekt durchdacht werden muss und einer exakten zeitlichen Abstimmung mit anderen Bereichen (z. B. dem Pflege- oder Küchenbereich) bedarf. Verschiedene Organisationsformen können auf betriebliche Abläufe und die Arbeitszufriedenheit der Mitarbeiter großen Einfluss nehmen.

Beispiel: Auf einer Etage mit 20 Altenheimzimmern beginnen die Pflegekräfte mit der Versorgung der Bewohner in Zimmer Nummer 20. Die Kolleginnen und Kollegen der Reinigung fangen mit der Reinigung in Zimmer Nummer 1 an. Je nach zeitlicher Beanspruchung treffen beide Berufsgruppen irgendwann aufeinander und „behindern" sich in ihrer Arbeit gegenseitig. Da beide Berufsgruppen unter einem immensen zeitlichen Druck stehen, kann dies auf Dauer unweigerlich zu Unstimmigkeiten und zu Unzufriedenheit führen. Durch eine geschicktere zeitliche Planung der Abläufe könnten diese Schnittstellen vermieden werden.

Schnittstellen dürfen nicht dem Zufall überlassen werden. Das betriebliche Ziel ist dann erreicht, wenn unter ergonomischen, ökologischen und ökonomischen Gesichtspunkten das bestmögliche Reinigungsergebnis erreicht wird. Dazu zählt auch die Erstellung eines Datenkatalogs. Darin werden Arbeitszeiten ermittelt und genau verplant sowie präzise Vorgaben zur Arbeitsdurchführung festgehalten. Dadurch lassen sich die Qualität und die Vollständigkeit der Reinigungsleistung überprüfen.

3.5.1 Organisationsformen in der Reinigung

Reviersystem

Im Reviersystem ist jede Mitarbeiterin und jeder Mitarbeiter der Reinigungsabteilung für einen eigenen, festgelegten Bereich zuständig. Alle anfallenden Arbeiten, wie z. B. die Fußboden- und Sanitärreinigung, das Lüften oder Abstauben, werden von derselben Person erledigt. Das Reviersystem wird häufig in kleineren Betrieben (z. B. Altenpflegeheimen) angewendet.

Vorteile

- Eigenverantwortlichkeit für ein Revier
- persönliche Beziehung zu Bewohnern
- abwechslungsreiche Tätigkeit durch wechselnde Körperhaltung
- bessere Kontrollmöglichkeit des Ergebnisses

Nachteile

- hoher Aufwand an Reinigungsausstattung, dadurch hohe *Investitionskosten*
- keine Spezialisierung und dadurch Leistungssteigerung möglich
- Personalausfälle sind nur schwer zu ersetzen

Kolonnensystem

Bei der Kolonnenreinigung übernehmen mehrere Personen gemeinsam einen Teilbereich innerhalb des Gesamtreinigungsablaufs, wobei jeder spezifische Aufgaben erledigt. So ist etwa eine Person ausschließlich für die Fußbodenreinigung, eine weitere Person nur für die Toiletten und eine dritte Person lediglich für die Reinigung mit dem Bodenreinigungsautomat zuständig.

Vorteile

- geringerer Geräte- und Maschinenaufwand, darum niedrigere Investitionen
- schnelleres Arbeiten durch eingeübte Arbeitsabläufe, dadurch geringere Personalkosten
- Personalausfälle können besser ausgeglichen werden
- hohe zeitliche Abstimmung unter den Reinigungskräften

Nachteile

- eintönige Arbeit
- keine Abwechslung in der Körperhaltung, dadurch rasche Ermüdung
- Mängel werden nicht so schnell erkannt
- große Unruhe, besonders in Bewohnerzimmern

Gemischtes System

In größeren Betrieben wird oft nach dem gemischten System gereinigt. Es verknüpft die Reinigung nach dem Revier- und Kolonnensystem. So werden etwa große Fußbodenflächen (z. B. Flure, Hallen) von einer Person mit dem Bodenreinigungsautomaten gesäubert, während die Bewohner- oder Hotelzimmer im Reviersystem gereinigt werden.

Vorteile

- kostengünstiger als das Reviersystem
- Die Vorteile der beiden anderen Systeme werden ausgeschöpft.

Nachteile

- Die Spezialisierung und damit verbundene niedrigere Personalkosten können nur zum Teil ausgeschöpft werden.

3.5.2 Verfahrensabläufe in verschiedenen Raumgruppen

Fensterreinigung

Für manche Reinigungsarbeiten gibt es kaum Technisierungsmöglichkeiten. So wird die Fensterreinigung zu einem großen Teil auch künftig *manuell* ausgeführt werden müssen. Das bedeutet: Sie ist körperlich anstrengend und auch mit Gefahren verbunden.
Die Häufigkeit der Fensterreinigung hängt vom Verschmutzungsgrad ab. Fenster auf Straßen- oder Wetterseiten müssen naturgemäß häufiger gereinigt werden.
In Großbetrieben unterscheidet man die Fensterreinigung mit Rahmen und die Scheibenreinigung.

Der Arbeitsaufwand der Reinigung richtet sich nach
- dem Material der Rahmen (z. B. Metall, Holz, Kunststoff oder Kombinationen aus Holz, Metall und/oder Kunststoff),
- der Konstruktion der Fenster (z. B. Fenster mit aufgeklebten Sprossen, einflügelige/mehrflügelige bzw. drehbare/kippbare Fenster),
- der Oberflächenbeschaffenheit der Fensterscheiben (z. B. Butzenscheiben, Sicherheitsglas, Mattglas).

Je größer die Glasflächen sind, umso schneller und rationeller können sie gereinigt und desto eher können arbeitserleichternde Hilfsmittel eingesetzt werden. So muss etwa bei kleinen, unterteilten Sprossenfenstern jede Fläche einzeln mit Schwamm und Ledertuch bearbeitet werden, während die große Scheibe eines Großraumbüros „in einem Zuge" relativ einfach gereinigt werden kann. Zusätzlich wird die Fensterreinigung erschwert, wenn zuerst Gardinen weggezogen oder Fensterbänke abgeräumt werden müssen.
Der Standard-Verfahrensablauf für die Fensterreinigung bei normaler Verschmutzung gestaltet sich folgendermaßen:

Vorbereitende Arbeiten

Reinigungs- und Betriebsmittel auswählen
Allzweckreiniger, Glasreiniger, Sicherheitsleiter, Handfeger und Kehrschaufel, ein oder zwei Eimer mit Wasser, Einwascher, Abzieher, Schwamm, Reinigungstücher, Fensterleder, Nachreibetücher, Teleskopstange, Glashobelklinge, evtl. Bodenabdecktücher, evtl. Holzspieß zum Reinigen der Wasserabzugslöcher

Arbeitsplatz vorbereiten
- Gardinen zur Seite schieben oder abhängen.
- Fensterbänke abräumen.
- Empfindliche Bodenbeläge (z. B. Teppichboden, Parkett) abdecken.

Durchführende Arbeiten

Fensterrahmen reinigen
- Fensterrahmen innen und außen von Spinnweben und grobem Schmutz befreien.
- Fensterrahmen innen und außen sowie die Fensterbank mit Allzweckreinigerlösung abwischen und anschließend trocken reiben. Besonders auf Ecken und Kanten und die Wasserabzugslöcher achten.
- Wasser erneuern oder zwei Eimer verwenden.

Fensterscheibenreinigung
- Fensterscheiben innen und außen mit dem Einwascher reinigen.
- Reinigungslösung mit dem Abzieher in überlappenden Bahnen abziehen. Achten Sie darauf, den Abzieher nicht abzusetzen und nach jeder Bahn feucht abzuwischen.
- Herunterlaufendes Wasser wird mit dem Einwascher aufgefangen. Wasser in den Ecken und Kanten wird mit dem Fensterleder oder Poliertuch aufgenommen.

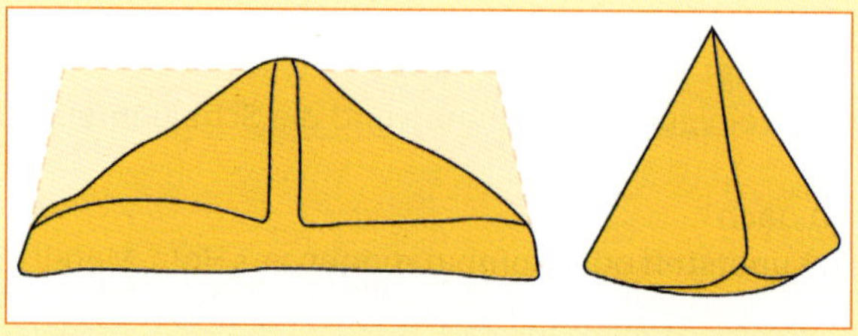

Ein geschicktes Falten des Fensterleders oder des Tuchs macht ein zügiges Arbeiten an den Rändern und Ecken möglich.

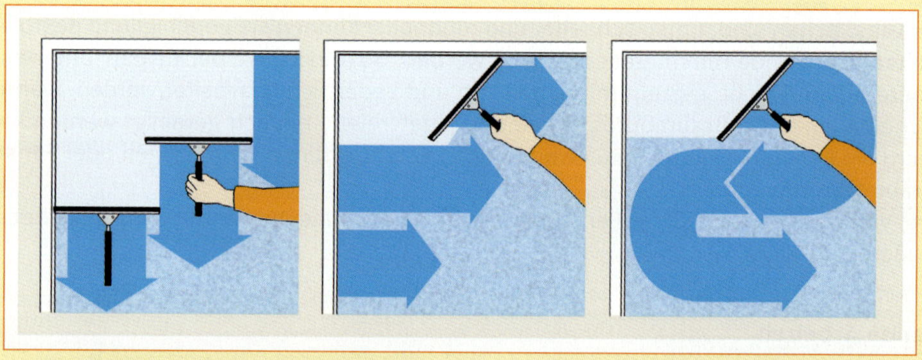

Je nach Fensterkonstruktion gibt es drei verschiedene Möglichkeiten, um die Reinigungslösung mit dem Abzieher zu entfernen:
senkrechte Bahnen — *waagerechte Bahnen* — *fließende Bewegungen*

Fensterbankreinigung
Fensterbank innen mit Allzweckreinigerlösung reinigen und trocken wischen.

Endkontrolle durchführen

Nachbereitende Arbeiten

- Gegenstände zurück auf die Fensterbank räumen.
- Gardinen zuziehen und ausrichten.
- Reinigungsmittel und *Betriebsmittel* wegräumen.

Reinigung von Sanitärräumen

Sanitärräume (Toiletten, Duschen, Bäder) werden von mehreren Menschen benutzt und bedürfen einer besonders sorgfältigen Reinigung. Bei einer unzureichenden Reinigung fänden Mikroorganismen (siehe Seite 238) durch die feuchte Wärme, viele Ecken und Nischen und durch die Schmutzart (z. B. Hautschuppen, Haare, Seifen- und Cremerückstände, siehe Seite 167) einen idealen Nährboden, um sich zu vermehren.

Darüber hinaus erfordern die unterschiedlichen Werkstoffe in Sanitärräumen (z. B. Keramik, Metalle, Kunststoffe) ein abgestimmtes Reinigungsmittelsortiment, um Schädigungen an Armaturen und empfindlichen Oberflächen zu verhindern. Regelmäßig ist eine feuchte bis nasse Unterhaltsreinigung obligatorisch.
Der Standard-Verfahrensablauf für ein Badezimmer bei normaler täglicher Verschmutzung gestaltet sich folgendermaßen:

Vorbereitende Arbeiten

Reinigungs- und Betriebsmittel auswählen

roter Eimer mit rotem Schwamm und rotem Reinigungstuch, gelber Eimer mit gelbem Schwamm und gelbem Reinigungstuch, Poliertuch, Allzweckreiniger, kalklösender, saurer Sanitärreiniger, ggf. WC-Reiniger, Abfallbeutel, Nachlegeartikel (z. B. Toilettenpapier/Handtuchpapier/Hygienebeutel), Abzieher für Duschwände, Reinigungsutensilien für den Boden: Eimer mit Schrubber und Scheuertuch oder Fahreimer mit Presse, Stielhalter und Bezug

Arbeitsplatz vorbereiten

- Reinigungslösungen nach Herstellerangaben dosieren.
- Toilettenspülung zur Vorreinigung betätigen.
- Fenster – wenn vorhanden – öffnen.

Durchführende Arbeiten

Allgemein

- WC-Reiniger in die Toilettenschüssel geben und einwirken lassen.
- Abfallbehälter entleeren, reinigen und mit neuem Abfallbeutel bestücken.
- Nachlegen von Nachfüllartikeln, wie Toilettenpapier, Handtuchpapier, Seife.
- Grobe Verschmutzungen (z. B. Haare im Abfluss) mit einem Papiertuch beseitigen.

Sanitärbereiche reinigen

Gelbe Reinigungsutensilien

Waschbeckenbereich:
Spiegel reinigen und nachpolieren, Wandfliesen im Spritz- und Griffbereich, Ablagen, Handtuchhalter, Lichtschalter, Armaturen und Waschbecken, Türen im Griffbereich reinigen.

Dusch- oder Wannenbereich:
Fliesenwände abspülen (vorwässern), Fliesen- und Duschkabine mit gelbem Schwamm und Sanitärreiniger reinigen, abspülen, mit dem Gummiabzieher abziehen und nachtrocknen, Duschkabine offen stehen lassen.

Rote Reinigungsutensilien

Toilettenbereich:
Toilettenschüssel mit der Toilettenbürste bürsten und abspülen.
Spülkasten, Toilettendeckel außen und innen (auch die Scharniere!), WC-Sitz außen und innen, Beckenrand, Toilettenfuß und Abflussrohr reinigen. Fliesen um die Toilette herum und den Toilettenbürstenständer reinigen.

Nachbereitende Arbeiten

- Fenster schließen.
- Reinigungs- und *Betriebsmittel* wegräumen.
- Reinigungstücher zur Wäsche geben.

Ergonomisch richtige Arbeitshaltung: Hand, die abstützt – Knie gebeugt – Rücken gerade.

AUFGABEN

1. Erstellen Sie einen Arbeitsablaufplan für die Grundreinigung eines Badezimmers in Ihrem Betrieb.
2. Erkundigen Sie sich über das Angebot von speziellen Reinigungs- und Pflegemitteln für die Badreinigung.
3. Stellen Sie ein Reinigungs- und Pflegemittelsortiment für die Grundreinigung eines Badezimmers zusammen.

Reinigung von Wohn- und Schlafräumen

LERNFELD 4

Zu Wohnräumen zählen Wohnzimmer, Esszimmer, Arbeitszimmer, Kinderzimmer, Bewohnerzimmer in *stationären Einrichtungen* der Altenhilfe oder Behinderteneinrichtungen, aber auch Zimmer in Jugendherbergen und Tagungsstätten. Aufgrund ihrer täglichen Nutzung müssen sie regelmäßig gereinigt und gepflegt werden. Mitunter sind die Personen während der Reinigungsarbeiten anwesend, und die sich ergebenden Kontakte und Gespräche führen zu einer Vertrautheit zwischen Bewohner und Reinigungskraft (siehe Seiten 167). Teilweise können Reinigungsarbeiten von Bewohnern sogar selbst übernommen werden und somit im Betreuungskonzept integriert werden.
Je nach Art des Betriebes, z. B. Krankenhaus, müssen die gesetzlichen hygienischen Vorgaben eingehalten werden. Der Standard-Verfahrensablauf für eine Unterhaltsreinigung in einem Wohn-Schlaf-Raum gestaltet sich folgendermaßen:

Vorbereitende Arbeiten

Reinigungs- und Betriebsmittel auswählen
- blauer Eimer mit Schwamm und Mikrofasertuch, Spinnenbesen, Abfallbeutel, Neutralreiniger, evtl. Glasreiniger, Poliertuch
- für textile Bodenbeläge: Staubsauger mit verschiedenen Aufsatzdüsen
- für nicht textile Bodenbeläge: Stielhalter mit Bezug und Fahreimer mit Presse

Arbeitsplatz vorbereiten
- Reinigungslösung herstellen.
- Gardinen zur Seite ziehen.
- Heizkörper abstellen.
- Bewegliche Teile (z. B. Stühle) hochstellen.

Durchführende Arbeiten

- Zimmer lüften.
- Aufräumen: herumliegende Gegenstände (z. B. Zeitschriften, Flaschen) zusammenräumen bzw. ordnen.
- Abfall entsorgen, neuen Beutel in den Abfallbehälter einlegen.
- Zimmerpflanzen und Schnittblumen kontrollieren und versorgen (vertrocknete Blätter, möglicher Schädlingsbefall, verstaubte Blätter), bei Bedarf gießen.
- Betten machen.
- Spinnweben entfernen.
- Einrichtungsgegenstände (z. B. Fernseher, Schränke, Bilder) – je nach Material – abstauben, absaugen bzw. feucht reinigen
- Türen/Klinken reinigen.
- Fußboden – je nach Fußbodenbelag – saugen bzw. feucht reinigen.

Inselsaugen

Endkontrolle durchführen

Nachbereitende Arbeiten

- Einrichtungsgegenstände wieder an Ort und Stelle räumen.
- Fenster schließen, Gardinen ausrichten.
- Reinigungs- und Betriebsmittel wegräumen.
- Reinigungstücher zur Wäsche geben.

Geschirr spülen

Die Reinigung in der Küche umfasst eine Vielzahl von Arbeitsabläufen, die einen beachtlichen Stellenwert für die Betriebshygiene haben, denn immer dort, wo Lebensmittel verarbeitet und gelagert werden, müssen Sie besonders sorgfältig und verantwortungsbewusst arbeiten. In der Küche sind viele Reinigungsabläufe mehrmals täglich erforderlich. Dazu gehört insbesondere das Geschirrspülen. Die Entscheidung zur Anschaffung einer Geschirrspülmaschine wird beeinflusst von:

- der Menge des regelmäßig zu spülenden Geschirrs und entsprechendem Zeitaufwand.
- dem Kostenvergleich für die Kapital- und Betriebskosten zwischen Handspülen und Spülen mit der Geschirrspülmaschine.
- den gesetzliche Vorgaben hinsichtlich der Hygiene.
- den technische Voraussetzungen für das Aufstellen einer Maschine.
- der Einkalkulierung eventuell notwendiger Neuanschaffungen (z. B. spülmaschinengeeignetes Geschirr oder Besteck).

Geschirrspülen von Hand

Vorbereitende Arbeiten

Reinigungs- und Betriebsmittel auswählen
Spülbürste, Spülschwamm, Spültuch, Edelstahlspirale, Spülmittel, Abtropfständer, Geschirrtuch, Grubentuch, Tablett oder Edelstahlwagen, ggf. Edelstahlreiniger

Arbeitsplatz und Geschirr vorbereiten
- Töpfe, Pfannen und Backbleche unmittelbar nach dem Entleeren vorwässern.
- Grobe Speisereste mit dem Gummischaber oder einem Papiertuch entfernen.
- Stark verschmutztes Geschirr vorspülen, um das Spülwasser nicht zu stark zu verschmutzen.
- Schmutziges Geschirr stapelweise rechts neben dem Spülbecken in folgender Reihenfolge sortieren: Gläser, Tassen und Teller, Besteck, Schüsseln und Anrichtegeschirr, Töpfe, Pfannen.
- In beide Spülbecken heißes Wasser einfüllen, rechts ca. 1 TL Spülmittel zugeben.

Durchführende Arbeiten

- Gläser zuerst und einzeln spülen. Dabei werden sie vorsichtig am Stiel gehalten und anschließend im linken Spülbecken klar nachgespült.
- Tassen und Teller stapelweise ins rechte Spülbecken setzen, um unnötige einzelne Handgriffe zu vermeiden.
- Geschirr auf dem Abtropfständer abtropfen lassen.
- Geschirr abtrocknen und auf einem Tablett oder Edelstahlwagen sortieren und abstellen.
- Das saubere Geschirr und Besteck in die dafür vorgesehenen Schubladen oder Schränke räumen.

Nachbereitende Arbeiten

- Spülbürste zum Trocknen aufhängen.
- Beide Spülbecken einschließlich des Abflusses säubern, ggf. mit Edelstahlreiniger reinigen und nachtrocknen.
- Spültücher, Spülschwämme und Geschirrtücher in die Schmutzwäsche geben.
- Achtung: Lassen Sie niemals Messer im Spülwasser liegen, um Schnittverletzungen zu vermeiden.

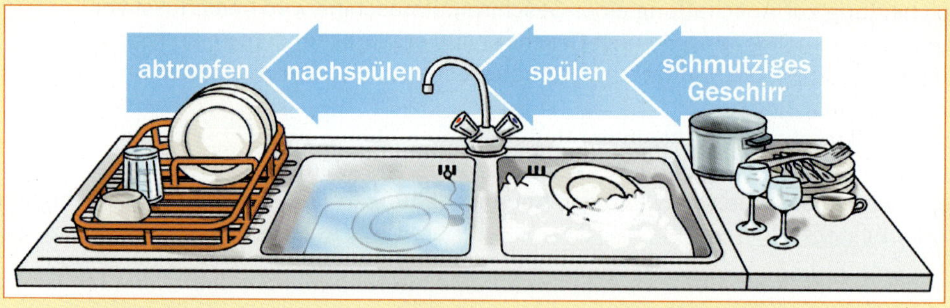

AUFGABEN

1. In einem Zwei-Personen-Haushalt wird täglich einmal für 25 min Geschirr von Hand gespült. In einem Fünf-Personen-Haushalt sind das 45 min. Die Arbeitszeit für das Ein- und Ausräumen der Geschirrspülmaschine beträgt täglich 10 min. Wie viel Zeit ließe sich beim Spülen mit der Geschirrspülmaschine in beiden Haushalten pro Tag, pro Woche, pro Jahr einsparen?
2. Erkundigen Sie sich in Fachgeschäften über die verschiedenen Modelle von Geschirrspülmaschinen und ihre technischen Angaben. Stellen Sie die Preise, den Energieverbrauch und den Wasserverbrauch gegenüber. Entscheiden Sie sich für ein Modell.

3.5.3 Organisationsvarianten in der Reinigung

Die Reinigung in einem Großhaushalt wird gleichermaßen von Qualitätsaspekten und von wirtschaftlichen Faktoren geprägt. So dürfen etwa Sparmaßnahmen beim Einsatz von Reinigungsmitteln, Personal und des Reinigungsturnus nicht zulasten der *Hygiene* gehen. Andererseits darf ein übermäßiger Anspruch an „blitzende Sauberkeit" nicht dazu führen, dass zu viele und teure Reinigungsmittel eingesetzt werden oder dass Personal über die Maßen hinaus eingesetzt wird, weil auch das die Kosten in die Höhe treibt. Dieser Grundsatz gilt sowohl für die Reinigung in Eigen- als auch in Fremdregie. Ein detaillierter Datenkatalog hilft dabei, eine optimale Organisation der Reinigung zu erreichen. Der Datenkatalog besteht aus folgenden Schritten:

1. Das Erstellen einer Leistungsbeschreibung.
2. Das Erstellen eines Leistungsverzeichnisses.
3. Die Festlegung qualitätssichernder Maßnahmen, d. h. *Dokumentation* und Kontrolle.

Leistungsbeschreibung

In der Leistungsbeschreibung werden die Rahmenbedingungen für die Reinigung festgelegt. Die Leistungsbeschreibung dient bei der Vergabe von Reinigungsleistungen als Basis für das Leistungsverzeichnis. Damit Eigenreinigung und Fremdreinigung vergleichbar sind, sollten sämtliche Leistungen ausführlich beschrieben werden. Dazu gehören zum Beispiel:

- die Art des Betriebes (z. B. Schule, Krankenhaus, Tagungsstätte).
- die eingesetzten Reinigungsarten (z. B. Unterhaltsreinigung, Grundreinigung, siehe Seite 169).
- die eingesetzten Reinigungsverfahren mit Beschreibung (z. B. Feuchtwischen, Nasswischen, Kehren, siehe Seite 171 ff.).
- die Werkstoffe der zu bearbeitenden Flächen (z. B. Glas, PVC, Teppichboden, siehe Seite 224 ff.).
- der Reinigungsturnus (z. B. drei-, fünf- oder siebenmal pro Woche, ein- oder zweimal monatlich).
- Anforderungen an Reinigungsmaschinen (z. B. Staubsauger mit Feinstaubfilter bei einem OP-Bereich, geräuscharme Reinigungsautomaten für Patientenzimmer).
- Verwendung und Qualität von gelisteten Desinfektionsmitteln für bestimmte Bereiche (z. B. gelistet von VAH oder RKI, siehe Seite 240).

Leistungsverzeichnis

Im Leistungsverzeichnis wird das gesamte Gebäude in Raumgruppen unterteilt, etwa Patientenzimmer, Sanitärräume, Küchen, Flure. Für jede einzelne dieser Raumgruppen werden ein Reinigungsturnus, das Reinigungsverfahren und das genaue Aufmaß dieser Räume mit den Reinigungsgegenständen aufgelistet. Man unterscheidet zwei Arten von Leistungsverzeichnissen:

- Das **tätigkeitsorientierte Leistungsverzeichnis** gibt genaue Vorgaben, wann welcher Gegenstand zu reinigen ist, selbst dann, wenn gar kein Schmutz vorhanden ist.
- Das **ergebnisorientierte Leistungsverzeichnis** beschreibt den Reinigungszustand des Raumes oder Gegenstandes zu einem bestimmten Zeitpunkt. Hier entscheidet die Reinigungskraft aus der Sicht des Besuchers oder Kunden, ob es sich um einen sichtbaren oder versteckten Bereich handelt.

Beispiel: Zum sichtbaren Bereich eines Raumes gehören der Fußboden, Schrankaußenseiten in Sichthöhe oder waagerechte Flächen, wie Tische und Fensterbänke. Hier wird festgelegt, in welchem Reinigungszustand (z. B. kein Feinstaub, keine Wischspuren, keine Fingerabdrücke) sich der Raum zu einem gewissen Zeitpunkt befinden muss. Zum nicht sichtbaren Bereich gehören z. B. die Schrankoberseiten, Schränke innen oder die hinterste Ecke der Fußleisten. Natürlich muss auch hier gereinigt werden, jedoch nicht so häufig, weil diese Stellen aus einer normalen Körperhaltung nicht ohne Weiteres einsehbar sind.

Die schriftliche Form der Leistungsverzeichnisse und Reinigungspläne kann unterschiedliche Formen haben, auch Kombinationsmöglichkeiten aus beiden Varianten sind möglich. So hat jeder Betrieb sein eigenes System. Ziel ist

- eine klare Struktur für die Mitarbeiter und
- eine Grundlage zur Vertragsgestaltung bei einer Vergabe an Fremdfirmen.

Auszug aus einem tätigkeitsorientierten Leistungsverzeichnis

Objekt: Speiseräume, Cafeteria

Inventar/Einrichtung	**2 x tgl.**	**7 x wö**	**6 x wö**	**5 x wö**	**3 x wö**	**2 x wö**	**1 x wö.**	**2 x mtl.**	**1 x mtl.**	**1 x jährl.**
Abfallbehälter entleeren Abfall entsorgen, mit Abfallbeuteln bestücken			x							
Abfallbehälter vollflächig feucht reinigen						x				
Türen im Griffbereich reinigen			x							
Türen vollflächig reinigen, inkl. Scharniere und Zargen							x			
Heizkörper feucht reinigen							x			
Deckenlampen reinigen										x

Reinigungsplan aus einem tätigkeitsorientierten Leistungsverzeichnis

Bereich/Revier: Untergeschoss

Raum	**Uhrzeit**	**Mo**	**Di**	**Mi**	**Do**	**Fr**	**Sa**	**So**
Cafeteria/Speiseraum	6.00 bis 7.30	x	x	x	x	x	x	
Toiletten	bis 10.00	x	x	x	x	x	x	
Flur	vor 6.00	x	x	x	x	x	x	

Dokumentation und Kontrolle

Um die Reinigungsqualität sicherzustellen, ist es üblich, in sensiblen Bereichen (z. B. Sanitärbereiche) Checklisten auszuhängen. Darin werden die stattgefundenen Kontrollen und das jeweilige Ergebnis *dokumentiert*. Auf diese Weise lässt sich die tatsächliche Leistungserbringung feststellen.

Datum	Uhrzeit	Beanstandungen	Unterschrift Mitarbeiter/-in
02.01.2010	7.00	keine	Schulze
02.01.2010	9.00		
02.01.2010	11.00		

Mögliche Übersicht über die Kontrollen in der Besuchertoilette eines Altenheims

Kennzahlen und Richtwerte

Etwa 80 % der Reinigungskosten sind Personalkosten. Deshalb ist es für einen Betrieb wichtig, die Reinigung unter wirtschaftlichen Gesichtspunkten zu organisieren. Nicht jede Personalkraft arbeitet jedoch gleich schnell und nicht jedes zu reinigende Areal ist einem anderen unmittelbar gleichzusetzen, denn räumliche Gegebenheiten variieren und auch die technische Ausstattung mit Reinigungsmaschinen ist unterschiedlich. Um trotzdem einen Anhaltspunkt für Kalkulationen zu Reinigungsplänen und die Kosten der Reinigung auf Auftraggeber- und Auftragnehmerseite zu haben, gibt es *Kennzahlen* und Richtlinien. Sie geben Auskunft über das durchschnittliche Leistungsvermögen einer Arbeitskraft. Kennzahlen und Richtlinien können entweder auf statistischen Durchschnittswerten beruhen oder durch Zeitaufnahmen bzw. durch eigene Notizen anhand von Praxisproben gewonnen werden. So gelingt es, Leistungen vergleichbar zu machen. Wichtig bei der Ermittlung von Kennzahlen in der Reinigung sind:

- die fachliche Qualifikation und die körperliche Verfassung der Person,
- der Ausstattungsgrad mit Maschinen und Hilfsmitteln,
- die Wege- und Rüstzeiten (siehe Seite 26).

Beispiel: Bei der Berechnung von Kennzahlen aufgrund der Richtzahl m²-Leistung pro Stunde und Person veranschlagt man für folgende Gegebenheiten:

Bewohnerzimmer und Diensträume:	80–100 m²	pro Person
Flure/Hallen:	180–200 m²	pro Person
Bäder/WCs/Küchen:	50–60 m²	pro Person

① Raum Nr.	② Raumart	③ Reinigungsverfahren	④ Fläche in m²	⑤ Reinigungshäufigkeit pro Woche	⑥ Gesamtreinigungsfläche m² (④ · ⑤)	⑦ Richtzahl m²/Stunde	⑧ Arbeitsstunden/Woche (⑥ : ⑦)
1	Bewohnerzimmer	FW/S	25	2	50	80	0,63
2	WC	NW	3	5	15	50	0,3
3	Bewohnerzimmer	FW	15	2	30	80	0,38
4	Badezimmer	NW	12	5	60	50	1,2
5	Flur	FW	80	3	240	180	1,33
	Gesamt		. . .		**395**		**3,84 Stunden**

3.6 Werkstoffe

Um die richtigen Reinigungsverfahren sowie Reinigungs- und Pflegemittel auszuwählen, bedarf es grundsätzlicher Kenntnisse von den verschiedenen Werkstoffen. Wer Materialien falsch behandelt oder pflegt, riskiert Materialschädigungen, die sowohl die Funktionalität als auch die Optik erheblich verschlechtern. Sind Sie sich bei einem Material nicht sicher, befragen Sie Kolleginnen oder Kollegen. Die Industrie entwickelt beständig neue Materialien und Produkte aus Materialkombinationen. Deshalb ist es wichtig, Informationen vom konkreten Hersteller eines Produktes zurate zu ziehen. Dazu lesen Sie entweder die Gebrauchsanleitung mit Pflegehinweisen oder Sie informieren sich im Internet bzw. beim Fachhändler.

3.6.1 Glas (Hohlglas)

Verschiedene Rohstoffe, wie Quarzsand, Soda, Natron oder Pottasche und Kalk, werden zerkleinert und bei hohen Temperaturen (bis 1500 °C) geschmolzen. Diese sogenannte Glasschmelze kann durch verschiedene Verarbeitungsmöglichkeiten, wie etwa Ziehen, Pressen, Blasen oder Gießen, in Form gebracht werden.

Glas ist lichtdurchlässig, zerbricht leicht, ist unempfindlich gegenüber Säuren und Laugen im Haushalt, hat eine glatte Oberfläche, ist empfindlich gegenüber kratzender Mechanik und raschen Temperaturwechseln.

- **Wirtschaftsglas:** (Natronglas) ist einfaches Gebrauchsglas und wird beispielsweise für Flaschen, Einmachgläser, Fensterscheiben und einfache Trinkgläser verwendet. Es ist dickwandig, stabil und klingt nicht.
- **Kristallglas:** (Kaliglas) wird für hochwertige Trinkgläser, Vasen oder Schalen verwendet. Kristallglas wird oft mundgeblasen angeboten. Es lässt sich leicht gravieren, hat einen schönen Klang, ist rein und hart.
- **Bleikristallglas:** besitzt einen hohen Anteil an Blei und wird für geschliffene Gläser, Schalen und Vasen verwendet. Durch den Bleianteil (lt. EU-Norm 24 %) ist es schwerer und „weicher", sodass es leichter geschliffen werden kann. Das macht sich auch in einem höheren Preis bemerkbar.
- **Spezialgläser:** Hitzebeständiges Glas, wie etwa Jenaer Glas, wird für Kochgeschirr (z. B. Auflaufformen, Babyflaschen, Teekannen) oder Laborgläser verwendet. Es ist beständig gegenüber hohen Temperaturen sowie raschen Temperaturwechseln und darüber hinaus sehr widerstandsfähig gegenüber Chemikalien, wie Säuren oder Laugen.
- **Glaskeramik:** (z. B. Cerankochfelder, siehe Seite 109), die höchsten Temperaturschwankungen standhält, entsteht durch die Verwendung weiterer Zusatzstoffe und einer speziellen Temperaturbehandlung. Durch Zusätze von beispielsweise Metallen oder etwa rauem Quarzsand bei der Oberflächenbehandlung können Mattglas, Buntglas, Milchglas, Verbundglas oder Sicherheitsglas hergestellt werden.

Reinigung und Pflege

- Glaswaren werden zuerst mit einer weichen Bürste oder einem weichen Tuch gespült. Die Verwendung von groben Scheuermitteln oder Arbeitsgeräten ist tabu.
- Stielgläser werden am Kelch haltend einzeln gespült, dann in heißem Wasser nachgespült und mit einem fusselfreien Tuch aus Baumwolle oder Leinen nachpoliert. Gläser sollten stets mit der Öffnung nach unten in die Schränke eingeräumt werden.
- Der Kalkansatz von Vasen lässt sich mit Essig und Salz behandeln. Für enge Öffnungen kann die Flaschenbürste eingesetzt werden.

- Hitzebeständiges Glas kann in der Spülmaschine gereinigt werden. Glaskochgeschirr mit Verkrustungen und Bratenansätzen sollten Sie vorher einweichen und die Kruste mit einer Bürste entfernen.
- Auch weniger empfindliche Gläser können in der Spülmaschine gereinigt werden. Manche Gläser können durch häufige Reinigungsgänge in Spülmaschinen trübe werden. Diese Beschädigung wird als Glaskorrosion bezeichnet, die nicht entfernt, durch spezielle Spülmittel jedoch verhindert werden kann.
- Zur Reinigung von Flachglas (z. B. Fenster, Spiegel, Trennwände) gibt es spezielle Reinigungsgeräte und Methoden (siehe Seite 216).

3.6.2 Keramische Erzeugnisse

Keramik ist der Sammelbegriff für Erzeugnisse aus gebranntem Ton. Darunter fallen alle bei der Herstellung aus Ton oder tonhaltigen Mischungen geformten und gebrannten Gegenstände. Keramikgegenstände werden für den Haushaltsbereich und für die Baubranche gefertigt. Die Festigkeit, die Gebrauchseigenschaften und die sich daraus ergebende Reinigung hängen einerseits von der Zusammensetzung des Materials, der Anzahl und der Temperatur der einzelnen Brände und andererseits davon ab, ob und welche Glasur verwendet wird.

Tonzeug

Porzellan wird aus Kaolin, Feldspat und Quarz hergestellt. Es wird mindestens zweimal gebrannt, es ist hart und hat einen hellen Klang. Je nach Glasur besitzt es eine glatte Oberfläche und ist in der Regel spülmaschinenfest. Hartporzellan hat einen höheren Kaolinanteil und wird bei höheren Temperaturen gebrannt. Weichporzellan wird bei niedrigerer Temperatur gebrannt und ist sehr dünnwandig und fein, fast durchscheinend. Porzellan wird für Essgeschirr, Vasen, Schalen und Ziergegenstände verwendet.

Steinzeug besteht aus Ton, Feldspat und Quarz. Es wird nur einmal gebrannt. Im Gegensatz zum Steingut „verglast“ der Scherben von Steinzeug und wird dadurch fast wasserdicht, das alles auch ohne Glasur. Steinzeuggegenstände besitzen eine raue Standfläche und sind empfindlich gegenüber Stoß und Druck. Steinzeug wird häufig mit blauer Salzglasur, die vor dem Brand aufgetragen wird, zu Einmachtöpfen oder Ziergegenständen verarbeitet. Auch Waschbecken, Fliesen und Badewannen werden aus Steinzeug produziert.

Tongut

Steingut wird aus Ton, Quarz, Feld- und Kalkspat hergestellt. Es ist dickwandiger als Porzellan, wird aber nicht so hoch gebrannt wie dieses. Im Vergleich zu Porzellan ist Steingut ein grob gemahlener Ton und keine so dicht gebrannte Tonmasse, denn zwischen den Tonkörnchen verbleiben winzige Leerräume, die Tonbestandteile können sich bei Erwärmung bewegen. Steingut ist deshalb empfindlich gegenüber starken Temperaturschwankungen, denn es besteht die Gefahr, dass sich sowohl in der Tonwand als auch in der Glasur Risse bilden. Angeschlagene Stellen in der Glasur schmutzen schnell grau an und werden wasserdurchlässig. Steingut wird zur Herstellung von einfachem Ess- und Trinkgeschirr oder Vasen verwendet.

Töpferware wird einmal gebrannt. Aufgrund der niedrigen Temperatur beim Brennen ist Töpferware sehr porös. Sie ist darüber hinaus stoß- und bruchempfindlich sowie wasserdurchlässig. Das poröse Material der Töpferware kann Wasser sehr gut speichern. Diese Eigenschaft der Wasserspeicherung ist erwünscht, weil die zuvor durch Einweichen aufgenommene Feuchtigkeit gezielt beim Garen im Tontopf oder durch Gießen an Pflanzen abgegeben wird. Aus Töpferware werden Blumentöpfe, Tontöpfe zum Garen (z. B. Römertöpfe) und Ziergegenstände hergestellt.

Reinigung und Pflege

Unglasierte Töpferwaren saugen sich beim Reinigen mit Wasser und auch mit Reinigerlösung voll. Sie müssen nach dem Reinigen gründlich ausgespült werden, um Spülmittelreste aus dem Ton auszuschwemmen. Anschließend werden die Gegenstände zum Trocknen aufgestellt, damit die Feuchtigkeit entweichen kann.
Die Reinigung und Pflege von keramischen Erzeugnissen hängt von der Art der Glasur, die als Dekor verwendet wird, ab. Glasierte Keramik darf nicht mit Scheuermitteln gereinigt werden. Die Glasur bekommt sonst Kratzer, in denen sich Schmutz festsetzen kann. Außerdem leidet die Optik. Man unterscheidet:

Unterglasur
Das Dekor wird nach dem ersten Brand aufgetragen, dann glasiert und glatt gebrannt.

Unterglasurdekore sind spülmaschinenfest.

Inglasur
Das Dekor wird auf das glatt gebrannte Porzellan aufgetragen und anschließend ein drittes Mal gebrannt. Dabei zieht die Farbe in die Glasur ein.

Inglasurdekore sind nur bedingt spülmaschinenfest (oberer Korb).

Aufglasur
Das Dekor wird nach dem zweiten Brand aufgetragen und anschließend bei niedrigerer Temperatur ein drittes Mal gebrannt. Dadurch schmilzt die Farbe nicht und ist später als Erhebung fühlbar.

Aufglasurdekore (z. B. mit Goldrand) müssen von Hand gespült werden.

3.6.3 Kunststoffe

Kunststoffe sind industriell hergestellte makromolekulare Stoffe. Die Ausgangsprodukte sind Erdöl, Erdgas und Kohle. Durch bestimmte Zusatzstoffe (z. B. Weichmacher, Füllstoffe, Farbstoffe) werden sie in ihrem Aussehen und in ihren Eigenschaften verändert.

Kunststoffe sind leicht. Sie zeichnen sich durch eine glatte Oberfläche aus und sind dadurch hygienisch, denn Mikroorganismen finden hier kaum Möglichkeiten zur Anhaftung und Vermehrung. Die glatte Oberfläche macht Kunststoffe darüber hinaus geruchs- und geschmacksneutral. Ein Grund, weshalb sie vielfach für Lebensmittelverpackungen eingesetzt werden. Kunststoffe besitzen ein hohes Isoliervermögen und werden deshalb auch für Topf- und Pfannengriffe verwendet. Kunststoffe sind wasserdicht und relativ stoßfest. Sie laden sich *elektrostatisch* auf und sind schnitt- und kratzempfindlich.

- **Thermoplaste** können hart oder weich sein. Sie sind nicht spülmaschinengeeignet, denn sie verformen sich beim Erwärmen und schmelzen beim Erhitzen. Die bekanntesten Thermoplaste sind Polyethylen (PE), Polypropen (PP), Polyvinylchlorid (PVC), Polystyrol (PS).

Aus Thermoplasten werden Eimer, Joghurtbecher, Fußbodenbeläge, Duschvorhänge, Waschkörbe, Ess- und Trinkgefäße hergestellt. *Lösemittel* greifen die Oberfläche an.

- **Duroplaste** sind weniger temperaturempfindlich, verkohlen aber bei starker Hitzeeinwirkung. Sie sind hart und erweichen nicht. Sie sind gegenüber haushaltsüblichen Säuren und Laugen beständig, nicht aber gegenüber konzentrierten Säuren und Alkalien. Die bekanntesten Vertreter sind Resopal, Bakelit, Duropal, Melamin. Aus Duroplasten werden Gehäuseteile für Elektrogeräte, Steckdosen, Tabletts, Eierbecher und Möbeloberflächen hergestellt.
- **Elastomere** sind weich und elastisch. Auch ohne Hitzeeinwirkung sind sie verformbar und kehren in ihre Ausgangsform zurück. Elastomere können aus Naturkautschuk oder synthetischem Kautschuk bestehen. Sie sind beständig gegenüber schwachen Laugen und Säuren, altern aber, wenn sie Wärme und Sauerstoff zu intensiv ausgesetzt sind. Aus Elastomeren werden Matratzen, Schaumstoffe, Schwämme, Dichtungen und Fußbodenbeläge hergestellt.

Reinigung und Pflege

- In heißer Spülwasserlösung und mit weicher Bürste oder Tuch reinigen, dabei keine scharfen Gegenstände oder Scheuermittel benutzen. Hartnäckige Verkrustungen vorher einweichen.
- Verfärbungen aufgrund von Lebensmitteln (z. B. durch Möhren, Tomaten) lassen sich nicht entfernen.
- Kunststoffe, die in der Spülmaschine gereinigt werden sollen, müssen zuvor auf ihre Temperaturempfindlichkeit geprüft werden. Nach Ablauf des Spülmaschinenprogramms müssen Gegenstände aus Kunststoff nachgetrocknet werden, weil Wasserflecken entstehen.
- Spezielle Kunststoffpflegemittel verhindern die *elektrostatische* Aufladung (z. B. Fernsehgeräte, PCs).
- Kunststoffmöbel können mit Mikrofasertüchern entstaubt werden.

Kunststoffe, die im Lebensmittelbereich eingesetzt werden, müssen lebensmittelgeeignet sein. Verschiedene freiwillige und Pflichtzeichen weisen solche Kunststoffe aus.

Glas und Gabel EU-Pflichtzeichen

RAL Kurzzeichen als freiwillige Kennzeichnung, das zusätzlich individuelle Buchstaben-Ziffern des jeweiligen Anwenders für ein bestimmtes Produkt enthält.

LERNFELD 5
GRUNDLAGEN

3.6.4 Metalle

Erze befinden sich im Erdreich und im Gestein. Aus ihnen werden durch spezielle Abbauprozesse verschiedene Metalle gewonnen. Manche Metalle kommen elementar vor (z. B. Gold). Metalle zeichnen sich durch metallischen Glanz und ihre mehr oder weniger starke Wärmeleitfähigkeit aus. Metalle sind undurchsichtig und lassen sich verformen. Um die Eigenschaften einzelner Metalle zu verbessern, stellt man Legierungen her. Dabei werden mindestens zwei verschiedene Metalle und teilweise weitere Stoffe miteinander verschmolzen (z. B. Bronze aus Kupfer und Zinn, Messing aus Kupfer und Zink, Gusseisen aus Eisen und Kohlenstoff).
Metalle werden in Leichtmetalle und Schwermetalle eingeteilt. Leichtmetalle sind beispielsweise Aluminium, Titan und Magnesium. Zu Schwermetallen gehören etwa Eisen oder Gold. Zusätzlich können Metalle nach ihrer Oxidierbarkeit in Edelmetalle und unedle Metalle eingeteilt werden. Die bekanntesten Edelmetalle sind Gold, Silber und Platin. Außerdem werden Metalle in Schwarzmetalle (z. B. Eisen) und Buntmetalle (z. B. Kupfer, Zinn) gegliedert.

Gusseisen und Stahl

Eisen und Stahl werden durch Verhüttungsprozesse aus Erzen gewonnen. Durch die Verhüttung entsteht Roheisen, das zum einen zu Gusseisen, zum anderen zu Stahl verarbeitet wird. Alle Eisenmetalle sind in ihrer ursprünglichen Form gegenüber Sauerstoff, Luftfeuchtigkeit und Säuren empfindlich.

Das bedeutet, sie rosten leicht. Eisenmetalle zeichnen sich durch eine hohe Wärmeleitfähigkeit, eine hohe Festigkeit und hohe elektrische Leitfähigkeit aus.

Gusseisen

Gusseisen ist ein schweres, mattes, raues, dunkelgraues Metall. Es ist bedingt säure- und kratzfest und ist empfindlich gegenüber starken Temperaturschwankungen. Gusseisen wird wegen seines hervorragenden Wärmespeicherungsvermögens im Küchenbereich für Pfannen, Töpfe, Bräter, Kippbratpfannen und Herdplatten eingesetzt. Außerdem wird Gusseisen für Heizkörper und Teile von Kaminöfen verwendet. Vielfach werden Produkte mit Überzügen, wie etwa Emaille oder Farbe, vor Rost (*Korrosion*) geschützt.

- Gusseisen sollte möglichst nur trocken ausgerieben werden. Bei der Verwendung von Wasser und Spülmittel muss es hinterher gut nachgetrocknet und hauchdünn eingefettet werden, um Rost zu vermeiden.
- Bei hartnäckigen Verschmutzungen kann Scheuermittel verwendet werden.
- Gusseisen darf nicht in der Spülmaschine gereinigt werden.

Stahl

Stahl ist ein graues, glattes, sehr hartes, magnetisches, schmied- und walzbares Metall. Es ist im Vergleich zu Gusseisen aufgrund seines Kohlenstoffgehaltes widerstandsfähiger gegenüber Rost, Druck und mechanischen Stößen. Zum Einsatz im Haushalt wird Stahl zu Messerklingen, Scheren, Nadeln, Backblechen, Töpfen und Schüsseln verarbeitet.

Überzüge als Rostschutz

Da Eisen und Stahl gegenüber Sauerstoff, Luftfeuchtigkeit und Säuren empfindlich reagieren, überziehen sie sich bei längerer Einwirkung mit einer Rostschicht (*Korrosion*). Rost kann nach und nach das ganze Werkstück zerstören. Deshalb werden Gegenstände aus Eisen und Stahl bei der Herstellung mit Überzügen versehen.

Kunststoffüberzüge werden bei Körben und Einschüben in Gefrierschränken oder Geschirrspülmaschinen, Pfannen und Backformen aufgebracht. Solche Kunststoffoberflächen dürfen nicht durch unsachgemäße Behandlung beschädigt oder zerkratzt werden. Pfannen werden mit hitzebeständigen Kunststoffen (z. B. Teflon) beschichtet, was das Anbacken von Speisen verhindert. Bei zu hoher Erhitzung blättert der Kunststoff jedoch ab. Für kunststoffbeschichtete Kochgeschirre sollten Sie zum Rühren grundsätzlich nur Holz- oder Kunststofflöffel benutzen.

Emaille ist eine Glasur, die auf Stahl oder Eisen aufgebracht und bei hohen Temperaturen eingebrannt wird. Die Oberfläche wird glashart, ist glatt, geruchs- und geschmacksneutral. Emaille ist kratz- und stoßempfindlich und blättert bei zu starker Behandlung ab. Im Haushalt finden wir Emaille bei Herdmulden, Waschmaschinengehäusen, Auflauf- oder Backformen. In Emaillekochgeschirren darf nicht mit harten Gegenständen gerührt werden. Verwenden Sie keine stark scheuernden oder kratzenden Reinigungsgegenstände oder Scheuermittel.

Keramikbeschichtungen sind unter dem eingetragenen Warenzeichen SILARGAN® im Handel. Es handelt sich um eine extrem harte Keramikbeschichtung.

Weißblech ist dünnes Eisenblech, das mit einer Zinnschicht überzogen wird. Es findet Verwendung bei Backblechen, Kuchenformen, Weißblechdosen und Puddingformen. Weißblech ist leicht und preisgünstig. Utensilien aus Weißblech dürfen nicht mit harten Gegenständen oder Scheuermitteln gereinigt werden, da Weißblech sehr weich ist und rostet, sobald die Zinnschicht abgekratzt wird.

Schwarzblech ist Eisenblech, das in offenem Feuer geglüht und dadurch schwarz oxidiert ist. Es wird wegen seiner guten Wärmeleitfähigkeit für Backformen oder Backbleche verwendet. Zusätzlich kann eine schwarze Lackschicht aufgebracht werden. Schwarzblech darf weder mit stark scheuernden Gegenständen noch in der Spülmaschine gereinigt werden. Nach dem Spülen muss es gut abgetrocknet werden.

Lackierungen werden ebenfalls als Rostschutz auf Eisen oder Stahl aufgebracht. Je nach der Zusammensetzung des Lackes variieren Glanz, Härte und Aussehen des Gegenstands. Beispiele sind Heizkörper, Vorratskörbe, Abfalleimer, Kühlschranktüren.

Überzüge aus Chrom werden auf Stahlblech, Kupfer und Kunststoff aufgebracht. Die meisten Badezimmer- und Küchenarmaturen sind mit Chromüberzügen ausgestattet. Chrom ist ein silbrig glänzendes, hartes Nichteisenmetall, welches bereits in dünner Schicht einen wirksamen Rostschutz bietet. Chromüberzüge dürfen nicht mit Metallreinigungsmitteln gereinigt werden, um die dünne Schicht nicht zu beschädigen. Kalkflecken sollten Sie besser mit Sanitärreinigern entfernen und nachpolieren. Die Verwendung von Essig kann den Chromüberzug unterwandern und zum Abblättern bringen.

Edelstahl

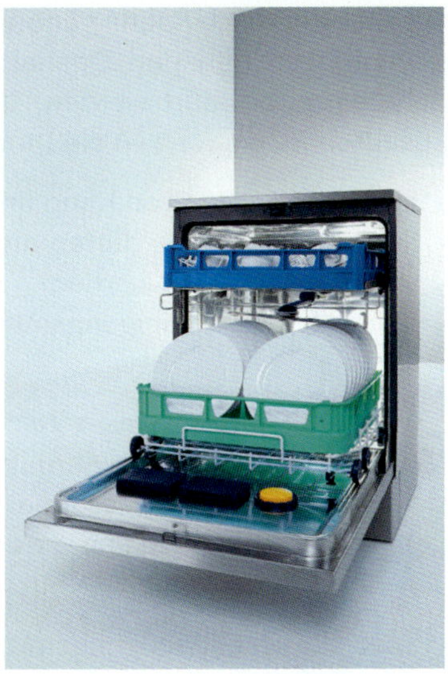

Durch das Legieren oder Mischen mit anderen Metallen (z. B. Chrom, Nickel, Mangan, Molybdän) wird Stahl veredelt. Rostfrei wird ein Stahl durch einen Chromanteil von mindestens 13 %. Nickel macht ihn unempfindlich gegenüber Säuren. Molybdän verstärkt die Wirkung von Chrom.

Chromstahl ist eine sehr harte, *korrosionsbeständige*, geruchs- und geschmacksneutrale, unempfindliche Legierung aus Eisen und einem Chromanteil von 12–18 %. Er wird für Messerklingen, Scheren, Essbestecke und Kochgeschirre der unteren Preisklasse verwendet.

Chrom-Nickel-Stahl ist eine besonders korrosions- und säurebeständige Legierung aus etwa 18 % Chrom, 10 % Nickel und 72 % Stahl. Hochwertige Bestecke oder Gegenstände werden mit dem Aufdruck 18/10 gekennzeichnet und kommen unter anderem unter dem Warenzeichen CROMARGAN® in den Handel. Weitere Gegenstände aus Chrom-Nickel-Stahl sind Spülbecken, Arbeitsflächen in Großküchen und Innenverkleidungen von Wasch- oder Spülmaschinen.

Chrom-Mangan-Stahl ist ein besonders hochwertiger, widerstandfähiger Edelstahl, der korrosionsbeständig und schlagfest ist. Er besteht aus rund 18 % Chrom, 8 % Nickel, 18 % Mangan und 56 % Stahl. Kücheneinrichtungen, Serviergeschirr, Essbestecke und hochwertige Kochgeschirre werden aus Chrom-Mangan-Stahl gefertigt.

- In der Regel reicht das einfache Spülen von Hand oder mithilfe der Spülmaschine, um Edelstahl zu reinigen. Allerdings sollte er sofort abgetrocknet werden, weil er sonst fleckig wird.
- Spezielle Edelstahlreiniger und -pflegemittel reinigen und schützen die Oberflächen.
- Vorsicht ist bei stark *abrasiven* Reinigungsmitteln oder Gegenständen geboten.

Aluminium

Aluminium ist ein silberweißes, leichtes, weiches Metall mit sehr gutem Wärmeleitvermögen. Im Haushalt wird es für Kochgeschirre, Backformen und Schüsseln verwendet. Bekannt ist auch die Aluminiumfolie als Verpackungsmaterial. Aluminium ist empfindlich gegenüber Säuren und Laugen. In Aluminium zubereitete oder verpackte Speisen (z. B. Rhabarber, Sauerkraut) können sich unansehnlich verfärben und bekommen einen unangenehmen Geschmack. Durch Legierungen oder Oberflächenversiegelungen (z. B. Eloxal) wird Aluminium zu einem hochwertigen Metall veredelt.

- Es reicht meist einfaches Spülen von Hand, um Aluminiumgegenstände zu reinigen.
- Aluminium darf nicht in die Spülmaschine, da die starken Laugen zur Auflösung des Metalls führen würden.
- Verfärbungen im Metall können durch Auskochen mit schwachen Säuren (z. B. verdünnte Zitronensäure) behoben werden.

Kupfer

Kupfer ist ein schweres, glänzendes, dehnbares, leuchtend rotes Metall mit hervorragender Wärmeleiteigenschaft und sehr guter elektrischer Leitfähigkeit. Im Haushalt wird es für hochwertige Kochgeschirre, Ziergegenstände, Münzen und Elektroleitungen verwendet. Ohne Überzug bildet Kupfer eine dunkelbraune Oxidationsschicht, auch Patina genannt. In Verbindung mit Säuren entsteht giftiger Grünspan. Deshalb dürfen Speisen nicht in Kupfergefäßen aufbewahrt werden. Um diese ungewollte Eigenschaft auszuschließen, werden die Innenseiten von Kupfergeschirren häufig verzinnt.

- Einfaches Spülen von Hand und gutes Nachtrocknen sind zumeist ausreichend.
- Kupfergegenstände dürfen nicht mit stark *abrasiven* Reinigungsmitteln oder Reinigungsgegenständen behandelt werden.
- Spezielle Kupferreinigungsmittel müssen nach Herstelleranweisungen eingesetzt werden.

Messing

Messing ist eine Metalllegierung aus Kupfer und Zink. Sie ist goldähnlich und matt glänzend. Messing wird häufig als Trägermaterial für versilbertes Tafelbesteck oder für Ziergegenstände verwendet. Im Küchenbereich findet es keinen Einsatz, weil es giftigen Grünspan bildet.

- Messinggegenstände mit einem feuchten Tuch abreiben und nachtrocknen.
- Spezielle Metallreinigungsmittel nur nach Anweisung der Hersteller verwenden.
- Messinggegenstände nicht mit stark *abrasiven* Reinigungsmitteln oder Reinigungsgegenständen behandeln.

Bronze

Bronze ist eine robuste Kupfer-Zinn-Legierung mit einem dunkelgoldenen, matten und rauen Aussehen. Bronze wird im Haushalt fast ausschließlich für Ziergegenstände (z. B. Plastiken) verwendet. Bronze bildet keine Oxidationsschicht.

- Abstauben oder Spülen per Hand reicht aus.

Silber

Silber ist ein weiches, dehnbares, kratzempfindliches und teures Edelmetall. Um das Material fester zu machen, wird es häufig mit Kupfer legiert. Silber besitzt die unerwünschte Eigenschaft, dass es schwarz anläuft und dadurch unansehnlich wird. Außerdem ist es als Besteck nicht geeignet, wenn eiweißreiche Speisen zubereitet oder verzehrt werden sollen. Silber ist sehr beliebt zur Herstellung von Schmuck, Ziergegenständen, Besteck und Geschirr.

Versilberte Gegenstände bestehen aus einem Metallkern, der mit Silber überzogen ist. Dieses Verfahren wird bei Bestecken angewendet. Die Messerklingen werden nicht mitversilbert, sie sind aus Edelstahl.
Der Stempel gibt Auskunft darüber, wie viel Gramm Silber zum Versilbern von 24 cm^2 Besteckoberfläche (12 Gabeln, 12 Messer) verwendet wurden.
Jedes Teil enthält zum Beispiel bei einer 90er-Auflage 3,75 g Silber.

Feinsilber besteht aus einer Silber-Kupfer-Legierung. Der Stempel auf der Rück- oder Unterseite des Silberstücks gibt an, wie viele Teile Silber in einer Gesamtmenge von 1 000 Teilen enthalten sind.
Der Stempel 835 bedeutet zum Beispiel, dass der Gegenstand 835 Teile Silber und 165 Teile Kupfer enthält.

Patenthartversilbertes Besteck hat an stark beanspruchten Stellen des Bestecks eine 1/3 stärkere Silberauflage, z. B. an der Auflagefläche bzw. Unterseite von Löffeln oder von Gabeln.

- Silber spülen Sie bei normaler Verschmutzung einzeln in Spülmittellösung, um Kratzer zu vermeiden.
- Silberputztücher oder Silberputzwatte sind mit reinigungswirksamen Substanzen imprägniert und enthalten einen Anlaufschutz. Silberteile müssen nach der Behandlung immer gut nachgespült werden.
- Silberputzmittel als Emulsion, Schaum oder Paste enthalten feinste Poliermittel, reinigungswirksame Substanzen und einen Anlaufschutz. Vorteil: Das Abreiben und Polieren erfolgt hierbei in einem Arbeitsgang.
- Chemische Tauchbäder, in die das Besteck oder der Schmuck für wenige Sekunden eingetaucht werden, sind hochwirksam. Vorsicht ist jedoch geboten, denn Zieroxidationen werden hierbei angegriffen. Auch ist genau auf die Sicherheitshinweise der Hersteller bezüglich der enthaltenen Gefahrstoffe zu achten. Silberteile nach dem Tauchbad gut nachspülen.

- Das kontaktgalvanische Verfahren gilt als die schonendste (und als simple) Variante zur Reinigung und Pflege. Dazu wird eine Plastikschüssel mit Alufolie ausgelegt. Darauf werden das Besteck oder der Schmuck verteilt. Kochende Kochsalzlösung (2 EL Salz auf 1 l Wasser) wird darübergegossen. Das Silber verbleibt solange in der Schüssel, bis die Verschmutzungen verschwunden sind. Silberteile im Anschluss gut nachspülen. Vorsicht: Künstliche Zieroxidierungen werden mit gelöst.
- Zur Aufbewahrung und als Anlaufschutz können Sie Silberteile mit einem Spezialtuch abdecken oder mit einem Folienschweißgerät (Gefriergut) vakuumverpacken.

AUFGABEN

1. Für die Jugendherberge soll neues Besteck und neue Töpfe gekauft werden. Erkundigen Sie sich in einem Haushaltswarengeschäft über die verschiedenen Materialien und Ausführungen. Begründen Sie Ihre Auswahl.
2. Sie sollen bei der Trinkgläserauswahl für den Speisesaal der Jugendherberge mitentscheiden. Auf welche Kriterien achten Sie?

3.6.5 Holz

Holz ist ein poröses, hitzeempfindliches und leicht brennbares Naturprodukt. Es quillt bei Feuchtigkeit auf und zieht sich bei Trockenheit wieder zusammen, wodurch es reißen kann. Die Eigenschaften eines hölzernen Gebrauchsgegenstandes hängen von der Holzart und von der Verarbeitungsform ab.

Wichtige Holzarten			
Europäische Hölzer		**Außereuropäische Hölzer**	
Nadelhölzer	Laubhölzer	Nadelhölzer	Laubhölzer
Tanne, Kiefer, Lärche, Fichte	Eiche, Nussbaum, Buche, Birke, Ahorn, Kirsche	Hemlock, Red Cedar	Teak, Palisander, Ebenholz, Mahagoni

Verarbeitungsformen	
Massivholz	**Furnierholz**
Holz wird in seinem natürlichen Gefüge in einem Stück verarbeitet (z. B. ein massives Brett, eine massive Schranktür, ein massiver Parkettfußboden aus massiven Brettern).	Dünne Holzblätter (0,5–2 mm) werden auf ein Trägermaterial (meist Spanplatten) aufgebracht und bilden die Oberfläche der Möbel (z. B. furnierte Schranktür, furnierter Parkettfußboden).

Unbehandelte Hölzer sind besonders empfindlich gegenüber Feuchtigkeit. Darum werden fast alle Oberflächen von Hölzern behandelt oder versiegelt. Generell sollten Oberflächen aus Holz nur nebelfeucht bis feucht (siehe Seite 173) gereinigt werden.

Oberflächen

Geschlossene Oberflächen

wurden zuvor mit einem Lack, einer Lasur oder Versiegelung überzogen. Diese ergeben einen glatten Überzug auf dem Holz, der die Poren ausfüllt. Lacke sind oft hochglänzend. Geboten ist eine nebelfeuchte bis feuchte Reinigung mit einer milden Reinigungslösung oder einem speziellen Holzreiniger. Danach gut nachtrocknen. Kunststoffbeschichtungen (z. B. Resopal, mit PVC-Folie überzogene Hölzer) machen Hölzer unempfindlich gegenüber Chemikalien, Wasser und Sonneneinstrahlung. Sie werden häufig für Küchen- oder Gartenmöbel verwendet. Sie können mit Allzweckreinigern oder Kunststoffreinigern feucht bis nass gereinigt werden.

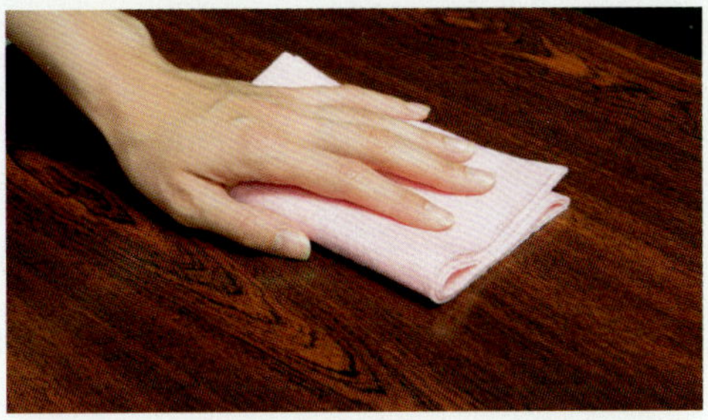

Offene Oberflächen

erzielt man durch Beizen, Polieren oder Mattieren. Dadurch wird zum einen die Farbe verändert, zum anderen wird die Oberfläche geglättet und mit Überzugsmitteln versehen, welche die Poren nicht ausfüllen. Diese Möbelstücke sollten zumeist trocken entstaubt werden und lediglich von Zeit zu Zeit mit einem Möbelpflegemittel gepflegt werden. Dabei ist darauf zu achten, dass immer in Richtung der Maserung gewischt wird.
Wachse und Öle bilden eine dünne Schutzschicht auf der Holzoberfläche. Die Maserung bleibt dabei sichtbar. Gewachste oder geölte Oberflächen (z. B. Holzdielen, Naturholzmöbel) dürfen nur nebelfeucht gereinigt werden. Je nach Beanspruchung müssen sie zwei- bis dreimal im Jahr mit Wachs oder Öl gepflegt werden.

Rohholz

ist unbehandeltes Holz. Es findet seinen Einsatz beispielsweise bei Frühstücksbrettchen oder Teigrollen (im Privathaushalt). Rohholz darf nicht im Wasser liegen bleiben und nicht an der Heizung oder in der Sonne trocknen, weil es reißt. In Faserrichtung darf es mit Scheuermitteln bearbeitet werden. Aufgrund seiner Quellfähigkeit und aus hygienischen Gründen ist Rohholz nicht für Großküchen geeignet, dort müssen Hackklötze zum Beispiel aus Kunststoff gearbeitet sein.

Nachhaltigkeit
Im Sinne der Nachhaltigkeit sollte man sich bei der Verwendung von Tropenhölzern genau informieren, woher diese Hölzer kommen und wie sie gewonnen werden.

3.6.6 Leder

Echtes Leder ist ein atmungsfähiges, anschmiegsames, warmes, elastisches, klimaausgleichendes, zähes Naturprodukt, das aus Tierhäuten (meist Rind, Wild, Ziege oder Lamm) gewonnen wird. Bei der Herstellung von Leder wird die Tierhaut zunächst gespalten, gegerbt und gefärbt, bevor sie weiterverarbeitet wird. Leder wird für Möbelstücke (z. B. Couchgarnituren) oder für Bekleidungs- und Modeartikel (z. B. Jacken, Schuhe, Taschen, Gürtel) verwendet. Man unterscheidet Leder und Lederimitate.

Glattleder (z. B. Nappaleder) ist die glatte, obere Seite von Spaltleder.	Rauleder (z. B. Nubuk) besitzt eine aufgeschliffene, feine, aufgeraute Struktur.	Kunststoffbeschichtetes Leder ist Leder mit einer Kunststoff-Beschichtung, meist PVC.	Kunstleder ist ein textiles Gewebe mit einer Kunststoffbeschichtung, meist PVC.

- Leder sollte vor direkter Sonneneinstrahlung und direkter Heizungswärme geschützt werden.
- Glattleder: Groben Schmutz abbürsten oder nebelfeucht mit Wasser abwischen. Bei teuren Ledergarnituren wird vonseiten der Hersteller empfohlen, destilliertes Wasser zu verwenden. Leder auf keinen Fall durchfeuchten und immer gut trocknen. Ledermöbel zwei- bis dreimal im Jahr mit einer Pflegeemulsion einreiben, diese einwirken lassen und zuletzt die Oberfläche mit einem weichen Tuch polieren. Schuhe werden regelmäßig mit Schuhcreme behandelt.
- Rauleder kann mit einem Staubsauger (Sofas) oder einer weichen Gummibürste entstaubt werden. Speckige Stellen können mit einem speziellen Lederschwamm oder einer Gummibürste aufgeraut werden. Flecken sollten mit speziellen Lederreinigern nach Herstelleranweisung behandelt werden.
- Kunststoffbeschichtetes Leder kann mit einer neutralen Reinigungslösung feucht abgewischt werden.

3.7 Reinigung und Pflege von Fußbodenbelägen

3.7.1 Linoleum

Unter Verwendung von Füllstoffen und Farbpigmenten wird Holz- oder Korkmehl bei hohem Druck auf ein Jutegewebe gewalzt.

Linoleum hat eine glatte geschlossene Oberfläche. Es ist trittschalldämmend, fußwarm, elastisch, atmungsaktiv, strapazierfähig sowie unproblematisch in der Entsorgung. Außerdem ist es bei Vorhandensein einer Fußbodenheizung geeignet.

Linoleum ist für alle gängigen Reinigungsverfahren mit den entsprechenden Reinigungsmitteln geeignet. Das Material ist jedoch empfindlich gegenüber Säuren oder alkalischen Reinigern, (pH-Wert darf 11 nicht überschreiten, siehe Seite 183), aber unempfindlich gegenüber *Lösemitteln*. Linoleum hat eine lange Trocknungszeit. Vorsicht ist bei der nasschemischen Grundreinigung geboten: Das Material ist empfindlich gegenüber stark scheuernden (schwarzen) Pads (siehe Seite 213). Vor einem neuen Beschichtungsverfahren muss Linoleum mindestens 24 Stunden trocknen, weil sonst die neue Beschichtung abpudern (nicht haften) würde.

3.7.2 Kork

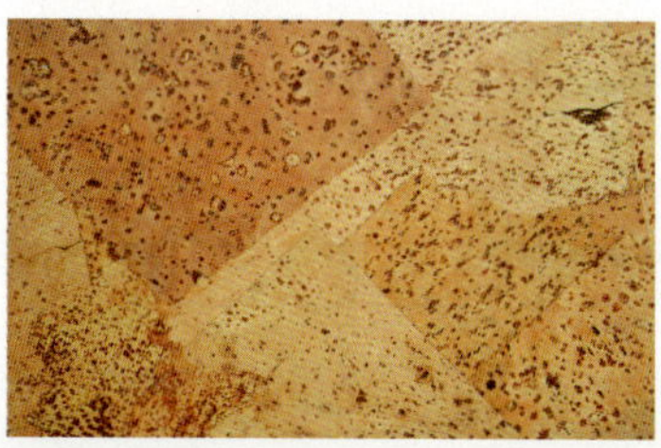
Korkbodenbelag

Die Rinde der Korkeiche ist das Ausgangsmaterial dieses Bodenbelags. Sie wird zusammen mit Bindemitteln zu Korkschrot und dann in Blöcke gepresst. Diese können dann – je nach gewünschter Dicke und Größe – in Platten zerschnitten werden. Die Platten werden entsprechend ihres Verwendungszwecks mit unterschiedlichen Versiegelungen angeboten.
Kork ist trittschalldämmend, fußwarm, elastisch, aber nur bedingt als Belag über Fußbodenheizungen geeignet (Herstellerhin-

weise beachten). Je nach Oberflächenversiegelung ist der Kork als geschlossene oder offene Oberfläche erhältlich.
Die Art der Oberflächenbehandlung bestimmt das Reinigungs- und Pflegeverfahren. Korkplatten sind an den Kanten feuchtigkeitsempfindlich, sofern sie nicht versiegelt sind. Das Material selbst quillt nicht auf und ist unempfindlich gegenüber *Lösemitteln*.

3.7.3 Elastomer-, Gummi- und Kautschukbeläge

Kautschukbodenbelag mit Noppen

Elastomerbeläge werden sowohl aus natürlichen als auch aus synthetischen Kautschukarten hergestellt.

Elastomerbeläge sind elastisch, trittschalldämmend und wasserfest. Sie haben eine glatte geschlossene Oberfläche, die in Großbetrieben häufig mit Noppen versehen wird, um mehr Trittsicherheit zu erzielen. Die meisten Kautschukbeläge sind auch für die Anwendung in Verbindung mit Fußbodenheizungen geeignet.

Kautschukbodenbelag mit glatter Oberfläche

Elastomerbeläge sind weitestgehend beständig gegenüber verdünnten Laugen und Säuren. Es gibt Spezialbeläge, die öl- und fettbeständig sind. In Verbindung mit der Erstreinigung sind rote Pads (siehe Seite 212) bzw. weiche Bürsten einzusetzen. Die Reinigung kann mittels aller feuchten bis nassen Reinigungsverfahren (siehe Seite 173) erfolgen. Produktionsbedingt haben die Beläge Rückstände an der Belagsoberfläche, die während der Bauphase einen Schutz gegenüber mechanischen Beschädigungen bieten. Diese müssen im Zuge einer fachgerechten Erstreinigung entfernt werden.

3.7.4 Laminat

Laminat

Laminatböden sind Imitationsbeläge, die optisch den Eindruck erzielen sollen, es handele sich um einen Dielen- oder Parkettboden. Auch andere trendige Mustervarianten (z. B. Fliesen- oder Karomuster) sind im Handel erhältlich. Auf eine Holzwerkstoffplatte aus verpressten Holzfasern (z. B. HDF) wird ein Dekopapier mit der gewünschten Optik verpresst, anschließend wird eine Kunstharzbeschichtung (Melamin) aufgebracht. Je nach Beanspruchung wird Laminat in verschiedenen Qualitätsstufen und Härtegraden hergestellt.

Laminat ist insbesondere an den Kanten feuchtigkeitsempfindlich. Es ist ansonsten sehr strapazierfähig, relativ kratz- und druckunempfindlich. Seine Oberfläche ist glatt.

Nach der Verlegung empfiehlt es sich, einen Pflegefilm aufzubringen, der den Boden feuchtigkeitsunempfindlich macht. Laminatböden können feucht mit Neutral-, Alkohol- oder Allzweckreinigern gereinigt werden. Nasse Verfahren und stehende Nässe sind zu vermeiden.

3.7.5 Parkett- und Dielenböden

Tafelparkett Nussbaum

Tafelparkett Lärche

Dielen sind etwa 2 cm dicke Massivholzbretter, die gehobelt oder geschliffen sind. Die Fugen bleiben bei der Verlegung relativ weit offen. Für Parkett wird – im Gegensatz zu Dielen – lediglich eine wenige Millimeter starke Holzschicht, das Furnier, auf einer Trägerplatte verpresst. Parkettbretter werden sehr eng verlegt, sodass kaum Fugen sichtbar sind. Verarbeitet werden für Holzböden unterschiedliche Holzarten, je nachdem, welche Optik und welcher Härtegrad gewünscht ist.

Beide Fußbodenarten erzeugen hohe Trittgeräusche. Sie sind elastisch, fußwarm und besitzen eine lange Lebensdauer. Sie sind unempfindlich gegenüber *Lösemitteln*, jedoch generell empfindlich gegenüber Nässe und Feuchtigkeit. Abgewendet werden kann dies beim Parkett durch die Verwendung einer wasser- und verzugsfesten Mittellage vonseiten des Herstellers, wodurch einzelne Parkettböden inzwischen sogar zum Einsatz in Bädern geeignet sind. Holzböden sind sehr kratzempfindlich.

Je nach Art der Oberflächenversiegelung (geölt, gewachst, lackiert, siehe Seite 232) kommen unterschiedliche Reinigungs- und Pflegeverfahren zum Einsatz. Beide Bodenbelagsarten sind in der Regel (außer feuchtraumgeeignete Böden, siehe oben) feuchtigkeitsempfindlich und sollten möglichst nur trocken oder nebelfeucht gereinigt werden. Gewachste und geölte Oberflächen müssen je nach Beanspruchung ein- bis zweimal im Jahr mit entsprechenden Pflegemitteln behandelt werden. Für Dampfreinigungsverfahren sind die Beläge nicht geeignet.

3.7.6 Steinfußböden

Granit

Muschelkalk

Steinfußböden werden in Natursteinböden und Kunststeinböden unterschieden. Zu bekannten Natursteinböden zählen beispielsweise Marmor, Granit, Schiefer, Travertin oder Muschelkalk. Zu den Kunststeinböden gehören etwa keramische Erzeugnisse, wie Fliesen, Terrazzoböden oder Ziegeltonplatten (Cotto-Beläge).

Alle Steinfußböden sind fußkalt und für Fußbodenheizungen geeignet. Sie sind hart, unelastisch und dadurch fußermüdend. Sie erzeugen hohe Trittgeräusche, sind wasserunempfindlich und strapazierfähig.

Alle Steinfußbodenbeläge können mit nassen Reinigungsverfahren gereinigt werden. Natursteinböden (z. B. Marmor, Muschelkalk) sind empfindlich gegenüber sauren Sanitärreinigern und lösen sich auf. Granit ist eines der härtesten Materialien und gegenüber kratzenden Reinigungsmethoden und Säuren unempfindlich. Kunststeinbeläge werden in Großbetrieben bevorzugt als Sicherheitsfliesen (Küchen- oder Sanitärbereich) verwendet. Sie erfordern durch ihre genoppte oder geriffelte Struktur eine höhere Aufmerksamkeit in der Pflege als etwa eine glatte Fliese. Fliesen sind unempfindlich gegenüber Säuren und Laugen.

3.7.7 Textile Bodenbeläge

Textile Fußbodenbeläge, wie Teppichböden, Teppiche oder Läufer, können aus tierischen (z. B. Schafswolle), pflanzlichen (z. B. Sisal, Baumwolle) oder synthetischen Fasern (z. B. Polyamid) hergestellt werden.
Teppichböden werden entweder als Meterware oder als Teppichfliesen produziert. Die Oberflächenstruktur, der Untergrund und die Art der Verlegung (z. B. geklebt oder lose verlegt) entscheiden über das Reinigungsverfahren.
Teppiche werden maschinell hergestellt oder auch handgeknüpft, was den Preis entscheidend beeinflusst.

Textile Wohnbeläge sind fußwarm, trittschalldämmend und elastisch. Sie erzeugen einen wohnlichen Charakter und sind bedingt für Fußbodenheizungen geeignet (Herstellerhinweise beachten). Die Strapazierfähigkeit variiert je nach Material und Verarbeitung.

Zur Unterhaltsreinigung können Verfahren, wie Saugen (siehe Seite 172 und 209) oder Bürstsaugen, eingesetzt werden. Um spezielle Reinigungsverfahren, wie etwa die Sprühextraktion, das Shampoonieren, Dampfreinigen oder die Detachur (siehe Seite 178 ff.), einzusetzen, sind genaue Kenntnisse der Faserzusammensetzung, der Art der Verlegung und des Untergrundes (z. B. Holzböden) erforderlich. Exakte Kenntnisse sind auch bei der Anwendung der verschiedenen Reinigungsmittel und -maschinen erforderlich, um Schäden oder Unfälle zu vermeiden.

AUFGABEN

1. Stellen Sie die Vor- und Nachteile von verschiedenen Fußbodenbelägen hinsichtlich der Materialeigenschaften und der durchzuführenden Reinigungs- und Pflegemaßnahmen gegenüber. Geben Sie eine Empfehlung Ihrer Entscheidung gegenüber der Hausleitung der Jugendherberge ab. Für welchen Bodenbelag würden Sie sich in welchen Räumen entscheiden?
2. Recherchieren Sie beispielhaft zu folgenden Kriterien: Säurebeständigkeit, Laugenbeständigkeit, Lösemittelempfindlichkeit, statische Aufladbarkeit, Wasserbeständigkeit.

3.8 Hygiene

Hygiene zielt als vorbeugende Maßnahme darauf ab, die Entstehung von Krankheiten und Infektionen zu verhindern. Sie leistet einen wichtigen Beitrag zur Gesunderhaltung der einzelnen Person und der Allgemeinheit.

Wer sich mit Hygiene befasst, muss wichtige Grundkenntnisse vom Entstehen, Verbreiten und vom Auftreten von Infektionskrankheiten und deren Erregern besitzen. Die Reinigung leistet neben der Desinfektion und Entsorgung einen wichtigen Baustein zur Qualität der Hygiene. Desinfektionsmaßnahmen sollten nur dort gezielt eingesetzt werden, wo nachgewiesen wird, dass eine einfache Reinigung nicht ausreicht. Im Privathaushalt ist eine Desinfektion nicht erforderlich.

3.8.1 Mikroorganismen

Einteilung von Mikroorganismen

- Bakterien (z. B. Salmonellen)
- Viren (z. B. Grippevirus, HIV)
- Pilze (z. B. Schimmelpilze, Hefepilze)
- Protozoen (Einzeller; z. B. Amöben)
- Helminthen (Würmer; z. B. Bandwürmer)
- Arthropoden (Gliederfüßler; z. B. Fliegen, als Überträger von Krankheitserregern)

Entstehen von Mikroorganismen

Man unterscheidet das Erregerreservoir und die Infektionsquelle.

- Das Erregerreservoir sagt nichts über die Aggressivität des Erregers aus, sondern umschreibt lediglich den Lebensraum oder Ort, an dem der Erreger normalerweise zu finden ist. Ein Erregerreservoir kann im menschlichen Darm genauso zu finden sein wie im Boden oder im Wasser.
- Eine Infektionsquelle ist der Ausgangsort einer Infektionskrankheit.

Beispiel: Das Erregerreservoir von Salmonellen ist der tierische Darm. Von dort gelingt es Salmonellen jedoch nicht, eine Erkrankung beim Menschen auszulösen. Erst durch mangelnde Hygienemaßnahmen in der Küche können sie zum Beispiel in die Sahnetorte gelangen und durch den Verzehr eine Salmonelleninfektion auslösen.

Verbreitung von Mikroorganismen

Die Verbreitung von Mikroorganismen (siehe Seite 306) findet über einen Übertragungsweg statt, den der Erreger vom Erregerreservoir bis zum gesunden Menschen absolviert. Hier unterscheidet man die direkte und indirekte Übertragung.
Mikroorganismen können durch gezielte und ungezielte Maßnahmen in ihrer Entstehung und Verbreitung gehemmt werden.

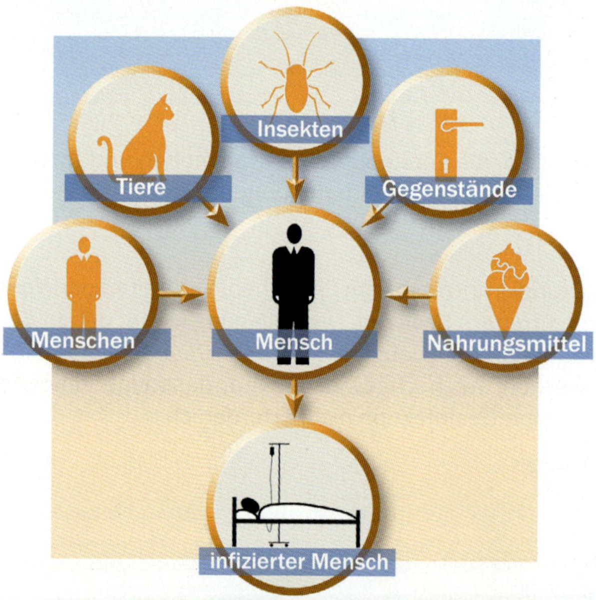

Die potenziellen Infektionsquellen sind vielfältig.

Direkte Übertragung heißt, dass zwischen Mensch und Mensch ein unmittelbarer Kontakt besteht. Hier kann der Erreger direkt, etwa durch Anhusten, übertragen werden.

Indirekte Übertragung heißt, dass der Erreger über einen Zwischenträger, zum Beispiel eine mit Salmonellen versetzte Sahnetorte, auf einen gesunden Menschen übertragen wird.

Umgang mit multiresistenten Erregern

Unsere Umwelt und der Mensch selbst sind besiedelt von einer Vielzahl von Bakterien. Die meisten davon sind unschädlich und sogar nützlich, z. B. bei der Verdauung der Nahrung im Darm. Bei einer hartnäckigen bakteriellen Erkrankung verordnet der Arzt in der Regel ein Antibiotikum. Aber bei besonders widerstandsfähigen, resistenten Bakterien wirken die üblichen Medikamente nicht mehr wie gewohnt und es muss lange nach einem anderen Mittel gesucht werden. Je unempfindlicher ein Erreger ist, desto schwieriger wird diese Suche. Im schlimmsten Fall kann dann nur auf die Selbstheilungskräfte des Körpers gehofft werden.

Das häufigste Bakterium ist der Staphylokokkus aureus (MRSA). Es gibt aber noch weitere Erreger, daher spricht man oft auch von *multiresistenten Erregern* (MRE). Multiresistente Erreger können bei den betroffenen Menschen die Haut oder die Schleimhäute besiedeln und verursachen dabei zunächst keinerlei Symptome. Dringt der Erreger aber in den Körper ein (Wunden, Lungenentzündungen, Harnwegsinfekte etc.), löst er sehr schwerwiegende Erkrankungen aus.

Die Übertragung der multiresistenten Bakterien findet in den meisten Fällen durch eine Schmierinfektion statt, d. h., an den Händen oder an Gegenständen haften die Keime und werden so übertragen. Hier ist daher die Handhygiene und -desinfektion die wichtigste Schutzmaßnahme. Daneben kann der Keim auch über eine Tröpfcheninfektion, d. h. durch Husten oder Sprechen erfolgen. Hier verhindert ein Mundschutz bei dichtem Kontakt (Pflege, Umbetten) eine Ansteckung.

Da Multiresistenz aber nicht bedeutet, unempfindlich gegen Desinfektionsmittel zu sein, kann die Ansteckungsgefahr mit professioneller Reinigung gut minimiert werden.

Sanitation

Unter Sanitation versteht man eine ungezielte Keimreduktion, um insgesamt eine Verringerung der Keimzahl zu erreichen. Dies wird unter anderem durch Reinigungsmaßnahmen und Händewaschen erreicht. Bei der Sanitation werden Keime nur in ihrer Gesamtkeimzahl reduziert, teilweise auch abgetötet.

Desinfektion

Unter Desinfektion wird die Abtötung bzw. Inaktivierung gesundheitsgefährdender oder lebensmittelschädlicher Bakterien, Pilze, Algen, Viren oder Dauerformen von Endoparasiten (dringen in den Körper ein, z. B. Würmer) auf einem Gegenstand verstanden. Hierzu können chemische oder physikalische Verfahren angewendet werden. Eine Desinfektion reduziert die Gesamtkeimzahl um 99,999 %.
Wenn sich auf einer Fläche beispielsweise 100 000 Keime befinden, dann darf nach einer Desinfektion nur noch ein lebender Keim übrig bleiben.

Sterilisation

Unter Sterilisation versteht man die Abtötung bzw. irreversible (unumkehrbare) Inaktivierung aller an und in einem Objekt vorhandenen Mikroorganismen, einschließlich der bakteriellen Sporen.
Eine absolute Keimfreiheit ist nicht möglich. Deshalb definiert man die Sterilisation gemäß der DIN-EU-Norm 555 als einen Prozess, der eine Keimfreiheitswahrscheinlichkeitsrate von 10^{-6} (0,000001) erzielen muss.
Bei der Sterilisation von 1 Million Instrumenten (im Operationsbereich, z. B. Skalpelle, Wundhaken) darf nur auf einem Instrument ein lebender Keim übrig bleiben.

Desinsektion

Unter Desinsektion versteht man

- die Abtötung bzw. Entfernung von Schädlingen (Entwesung),
- die Bekämpfung oder Vernichtung von Parasiten, die am menschlichen Körper leben und von dort aus Krankheiten auslösen können (Körperungeziefer, wie z. B. Läuse, Milben) oder
- die Bekämpfung und Entfernung von Wohnungsungeziefer (Insekten).

Dies gelingt mithilfe von chemischen Substanzen (z. B. Insektizide, Pestizide) oder mittels physikalischer Verfahren (z. B. Fliegenfallen). Zur Desinsektion zählen alle Arten der Schädlingsbekämpfung. Diese sollten, sofern der Einsatz von Chemikalien erforderlich ist, nur von sachkundigem Personal durchgeführt werden.

3.8.2 Einsatz von Desinfektionsmitteln

Im Gegensatz zu Reinigungsmitteln enthalten Desinfektionsmittel Wirkstoffe, die in der Lage sind, Mikroorganismen zu inaktivieren oder abzutöten.
Desinfektionsmittel werden nach ihrem Wirkungsspektrum und Anwendungsgebiet eingeteilt. Ein universelles Desinfektionsmittel gibt es nicht, denn kein Desinfektionsmittel kann überall und gegen alle Keime eingesetzt werden.

Unterteilung nach **Wirkungsspektrum**:

- bakterizid: tötet und inaktiviert Bakterien
- fungizid bzw. levurozid: tötet und inaktiviert Pilze
- viruzid: inaktiviert Viren
- sporizid: tötet Sporen

Unterteilung nach **Anwendungsbereichen**:

- Hände und Haut
- Schleimhaut
- Oberflächen
- Instrumente (z. B. Operationsgeräte, Fieberthermometer, Scheren, Pinzetten)
- Wäsche

Listung von Desinfektionsmitteln

Für den Lebensmittelbereich, die vorbeugende Desinfektion in Bereichen des öffentlichen Gesundheitswesens sowie bei meldepflichtigen Erkrankungen müssen Desinfektionsmittel mit besonderen Verfahren geprüft und gelistet werden. Es werden besondere Prüfverfahren für die Wirksamkeit des Desinfektionsmittels zugrunde gelegt. Nur diese Desinfektionsmittel dürfen eingesetzt werden.

Es werden folgende Listungen unterschieden:

Die **IHO-Desinfektionsmittelliste** enthält Produkte, die auf Wirksamkeit hinsichtlich verschiedener EU-Normen geprüft sind.

Die IHO-Desinfektionsmittelliste ist im Internet unter www.iho-desinfektionsmittelliste.de zugänglich.

Verbund für Angewandte Hygiene e.V.
Desinfektionsmittel-Kommission
www.vah-online.de

Die Liste des Verbunds für Angewandte Hygiene e. V. (**VAH-Liste, abrufbar über die Webseite www.vah-online.de**) gilt für alle Bereiche, in denen eine Desinfektion medizinisch erforderlich ist, etwa in Krankenhäusern, Altenheimen, Kurkliniken oder Kindergärten.

Die Desinfektionsmittelliste der Deutschen Veterinärmedizinischen Gesellschaft (**DVG-Liste**) für den Lebensmittelbereich gilt für alle Bereiche, in denen Lebensmittel produziert, verarbeitet und in Verkehr gebracht werden. Insbesondere sind das Küchen in Krankenhäusern, Altenheimen, Kurkliniken, Kindergärten oder im Hotel- und Gaststättengewerbe.

Die in der Liste der vom *Robert-Koch-Institut (RKI*-Liste) aufgeführten Produkte und Verfahren kommen nur auf Anordnung des Gesundheitsamtes zum Einsatz, beispielsweise bei einem Ausbruch von Noroviren in einem Krankenhaus oder Altenheim.

Auswahl eines Desinfektionsmittels

Die Auswahl eines Desinfektionsmittels mit der jeweiligen Einsatzkonzentration sollten Sie von folgenden Faktoren abhängig machen:
- Was muss desinfiziert werden?
- In welchem Zeitraum muss der zu desinfizierende Gegenstand wieder einsatzbereit sein?
- Ist das ausgewählte Desinfektionsmittel gelistet?
- Ist das Desinfektionsmittel auch für den Bereich gelistet und zugelassen, in dem es zum Einsatz kommen soll?
- Müssen besondere Vorgaben beachtet werden, wie zum Beispiel Anordnungen des Gesundheitsamtes oder der staatlichen Lebensmittelüberwachung?
- Hat das ausgewählte Desinfektionsmittel auch ein ausreichendes Wirkungsspektrum für den gewünschten Einsatzbereich?

3.8.3 Hygienekontrollen

GRUNDLAGEN

Hygienische Untersuchungen und Kontrollen sind ein wesentlicher Bestandteil der Qualitätssicherung und Eigenkontrolle und in der Lebensmittelhygieneverordnung vorgeschrieben. Durch sie soll sichergestellt und *dokumentiert* werden, dass von den Zuständen in einer Einrichtung keine gesundheitlichen Gefahren für Bewohner und Beschäftigte ausgehen. Das bedeutet, die hygienischen Bedingungen gewährleisten, dass die Wahrscheinlichkeit von Gesundheitsschäden und -beeinträchtigungen durch Einhaltung anerkannter Regeln der Hygiene auf ein Mindestmaß reduziert wird. Die Ergebnisse der Untersuchungen sind in die Maßnahmen der Qualitätssicherung (siehe Seite 38) einzubeziehen.

Kontrolliert und dokumentiert werden:

3.8.4 Schädlinge

LERNFELD 5

Schädlinge bergen nicht nur gesundheitliche Gefahren durch die Verbreitung von Krankheiten oder Parasiten. Sie erzeugen auch Ekel oder verursachen materielle Schäden (z. B. Materialschäden an Maschinen und Gebäuden, verunreinigte Lebensmittel, die weggeworfen werden müssen). Nicht zuletzt beeinträchtigen Schädlinge den wirtschaftlichen Erfolg einer Einrichtung, wenn etwa ein Imageverlust eintritt. Sogar ein Betriebsausfall kann die Folge eines Schädlingsbefalls sein.
Deshalb ist es unerlässlich, auch Kontrollen auf Schädlingsbefall durchzuführen. Unmittelbar nachdem festgestellt wird, dass ein Schädlingsbefall vorliegt, muss dieser bekämpft werden. Dies übernehmen in öffentlichen Einrichtungen fachlich qualifizierte Personen oder spezialisierte Firmen.

Hilfestellung bei der Auswahl gibt der jeweilige Landesverband des Schädlingsbekämpfer-Verbands.
Gesetzliche Vorgaben, wie die Lebensmittelhygieneverordnung, das Infektionsschutzgesetz oder das Pflanzenschutzgesetz, schreiben die Schädlingsbekämpfung vor. Insbesondere im Lebensmittelbereich ist eine regelmäßige Kontrolle auf Schädlingsbefall unerlässlich.

Über Schädlinge können Krankheitserreger auf unterschiedliche Art und Weise übertragen werden, etwa durch einen Biss, durch den Verzehr von Nahrungsmitteln, die durch Schädlinge verunreinigt wurden, oder durch Einatmen verunreinigter Luft. Unterschiedliche Erkrankungen können die Folge sein, etwa:
- Lebensmittelvergiftungen,
- Lungenentzündungen,
- Hirnhautentzündungen,
- allergische Reaktionen oder
- Wurmerkrankungen.

Einteilung der Schädlinge

Hygieneschädlinge	Lästlinge	Vorratsschädlinge	Materialschädlinge
Von Hygieneschädlingen geht eine gesundheitliche Gefahr für Mensch und Tier aus.	Lästlinge werden überwiegend als lästig empfunden, ohne dass eine konkrete Gefahr von ihnen ausgeht.	Vorratsschädlinge befallen Lebensmittel und Futtervorräte.	Materialschädlinge verursachen Schäden an Materialien, die tierischen oder pflanzlichen Ursprungs sind.
Hierzu zählen Pharaoameisen, Schmeißfliegen, Flöhe, Käfer, Milben, Hausmücken, Ratten, Schaben, Wanzen oder Zecken.	Hierzu zählen Rasenameisen, Kellerasseln, Stubenfliegen, Heimchen oder Wespen.	Hierzu zählen Brotkäfer, Kornkäfer, Reiskäfer oder Mehlkäfer.	Hierzu zählen Pelzmotten, Kleidermotten, Bücherläuse oder Silberfischchen.

GRUNDLAGEN

3.9 Abfälle und Müll

Grundsätzlich müssen Abfälle entsprechend der Müllart getrennt werden und dem Abfallkreislauf wieder zugeführt werden. Wie die Abfälle dem Wertstoffkreislauf wieder zugeführt werden müssen, regelt das Kreislaufwirtschafts- und Abfallgesetz (KrW/AbfG). Die Entsorgung vor Ort ist jeweils über kommunale Satzungen, Verordnungen (z. B. Verpackungsverordnung, länderspezifische Abfallwirtschaftsgesetze) unterschiedlich festgelegt.
Die Abfallentsorgung muss grundsätzlich so erfolgen, dass
- die Gesundheit und das Wohl des Menschen,
- die Umwelt (Luft, Wasser, Boden, Tiere, Pflanzen und Landschaft) sowie
- die öffentliche Sicherheit und die Ordnung nicht gefährdet werden.

Die Industrie bietet eine Vielzahl von farblich gekennzeichneten Sammelsystemen an.

3.9.1 Abfallarten und Wertstoffsammlung

Nach dem KrW/AbfG wird der Abfall in verschiedene Gruppierungen unterteilt, das ist der sogenannte Abfallschlüssel. Der Abfall von hauswirtschaftlichen Betrieben und Privathaushalten wird mit wenigen Ausnahmen in die Gruppe der Siedlungsabfälle (Gruppe 20) eingruppiert.

Hausmüll

Von Hausmüll oder hausmüllähnlichem Gewerbeabfall geht in erster Linie keine direkte Gefahr für Mensch und Umwelt aus. Diese Abfallarten werden vorrangig der stofflichen Verwertung zugeführt, d. h., sie werden möglichst sortenrein getrennt. Was nicht zugeordnet werden kann, wird über die Restmülltonne geleert. Abfälle sollten dort sortiert werden, wo sie anfallen. Darum sollte das Sammelsystem im Privat- oder Großhaushalt auf die Vorgaben der Kommune abgestimmt sein.

Die dualen Systeme

Nach dem neuen Verpackungsgesetz von 2019 sind alle Erstinverkehrbringer von Verpackungen (Hersteller, (Online-)Händler, Importeure) dazu verpflichtet, alle in Deutschland vertriebenen Verkaufsverpackungen zurückzunehmen und einer Verwertung zuzuführen. Alle Verpackungen, die an private Endverbraucher vertrieben werden, müssen an einem dualen System wie zum Beispiel dem Grünen Punkt teilnehmen, d. h. bei diesem lizensiert werden, und bei der Zentralen Stelle Verpackungsregister (ZSVR) registriert werden. Der Grüne Punkt ist eine geschützte Marke der Duales System Deutschland GmbH, die 1990 gegründet wurde. Insgesamt gibt es neun verschiedene duale Systeme in Deutschland. Weitere Systeme sind BellandVision GmbH, INTERSEROH Dienstleistungs GmbH, Landbell AG für Rückhol-Systeme, Noventiz Dual GmbH, PreZero Dual GmbH, Reclay Systems GmbH, Veolia Umweltservice Dual GmbH und Zentek GmbH & Co. KG. Die Siegel dieser dualen Systeme dem Endverbraucher als Hinweis darauf, dass der Hersteller für diese Verkaufsverpackung die Pflichten des Verpackungsgesetzes erfüllt hat. Eine Kennzeichnungspflicht besteht nach dem Verpackungsgesetz nicht.

Pfandsystem

Im Gegensatz zu Einwegsystemen werden Mehrwegsysteme angeboten. Hierzu zählen beispielsweise wiederbefüllbare Getränkeflaschen aus Glas oder Kunststoff, Kanister oder Transportboxen. Für diese Behälter wird beim Einkauf ein Pfand berechnet, das bei Rückgabe wiedererstattet wird. Auch Einwegflaschen (PET-Flaschen) oder Dosen, die sortenrein wiederverwertet werden können, werden über Pfandsysteme vom Handel zurückgenommen und dem Recycling zugeführt.

Sperrmüll

Zu Sperrmüll gehören Gegenstände aus dem Haushalt, die nicht in die „gewöhnliche" Restmülltonne passen. Häufig sind das etwa Möbelstücke, sperrige Gegenstände oder alte Elektrogeräte. Hier werden ortsabhängig gewisse Sammeltermine angegeben oder es erfolgt eine Abholung auf Bestellung bzw. durch eine eigenständige Zufuhr zur Deponie bzw. zum nächsten Recyclinghof.

Sondermüll

Zu Sondermüll zählen Abfälle, von denen eine Gefahr für Mensch und Umwelt ausgeht. Das können sein: Farben und Lacke, Medikamente, Batterien oder Leuchtstoffröhren etc. Sie werden produktabhängig gegen Nachweis entsorgt.

3.9.2 Besonderheiten in Großhaushalten

Infektiöse Abfälle

In Großhaushalten, wie Krankenhäusern oder Altenheimen, entstehen auch Abfälle, von denen ein erhöhtes Infektionsrisiko ausgeht. Dazu gibt es spezielle Vorschriften zum Sammeln, Lagern und zur Entsorgung. Diese Abfälle müssen nach den Vorgaben des Robert-Koch-Instituts (RKI) so gesammelt werden, dass von ihnen weder ein Verletzungsrisiko noch eine Infektion ausgehen kann. Dies können beispielsweise Spritzen, mit Sekreten behaftete Einmalwindeln oder Abfälle aus Infektionsstationen sein.

Entsorgung in der Großküche

Speisereste

- Reste von Speisen pflanzlicher Herkunft (z. B. Obst- und Gemüse) werden dem kompostierbaren Müll zugeführt.
- Reste von Speisen tierischer Herkunft müssen lt. Tierkörperbeseitigungsgesetz von genehmigten Spezialfirmen entsorgt werden.
- Große Mengen an Speisenabfällen dürfen nicht im Hausmüll entsorgt werden, lediglich solche Mengen, wie sie etwa in einem Vier-Personen-Haushalt anfallen. Die Abholung ist kostenpflichtig und wird nach Gewicht berechnet. Um Kosten einzusparen, gibt es spezielle Geräte, die dem Abfall das Wasser entziehen, wodurch er leichter wird.

Fette und Stärke

- In Küchengroßbetrieben fallen umfangreiche Volumina an Fetten und fetthaltigem Wasser an. Größere Mengen an Altöl oder Frittierfetten müssen gesondert gesammelt und über geeignete Entsorgungsbetriebe entsorgt werden.
- Frittierfette in kleinen Mengen (Faustregel: Vier-Personen-Haushalt) können über den Hausmüll entsorgt werden. Im Zweifelsfall wenden Sie sich an Ihr Entsorgungsunternehmen.
- Fetthaltiges Wasser darf nicht in großen Mengen ins Abwasser geleitet werden. Regelmäßige Verstopfungen und eine immense Geruchsbelästigung wären die Folge. Darum werden die Fette durch Fettabscheider vom Wasser getrennt. Sie müssen dann regelmäßig entleert werden.
- Ebenso wie Fett kann auch Stärke die Abwasserrohre verstopfen. Große Mengen an Stärke fallen beispielsweise beim maschinellen Kartoffelschälen an. Stärkeabscheider arbeiten nach dem gleichen Funktionsprinzip wie Fettabscheider.

PERSONEN WAHRNEHMEN UND BEOBACHTEN

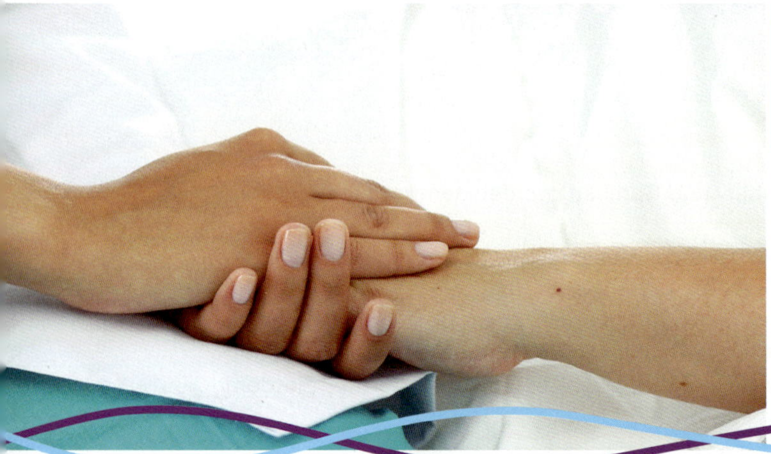

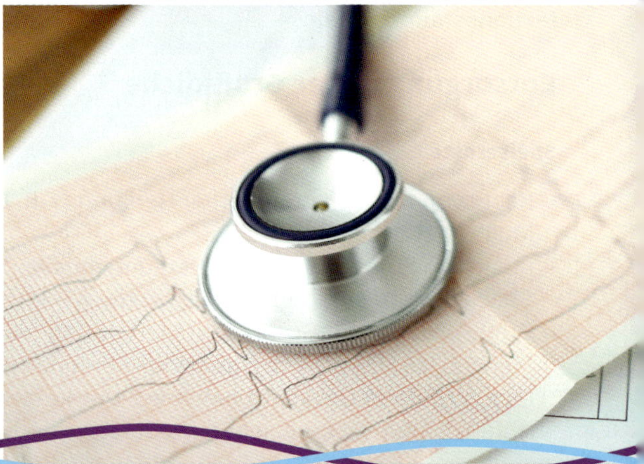

LERNSITUATION

Im Altenheim St. Anna hat es gravierende Veränderungen gegeben. Nach der bisherigen Zentralversorgung aus der Großküche wurde in eine familiär orientierte, dezentrale Versorgung in den Wohnbereichen umgestellt. Dazu wurden die Küchenzeilen in den Aufenthaltsräumen aufgerüstet und notwendige Geräte und Betriebsmittel angeschafft. Ebenso wurden zusätzliche Stationslager für Wäsche und Reinigungsutensilien geschaffen, um auch in diesen Bereichen den Bewohnern Teilhabemöglichkeiten anbieten zu können.

Für diese ganzheitliche, familiäre Betreuung ist eine enge Zusammenarbeit der Mitarbeiter aus der Pflege und Hauswirtschaft unabdingbar. Daher finden monatliche Teamsitzungen statt, bei denen die Alltagsorganisation geplant und abgesprochen sowie bisherige Erfahrungen und Beobachtungen ausgetauscht werden.

Rachel, die Auszubildende aus dem ersten Ausbildungsjahr, soll in den kommenden Monaten im Rahmen ihrer Ausbildung im Wohnbereich Rheinblick in einem Team dieser Art mitarbeiten. Sie kann bei der Betreuung der Bewohner mitwirken und die neuen Erfahrungen anschließend auswerten.

ARBEITSSCHWERPUNKTE

- Erstellung eines Handouts mit Tipps und Hinweisen für den Umgang mit alten Menschen
- Erfassung von möglichen altersbedingten Beeinträchtigungen und Entwicklung von entsprechenden Angeboten für eine alltägliche Aktivierung der Bewohner
- Planung und Dokumentation einer hauswirtschaftlichen Tätigkeit mit Einbeziehung von einzelnen Bewohnern
- Entwicklung eines Beobachtungsbogens für die tägliche Arbeit in der Wohngruppe
- Erstellung eines Informationsplakates für den verantwortungsvollen Umgang mit dem Smartphone für die Mitarbeiter im Wohnbereich
- Entwicklung eines Leitfadens für eine gute Gesprächsatmosphäre
- Entwicklung eines Leitfadens für einen guten Umgang mit Konflikten

	KOMPETENZCHECK	✓
1.	*Ich habe Wissen um die Bedürfnisse und Entwicklungsphasen von Kindern und Jugendlichen.*	❑
2.	*Ich habe grundsätzliche Kenntnisse zu den verschiedenen Formen von Behinderungen.*	❑
3.	*Ich kenne die Besonderheiten des Alters.*	❑
4.	*Ich weiß um die Merkmale der Krankheit „Demenz“.*	❑
5.	*Ich beherrsche gute Umgangsformen und wende sie in meinem beruflichen Umfeld an.*	❑
6.	*Ich kann mich bei Tisch benehmen und kenne die Regeln für das Verhalten bei den Mahlzeiten.*	❑
7.	*Ich weiß, wie ich im Beruf verantwortungs- und rücksichtsvoll das Mobiltelefon/Smartphone benutze.*	❑
8.	*Ich bin mir des besonderen Schutzes der Privatsphäre von Bewohner/Patienten/Gästen/Kunden bewusst und kann dazu Maßnahmen ergreifen.*	❑
9.	*Ich habe Kenntnisse über die verbale und nonverbale Kommunikation.*	❑
10.	*Ich kann Rahmenbedingungen für Gespräche schaffen und geeignete Gesprächstechniken anwenden.*	❑
11.	*Ich kenne die möglichen Ursachen und Merkmale von Konflikten.*	❑
12.	*Ich bin mir meiner Selbst- und Fremdwahrnehmung bewusst.*	❑
13.	*Ich kann eine Wahrnehmung von einer gezielten Beobachtung unterscheiden.*	❑
14.	*Ich kenne die Grundsätze, nach denen gezielte Beobachtungen durchgeführt werden.*	❑
15.	*Ich weiß, wie Beobachtungen dokumentiert und weitergeleitet werden sollten.*	❑

Hauswirtschaftliche Fachkräfte haben im Beruf nicht ausschließlich Kontakt zu anderen Kolleginnen und Kollegen bzw. Vorgesetzten, sondern treffen häufig auch auf die in einer Einrichtung betreuten Personen bzw. die Kunden oder Gäste eines Betriebs. Die Erwartung ist deshalb, sowohl den zu betreuenden Personen als auch den anderen Beschäftigten, mit einer positiven und offenen Haltung zu begegnen und die dabei erforderlichen Umgangsformen einzuhalten. Für hauswirtschaftliche Fachkräfte heißt das, Menschen unterschiedlicher Altersgruppen müssen individuell wahrgenommen werden. Ihre Bedürfnisse sowie die wesentlichen Abweichungen in ihrem alltäglichen Verhalten müssen erkannt werden, um darauf angemessen reagieren zu können.

Über die Beschäftigung mit der Selbst- und Fremdwahrnehmung soll es in diesem Lernfeld gelingen, das eigene Kommunikationsverhalten im Umgang mit anderen Menschen zu analysieren, zu verstehen und gezielt weiterzuentwickeln.

4.1 Bedürfnisse von Menschen in verschiedenen Lebensphasen und Lebenssituationen

Lebensabschnitte werden durch das Alter und die Entwicklungsphasen eines Menschen bestimmt. Jede Entwicklungsphase beinhaltet Aufgaben, deren Bewältigung zu einem lebenslangen Wachstums- und Reifungsprozess beitragen. Im Spannungsfeld zwischen körperlich-biologischen Veränderungen, individuellen Bedürfnissen und gesellschaftlichen Anforderungen bildet sich die individuelle Persönlichkeit eines Menschen heraus.
Lebenssituationen beschreiben einen aktuellen Zeitpunkt innerhalb von Lebensabschnitten und Entwicklungsphasen. Sie können über Voraussetzungen und Bedingungen einer Person und deren Umgebung charakterisiert werden.

4.1.1 Die Kindheit

Der Lebensabschnitt der Kindheit und Jugend ist durch eine Vielzahl aufeinander folgender Entwicklungsschritte und den damit verbundenen Anforderungen an Eltern, Bezugspersonen und deren Umgebung gekennzeichnet.
Während ein Säugling darauf angewiesen ist, dass seine Grundbedürfnisse (siehe Seite 277) umfassend von den Eltern oder Bezugspersonen erkannt und befriedigt werden, erfordert ein Jugendlicher Entscheidungs- und Gestaltungsfreiräume, um zu einer selbstverantwortlichen Person heranreifen zu können.

Das erste Lebensjahr

Das erste Lebensjahr eines Kindes ist von körperlichen und psychischen Bedürfnissen bestimmt. In den ersten Wochen und Monaten stehen Nahrung, Wärme und fürsorgliche Pflege im Vordergrund. Gleichzeitig wollen psychische Bedürfnisse nach Zuwendung, Nähe und Geborgenheit befriedigt werden. Sich geborgen und angenommen zu fühlen ist ein Grundbedürfnis jedes

Menschen und bedarf gerade in den ersten Lebensjahren einer liebevollen und verlässlichen Bezugsperson. In der Regel sind dies die Eltern. Bindungsforscher haben jedoch herausgefunden, dass auch andere Personen diese Aufgaben übernehmen können, sofern sie Kontinuität und Verlässlichkeit in der Befriedigung der kindlichen Bedürfnisse gewährleisten. Die *Bindung* zu einer vertrauten Person bildet den Grundstein für das Gedeihen des Säuglings und die Entwicklung eines stabilen *Selbstwertgefühls*.

Das Kleinkind von 1 bis 6 Jahren

Die *motorische Entwicklung* eröffnet dem Kleinkind die Möglichkeit, die Welt zu entdecken und zunehmend selbstständiger zu werden. Zunächst möchte es die Milchflasche selbst halten, dann beginnt es, mit dem Löffel zu essen. Es zieht Söckchen, Mütze oder Handschuhe aus und kann sich etwa um das 3. Lebensjahr herum selbstständig an- und auskleiden. Es kann rennen, hopsen und herumtollen. Obwohl die Sorge um die Sicherheit des Kindes in diesem Alter berechtigt ist, muss das Kind eigene, dem Entwicklungsstand entsprechende Erfahrungen machen können. Dazu gehören Erfahrungen mit unterschiedlichen Gegenständen und Spielmaterialien wie auch die Erfahrung, Hindernisse selbstständig überwinden zu können.

Das Schulkind ab 6 Jahren

Erreichen Kinder das 6. Lebensjahr, sind sie in der Regel stolz, bald in die Schule zu kommen. Sie haben ein natürliches Bedürfnis, zu lernen und älteren Kindern oder Erwachsenen nachzueifern. Der Tagesablauf des Kindes wird nun durch die Schule und andere Aktivitäten (z. B. Sport, Musikunterricht) bestimmt. Die Erledigung der Hausaufgaben erfordert zusätzliche Konzentration am Nachmittag.

4.1.2 Das Jugendalter

Das Jugendalter ist durch körperliche und psychische Veränderungen geprägt. Durch hormonelle Einflüsse bilden sich primäre und sekundäre Geschlechtsmerkmale aus. Die Art und Weise, sich zu kleiden, und das äußere Erscheinungsbild erhalten eine zunehmende Bedeutung im Leben der Heranwachsenden. Jugendliche grenzen sich von ihren Eltern und jüngeren Geschwistern ab und sind auf der Suche nach ihrer *Identität*. Vorbilder und Idole geben Anstöße für Verhaltensweisen oder den Kleidungsstil. Schließlich geht es darum, anderen Jugendlichen zu imponieren und erste Partnerschaften einzugehen. Gefühlsschwankungen zwischen hoher Sensibilität und Aggressivität machen das Zusammenleben in der Familie häufig schwierig und fordern Eltern und Bezugspersonen zu teils heftigen Auseinandersetzungen und Diskussionen heraus.

4.1.3 Menschen mit Behinderungen

Behinderungen können durch Unfälle, angeborene oder erworbene Krankheiten oder geburtstraumatische Schädigungen hervorgerufen werden. Sie haben Auswirkungen auf die gesamte Lebensspanne, die Wahrnehmung von Chancen und Möglichkeiten und die Teilhabe am gesellschaftlichen Leben eines Menschen.

Unabhängig von der Ursache gibt es unterschiedliche Formen der Behinderung:
- **Körperliche Behinderungen** gehen meist mit Einschränkungen in der Bewegungs- und Leistungsfähigkeit einher. Außerdem können auch Sinnesorgane betroffen sein, die zu Einschränkungen im Sehen und/oder Hören führen.
- **Geistige Behinderungen** beziehen sich auf Einschränkungen im Erfassen und Verstehen von Zusammenhängen und der Fähigkeit, sich im Alltag zurechtzufinden.
- **Seelische Behinderungen** sind meist die Folgen psychischer Erkrankungen, wie Depression, Schizophrenie oder Suchterkrankungen, und können ebenso zu erheblichen Beeinträchtigungen im Alltag führen.
- Kommen mehrere Formen der Behinderung gleichzeitig vor, wird von einer **Mehrfachbehinderung** gesprochen.

4.1.4 Das Alter

Jugend wird mit Kraft, Vitalität, Erlebnis und Spaß assoziiert. Dem Alter werden dagegen Krankheit, Schmerz und die Nähe zum Tod zugeschrieben. Die vielfach negative Betrachtungsweise des Alterns ist vor allem dadurch entstanden, weil man zu Unrecht die altersbedingten körperlichen Veränderungen verallgemeinernd auf die psychischen und sozialen Alterungsprozesse übertragen hat. Die körperlichen altersbedingten Einschränkungen sind häufig der Grund für einen Hilfebedarf im Alter. Nachlassende Sehkraft oder eine verringerte Gehstrecke lassen es nicht mehr zu, dass der alte Mensch beispielsweise selbst einkaufen kann. Durch ein Nachlassen der Muskelkraft ist er nicht mehr in der Lage, die Wohnung selbst zu reinigen. Hier treten hauswirtschaftliche und pflegerische Dienste kompensierend auf. Immer gilt es, das richtige Maß an notwendiger Unterstützung zu geben, ohne jedoch die vorhandenen Fähigkeiten einzuschränken.
Neben den körperlichen Auswirkungen des Alterungsprozesses können auch die Folgen des Alterns auf die Person insgesamt betrachtet werden. Die folgenden Fähigkeiten lassen mit zunehmendem Alter häufiger nach:

- das Gedächtnis,
- die Merkfähigkeit,
- die geistige Wendigkeit,
- die Kombinationsfähigkeit,
- die psychomotorische Geschwindigkeit (praktisches Geschick)

4.1.5 Menschen mit Demenz

Die Betreuung von Menschen, die an einer *Demenz* erkrankt sind, stellt für alle Beteiligten eine große Herausforderung dar. Menschen mit einer Demenz verlieren zwar viele Funktionen ihres Verstandes (Kognition), das Erleben von Gefühlen wird durch die Demenz jedoch nicht eingeschränkt. So kommt ihnen die Fähigkeit zum logischen oder abstrakten Denken, zum Rechnen, Kombinieren und Entscheiden zwar immer mehr abhanden, doch wäre es falsch, die Betroffenen nur auf die Erkrankung zu reduzieren. Statt zu sagen „der Demente“, drückt die Bezeichnung „Mensch mit Demenz“ aus, dass der Erkrankte trotzdem ein Mensch und eine Person bleibt. Er ist bis zuletzt zum Empfinden von Gefühlen imstande. Darum ist es auch bei einer Demenz möglich, dass der Betroffene Glück, Freude und *Wohlbefinden* erleben kann.
Bei Ihrer Tätigkeit in der Hauswirtschaft werden Sie sehr häufig mit demenziell erkrankten Menschen arbeiten, denn diese Erkrankungen führen immer zu einem Hilfebedarf. Die spezifische Situation eines Menschen mit Demenz drückt sich vor allem in seinen Verhaltensweisen aus, die auf uns merkwürdig, „verrückt“, oftmals aber auch humorvoll erscheinen. Um mit ihm angemessen umgehen zu können, muss Ihnen das bewusst sein.

4.2 Umgangsformen

Unter Umgangsformen versteht man Regeln und Rituale, die dabei helfen, Begegnungen respektvoll und angenehm zu gestalten. Hierbei spielen einerseits kulturelle Einflüsse sowie Nähe und Distanz, andererseits eine offene und wertschätzende Haltung gegenüber anderen Menschen eine wichtige Rolle.
Von Mitarbeitern der Hauswirtschaft werden gute Umgangsformen und eine stets freundliche und zuvorkommende Art im Kontakt mit zu betreuenden Personen erwartet.

4.2.1 Begrüßen und verabschieden

Eine freundliche Begrüßung und Vorstellung ist der „Türöffner“ für eine gelungene Kontaktaufnahme. Begleitet durch einen offenen und zugewandten Blickkontakt wird je nach Tageszeit unterschiedlich begrüßt:

bis 10 Uhr	10 bis 18 Uhr	ab 18 Uhr
„Guten Morgen ...“	„Guten Tag ...“	„Guten Abend ...“

Ist der Name der begrüßten Person bekannt, sollte er unbedingt angefügt werden (z. B. „Guten Morgen, Frau Schulze“, „Guten Abend, Herr Maier“). Er verleiht der Begegnung einen persönlichen Charakter und bringt eine gewisse Wertschätzung zum Ausdruck. Haben Sie den Namen einer Person vergessen, dann fragen Sie freundlich nach (z. B. „Würden Sie mir Ihren Namen nochmals ins Gedächtnis rufen?“).

Grundsätzlich lassen sich folgende Regeln festlegen:
- Im beruflichen Rahmen werden Personen in der Regel mit „Sie“ angesprochen, außer es gibt gesonderte Formen.
- Herren grüßen die Damen.
- Jüngere Menschen grüßen die älteren.
- Mitarbeiter grüßen ihre Vorgesetzten.
- Ankommende grüßen die Anwesenden.
- Außerhalb von Räumen grüßt derjenige zuerst, der den anderen zuerst sieht.

Persönliche Begrüßungen sind meist mit einem Händedruck verbunden. Dieser sollte kurz und deutlich sein und geht im beruflichen Bereich von der höher gestellten Person aus. Der Wangenkuss hat seine Ursprünge in Frankreich und Spanien und wird zunehmend auch in Deutschland praktiziert.

Das Verabschieden ist genauso wichtig wie das Begrüßen. Häufig zeigt ein kurzer Blick auf die Uhr an, dass es jetzt Zeit ist, sich zu verabschieden. Dabei reicht der Kunde der Hauswirtschafterin oder der Gastgeber den Gästen die Hand und bedankt sich für die erbrachte Leistung oder den Besuch.

4.2.2 Sich und andere vorstellen

Treten Sie einer Person gegenüber, die Sie noch nicht kennt, sollten Sie sich zunächst vorstellen. Dabei können Sie folgende Formulierungen nutzen:
- „Guten Tag, ich bin Martina Neier.“
- „Guten Tag, ich heiße Martina Neier.“
- „Guten Tag, mein Name ist Martina Neier.“

Indem Sie Ihren Vor- und Nachnamen angeben, ist Ihre Vorstellung einprägsamer und persönlicher. Im beruflichen Rahmen ist es hilfreich, einen Zusatz zur Funktion oder Stellung innerhalb des Betriebs anzufügen, etwa „Ich bin ein Mitarbeiter aus der Hauswirtschaft“ oder „Frau Schulze, das ist meine neue Kollegin Lisa Müller“.
Sind weitere Personen anwesend, werden diese ebenfalls bekannt gemacht. Auch hierbei sollte die Funktion und – sofern vorhanden – der Titel einer Person berücksichtigt werden, zum Beispiel „Das ist Herr Dr. Martin Müller, der Hausarzt von Frau Schmidt“.
Im beruflichen Rahmen werden niedriger gestellte Personen der höher gestellten Person vorgestellt. So werden etwa die Auszubildende der Einrichtungsleiterin oder die neue Kollegin der Kundin vorgestellt.

4.2.3 Um Entschuldigung bitten

Es kommt immer wieder einmal vor, dass Fehler passieren, sei es, dass Sie zu spät zu einem vereinbarten Termin kommen, dass versehentlich etwas zu Boden gefallen ist oder dass Sie eine Person unbewusst gekränkt haben.
Entschuldigen Sie sich grundsätzlich für alle Fehler und Irrtümer, selbst wenn diese Ihnen belanglos erscheinen. Wenn Sie jemanden gekränkt haben, sollten Sie Ihr Fehlverhalten eingestehen und eventuell eine kleine Wiedergutmachung, beispielsweise ein Tütchen Konfekt, anfügen.

4.2.4 Benehmen bei Tisch

Gute Umgangsformen zeigen sich nicht zuletzt bei der Einnahme von Mahlzeiten. Aufgrund des beruflichen Aufgabenspektrums kommt Ihnen hierbei eine Vorbildrolle zu.

Regeln bei Tisch
Setzen Sie sich stets mit sauberer Kleidung an den Tisch.
Nehmen Sie bei Tisch eine aufrechte und gerade Körperhaltung ein.
Die Speisen sollten zum Mund und nicht der Mund zum Teller geführt werden.
Legen Sie beide Hände auf den Tisch, aber nur bis zum Handgelenk. Der Ellenbogen darf den Tisch während der gesamten Mahlzeit und auch zwischen den Gängen nicht berühren.
Das Essen wird eröffnet, wenn alle am Tisch sitzenden Personen die Speisen aufgelegt haben. Sind Sie eingeladen, eröffnet die/der Gastgeber/-in die Mahlzeit.
Mit vollem Mund zu sprechen gilt als unhöflich. Achten Sie deshalb darauf, dass Sie keine zu großen Portionen in den Mund nehmen, dadurch können Sie schneller antworten, wenn Sie angesprochen werden.
Essen Sie nicht zu hastig und schließen Sie den Mund während des Kauens.
Greifen Sie erst dann zum Getränk, wenn Sie den Mund leer haben. Um das Glas nicht mit Speiseresten zu beschmutzen, sollten die Lippen vorher mit einer Serviette abgewischt werden.
Fassen Sie Gläser mit Stiel nie am Kelch, sondern immer am Stiel an.
Gabel und Messer werden zwischen Daumen und Zeigefinger gehalten und nicht mit der ganzen Faust umschlossen.
Wenn Sie beim Essen eine Pause machen, sich unterhalten oder einen Nachschlag wünschen, wird das Besteck auf dem Teller gekreuzt.
Nach dem Essen wird das Besteck schräg auf den Teller gelegt, und zwar so: Gabel und Messer parallel, mit dem Gabelrücken nach unten, das Messer mit der Schneide zur Gabel.
Mit dem Messer wird nur das Fleisch geschnitten. Salat wird – sofern die Blätter zu groß sind – mit dem Besteck in kleine Pakete gefaltet. Kartoffeln werden mit der Gabel geteilt und nicht gequetscht.
Kerne, Gräten oder andere Fremdkörper sollten genau so, wie sie in den Mund genommen wurden, auch wieder herausbefördert werden. Das heißt, Sie führen die Gabel zum Mund, geben die Kerne darauf und legen diese dann am Tellerrand ab.
Die Serviette wird, sobald man Platz genommen hat, auf den Schoß gelegt. Nach dem Essen oder wenn Sie zwischen den Gängen aufstehen, wird die Serviette lose gefaltet und links neben das Gedeck gelegt. Papierservietten sollten nach Gebrauch nicht zerknüllt auf den Teller gelegt werden.
Sind Sie eingeladen, ist eine Mahlzeit dann beendet, wenn die Gastgeberin oder der Gastgeber ihre oder seine Serviette links neben dem Teller ablegt und sich erhebt. Erst jetzt dürfen auch die Gäste aufstehen.

4.2.5 Umgang mit dem Mobiltelefon und Smartphone

Das Mobiltelefon darf bei den meisten Arbeitsstellen im beruflichen Umfeld nicht für private Zwecke benutzt werden. Für den dienstlichen Gebrauch gelten einige Regeln:
- Schalten Sie Ihr Mobiltelefon ab, bevor Sie sich in ein (Kunden-)Gespräch begeben.
- Überall dort, wo es die Ruhe und Entspannung oder die Konzentration der Mitmenschen stört, sollten Belästigungen sowohl durch hörbare Anrufsignale als auch durch das aufgezwungene Mithören von Gesprächen vermieden werden.

- Legen Sie Ihr Mobiltelefon nur dann auf den Tisch, wenn Sie es für das Gespräch benötigen, z. B. für eine Terminabsprache.
- Unterbrechen Sie kein Gespräch, auch nicht den Blickkontakt zu Ihrem Gegenüber, um eine eingegangene Nachricht zu lesen.
- Vermeiden Sie auch beim Empfangen von Nachrichten lang anhaltende oder schrille Töne.
- Legen Sie bei Gesprächen mit anderen Personen Kopfhörer oder Head-Set ab.
- Melden Sie sich auch bei einem Anruf auf Ihrem Mobiltelefon mit dem passenden Tagesgruß, dann dem Firmen- und danach dem eigenen Namen, so wie Sie es bei einem Festapparat tun.

GRUNDLAGEN

- Sprechen Sie nicht zu laut. Schlechte Verbindungen lassen sich auch durch lautes Sprechen nicht ausgleichen.
- Wenn Sie die Mobilbox-Funktion nutzen, dann stellen Sie diese so ein, dass die Mobilbox etwa nach dem vierten Klingeln in Aktion tritt.
- Nutzen Sie eine geschäftliche Mobilfunknummer auf keinen Fall spätabends oder am Wochenende, denn jeder kann einmal vergessen, auf seine Mobilbox umzustellen. Jeder hat ein Recht auf Privatsphäre.

4.2.6 Die Privatsphäre achten

Jeder Mensch besitzt eine Privatsphäre. Diese kann individuell sehr unterschiedlich sein und ist abhängig von persönlichen Erfahrungen, der Erziehung, kulturellen Gewohnheiten oder spezifischen Situationen. In der Regel schützen Menschen ihre Privatsphäre, indem sie anderen Menschen Informationen vorenthalten oder sich räumlich abgrenzen. Die Begriffe „die eigenen vier Wände zu haben" oder „die Tür hinter sich zumachen" drücken dieses Bedürfnis aus.

Von hauswirtschaftlichen Fachkräften verlangt das Erkennen und das Respektieren der Privatsphäre viel Fingerspitzengefühl. In privaten Haushalten wie auch in Tagungs- oder Gästehäusern wird Diskretion und ein sensibler Umgang mit persönlichen Gegenständen und räumlichen Abgrenzungen, wie etwa geschlossenen Türen oder verschlossenen Schränken, erwartet.

Folgende Verhaltensregeln bieten Ihnen eine Hilfestellung:

- Lassen Sie sich vor Beginn der Arbeit in die für Sie zugänglichen Räume einweisen.
- Fragen Sie nach, welche Schränke und Geräte Ihnen zur Verfügung stehen.
- Gehen Sie mit persönlichen Gegenständen und Kleidungsstücken sorgsam um und respektieren Sie deren individuelle Anordnung.
- Klopfen Sie bei geschlossenen Türen stets an. Warten Sie ab, bis Ihnen der Eintritt erlaubt wird.
- Geben Sie private Informationen oder Gesprächsinhalte, die Sie als Unbeteiligte/-r mitgehört haben, nicht an andere Personen weiter.

4.3 Kommunikation

Unter Kommunikation wird die Fähigkeit eines Menschen verstanden, seine Gedanken, Ideen und Gefühle einem anderen Menschen mitzuteilen. Kommunikation ermöglicht es, dass Menschen miteinander in Beziehung treten. Sie findet verbal über die Sprache und nonverbal über Gestik, Mimik, Körperhaltung und Körperkontakt statt.

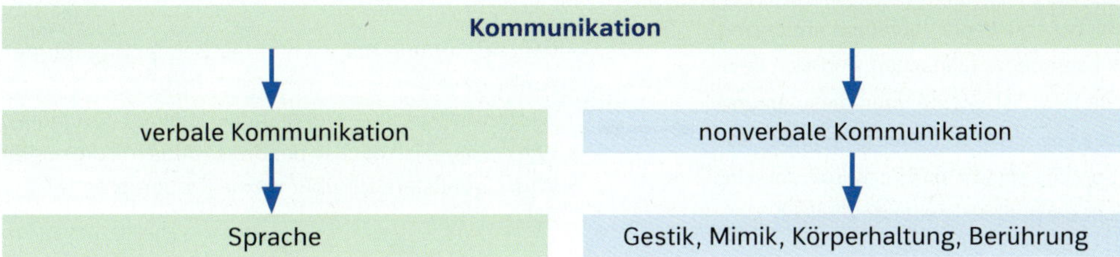

Für hauswirtschaftliche Fachkräfte ist die verbale und nonverbale Kommunikation mit Menschen aller Altersstufen eine Grundlage beruflichen Handelns. Sie informieren, erklären, leiten an, beraten oder vermitteln, treffen Absprachen und führen Gespräche. Dabei treten sie in Kontakt mit verschiedenen Personengruppen:

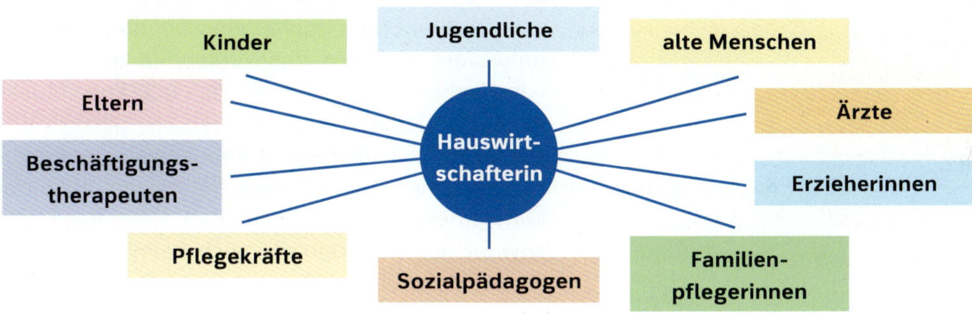

4.3.1 Eine wertschätzende Haltung einnehmen

Für eine gelungene Kommunikation und Beziehung zweier Menschen ist eine wertschätzende und offene Haltung von grundlegender Bedeutung. Carl Rogers, ein amerikanischer Psychologe, hat sich mit der Art und Weise beschäftigt, wie Menschen miteinander in Beziehung treten und kommunizieren. Dabei konnte er drei Elemente identifizieren, die den Verlauf eines Gesprächs und die Qualität einer zwischenmenschlichen Beziehung positiv beeinflussen. Er umschrieb diese Elemente in den Konzepten Empathie, Akzeptanz und Kongruenz. Neben ihrer Anwendung im Gespräch setzen sie voraus, dass wir uns unserer eigenen Gefühle, Bedürfnisse und Werte bewusst sind. Deshalb ist es immer wieder wichtig, sich selbst zu hinterfragen.

Einzunehmende Haltung	Was Sie sich selbst fragen sollten
Empathie beschreibt ein einfühlendes Aufeinander-Eingehen und Verstehen. Ein empathischer Mensch begegnet einem anderen mit wacher Aufmerksamkeit und versucht, die Gefühle, Erfahrungen, Wahrnehmungen oder Einstellungen des Gegenübers nachzuvollziehen, ohne sie zu bewerten.	• Was nehme ich wahr? Was höre ich? Was sehe ich? • Bin ich aufmerksam und offen, für alle verbalen und nonverbalen Signale? • Gebe ich meinem Gegenüber genügend Zeit und Raum, um seine Gefühle zu äußern? • Nehme ich vorschnell Bewertungen vor? Welche?
Akzeptanz beschreibt eine unvoreingenommene Zuwendung und Wertschätzung. Menschen mit einer hohen Akzeptanz versuchen, andere Menschen anzunehmen wie sie sind, mit ihren Besonderheiten, Schwächen und Stärken.	• Wo fällt es mir leicht, die Besonderheiten, Stärken und Schwächen einer Person anzunehmen? • Wo fällt es mir eher schwer, die Besonderheiten, Stärken und Schwächen einer Person anzunehmen?
Kongruenz oder Echtheit beschreibt die Übereinstimmung mit sich selbst. Echte oder kongruente Menschen sind sich ihrer Gefühle und Bedürfnisse bewusst. Sie nehmen diese an und gewinnen dadurch Klarheit in ihrem Verhalten gegenüber anderen Menschen. Ihre Sprache stimmt mit ihrer Körpersprache überein und unterstreicht die dahinterstehende Absicht.	• Welche Gefühle habe ich in der Begegnung mit der Person? • Welche Bedürfnisse stehen hinter meinen Gefühlen? • Wie verhalte ich mich in der Begegnung mit dieser Person? • Was signalisiere ich über meine Körpersprache?

4.3.2 Verbale Kommunikation

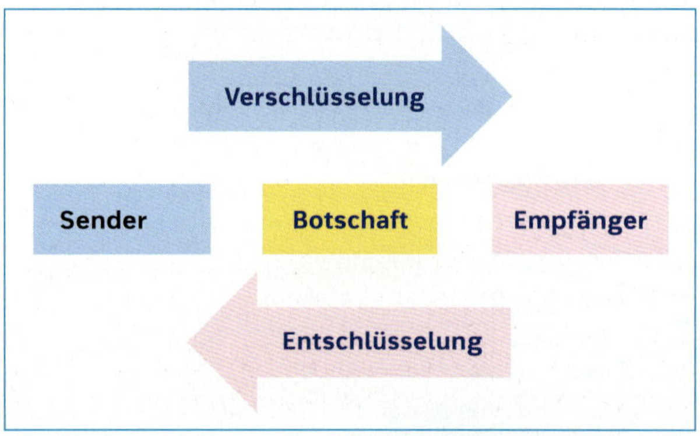

Die verbale Kommunikation findet über die Sprache statt und dient der gegenseitigen Übermittlung von Informationen und Nachrichten. Der Psychologe Friedemann Schulz von Thun hat auf der Basis wissenschaftlicher Erkenntnisse ein *Kommunikationsmodell* entwickelt, welches das Versenden und Empfangen von Nachrichten und deren Ver- und Entschlüsselung gegenüberstellt.

Dieses Modell hilft dabei, Gesprächssituationen besser zu verstehen und Missverständnisse aufzudecken. Man unterscheidet vier Ebenen einer Nachricht, die sowohl beim Senden als auch beim Empfangen von Nachrichten enthalten sind und mitschwingen. Beim Empfänger spricht er von den vier Ohren, mit denen eine Nachricht aufgenommen wird. Deshalb ist sein Modell auch unter dem Begriff „Vier-Ohren-Modell" bekannt.

Sender	Empfänger
Sachinhalt Worüber informiere ich?	Sach-Ohr Was ist der Sachinhalt? Worum geht es?
Selbstoffenbarung Was gebe ich von mir zu erkennen?	Selbstoffenbarungs-Ohr Was ist das für ein Mensch?
Beziehungsaspekt Wie stehe ich zu meinem Gegenüber und was halte ich von ihm?	Beziehungs-Ohr Wie steht der Sender zu mir? Was denkt er über mich? Wie behandelt er mich?
Appell Was will ich erreichen?	Appell-Ohr Wozu fordert der Sender auf? Was erwartet er von mir?

Mithilfe dieser vier Ebenen lassen sich Nachrichten sowohl aus der Sicht des Senders als auch aus der Sicht des Empfängers untersuchen.

Beispiel: An dem folgenden Beispiel lässt sich erkennen, wie Missverständnisse durch das Senden und Empfangen einer Nachricht entstehen:

Wenn etwa die hauswirtschaftliche Mitarbeiterin zu einer Seniorin in einer Altenwohnanlage sagt: *„Ich muss unbedingt die Küche lüften, gehen Sie doch bitte ins Wohnzimmer!“*, könnte diese Nachricht von der Seniorin wie folgt entschlüsselt (gedeutet) werden:

- Sach-Ohr: Die Mitarbeiterin will, dass ich die Küche verlasse.
- Selbstoffenbarungs-Ohr: Die Mitarbeiterin findet, dass ich unangenehm rieche.
- Beziehungs-Ohr: Die Mitarbeiterin fühlt sich durch mich gestört. Sie will, dass ich ins Wohnzimmer gehe, um ungestört in meiner Küche herumschnüffeln zu können.
- Appell-Ohr: Die Mitarbeiterin möchte, dass ich das Zimmer verlasse und sie nicht bei der Arbeit störe.

Wenn die Mitarbeiterin dagegen zur Seniorin sagt: *„Ich möchte gerne die Küche lüften. Darf ich Sie solange ins Wohnzimmer bitten“*, könnte diese Nachricht von der Seniorin wie folgt entschlüsselt werden:

- Sach-Ohr: Die Mitarbeiterin möchte die Küche lüften.
- Selbstoffenbarungs-Ohr: Die Mitarbeiterin legt Wert auf eine gute Raumluft.
- Beziehungs-Ohr: Die Mitarbeiterin ist um mein Wohlbefinden besorgt.
- Appell-Ohr: Die Mitarbeiterin möchte, dass ich mich nicht erkälte.

In der Kommunikation mit anderen Menschen kommt es immer darauf an, wie eine Nachricht vom Gesprächspartner verstanden wird, aber auch, welche Botschaft Sie aussenden möchten:

- Es gibt Menschen, die auf einem „Ohr“ bevorzugt hören. Ist Ihnen dieses bekannt, können Sie durch klare Formulierungen von Nachrichten Missverständnisse von vornherein vermeiden.
- Auch beim Sender können in einfachen Sachfragen Botschaften auf der Appell- oder Beziehungsebene mitschwingen. Deshalb ist es wichtig, die auf der Sachebene verschlüsselten Bitten oder Handlungsanweisungen konkret auszusprechen.
- Für Nachrichten auf der Beziehungsebene empfiehlt es sich, Ich-Botschaften zu versenden. Mit Ich-Botschaften können eigene Gedanken und Meinungen geäußert werden, ohne andere Personen zu beschuldigen oder zu verletzen, etwa: „Ich freue mich, dass Sie hier sind.“ Oder: „Ich bin irritiert, da ich Sie bei Ihrer Arbeit nicht stören will.“

AUFGABEN

1. Wenden Sie das „Vier-Ohren-Modell“ zur Entschlüsselung folgender Aussagen an:
   a) Kundin zur hauswirtschaftlichen Mitarbeiterin: „Sind Sie mit Ihrer Arbeit schon fertig? Ihre Kollegin hat die Küche immer sehr gründlich gewischt.“
   b) Hauswirtschaftliche Mitarbeiterin zur Kundin: „Ich kann Ihnen gerne beim Anziehen der Jacke behilflich sein. Darf ich die Jacke aus Ihrem Schrank nehmen?“

2. Formulieren Sie die folgenden Aussagen in konkrete Bitten um:
   a) „Das Küchenfenster ist schon wieder offen.“
   b) „Das Besteck liegt falsch.“
   c) „Sehen Sie nicht, dass der Dame beim Anziehen geholfen werden muss?“
   d) „Schließen Sie die Tür zu Hause nie?“
   e) „Keiner hilft mir beim Einkaufen.“

3. Formulieren Sie die folgenden Aussagen in Ich-Botschaften um:
   a) „Der Speiseplan ist langweilig."
   b) „Sie arbeiten sehr unkonzentriert."
   c) „Die Schmutzarbeit wird immer mir aufgetragen."
   d) „Das Abendessen zeigt keine Abwechslung."
   e) „Die Wäsche riecht unangenehm."

4.3.3 Nonverbale Kommunikation

Unter nonverbaler Kommunikation werden Gestik, Mimik, Körperhaltung und Körperkontakt bzw. Berührung verstanden. Auch durch nonverbale Kommunikation können Missverständnisse oder Irritationen entstehen. Viele Menschen sind sich ihrer nonverbalen Ausdrucksweise nicht bewusst. Sie sind überrascht, wenn eine Nachricht vom Empfänger völlig anders gedeutet und verstanden wird.

Beispiel: Die Mitarbeiterin trifft auf dem Flur einer Altenwohnanlage Herrn Müller. Herr Müller schaut beharrlich auf den Boden, legt seine Stirn in Falten und äußert: *„Ich freue mich, dass Sie wieder aus dem Urlaub zurück sind!"* Seine Mimik und Körperhaltung lassen jedoch auf Gefühle von Trauer oder Bedrücktheit schließen und ist mit der verbalen Nachricht der Freude kaum in Verbindung zu bringen. Bei der Mitarbeiterin entstehen Irritationen oder Fehldeutungen, wie zum Beispiel, *Herr Müller scheint ein sonderbarer Mensch zu sein, denn er kann mir nicht einmal in die Augen schauen!?* Tatsächlich aber kann Herr Müller aufgrund einer Erkrankung den Kopf nicht mehr anheben.

Eine besondere Herausforderung ist die Kommunikation mit Menschen, die der Sprache nicht mächtig sind oder diese nicht wahrnehmen oder verstehen können. Hier erhalten nonverbale Zeichen, wie Mimik und Gestik, Körperhaltung und Berührung, eine besondere Bedeutung. Um nonverbale Zeichen und Signale deuten zu können, ist es wichtig, sich der verschiedenen Ausdrucksformen und Möglichkeiten der nonverbalen Kommunikation bewusst zu sein.

Mimik

Sie beschreibt den Gesichtsausdruck, der durch ein Zusammenspiel der Muskulatur von Mund, Augen und Stirn entsteht. Sie unterstreicht oder verharmlost verbale Aussagen oder weist auf Gefühle (z. B. Ärger, Zorn, Trauer, Zweifel, Offenheit, Freude oder Vertrauen) hin.

Gestik

Die Gestik drückt sich vorrangig durch die Bewegungen der Arme und Hände aus und unterstreicht häufig das gesprochene Wort.

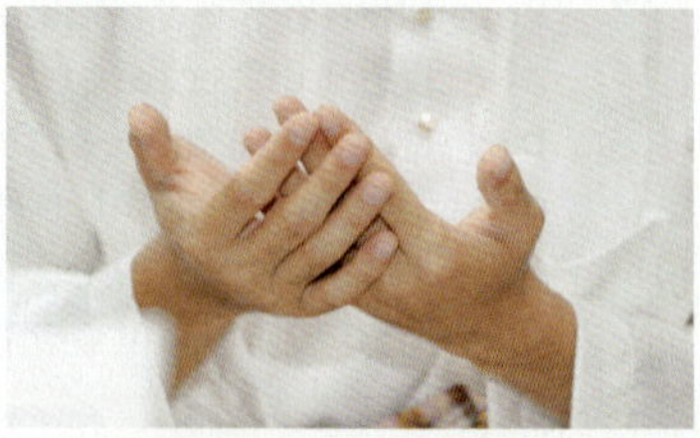

Körperhaltung

Die Körperhaltung kann Aufschluss über das Befinden eines Menschen geben. Eine offene und aufrechte Körperhaltung signalisiert Gesprächsbereitschaft, Wohlbefinden und Sicherheit. Eine geschlossene Körperhaltung mit verschränkten Armen und übereinandergeschlagenen Beinen signalisiert eher Unwohlsein und Ablehnung.

Blick

Der Blick zeigt das Interesse an einer anderen Person. Ein offener und zugewandter Blick bringt Freundlichkeit zum Ausdruck. Ein intensiver, fixierender Blick wird jedoch häufig als bedrohlich und kontrollierend empfunden. Fehlender Blickkontakt hingegen kann auf fehlendes Interesse, Unsicherheit oder Niedergeschlagenheit hinweisen.

Berührung

Über Körperkontakt und Berührung nehmen wir Kontakt mit anderen Menschen auf und übermitteln bewusst oder auch unbewusst Informationen, die individuell sehr unterschiedlich empfunden und gedeutet werden.

Beispiel: Eine ältere Dame wird nach einem längeren Krankenhausaufenthalt von der hauswirtschaftlichen Mitarbeiterin im Altenheim mit einer Umarmung begrüßt. Die ältere Dame kann dies entweder als liebevoll und wohltuend oder aber auch als distanzlos und unangenehm empfinden.

Berührungen beinhalten eine aktive Seite des Berührens und eine passive Seite des Sich-Berühren-Lassens. Wer andere Menschen berührt, löst Empfindungen und Reaktionen aus. Sich berühren lassen setzt die Bereitschaft einer Person und ihr Vertrauen voraus. Die Abstimmung aktiver und passiver Berührungen erfordert Einfühlungsvermögen und eine gute Wahrnehmung von körperlichen Signalen, wie beispielsweise Anspannen der Muskulatur, Erröten an den Wangen oder das Zurückziehen der Hand.
Wie Menschen Berührungen empfinden und wer wen wie berühren darf, hängt von unterschiedlichen Faktoren ab, wie etwa:
- kultureller Hintergrund oder familiäre Gepflogenheiten,
- Geschlecht und Alter,
- *Rolle* und *Status*,
- Art und Dauer der Beziehung,
- individuelle Vorerfahrungen,
- Ort und Qualität der Berührung.

4.3.4 Gesprächsformen

Grundsätzlich werden Alltagsgespräche von beruflichen Gesprächen unterschieden. Alltagsgespräche beziehen sich meist auf allgemeine Themen, sei es das Wetter, eine neue Zeitschrift oder Schlagzeilen aus der Tageszeitung. Sie dienen der Kontaktpflege. Auch im beruflichen Alltag können Alltagsgespräche auflockernd und vertrauensfördernd wirken.
Berufliche Gespräche werden durch die *Rolle* und den *Status* der Gesprächsteilnehmer beeinflusst. Man unterscheidet

- Gespräche mit Kunden (z. B. Informations- oder Beratungsgespräche),
- Gespräche mit Vorgesetzten (z. B. Zielvereinbarungs- oder Beurteilungsgespräche),
- Gespräche mit Kolleginnen (z. B. Abstimmungs- oder Übergabegespräche).

Im Vorfeld eines Gesprächs sollten die Gesprächsteilnehmer über das Gesprächsthema und über die daran teilnehmenden Personen informiert werden.

4.3.5 Rahmenbedingungen für Gespräche

Gute Rahmenbedingungen, wie ein störungsfreier Raum, ausreichend Sitzgelegenheiten und genügend Zeit, um sich auf die Gesprächspartner einzulassen, schaffen eine positive Atmosphäre. Bei den Sitzgelegenheiten ist darauf zu achten, dass sich alle Gesprächsteilnehmer auf der gleichen Sitzhöhe befinden und Blickkontakt aufnehmen können. Für zeitlich vereinbarte Gespräche empfiehlt es sich, Gläser und alkoholfreie Getränke (z. B. Wasser, Kaffee, Tee, Saft) bereitzustellen.

4.3.6 Gesprächstechniken

Gesprächstechniken sind Methoden der Gesprächsführung, die gezielt eingesetzt werden, um einen Gesprächsverlauf zu fördern oder zu hemmen.

Aktives Zuhören

Ein gutes Gespräch zeichnet sich durch gegenseitiges Interesse und aufmerksames Zuhören aus. Aktives Zuhören bedeutet, dem Erzählenden genügend Zeit und Raum zu lassen, um begonnene Gedanken zu Ende zu führen oder zu ergänzen. Ziel des aktiven Zuhörens ist es, die Gedanken und Gefühle des Gegenübers nachvollziehen und verstehen zu können. Zugewandtes Kopfnicken, Gestik und Mimik sowie Bestätigungslaute, wie „mhm" oder „ah", signalisieren das ehrliche Interesse des Zuhörenden und unterstützen den Erzählfluss des Gesprächspartners. Die Technik des aktiven Zuhörens verlangt sehr viel Einfühlungsvermögen und Respekt und wird häufig in Problemgesprächen angewandt.

Spiegeln

Das Spiegeln hilft dem Zuhörenden, die geäußerten Gedanken und Gefühle nachvollziehen und verstehen zu können. Hierzu können Fragen, wie beispielsweise „Verstehe ich Sie richtig, dass Sie sich sehr erschrocken haben?" oder „Stimmt es, dass Sie sich ungerecht behandelt fühlen?", gestellt werden. Der Erzählende erhält die Möglichkeit, sich die eigenen Gedanken und Gefühle nochmals vor Augen zu führen und gegebenenfalls treffender zu formulieren.

Fragen stellen

Fragen signalisieren Interesse und dienen häufig als Türöffner für jegliche Gespräche. Mit Fragen können Gespräche jedoch auch gelenkt, Problemlösungen erarbeitet und Informationen gesammelt werden. Je nach Situation oder Gesprächsinhalt eignen sich unterschiedliche Fragetechniken:

Offene Fragen
signalisieren Interesse und laden zu einem Gespräch oder einer Erzählung ein. Der Einsatz der sogenannten „W-Fragen“ (Wie? Was? Wo? Wer? Wann? Weshalb? Wozu?), etwa „Wie ist es Ihnen gestern beim Arzt ergangen?“, „Wie war Ihr letzter Urlaub?“, „Wo haben Sie zuletzt gewohnt?“, ermöglicht eine umfassende Antwort und bietet sich als Gesprächseinstieg an.

Geschlossene Fragen
ermitteln gezielt Informationen oder Stellungnahmen zu einem Problem. Sie werden auch als Entscheidungsfragen bezeichnet.
Die Antworten fallen in der Regel kurz aus und lauten oft „Ja“ oder „Nein“. Sie beziehen sich auf die Darstellung von Fakten.
Beispiele: „Sind Sie mit dem Menü einverstanden?“, „Ist die Wassertemperatur angenehm?“

Suggestivfragen
beinhalten in der Fragestellung häufig schon die erwartete Antwort. Sie dienen dazu, die Meinung des Senders durchzusetzen oder den Gesprächsverlauf abzukürzen.
Beispiel: „Sie sind sicherlich auch der Meinung, dass wir jetzt nach Hause gehen sollten?“

4.3.7 Metakommunikation

In der Metakommunikation wird ein Kommunikationsvorgang aus einer übergeordneten Perspektive betrachtet. Die Metakommunikation hilft, Ursachen für einen gelungenen oder aber auch für einen misslungenen Gesprächsverlauf zu erkennen und Zusammenhänge klarer zu durchschauen. Sie bietet dadurch eine Chance, Gespräche gezielt zu verändern und förderliche Gesprächstechniken bewusst einzusetzen.

Hilfreiche Fragestellungen in der Metakommunikation sind:
- Um welche Gesprächsinhalte ging es?
- In welcher Beziehung stehen die Gesprächspartner zueinander?
- Welche positiven und negativen Aspekte sind im Gesprächsverlauf aufgefallen?
- Wie kamen diese zustande?
- Wie war das persönliche Befinden der Gesprächspartner?
- Wie lautete das Ergebnis des Gesprächs?

4.4 Umgang mit Konflikten

Wir sprechen von einem Konflikt, wenn unterschiedliche Interessen von Personen oder Gruppen aufeinandertreffen, die miteinander unvereinbar sind oder erscheinen. Das kommt fast täglich in unterschiedlicher Dimension vor. Und doch wird ein Konflikt immer zunächst negativ und störend wahrgenommen. Dabei kann er auch ein wichtiges Instrument der Teamentwicklung sein. Hier treffen unterschiedliche Interessen und Auffassungen aufeinander, die ständig miteinander verhandelt werden müssen. Gibt es eine gute Streitkultur, kann dies sachlich und konstruktiv geschehen.
Aber nicht immer gelingt dies. In solchen Situationen will man meist sofort aktiv werden und den Konflikt bald möglichst lösen. Das ist verständlich, denn jeder Konflikt bewirkt beruflichen Stress.

Aber nicht immer ist das sofortige Eingreifen sinnvoll. Besser ist es, zunächst einmal die Ursachen des Konfliktes zu analysieren.

4.4.1 Merkmale von Konflikten

Konflikte erkennt man vor allem dadurch, dass sich die Beteiligten in einer bestimmten Situation uneins sind und negative Gefühle entwickeln. Mit zunehmenden Emotionen steigt auch die Handlungsbereitschaft. Dabei kommt es häufig zu spontanen und oft verletzenden Unmutsäußerungen, die die Fronten verhärten und später oft bereut werden.
Wir unterscheiden verschiedene Kategorien von Konflikten:

- **Schwelender Konflikt:** Er wird nicht offen ausgetragen, sondern „schwelt" unter der Oberfläche und sorgt für viele Hemmnisse im Umgang miteinander. Die betroffenen Parteien umgehen einander oder versuchen gegeneinander das Team negativ zu beeinflussen (z. B. Schnittstellen zwischen Pflege und Hauswirtschaft sind nicht eindeutig geklärt und eine Gruppe fühlt sich nicht genügend wertgeschätzt).
- **Offener Konflikt:** Er entsteht in einer eskalierenden Situation und wird sehr hitzig sofort miteinander ausgetragen (z. B. Mitarbeiter wurde über eine wichtige Information nicht in Kenntnis gesetzt).
- **Spontane Konflikte:** Diese können ganz unvorhergesehen und auch mit wildfremden Menschen plötzlich auftreten (z. B. Behinderung im Straßenverkehr zwischen Fußgänger und Radfahrer).

4.4.2 Konfliktphasen

Unbearbeitete Konflikte verlaufen in der Regel in vier Phasen:

1. Diskussion

Um die Sache, die unterschiedlich wahrgenommen und bewertet wird, entzündet sich eine Diskussion, die noch sachlich bleibt.

2. Überlagerung

Die Diskussion wandelt sich nun in ein hitziges Streitgespräch, in der die Argumente des Gegenübers infrage gestellt werden und es zu Unterstellungen kommt. Die eigentliche Sachfrage wird überlagert durch die beziehungs- und personenbezogene Ebene.

3. Eskalation

Nachdem sich die Parteien gegenseitig nicht mehr ernst genommen fühlen, gehen sie zum Gegenangriff über. Die Kommunikation ist nun endgültig gestört. Beide Seiten versuchen sich gegenseitig zu schaden und andere, unbeteiligte Personen mit auf ihre Seite zu ziehen. Sie verwenden viel Zeit und Energie für den Konflikt auf und die weitere Bewertung des Konfliktes beruht nicht mehr länger auf der ursprünglichen Sachfrage. Es wird nur noch selektiv das wahrgenommen, was der eigenen Sicht der Dinge entspricht. Daher fühlt sich jede Seite im Recht und die weitere Eskalation des Konfliktes verselbstständigt sich.

4. Verhärtung

Nach der „heißen" Phase eines unbearbeiteten Konfliktes verschwindet er unter der Oberfläche und stört über lange Zeit unterschwellig das Betriebsklima. Das Team geht vorsichtig miteinander um, damit der Konflikt nicht wieder hochkocht und vermeidet bestimmte Themen oder den Umgang mit den betroffenen Personen.

4.4.3 Ursachen für Konflikte

Um den Kern eines Konfliktes herauszufinden, sollte man strategisch und in Ruhe an die Ursachenforschung herangehen. Das heißt, bei eigener Betroffenheit sollte man erst einmal ruhig durchatmen und die gegebenenfalls hochgekochten Emotionen runterkühlen lassen. In einer ruhigen Situation lassen sich die Ursachen anhand einer Checkliste analysieren:

Gegenstand des Konfliktes	Um welche Sache geht es im Kern des Konfliktes?
	Welche Positionen/Haltungen haben beide Seiten zu der Sache?
	Gibt es Gemeinsamkeiten oder Unvereinbares?
Verlauf des Konfliktes	Was ist geschehen?
	Welche Ereignisse oder Verhaltensweisen haben zur Eskalation des Konfliktes geführt?
	Was hat deeskalierend und beruhigend in der Konfliktsituation gewirkt?
	Wie beschreiben die Konfliktpartner die jetzige Situation?
Beteiligten des Konfliktes	Wer sind die Parteien, wie setzen sich die Gruppen zusammen?
	In welcher Beziehung stehen die Konfliktgegner zueinander?
	Wer agiert im Hintergrund?
	Wer ist vom Konflikt betroffen?
	Wem nutzt dieser Konflikt?
Art des Konfliktes	Geht es bei dem Konflikt um Wertschätzung, Beurteilung oder Macht?

Ist ein Konflikt einmal auf diese sachliche Art und Weise analysiert, kann dies für ein späteres Schlichtungsgespräch sehr hilfreich sein. Idealerweise arbeiten beide Konfliktparteien mit der Checkliste und können so gemeinsame, „verhandelbare" Aspekte in der Konfliktursache und einen Weg zu einer Lösung finden. Ganz wichtig hierbei ist es, dass beide Konfliktparteien gestärkt aus dem Konflikt herausgehen können. Wenn es am Ende Sieger und Verlierer gibt, ist die Gefahr, dass der Konflikt durch den Unterlegenen weiterschwelt, sehr groß.

4.5 Wahrnehmung und Beobachtung

4.5.1 Wahrnehmung

Auf jeden Menschen strömen ununterbrochen Informationen ein. Wir sehen oder hören beständig, was um uns herum passiert, seien es Menschen in unserer Umgebung, Verkehrslärm oder Musik. Alle Informationen werden über unsere Sinneskanäle aufgenommen. Diesen ersten Schritt der Wahrnehmung nennen wir Reizaufnahme.

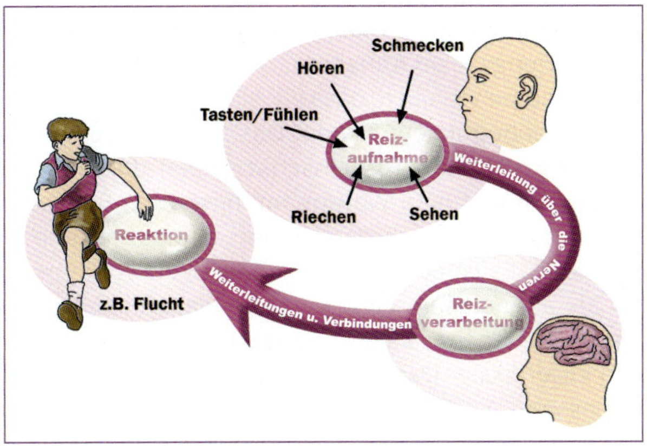

Da jedoch nicht alle Informationen für uns wichtig sind, werden diese in unserem Gehirn auf ihre Bedeutung hin überprüft: Sind sie für uns wichtig? Die Reize werden dabei mit früheren Wahrnehmungen verglichen und bewertet. So erkennen wir beispielsweise unser Lieblingslied am ersten Takt, denn der akustische Reiz ist im Gehirn längst abgespeichert. Andere Geräusche, die uns wertlos erscheinen, werden dagegen nicht länger beachtet. Diesen Schritt der Wahrnehmung nennen wir auch Reizverarbeitung.
Wahrnehmung dient der Orientierung und der Beeinflussung unsere Umgebung. Sie führt daher in der Regel zu einer erkennbaren Reaktion. So kann es sein, dass der Mensch den Takt des spontan erkannten Liedes mitsummt oder gar zu tanzen anfängt.

Individuelle Fremdwahrnehmung

In vielen hauswirtschaftlichen Einsatzfeldern begegnen Sie Menschen, welche Sie individuell betreuen oder begleiten sollen. Bereits beim ersten Kontakt nehmen Sie eine Fülle von Informationen über diesen Menschen wahr, etwa Körpergröße, Hautfarbe, Kleidung, Stimme oder Blicke. Diese Informationen nehmen Sie auf und verarbeiten sie im Gehirn. Sie vergleichen die Informationen, verknüpfen sie miteinander und machen sich so ein Bild von Ihrem Gegenüber. Ist der Mensch alt? Hat er eine Behinderung? Kann er allein gehen? Versteht er mich? Aufgrund dieser ersten Einschätzung reagieren Sie.

Selbstwahrnehmung

Genauso wie Sie Menschen in Ihrem beruflichen, privaten oder öffentlichen Lebensumfeld wahrnehmen (Fremdwahrnehmung), werden auch Sie von Anderen wahrgenommen (Eigen- oder Selbstwahrnehmung). Dies gilt im besonderen Maße in sozialen Einrichtungen, wo Sie als Mitarbeiter oft enge Bezugspersonen für die Bewohner sind. In dem Bewusstsein, auch selbst wahrgenommen zu werden, sollte das eigene Auftreten und Verhalten geprägt sein.
Eine gute Selbstwahrnehmung ist auch eine wichtige Grundlage für die Selbsteinschätzung und ein gesundes Selbstbewusstsein. Es ist wichtig, seine eigenen Gefühle, Emotionen, Eigenschaften und die persönliche Ausstrahlung wahrzunehmen und richtig einschätzen zu können. Sie müssen wissen, was Sie fühlen, wie es Ihnen gerade geht und wie Sie auf andere wirken. Denn neben den äußerlichen Signalen, die Sie aussenden, wie Statur, Kleidung, Stimme und Umgangsformen zählen auch diese unbewussten Bereiche. So kann ein ernster Gesichtsausdruck als schlechte Laune interpretiert werden, ein schneller Redefluss als Desinteresse für die Belange des Gegenübers. Wer sich über die eigene Gemütsverfassung bewusst ist, kann eine professionelle Haltung einnehmen.

Wahrnehmungsfehler

Manchmal kann es passieren, dass Sie bestimmte Merkmale von Menschen übersehen oder Wahrnehmungen falsch einschätzen bzw. interpretieren, obwohl Sie sich konzentrieren und ganz bei der Sache sind. Wenn Sie beispielsweise in einer Pflegeeinrichtung arbeiten, in der sehr viele Bewohner bettlägerig sind, vermuten Sie beim Einzug eines neuen Bewohners, dass auch er wahrscheinlich nicht allein aufstehen kann (Verallgemeinerung). Sie investieren weniger Aufmerksamkeit in die Überprüfung dieser Annahme.
Ein Phänomen ist auch, dass wir einem schwerhörigen Menschen zuerst einmal nicht zutrauen, dass er noch sehr gut sehen kann. Das Merkmal „Schwerhörigkeit“ wird hier auf das Merkmal „Sehen“ übertragen. Solche Fehleinschätzungen durch Verallgemeinerung oder Übertragung von Eigenschaften nennt man Wahrnehmungsfehler. Sie passieren, da nicht alle Wahrnehmungsvorgänge bewusst gesteuert werden können, denn es strömen gleichzeitig zu viele Informationen auf unsere Sinne ein. Es ist daher wichtig, dass Sie sich immer wieder selbst kritisch überprüfen und fragen, ob Sie aufmerksam genug waren. Manchmal stellen Sie dann fest, dass ein Mensch noch ganz andere Seiten hat, als Sie es zuerst eingeschätzt haben. Nicht immer ist unser erster Eindruck wirklich zuverlässig. Dann ist es wichtig, dass Sie ihr Bild verändern und den neuen Gegebenheiten anpassen.

Das Verhalten eines anderen Menschen hängt stets auch davon ab, wie man ihm begegnet. Treten Sie beispielsweise selbst ungeduldig oder unfreundlich an einen Menschen heran, wird er sich wahrscheinlich selbst auch ungeduldiger zeigen, als wenn Sie ihm zuerst freundlich begegnet wären. Seine Reaktion ist dann nicht zwangsläufig ein Wesensmerkmal der Person, sondern eher die Antwort auf Ihr Verhalten. Machen Sie sich auch das stets bewusst.

4.5.2 Die gezielte Beobachtung

Im Unterschied zu der individuellen Wahrnehmung ist die gezielte, fachliche Beobachtung *objektiv* und folgt nicht eigenen Interessen. Gegenüber spontanen Wahrnehmungen im beruflichen Alltag ist die gezielte Beobachtung immer eine geplante Handlung und konzentriert sich auf bestimmte, zu beobachtende Merkmale. Ihre Ziele sind das bessere Verständnis für die anvertrauten Menschen und eine verbesserte, individuelle Betreuung zu ermöglichen. Dazu ist eine Dokumentation in der entsprechender Fachsprache, die Weiterleitung der Ergebnisse und die Auswertung im Betreuungsteam unabdingbar.
Eine gezielte Beobachtung verläuft in vier Phasen:

1. Planung und Vorbereitung
2. Durchführung
3. Dokumentation
4. Weiterleitung an das Betreuungsteam und gegebenenfalls Einleitung von notwendigen Maßnahmen

Bei jeder Beobachtung lauern auch Fehler, die es zu vermeiden gilt. So ist die eigene Verfassung des Beobachters eine Fehlerquelle, wenn Müdigkeit, Stress oder andere Gefühle die Aufnahme beeinflussen. Auch Vorurteile gegenüber der zu beobachtenden Person sorgen für verfälschte Ergebnisse. Hüten Sie sich auch vor Behauptungen und Deutungen dessen, was Sie beobachtet haben und bemühen Sie sich um klare Formulierungen. Ebenso können die Raum- und Lichtverhältnisse einen negativen Einfluss auf die Beobachtungsergebnisse haben und letztlich sind auch immer Fehler an Hilfs- und Messgeräten möglich.

Visuelle Beobachtung

Den ersten Eindruck eines Menschen verschaffen wir uns durch die Betrachtung seiner äußeren Erscheinung. Dabei gibt es verschiedene Beobachtungsmerkmale, auf die man bei der Begegnung mit einem hilfebedürftigen Menschen achten kann.

Beobachtungsmerkmale – worauf kann ich achten?	**Ergebnisse – was kann ich feststellen?**	**Gründe – wie kann ich das deuten?**
Körpergröße und -statur	klein oder großwüchsig, schmal oder übergewichtig	Ernährungszustand
Körperhaltung	aufrecht und gerade oder gebeugt und nach vorn geneigt, Kopfhaltung gerade oder geneigt, Armhaltung angespannt oder schlaff herunterhängend	Lähmung, Körperkraft oder Schmerzen
Gangbild	sicher oder unsicher schwankend, klein- oder großschrittig, Gebrauch von Hilfsmitteln (z. B. Gehstock oder -wagen)	gesundheitliche Einschränkungen, Körperkraft

Beobachtungsmerkmale – worauf kann ich achten?	Ergebnisse – was kann ich feststellen?	Gründe – wie kann ich das deuten?
Gesichtsausdruck und Mimik	offen und zugewandter oder scheuer Blickkontakt, abwesender oder präsenter Gesichtsausdruck	Gefühlslage (z. B. freundlich, offen, erfreut, verlegen, angespannt, ärgerlich, traurig)
Gestik	Bewegung und Haltung von Fingern, Händen und Armen: langsam oder schnell, ausholend, vorsichtig	Gefühlslage, denn Gefühle sind in Gestik und Mimik oft eindeutiger zu erkennen als durch Worte
Art und Zustand der Kleidung	gepflegt oder ungepflegt, angemessen oder nicht, modisch oder altmodisch	Beruf, finanzielle Ressourcen, Anspruchshaltung, Orientierungsfähigkeit
Haut	Hautfarbe, gespannt, faltig, intakt oder mit Verletzungen	gesundheitlicher Zustand, Pflegebedarf

Akustische Beobachtung

Auch die akustische Wahrnehmung ist für die Einschätzung eines Menschen oft wichtiger als der eigentliche Sprachinhalt. Fachleute gehen davon aus, dass der weitaus größere Teil der Informationen über einen Menschen im Gespräch aus der Stimmlage und Betonung und nicht aus dem eigentlichen Wortinhalt gewonnen wird. Achten Sie deshalb immer auch aufmerksam auf diese Signale der Sprache.

Merkmal	Mögliche Beobachtungen	Hinweise auf
Stimme	hell oder dunkel klar oder heiser, belegt kräftig oder schwach	Gesundheitszustand, Krankheiten der Stimm- und Atemorgane, Gefühlslage
Aussprache	Lautstärke, Betonung, Sprachmelodie, -tempo	Gefühlslage, besondere Wichtigkeit eines Wortes, Motivation

Berühren und Bewegen als Beobachtung

Genaue Informationen über Menschen erhalten Sie durch die Berührung und gemeinsame Bewegung. Bei direkten Pflegemaßnahmen wie der Körperpflege, ist der Berührungs- und Bewegungssinn besonders wichtig. Er liefert Ihnen Informationen über die körperliche Beschaffenheit wie Kraft und Muskelspannung und die Fähigkeiten eines Menschen zur Bewegung.
Zur Einschätzung eines Menschen über Berührung gehört unter anderem der Händedruck bei der Begrüßung, der z. B. kraftvoll oder eher flüchtig sein kann. Darüber hinaus gibt es weitere Beobachtungskriterien.

Merkmal	Mögliche Beobachtungen	Hinweise auf
Gelenkbeweglichkeit	leicht und gängig oder schwer und verspannt	körperliche Einschränkungen, Gelenkserkrankungen und Schmerzen
Kraft und Muskelspannung	kraftvoll oder kraftlos, schlaff oder angespannt	körperliche Belastbarkeit, Motivation und den Willen zur Bewegung
Ablauf und Dauer der Bewegung	schnell oder langsam, hektisch oder bedächtig	Sicherheitsbedürfnis, Übersicht und Orientierung

4.5.3 Gezielte Beobachtung von vitalen Funktionen

In der Hauswirtschaft werden Sie nur selten mit der Aufgabe betraut, mit der Messung von beispielsweise Blutdruck oder Puls die sogenannten vitalen Funktionen eines Menschen zu ermitteln. Dennoch kann es wichtig sein, sich einen Eindruck über das Befinden eines Menschen zu verschaffen, z. B. wenn Sie betagte Gäste auf einer Freizeit begleiten.

Blutkreislauf

Unter dem Blutkreislauf versteht man die in den Blutgefäßen strömende Blutmenge, die durch das Herz in Bewegung gehalten und in den Lungen mit Sauerstoff aufgeladen wird, um dann jede einzelne Körperzelle damit zu versorgen. Puls und Blutdruck sind die beiden wichtigsten Beobachtungskriterien zur Einschätzung des Blutkreislaufes. Die Überwachung des Kreislaufes ist eine medizinisch-pflegerische Aufgabe, die von Pflegefachkräften durchgeführt wird. Als Hauswirtschafterin können Sie dennoch in Situationen geraten, in denen Sie schnell und sicher den Funktionsstatus des Kreislaufs eines Menschen einschätzen müssen. Dies kann nicht zuletzt bei Unfällen erforderlich sein, sei es im privaten oder im beruflichen Umfeld (z. B. Verkehrs-, Küchen- oder Haushaltsunfälle).
Ist der Blutkreislauf nicht stabil, kann dies zu einer Bewusstseinsveränderungen oder gar einem Kollaps führen. Der Blutkreislauf kann von der Norm abweichen, wenn der erkrankte Mensch z. B. in einem zu heißen Badezimmer sitzt oder wenn er zu schnell aus einer Liegeposition im Bett ins Sitzen oder Stehen mobilisiert wird. Stellen Sie derartige gefährdende Situationen fest, müssen Sie sofort eine Pflegefachkraft oder den Arzt hinzuziehen.

Beobachtung des Pulses

Der Puls wird am Handgelenk gemessen. Dazu legen Sie die Fingerkuppen von Zeige-, Mittel- und Ringfinger auf die Innenseite des Handgelenks und drücken leicht auf. Sobald Sie den Pulsschlag sicher fühlen, beginnen Sie mit dem Zählen. Mithilfe einer Uhr mit Sekundenzeiger zählen Sie alle Pulsschläge innerhalb der Messzeit von 15 Sekunden. Das Ergebnis multiplizieren Sie mit der Zahl 4. Auf diese Weise ermitteln Sie die Pulsfrequenz pro Minute.
Der Puls sollte regelmäßig (im Takt) sein. Sollten Sie eine Unregelmäßigkeit feststellen informieren Sie die zuständige Pflegekraft oder den Arzt.

Normalwerte des Pulses in verschiedenen Altersstufen	
Alter	**Pulsschläge pro Minute**
1–3 Jahre	120–130
3–8 Jahre	90–100
8 Jahre–Erwachsener/alter Mensch	60–80

Kein Puls weist permanent den gleichen Wert auf. Der Puls kann durchaus langsamer oder schneller sein. Wichtig ist es zu wissen, warum ein Wert nennenswert abweicht.

- Die Ursache einer Pulsverlangsamung unter den Normalwert ist häufig eine Nebenwirkung von Medikamenten oder ein Zeichen für eine Kreislaufschwäche.
- Die Beschleunigung des Pulses kann normale oder krankhafte Ursachen haben. Körperliche Anstrengung, Angst und Stress, Genussgifte (Kaffee, Nikotin) oder auch Fieber führen zu einem schnelleren Pulsschlag. Dies ist ein normaler Anpassungsmechanismus des Körpers und erst einmal noch kein Grund zur Sorge.

- Eine krankhafte Pulsbeschleunigung hingegen kann sowohl auf eine Kreislaufschwäche, verursacht durch Blutverlust oder eine akute Herzerkrankung, als auch auf einen Sauerstoffmangel, verursacht durch eine Störung der Atemfunktion, hinweisen. Sie ist immer ein ernst zu nehmender Hinweis auf eine Gefährdung der Gesundheit.

Beobachtung des Blutdrucks

Die Blutdruckmessung gehört zu den häufigsten Untersuchungen. Viele Menschen verfügen über eigene Messgeräte. Auch als Hauswirtschafterin sollten Sie im Umgang mit solchen Messgeräten versiert sein, um anderen bei der Messung helfen zu können.

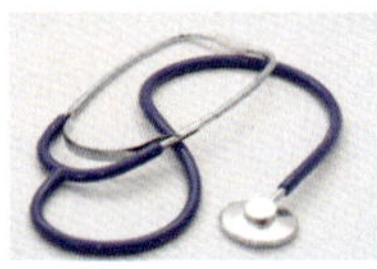

Im Pflegedienst sind in der Regel Geräte mit einem Druckmesser und Stethoskop in Gebrauch.

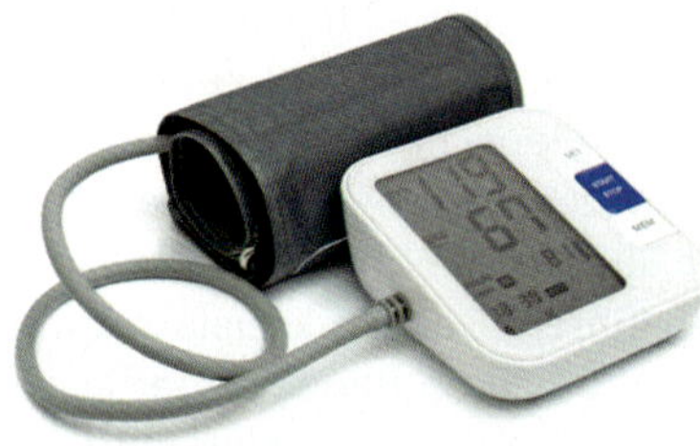

Im häuslichen Bereich werden meist halb- oder vollautomatische Geräte verwendet, hier ein vollautomatisches Gerät.

Der Blutdruck kann mit unterschiedlichen Geräten gemessen werden. In der Regel wird bei allen Geräten eine Manschette um den Oberarm oder um das Handgelenk gelegt. Bei einem oberen Wert von über 140 mmHg spricht man von einem Bluthochdruck, einer der häufigsten Erkrankungen überhaupt. Häufig wissen die Erkrankten, welche Medikamente sie einzunehmen haben. Teilen Sie der Person deshalb den gemessenen Wert immer mit. Bei allen Geräten ist die Gebrauchsanweisung zu beachten, denn falsche Messergebnisse führen unnötig zu einer Beunruhigung des betroffenen Menschen.

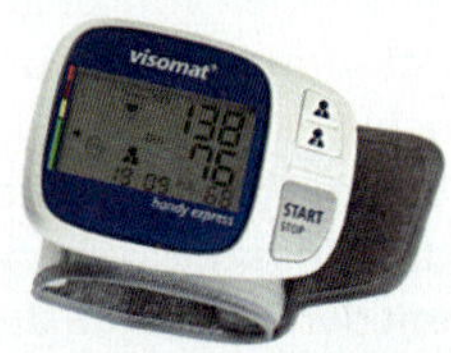

Handgelenkmessgerät

Normalwerte des Blutdrucks in verschiedenen Altersstufen	
Alter	**Blutdruck in mmHg systolisch/diastolisch**
1–12 Monate	90/60
1–6 Jahre	100/60
6–12 Jahre	110/70
12 Jahre–Erwachsener	120/80
Erwachsene über 65 Jahren	140/90

Der Blutdruck kann erhöht oder zu niedrig sein.

- Ein niedriger Blutdruck ist entweder normal oder Zeichen einer Erkrankung. Am Morgen und in der Nacht ist der Blutdruck am niedrigsten. Verursacht durch ein plötzliches Aufsitzen oder Aufstehen kann es bei manchen Menschen zu Schwindel kommen. Krankhaft erniedrigt kann der Blutdruck bei ernsthaften Störungen des Kreislaufes sein. Hier ist ggf. sofortige medizinische Notfallhilfe erforderlich.
- Bei körperlicher oder seelischer Anstrengung steigt der Blutdruck. Nach einer Erholungszeit fällt er wieder auf den Ausgangswert zurück.
- Ein krankhaft erhöhter Blutdruck ist vor allem bei älteren Menschen sehr häufig.

Körpertemperatur

Obwohl sich die Umgebungstemperatur häufig ändert, bleibt die Körpertemperatur des Menschen innerhalb einer geringen Schwankungsbreite konstant. Veränderungen sind oft die Folge von Infektionskrankheiten, Flüssigkeitsmangel oder Unterkühlung durch unangepasste Kleidung.
Die Körpertemperatur wird mit einem Thermometer ermittelt.

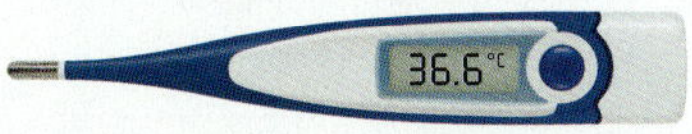

Häufig im Einsatz sind Digitalthermometer, die nach ausreichender Messdauer ein akustisches Signal geben und den Messwert auf einem Display anzeigen.

In Pflegeeinrichtungen und Kliniken sind Infrarotthermometer für eine Messung im Ohr gebräuchlich. Hierbei ist die Gebrauchsanweisung genau zu beachten, da es leicht zu Messfehlern kommt.

Die Temperaturmessung kann je nach Art des Thermometers über der Haut, z. B. an der Stirn, im Mund, unter der Achsel oder bei Säuglingen mitunter auch im Mastdarm erfolgen.

- Haut: Je nach Gerät wird das Thermometer kurz über die Haut geführt. Achten Sie bei modernen Geräten auf die Gebrauchsanweisung.
- Mund: Thermometer seitlich unter die Zunge legen, mit den Lippen fest umschließen und das Thermometer festhalten. Der Vorteil besteht in einer relativ genauen Messung. Nachteil: Diese Messmethode wird oft als unhygienisch empfunden.
- Unter der Achsel: Das Thermometer in der Mitte der Achsel anlegen, den Arm fest an den Körper anpressen. Nachteil: Die Messung dauert mit einigen Minuten recht lange und ist relativ ungenau.

Körpertemperaturen und ihre Bewertung	
unter 35 °C	Untertemperatur
35,1–37,4 °C	normale Körpertemperatur
37,5–38,0 °C	erhöhte Temperatur
38,1–38,5 °C	leichtes Fieber
38,6–39,0 °C	mäßiges Fieber
39,1–40,0 °C	hohes Fieber
über 40,0 °C	sehr hohes Fieber

Veränderungen der Körpertemperatur

Eine Untertemperatur kann im Schlaf, bei unangepasster Kleidung oder im Winter bei zu niedriger Raumtemperatur vorkommen. Besonders pflegebedürftige alte Menschen benötigen Ihre Hilfe als hauswirtschaftliche Fachkraft, um ein behagliches und ausreichend warmes Klima in der Wohnung zu schaffen. Auch Säuglinge können bei ungünstigen Außentemperaturen rasch unterkühlen, da sie den eigenen Temperaturausgleich nicht ohne Weiteres bewältigen. Sie verlieren viel Wärme über den Kopf und müssen daher in der kalten Jahreszeit wärmend bekleidet und mitunter beständig kontrolliert werden.
Eine erhöhte Temperatur ist zumeist verursacht durch Fieber. Fieber ist Anzeichen einer durch Bakterien oder Viren verursachten Infektionskrankheit, kommt aber auch bei anderen Krankheiten vor. Stellen Sie bei einer Person Fieber fest, muss stets nach der Ursache geforscht werden. Deshalb benachrichtigen Sie die zuständige Pflegefachkraft oder den behandelnden Arzt. Weitere Ursachen einer erhöhten Körpertemperatur kann ein Sonnenstich oder Hitzeschlag bei zu langer Sonnenbestrahlung oder ein Flüssigkeitsmangel sein, das sogenannte „Durstfieber". Dieses kommt bei Säuglingen oder schwerkranken und alten Menschen vor, die nicht ausreichend trinken.

Fieberstadien

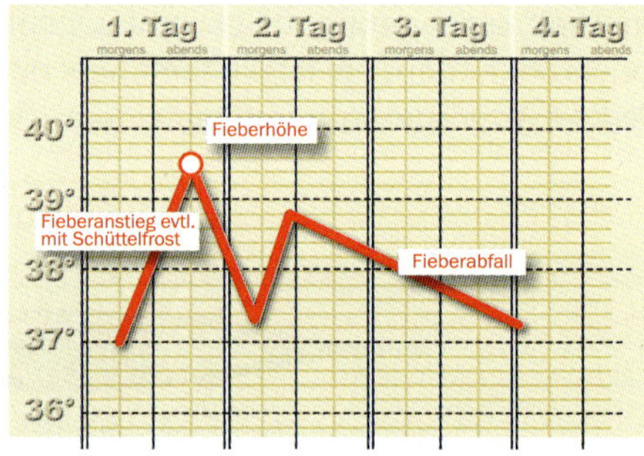

Die Temperaturerhöhung bei Fieber verläuft meist typisch: Morgens ist die Temperatur am niedrigsten. Sie steigt im Verlauf des Tages an und erreicht am Nachmittag oder Abend den Höhepunkt. Es kann aber auch zu fieberfreien Intervallen von Stunden oder Tagen kommen, um danach erneut anzusteigen.

Fieber zeichnet sich im Verlauf durch zwei Stadien aus. Während der Aufheizphase friert die Person, sie hat Schüttelfrost und muss gewärmt werden (z. B zusätzliche Decken, Wärmflasche, heiße Getränke). Zugluft sollte unbedingt vermieden werden. Bei Kindern kann es zu einem Fieberkrampf kommen.
In der Abkühlungsphase beginnt die Person zu schwitzen, der Körper gibt die Temperatur wieder ab. Die Person hat eine trockene und heiße Haut und klagt über starken Durst. Nun ist der richtige Zeitpunkt, um die Temperatur zu kontrollieren. Jetzt ist luftigere Kleidung wichtig. Bringen Sie eine leichte Decke oder ein Frotteetuch, entfernen Sie die Wärmflasche und reichen Sie nach Wunsch warme oder kühle Getränke. Besonders geeignet ist Lindenblütentee. Ist die Person stark verschwitzt, bieten Sie ihr frische Kleidung und auch frische Bettwäsche an.
Hohes Fieber kann mit fiebersenkenden Wadenwickeln und kühlen Abwaschungen behandelt werden. Meist wird der Arzt ein fiebersenkendes Medikament verordnen.
Der Fieberabfall kann langsam oder schnell erfolgen. Bei einem raschen Fieberabfall muss der Kreislauf überwacht werden, da Kollapsgefahr besteht.
Während des Erholungsschlafs normalisiert sich die Körpertemperatur wieder vollständig. Die Person ist erschöpft und sollte mit frischer Nacht- und Bettwäsche sowie mit ausreichend Getränken versorgt werden und in Ruhe schlafen können.

Atmung

Die Atmung eines Menschen ist für ihn selbst und für den Beobachter in der Regel unauffällig. Sie geschieht unbewusst und fällt nur auf, wenn man durch Husten oder bei starker körperlicher Anstrengung bemerkt, dass die Atmung eingeschränkt ist. In diesen Fällen ist die Empfindung der Atmung umso intensiver. Atemnot wird als sehr beängstigend erlebt. Stark ausgeprägt führt sie zu regelrechter Panik und Todesangst. Menschen mit Atemnot brauchen sofortige fachkundige Hilfe.
Die Atmung kann auf ihre Frequenz, ihren Rhythmus und auf Atemgeräusche beobachtet werden. Die normale Atmung verläuft gleichmäßig und rhythmisch, ohne Geräusche und Anstrengung.

- Eine veränderte Atemfrequenz stellt sich unter normalen Bedingungen bei körperlicher Anstrengung und seelischer Aufregung ein. Krankhaft beschleunigt kann sie vor allem bei Herzschwäche und einer Verengung der Atemwege (z. B. Asthma, Raucherlunge) sein.
- Atemgeräusche weisen auf eine Verengung der Atemwege hin. Treten sie akut auf, muss umgehend gehandelt und der Arzt oder Notarzt hinzugezogen werden.
- Atemgeruch ist meistens Folge von Ernährung oder schlechter Mundhygiene. Manchmal liegt aber auch eine Leber- oder eine andere Erkrankung zugrunde.

Normalwerte der Atemfrequenz in verschiedenen Altersstufen

Alter	Atemfrequenz
Neugeborenes	ca. 50 Atemzüge pro Minute

Normalwerte der Atemfrequenz in verschiedenen Altersstufen	
1-jähriges Kind	ca. 35 Atemzüge pro Minute
6-jähriges Kind	ca. 25 Atemzüge pro Minute
Erwachsener	ca. 14–20 Atemzüge pro Minute

Husten

Neben Erkältungskrankheiten oder dem Verschlucken von Fremdkörpern führen auch langjähriges Rauchen oder andere Erkrankungen der Atemwege zu Husten. Der Körper versucht dabei, die Atemwege von Schleim oder Fremdkörpern (auch Feinstaub, Blütenpollen) zu befreien. Sie können einer stark hustenden Person helfen, indem Sie diese zur richtigen Haltung beim Husten anhalten:

- sitzende, nach vorne gebeugte Körperhaltung
- Arme aufstützen
- tiefes Einatmen
- stoßweises, leichtes Hüsteln zur Ausatmung
- Mit Ihren Händen können Sie den Brustkorb seitlich umfassen und bei jedem Hustenstoß einen kurzen Gegendruck ausüben.
- Papiertaschentuch bereithalten.

Vorsicht mit ätherischen Ölen!
Viele Menschen benutzen bei einem Husten oder einer Erkältung ätherische Öle (z. B. Pfefferminz, Eukalyptus, Fichtennadel). Bei Kleinkindern und Säuglingen besteht die Gefahr einer Atemlähmung. Das Kind hört auf zu atmen, was zu einer lebensbedrohlichen Situation führen kann. Bei Kindern dürfen deshalb mentholhaltige Präparate im Gesicht oder Nasenbereich nicht verwendet werden. Vorsicht ist auch bei Schwangeren und Menschen mit Allergieneigung sowie chronischen Atemwegserkrankungen geboten.

Bewusstsein

Das Bewusstsein eines Menschen ermöglicht ihm, sich selbst und die Umwelt wahrzunehmen. Zum Bewusstsein zählen vor allem drei wesentliche Eigenschaften.

Bewusstsein

Merk- und Reaktionsfähigkeit	Denken	Orientierung

Bei jedem Kontakt mit Menschen verschafft man sich einen Eindruck von dessen Bewusstsein. Dabei handelt es sich um ein Wechselspiel. Auch Ihr Gegenüber nimmt Sie als Person wahr und reagiert auf Ihren Bewusstseinszustand.
Als hauswirtschaftliche Fachkraft sollten Sie sich dieser Situation sprichwörtlich „bewusst sein", denn von diesem Wechselspiel hängt es z. B. ab, ob Sie einem orientierungslosen Menschen in der Situation helfen können. Es ist daher gut, wenn Sie das Bewusstsein der von Ihnen betreuten Person einschätzen können.
Das Bewusstsein eines Menschen verändert sich stetig. Phasen hoher Aufmerksamkeit wechseln mit Zeiten von Unkonzentriertheit oder Schlaf.

- Im Wachheitszustand ist ein Mensch ansprechbar. Er reagiert auf einen Reiz mit einer angemessenen Antwort. Die Reaktionszeit ist vom Alter der Person und dem Grad ihrer Aufmerksamkeit abhängig.
- Bei Benommenheit ist diese Reaktion verzögert. Der Mensch weiß in diesen Fällen beispielsweise nicht die aktuelle Uhrzeit oder kann den Ort, an dem er sich befindet, nicht spontan benennen. Auch fällt es ihm schwer, sich länger zu konzentrieren.
- Bei einer Somnolenz (Schläfrigkeit) wirkt der Mensch apathisch und desorientiert. Er kann sich nur schwer verständlich ausdrücken und reagiert auf Ansprache stark verlangsamt.

Orientierung

Das Orientierungsvermögen eines Menschen hängt von seinem Bewusstseinsgrad ab. *Demenz* (siehe Seite 251), aber auch andere Erkrankungen, Medikamente oder ein Flüssigkeitsmangel führen zu Orientierungsstörungen. Zur Orientierung gehören mehrere Kriterien:

räumliche Orientierung
Wissen um konkrete Entfernungen, richtige Einschätzung von Größe und Ort im Raum (Dreidimensionalität)

zeitliche Orientierung
Wissen, welche Zeit ist (Uhrzeit, Datum, Tag, Nacht, Jahreszeit)

örtliche Orientierung
Wissen, wo man sich befindet (Zimmer, Stadt, Land)

Orientierung zur Situation
Wissen zur aktuellen Situation (Was passiert gerade? Was mache ich? Was plane ich?)

Orientierung zur Person
Wissen, wer man ist (Name, Alter, Beruf, Ereignisse aus der Lebensgeschichte)

4.5.4 Beobachtungen dokumentieren und weiterleiten

Zur Sicherstellung einer *kontinuierlichen* Betreuung müssen alle daran beteiligten Personen den gleichen Informationsstand besitzen. Auch Ihre Wahrnehmungen und die Ergebnisse Ihrer Beobachtungen sind deshalb nicht nur für Sie persönlich wichtig. Sie müssen von Ihnen *dokumentiert* und damit anderen zugänglich gemacht werden. Dazu werden in der Regel standardisierte Formulare verwendet, die man in Dienstübergaben zum Informationsaustausch heranzieht. Dadurch wird allen Helfern das gleiche Wissen zugänglich gemacht und die Qualität der Pflege und Betreuung gesichert.

Umgang mit dem Dokumentationsbogen

Ambulante und *stationäre* Pflegeeinrichtungen sind zur Anwendung des Pflegeprozesses und zur Pflegedokumentation rechtlich verpflichtet. Die sorgfältige Aufzeichnung von Informationen ist unumgänglich. Immer mehr wird die Dokumentation digital durchgeführt. Dies bietet mit der besseren Lesbarkeit der Texte oder des automatischen Nachweises des Benutzernamens viele Vorteile. Sehr zeitsparend können vorformulierte Textbausteine sein, die individuell angepasst werden müssen. Die Dokumentationen werden in Prüfungen, z. B. durch die Heimaufsichtsbehörden, herangezogen. Die Formulierungen müssen deshalb widerspruchsfrei und korrekt sein. Viele Einrichtungsträger haben daher Anleitungen zur Dokumentation herausgegeben. Informieren Sie sich vor Ort über diese Bestimmungen. Für die Dokumentation auf Papier gilt:

- Schreiben Sie nur mit Kugelschreiber oder Tintenstift, nicht mit Bleistift.
- *Dokumentieren* Sie zeitnah, das bedeutet sofort nach der Tätigkeit, spätestens am Dienstende.
- Schreiben Sie gut leserlich und ohne missverständliche Abkürzungen.
- Kennzeichnen Sie jeden Eintrag mit Ihrem Namenszeichen, das in der Regel festgelegt wird.
- Verwenden Sie bei Korrekturen keinen Korrekturstift, sondern streichen Sie Fehleinträge durch und kennzeichnen Sie diese mit dem Vermerk „Fehleintrag“ und mit Ihrem Namenskürzel.
- Zeichnen Sie nur tatsächlich erbrachte Leistungen ab.
- Lassen Sie einen Dokumentationsbogen nicht offen liegen und gewährleisten Sie, dass nur berechtigte Personen einen Zugang dazu haben.

LERNFELD 5

GÜTER BESCHAFFEN, LAGERN UND BEREITSTELLEN

LERNSITUATION

Das Wohnheim „Thalhuus“ bietet 51 Menschen mit Behinderung in fünf Wohngruppen ein Zuhause. Neben den Bewohnerzimmern verfügt jede Wohngruppe über eine großzügig gestaltete Etagenküche mit angrenzendem Vorratsraum und offen eingerichtetem Essraum. Neben dem großen Begegnungsraum im Erdgeschoss eröffnet ein Garten den Bewohnern weitere Beschäftigungs- und Aufenthaltsbereiche. Der Schwerpunkt des ressourcenorientierten Betreuungskonzeptes der Einrichtung ist die enge Zusammenarbeit durch alle Mitarbeiter. Die pädagogischen, pflegerischen und hauswirtschaftlichen Fachkräfte begleiten und unterstützen die Bewohner bei hauswirtschaftlichen Abläufen des täglichen Lebens.

Die beiden Auszubildenden in der Hauswirtschaft (1. und 2. Ausbildungsjahr) arbeiten eng mit der Fachhauswirtschafterin zusammen. Der Einkauf für Produkte des täglichen Bedarfs wird mit den Bewohnern gemeinsam geplant und durchgeführt. Wenn Anschaffungen für die Wohn- und Versorgungsräume notwendig werden, werden die Bewohner der Gemeinschaft mit einbezogen. Im Team berücksichtigen die hauswirtschaftlichen Fachkräfte die Wünsche der Bewohner. Sie lassen diese Wünsche sowie auch die Grundgedanken der Nachhaltigkeit und des Umweltschutzes mit in die Kaufentscheidung einfließen.

ARBEITSSCHWERPUNKTE

- Planung und Durchführung von Einkäufen im Hinblick auf den Bedarf einer Zielgruppe, der Vorgabe eines Budgets und unter Einbezug nachhaltiger Aspekte
- Ermitteln und vergleichen unterschiedlicher Einkaufsquellen vor Ort und unter Zuhilfenahme des Internets
- Erstellung von Checklisten mit formulierten Kriterien für die Anschaffung von ausgewählten Gütern
- Lagerungsmöglichkeiten von verschiedenen Gütern unter Beachtung fachlicher Grundregeln
- Durchführung von Einkäufen unter Einbezug regionaler und saisonaler Produkte sowie gesundheitlicher Unverträglichkeiten einer Zielgruppe
- Neuorganisation der Abfallentsorgung in den Wohnküchen im Hinblick auf geltende Hygienevorgaben
- Festlegung von Auswahlkriterien für die Anschaffung neuer Kühlgeräte und Tiefkühlgeräte unter dem Aspekt der Energiereduzierung
- Einlagerung von Lebensmitteln und Speisen durch ressourcensparende Handlungsabläufe

	KOMPETENZCHECK	✓
1.	*Ich kann verschiedene Bedürfnisse aufzählen und erklären, warum Verbraucher das Bestreben haben, ihre Bedürfnisse zu erfüllen.*	❑
2.	*Ich kenne den Zusammenhang von Bedürfnissen und Bedarf und kann die verschiedenen Möglichkeiten der Bedarfsdeckung erklären.*	❑
3.	*Ich weiß den Unterschied zwischen wirtschaftlichen und freien Gütern und kann jeweils Beispiele aus dem Alltag und der hauswirtschaftlichen Praxis geben.*	❑
4.	*Ich lasse im Berufsalltag das ökonomische Prinzip in meine Entscheidungs- und Handlungsprozesse einfließen.*	❑
5.	*Ich kenne verschiedene Arten der Warenkennzeichnung und kann unterschiedliche Kriterien für die Einkaufsplanung festlegen.*	❑
6.	*Ich kann verschiedene Einkaufsquellen und Finanzierungsmöglichkeiten beurteilen und den Einkauf mit einem vorgegebenen Budget durchführen.*	❑
7.	*Ich bin in der Lage, unterschiedliche Waren fachgerecht anzunehmen, einzulagern, zu kontrollieren, bereitzustellen und die zugehörigen Hygienemaßnahmen und Dokumentationen durchzuführen.*	❑
8.	*Ich kann verschiedene Lagerformen nennen, erklären und beurteilen und Maßnahmen durchführen, um die Rahmenbedingungen der Lagermöglichkeiten zu erhalten.*	❑
9.	*Ich kenne den Zusammenhang zwischen Warenverderb und der Gesundheit des Menschen und führe Maßnahmen sowie Dokumentationen durch, um den Warenverderb zu verhindern.*	❑
10.	*Ich erkenne im Kreislauf der Warenwirtschaft Möglichkeiten, Abfälle zu reduzieren und weiß, wie entstandene Abfälle fachgerecht entsorgt werden.*	❑
11.	*Ich bin in der Lage, meine Handlungsweisen in der Beschaffung, Lagerung und Bereitstellung von Gütern aus verschiedenen Blickwinkeln zu bewerten und weitere Handlungsoptimierungen abzuleiten und zu dokumentieren.*	❑

Das finanzielle Einkommen von Klein- und Großhaushalten und die Vielfalt der Lebensgewohnheiten und Ansprüche der darin lebenden Menschen bilden einen wichtigen Aspekt unserer Wirtschaft. Verbraucher erwerben aus einer Fülle von Angeboten Güter oder Dienstleistungen, von denen sie erwarten, dass diese ihren Erwartungen entsprechen. Der Angebotsmarkt mit Produkten aus aller Welt verlangt jedoch eine kritische Auseinandersetzung mit dieser Vielfalt. Darum ist es wichtig, dass Verbraucher die zur Verfügung stehenden Informations- und Auskunftsquellen nutzen, um eine fundierte Entscheidung – nicht zuletzt auch bezüglich des Preis-Leistungs-Verhältnisses – zu treffen. Um am Wirtschaftskreislauf dauerhaft als zahlungsfähiger Kunde teilnehmen zu können, ist es notwendig, die Ausgaben und Einnahmen eines Haushalts oder Unternehmens durch geeignete Methoden im Blick zu behalten. Deshalb ist es auch von Bedeutung, Kenntnisse über die verschiedenen Zahlungsmittel und die Möglichkeiten des Kapitalzuwachses zu besitzen.

Die Organisation der Lagerhaltung trägt entscheidend zur Wirtschaftlichkeit der gesamten Arbeitsprozesse in einer Einrichtung bei, denn eingelagerte Waren bedeuten sowohl für einen Groß- als auch für einen Privathaushalt eine finanzielle Investition. Die Planung der Einkaufsmenge, der Warenart, des Zeitpunkts und der Dauer der einzulagernden Waren muss vorausschauend und sehr genau erfolgen. Dabei ist der individuelle Bedarf der zu versorgenden Personengruppe im Auge zu behalten. Fachgerechte Lagerung bedeutet auch: Die Lagerräumlichkeiten müssen in ihrer Größe und ihren Anforderungen auf die Ansprüche der jeweiligen Waren und der Einrichtung selbst abgestimmt sein. Eine optimale Lagerung vermeidet finanzielle Schäden und trägt erheblich zur Lager- und Lebensmittelhygiene bei.

5.1 Ziele wirtschaftlichen Handels

Je nach Tätigkeitsbereich haben hauswirtschaftliche Fachkräfte ein bestimmtes Budget zu verwalten. Dieses Budget umfasst eine vorher festgelegte und begrenzte Geldmenge, die für einen ganz konkreten Zweck bzw. zur Erfüllung bestimmter Bedürfnisse bestimmt ist, zum Beispiel Ausgaben für Reinigungsmittel oder Aufwendungen für die textile Ausstattung von Gästezimmern. Da es sich hier um durchaus stattliche Summen handeln kann, ist es wichtig, dass die für das Budget verantwortliche hauswirtschaftliche Fachkraft fundierte Kenntnisse von der Wichtigkeit und den Zusammenhängen wirtschaftlicher Abläufe besitzen. Wer ein Budget zu verwalten hat, besitzt große Verantwortung, den Budgetplan optimal zu kalkulieren und nach wirtschaftlichen Grundsätzen umzusetzen. Ziel ist es, ein Budget so auszuschöpfen, dass es die erforderlichen Leistungen oder Bedürfnisse deckt, bestenfalls sogar Reserven durch Einsparungen schafft.

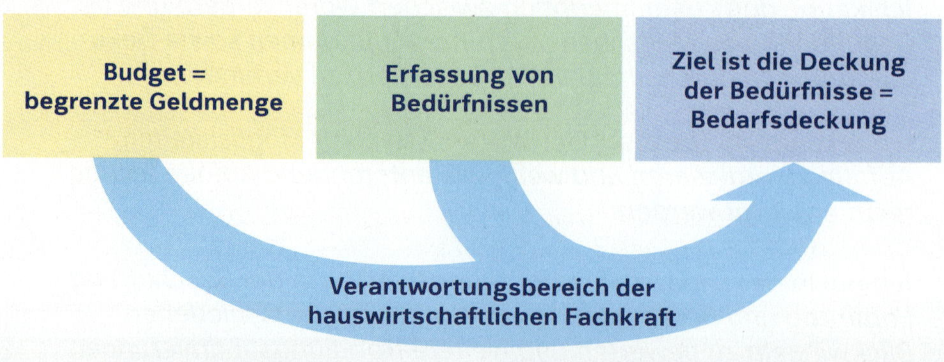

Zusammenhänge wirtschaftlichen Handelns

5.1.1 Bedürfnisse

Unter Bedürfnissen wird ein menschliches Mangelgefühl verstanden, welches mit dem Wunsch verbunden ist, dieses Mangelgefühl zu beseitigen. Da die Menschen unterschiedlich und vielfältig sind, sind auch ihre Wünsche und Bedürfnisse vielschichtig und nahezu unerschöpflich.
Wer finanzielle Mittel verwaltet, muss zunächst einmal erkunden, welche Güter oder Dienstleistungen im eigenen Betrieb zur Deckung des Bedarfs von Bedeutung sind. In einem Altenheim zum Beispiel heißt das, die Verantwortlichen müssen darüber Bescheid wissen, was die Bewohner (Kunden) an Leistungen benötigen und erwarten.
Die Palette kann hier sehr vielfältig und unterschiedlich sein. Denn sowohl die allgemeine Erwartung an ein schmackhaftes gesundes Essen und saubere, wohnliche Zimmer als auch eine gute Versorgung und Betreuung können sich insgesamt zu erheblichen Kosten summieren.

Kommunikationsmittel früher und heute: Steigende Ansprüche an den Wohlstand und technischer Fortschritt lassen Wünsche in ihrer Zahl und Art permanent steigen.

Bedürfnisse und ihre Rangfolge

Bedürfnisse werden nach der Dringlichkeit in drei Gruppen eingeteilt.

Grundbedürfnisse
Dazu zählen alle existenziellen körperlichen und seelischen Bedürfnisse, die ein Mensch hat, um überhaupt leben zu können (z. B. Nahrung, Schlaf, Kleidung, Wohnung, Geborgenheit, Sicherheit, Ansehen).

Kulturbedürfnisse
Umfassen jene Wünsche, die dem Einzelnen dazu dienen, am gesellschaftlichen Leben teilzuhaben (z. B. Reisen, Auto, Ausbildung, Theater, Internetzugang, Smartphone, Kino, Literatur, Unterhaltungsmedien).

Luxusbedürfnisse
Sind Wünsche, die über das übliche gesellschaftliche Leben und das Wohlstandsniveau hinausgehen. Sie sind abhängig vom Lebensstandard, der durch wirtschaftliche Verhältnisse und technischen Fortschritt geprägt wird (z. B. teurer Schmuck, teure Autos, teure Reisen).

Eine klare Abgrenzung zwischen den drei Bedürfnisgruppen ist nicht immer möglich, denn die Übergänge sind mitunter fließend. Dabei spielen auch gesellschaftliche Entwicklungen sowie fortschreitende technische Neuerungen eine Rolle. Galt beispielsweise der Besitz eines Mobiltelefons vor zwanzig Jahren noch als Luxusgut, so ist der Besitz eines Smartphones mit Internetzugang inzwischen zu einem erfüllbaren und „ganz normalen" Kulturbedürfnis unserer Gesellschaft geworden.

Auch individuelle Faktoren, wie zum Beispiel Alter, Geschlecht, kulturelle Herkunft, traditionelle/familiäre Prägung, Bildung/Beruf, Wohnort oder Umweltfaktoren, tragen dazu bei, in welche Bedürfnisgruppe ein Mangelgefühl eingeteilt wird.

Beispiel: Ein 16-Jähriger legt in der Regel kaum Wert darauf, eine Oper zu besuchen. Für ihn stellt dies kein Bedürfnis dar. Für die Eltern von vier kleinen Kindern wird ein Opernbesuch dagegen mitunter zum Luxusbedürfnis, weil ihnen die finanziellen Mittel und die Zeit fehlen, um eine Oper genießen zu können. Ein wohlhabendes Ehepaar im Ruhestand wiederum könnte es sich problemlos leisten, jede Woche einmal in die Oper zu gehen und ein Abonnement zu nutzen. Für diese beiden Menschen ist der Opernbesuch ein „ganz normales" Kulturbedürfnis.

Eine andere Einteilung menschlicher Bedürfnisse nahm der US-amerikanische Psychologe Abraham Maslow vor. Er entwickelte ein Stufenmodell, das einer Pyramide gleicht, und beschreibt damit, dass grundsätzliche Bedürfnisse (z. B. Grundbedürfnisse wie Schlafen und Nahrungsaufnahme) zuerst befriedigt werden müssen, bevor weitere Bedürfnisse (Sicherheitsgefühl, soziale Bindungen, Anerkennung, Selbstverwirklichung) erfüllt werden.

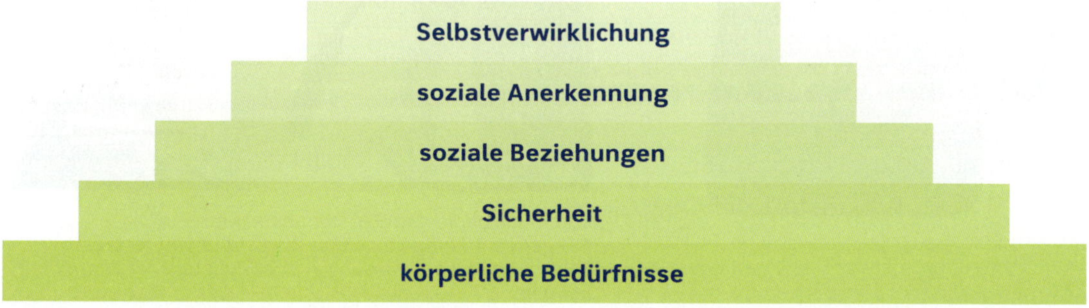

Maslow-Pyramide der Bedürfnisbefriedigung

Einzel- und Gemeinschaftsbedürfnisse

Bedürfnisse werden danach unterschieden, ob sie von einem Einzelnen empfunden werden oder ob sie eine ganze Gruppe von Menschen hat.

Einzelbedürfnisse
sind Bedürfnisse, die jeder einzelne Mensch für sich empfindet. Er versucht dabei, diese Bedürfnisse weitestgehend für sich zu erfüllen. Dazu gehören z. B. Nahrung, Kleidung, ein eigenes Auto, Smartphone, Geborgenheit.

Gemeinschaftsbedürfnisse
sind Bedürfnisse, die von einer Gruppe empfunden werden. An ihrer Erfüllung ist eine größere Gemeinschaft bis hin zur gesamten Gesellschaft interessiert. Dazu gehören z. B. Straßen, Schulen, Krankenhäuser, Altenheime, Gesetze, Friedenssicherung.

5.1.2 Vom Bedürfnis zum Bedarf

Die Bedürfnisse und Wünsche der Menschen sind unermesslich. Die Mittel, um sie zu erfüllen, sind dagegen begrenzt. So kann stets nur ein Teil der Bedürfnisse gedeckt werden. In diesem Fall spricht man vom Bedarf. Das bedeutet, lediglich die Bedürfnisse, die mithilfe der vorhandenen Ressourcen erfüllt werden können, werden zum Bedarf.

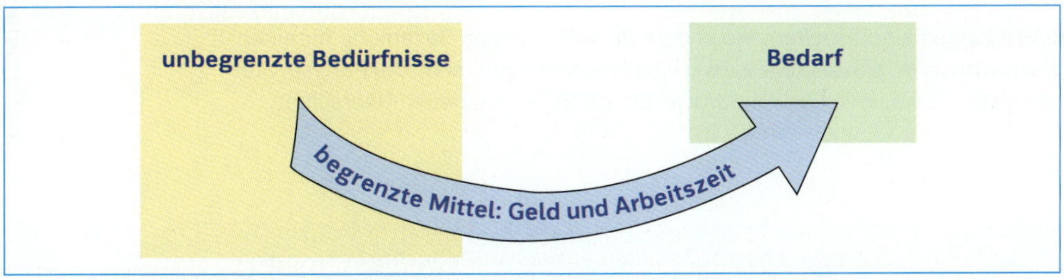

Im privaten Bereich setzt das finanzielle Einkommen den Verbrauchern Grenzen. So kann sich beispielsweise ein junger Mensch in der Ausbildung selten aus eigenen Mitteln einen Neuwagen leisten. Eine fünfköpfige Familie muss gut überlegen, ob das Geld für einen Urlaub ausreicht.
Auch in hauswirtschaftlichen Klein- und Großbetrieben stehen finanzielle Mittel nur in begrenztem Umfang zur Verfügung. Und so gilt es auch hier abzuwägen, welche Bedürfnisse für welche Personen (Bewohner, Patienten, Kunden, Gäste) wichtig sind und welche mit den vorhandenen Mitteln erfüllt werden können.
Erst wenn der Bedarf vom Verbraucher festgelegt ist, kann er sich mit seiner konkreten Nachfrage auf dem Markt nach Angeboten umsehen. Das Zusammenspiel von Nachfrage und Angebot wirkt sich wiederum auf die Preisbildung und auf die angebotene Gütermenge aus.

5.1.3 Möglichkeiten der Bedarfsdeckung

Der Bedarf der Verbraucher stellt sich trotz mitunter gleicher Zielsetzung sehr unterschiedlich dar. So benötigt zum Beispiel der eine Privathaushalt ein Bügeleisen, um die vorhandenen Blusen und Hemden schrankfertig zu machen, der andere nutzt das Dienstleistungsangebot einer Wäscherei, während ein Großhaushalt wiederum einen Finisher zum Glätten der Wäsche benötigt. In allen drei Fällen gibt es wiederum eine breite Angebotspalette in verschiedenen Qualitäts-, Service- und Preiskategorien. Der Markt bietet viele unterschiedliche Möglichkeiten an, um diesen unterschiedlichen Bedarf zu decken. Generell spricht man hierbei von wirtschaftlichen Gütern. Daneben gibt es nur sehr wenige Güter, die es „umsonst" gibt (z. B. Güter wie Luft oder Sonnenlicht). Man unterscheidet deshalb zwischen:

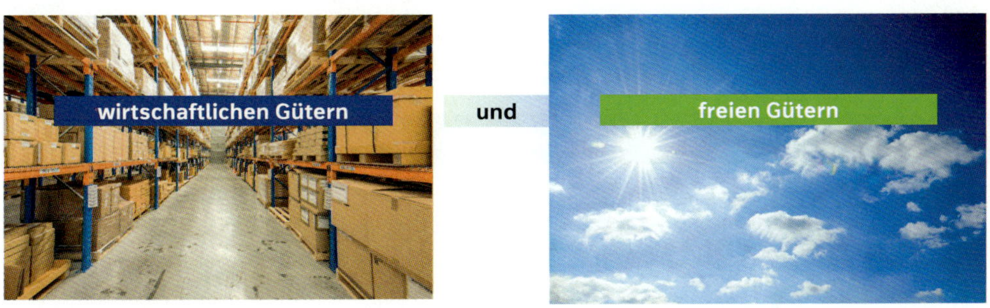

Der Haushalt muss Geld aufbringen, um Güter (Dinge) kaufen zu können, die dazu dienen, Wünsche und Bedürfnisse zu befriedigen, z. B. Lebensmittel, Kleidung, Computer, Auto. → **Sachgüter**

Dienstleistungen sind Arbeiten, die andere Personen gegen Bezahlung für einen Haushalt erbringen, z. B. Wäsche wird in eine Wäscherei gebracht, der Partyservice bringt belegte Brote, eine Person erwartet als „Ware“ einen neuen Haarschnitt. → **Dienst-leistungen**

Um der Bedürfnisbefriedigung nachzukommen, können auch Rechte in Anspruch genommen werden, z. B. das Recht, den Führerschein zu erlangen, das Recht auf einen Mietvertrag, das Recht auf Schulbildung. → **Rechte**

5.1.4 Sachgüter und Dienstleistungen

Sachgüter und Dienstleistungen lassen sich noch weiter unterteilen, je nachdem, welchen Zweck sie erfüllen.

- Konsumgüter werden genutzt, um das tägliche Leben zu bestreiten.
- Produktionsgüter werden benötigt, um andere Güter herzustellen oder um Dienstleistungen zu erbringen.

Güter, die für den einmaligen Gebrauch bestimmt sind, nennt man Verbrauchsgüter, während bei langfristig genutzten Gütern von Gebrauchsgütern die Rede ist.

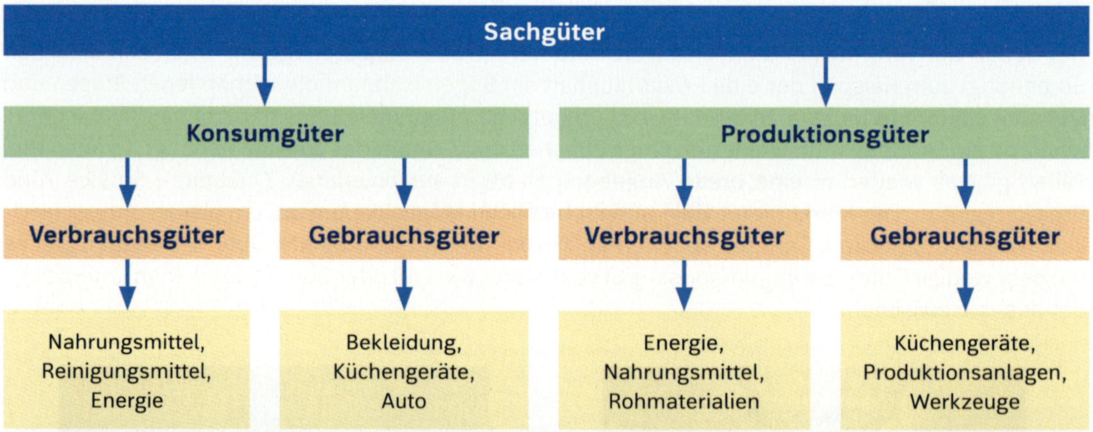

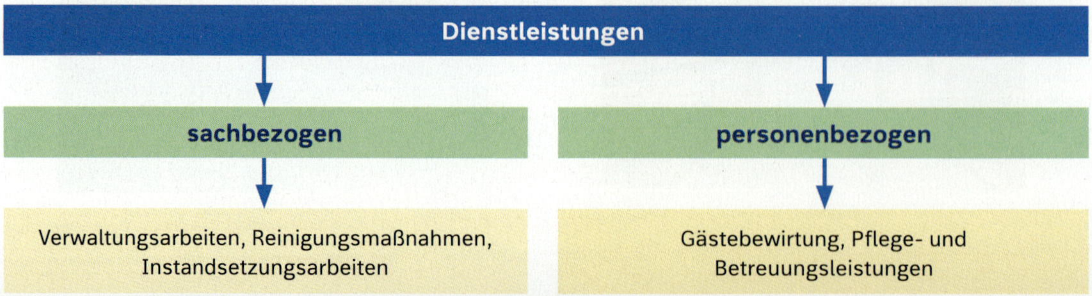

In einem Haushaltsplan wird der tatsächliche Bedarf an solchen Gütern und Leistungen konkretisiert. Es wird darüber befunden, in welche Güter und Dienstleistungen investiert werden kann und soll. Erst nach dieser Festlegung kann entschieden werden, wie mit dem zur Verfügung stehenden *Budget* gewirtschaftet werden soll.

5.1.5 Richtig wirtschaften

In der Regel sind die Bedürfnisse größer als die finanziellen Möglichkeiten zu deren Befriedigung. Richtig wirtschaften zielt deshalb darauf ab, die eigenen oder die Bedürfnisse anderer Personen trotz beschränkter und knapper Mittel zu befriedigen. Das erfordert ein zielgerichtetes, planvolles und wirtschaftliches Handeln. Diese Form des planvollen Umgangs mit Geldmitteln oder Gütern wird Wirtschaftlichkeitsprinzip oder auch ökonomisches Prinzip genannt.

Minimalprinzip
Ein gesetztes Ziel soll mit wenigen Mitteln erreicht werden.

Das ökonomische Prinzip

Maximalprinzip
Mit vorhandenen Mitteln soll ein größtmögliches Ziel erreicht werden.

- Das Minimalprinzip wird auch als Sparprinzip bezeichnet. Hier wird mit den eingesetzten begrenzten Mitteln gewirtschaftet. Die Erfüllung von Bedürfnissen nach dem Sparprinzip erfordert einen gut geplanten und sparsamen Einsatz der vorhandenen Mittel. Das heißt auch, die Arbeitsschritte und der Arbeitsablauf müssen vor Arbeitsbeginn exakt geplant und organisiert werden, um rationell und effizient zu arbeiten, also Wege oder Handgriffe (und dadurch Zeit und Geld) einzusparen.
- Das Maximalprinzip wird auch als Haushaltsprinzip bezeichnet. Hier sind die Mittel, mit denen das Ziel erreicht werden soll, von vornherein vorgegeben. Zielsetzung ist es hierbei, mit den vorgegebenen Mitteln, wie Geldern, Materialien oder Arbeitskräften, einen möglichst hohen Ertrag zu erzielen.

Beispiel: In einer Großküche muss ein neuer Kombidämpfer angeschafft werden.
Wirtschaften nach dem Minimalprinzip hieße: Das neue Gerät muss bestimmte Voraussetzungen im Küchenalltag erfüllen. Dazu gehören zum Beispiel die Größe des Geräts, seine Bauform, die möglichen Programme oder auch die Bedienerfreundlichkeit. Die Küchenleitung holt Angebote von unterschiedlichen Firmen ein und vergleicht diese. Sie entscheidet sich für das Angebot, das alle Vorraussetzungen erfüllt und das zusätzlich am preiswertesten ist.
Wirtschaften nach dem Maximalprinzip hieße: Es stehen zum Beispiel 7 500,00 € zur Verfügung. Das neue Gerät muss bestimmte Voraussetzungen (siehe oben) für den Küchenalltag erfüllen. Die Küchenleitung holt verschiedene Angebote ein, vergleicht diese und entscheidet sich dann für das Angebot, welches die meisten Ansprüche bzw. Wünsche erfüllt.

AUFGABE

Notieren Sie jeweils zwei Beispiele für das Minimal- bzw. Maximalprinzip aus Ihrem Berufsalltag. Überlegen Sie, wo es Ansätze gibt, die Deckung dieser Bedürfnisse wirtschaftlicher zu gestalten, um so die vorhandenen Mittel (Ressourcen) noch besser zu nutzen.

5.1.6 Budgetplanung

In einem Budgetplan (auch Haushaltsplan genannt) werden die Ausgaben für die Beschaffung von Gütern oder Dienstleistungen festgelegt und geplant. Dies geschieht im allgemeinen im Voraus für ein Kalenderjahr. Die Planung der Ausgaben kann jedoch nur erfolgen, wenn zuvor über einen längeren Zeitraum die Einnahmen und die Ausgaben mithilfe der Buchführung oder anhand eines Haushaltsbuches ermittelt wurden. Aufgrund dieser Gegenüberstellung von Einnahmen und Ausgaben lässt sich feststellen, wo Einsparungen getätigt werden können oder welcher finanzielle Rahmen (*Budget*) für weitere Ausgaben zur Verfügung steht. Besonders bei Neuanschaffungen ist es wichtig zu wissen, welches Budget für die entsprechende Anschaffung angelegt werden kann.

Bei der Erstellung von Budgetplänen treffen oft unterschiedliche Interessen der einzelnen Verantwortungsbereiche eines Großhaushalts aufeinander. In einer Einrichtung haben oftmals mehrere Personen mit unterschiedlichen Verantwortungs- und Kompetenzbereichen ein Mitspracherecht, etwa die Heimleitung, der Vorstand oder die einzelnen Abteilungsleitungen. Die Verteilung (Budgetierung) der Gelder wird von den Beteiligten nach der Dringlichkeit erfolgen.

Egal, ob ein Betrieb von einem privaten oder öffentlichen bzw. gemeinnützigen Träger geführt wird: Die finanziellen Mittel sind in der Regel knapp kalkuliert und nicht alle Bedürfnisse können tatsächlich gedeckt werden.

Beispiel: Bei der Planung des Budgets für das kommende Jahr beantragt die Leiterin der Wäscherei die Anschaffung einer neuen Gewerbewaschmaschine. Die Küchenleiterin trägt vor, dass der gesamte Küchenbereich einen neuen Anstrich nötig hat. Nachdem alle Einnahmen und Ausgaben und die Dringlichkeit der Anträge geprüft wurden, wird dann mit dem Verwaltungsleiter beschlossen, dass die Wäscherei eine neue Waschmaschine bekommt. Die Notwendigkeit dieser Anschaffung wird höher bewertet, da ansonsten der Wäschereibetrieb nicht aufrechterhalten werden kann. Der Anstrich im Küchenbereich wird auf das nächste Jahr verschoben.

5.2 Angebote beurteilen und nutzen

Ganz gleich, in welcher Höhe eine Ausgabe getätigt werden soll, vor der Kaufentscheidung muss der Verbraucher Überlegungen darüber anstellen, welche Gewichtung bzw. Dringlichkeit die Anschaffung hat. Dann müssen Informationen über das gewünschte Produkt eingeholt werden. Das können Preis- oder Qualitätsvergleiche sein, aber auch Angaben darüber, welche Hersteller unter welchen Rahmenbedingungen das gewünschte Produkt oder die Dienstleistung anbieten.

5.2.1 Einkaufsplanung

Eine bewusste Einkaufsplanung kann es möglich machen, die begrenzten Ressourcen eines Haushalts zu schonen. Vor jedem Einkauf wird, ganz besonders wenn es sich um größere Geldmengen handelt, eine Checkliste erstellt. In dieser Checkliste werden Aspekte aufgeführt, die zu bedenken sind, um Arbeitskraft, Zeit, Energie (Umweltaspekt) und somit Geld einzusparen. So wird letztendlich ein Produkt erworben, das den Qualitätsansprüchen (siehe auch Seite 291) und dem *Budget* (gutes Preis-Leistungs-Verhältnis) entspricht.

Checkliste zur Einkaufsplanung

- **Warum** besteht der Einkaufswunsch und welche Notwendigkeit (Dringlichkeit) gibt es zur Anschaffung?
- **Wann** ist die Anschaffung erforderlich?
- **Wie viele** Artikel oder welche Menge sind zu beschaffen?
- **Wo** kann das Produkt oder die Dienstleistung eingekauft werden?
- **Welche** Produktpalette gibt es auf dem Markt?
- **Wie** unterscheiden sich die Angebote in der Qualität und Preisgestaltung?
- **Wie** gestalten sich die Zahlungsmodalitäten?
- **Welche** Lieferfristen sind zu berücksichtigen?
- Wie unterscheiden sich die Angebote im Vergleich auf die Qualität, dem Nachhaltigkeitsaspekt und dem Preis?

Beispiel:

Mögliche Fragen bei der Einkaufsplanung eines:

	Gebrauchsguts z. B. Küchenmaschine	**Verbrauchsguts** z. B. Lebensmittel
Warum?	Ist die alte Maschine defekt? Kann die Maschine repariert werden? Ist die Maschine wichtig im täglichen Arbeitsablauf?	Ist die Packung leer? Brauche ich den Artikel für die Zubereitung einer Speise (Speiseplan)?
Wann?	Brauche ich die Maschine sofort? Ist das Geld zur Anschaffung vorhanden?	Brauche ich den Artikel sofort oder bis wann spätestens? Kann man sich mit einem Alternativprodukt behelfen? Wie gestaltet sich der Bestell-/Einkaufsrhythmus?
Wie viele?	Braucht die Einrichtung nur ein Gerät oder mehrere (z. B. auf verschiedene Etagen oder in weiteren Außenstellen)?	Wie viel brauche ich (z. B. welche Menge pro Verpackung/Gebinde)? Wird ein Rabatt gewährt, wenn eine größere Menge gekauft wird? Wird das Lebensmittel rechtzeitig verbraucht (MHD)?
Wo?	Fachgeschäft, Discounter?	Erzeuger, Einzelhandel, Großmarkt?
Welche?/ Was?	Welche Leistung, welches Fassungsvermögen und welchen Energieverbrauch hat das Gerät? Welche Zusatzgeräte gibt es und sind erforderlich (z. B. Schnitzelwerk, Fleischwolf, Getreidemühle)? Muss es ein Markengerät sein oder reicht ein „No-Name-Produkt“?	In welcher Verarbeitungsstufe benötige ich das Produkt? Muss es ein Markenprodukt sein oder reicht ein „No-Name-Produkt“? Muss es ein konventionell hergestelltes oder ein Bio-Produkt sein? Welche Qualität und Frische benötige ich?
Wie?	Wie sind die Zahlungsmodalitäten (z. B. in bar, per Karte, in Raten, gegen Rechnung)? Wann wird geliefert?	Wird bei Sofortzahlung Skonto gewährt? Bis wann muss gezahlt werden? Soll der Einkauf angeliefert werden? Wird dafür ein Aufpreis erhoben?

5.2.2 Einkaufsmöglichkeiten

Jeder Klein- oder Großhaushalt kann zum Erwerb eines Produkts oder einer Dienstleistung auf unterschiedliche Beschaffungsquellen zurückgreifen. Die Entscheidung, wo ein Einkauf letztlich getätigt wird, trifft in der Regel die Person, die für das *Budget* verantwortlich ist. In hauswirtschaftlichen Betrieben ist das zumeist die Hauswirtschaftsleitung.

Entscheidungsfaktoren bei der Auswahl von Einkaufsquellen

- Preis (Rabatte, Preis-Leistungs-Verhältnis, Qualität)
- Beratungsservice, Lieferservice und Kundendienst/Ersatzteilangebote
- Erreichbarkeit (telefonisch, Öffnungszeiten, Ortsnähe)
- regionale oder globale Faktoren einschließlich ökologischer und sozialer Aspekte

Einkaufsquellen

- **Einzelhandel** (Tante-Emma-Läden, Fachgeschäfte und -märkte, Warenhäuser, Discounter, Supermärkte, Versandhandel)
- Einkauf beim **Erzeuger** (Wochenmärkte, Hofläden)
- Einkauf im **Internet**

Großverbrauchermärkte und Großhändler stellen Einkaufsquellen für unterschiedliche Produktbereiche mit Großgebinden für Großhaushalte, Einzel- und Fachhändler dar.

Die Entscheidung für ein bestimmtes Produkt und eine konkrete Einkaufsquelle ist oft nicht einfach und nicht immer von „nüchternen“ Faktoren (z. B. Preis) abhängig.

Beispiel: So kann ein Päckchen mit konventionell hergestelltem Kaffeepulver durch den Bezug über einen Großhändler wesentlich preisgünstiger sein als die gleiche Menge Kaffeepulver mit dem „Fairtrade-Siegel“ (siehe Seite 291). Hier spielen – je nach Grundsätzen der Einrichtung – auch andere Faktoren für einen bewussten Einkauf eine Rolle (siehe Seite 292). Ein Gefrierschrank mit Temperaturanzeige in Edelstahlausführung wiederum kostet beim Elektrofachgeschäft möglicherweise mehr als bei einem Großküchenausstatter. Sind jedoch Wartungsarbeiten am Gerät nötig, werden diese durch die weitere Anfahrt teurer.
Andere wollen durch ihr Einkaufsverhalten bewusst zum Erhalt regionaler Wirtschaftsbetriebe beitragen, andere müssen konsequent auf ihre finanziellen Möglichkeiten achten und sind mehr oder weniger gezwungen, stets das billigste Produkt zu kaufen.

5.2.3 Warenkennzeichnung

Das Marktangebot von Gütern und Dienstleistungen ist unerschöpflich und für den Einzelnen oft unüberschaubar. Verbraucher sollen sich inmitten von Angeboten, Werbeversprechungen und angesichts eines kalkulierten *Budgets* zu einer Kaufentscheidung durchringen. Damit Produkte untereinander verglichen werden können, müssen alle Waren mit bestimmten Angaben versehen sein. Neben gesetzlich vorgeschriebenen Daten gibt es auch freiwillige Angaben, damit sich Verbraucher über Qualität und Beschaffenheit von Produkten informieren können. Teilweise gelten die Klassifizierungsangaben von Produkten EU-weit.
Aufgrund der Vielfalt von gesetzlichen und freiwilligen Angaben kann es beim Verbraucher trotzdem zu Verunsicherungen kommen. So führen Skandale (z. B. „*Gammelfleisch*-Skandal", „Glykolwein-Skandal") beim Verbraucher immer wieder zu Verunsicherungen.
Die gewünschte Markttransparenz ist nur gegeben, wenn man weiß, welche Kriterien hinter Angaben, Bezeichnungen, abgedruckten Siegeln, Plaketten und *Logos* stehen.

Gesetzliche Warenkennzeichnung

Lebensmittelinformationsverordnung

Wer Lebensmittel in den Verkehr bringt, muss die Pflichtangaben an einer gut sichtbaren Stelle mit einer Mindestschriftgröße kenntlich machen: die Bezeichnung und die Zutaten des Lebensmittels, in absteigender Menge nach ihrem Gewichtsanteil, einschließlich der Kennzeichnung der Allergene und Lebensmittelzusatzstoffe (siehe Seite 147). Außerdem kennzeichnungspflichtig sind der Alkoholgehalt, die Nährwertkennzeichnung, die Nettofüllmenge sowie der Namen und die Anschrift der Firma, die für das Lebensmittel verantwortlich ist. Produkte, außer Kaffee oder Tee, die einen erhöhten Koffeingehalt aufweisen, müssen auch mit besonderen Hinweisen kenntlich gemacht werden, z. B. Energydrinks oder diverse Erfrischungsgetränke.

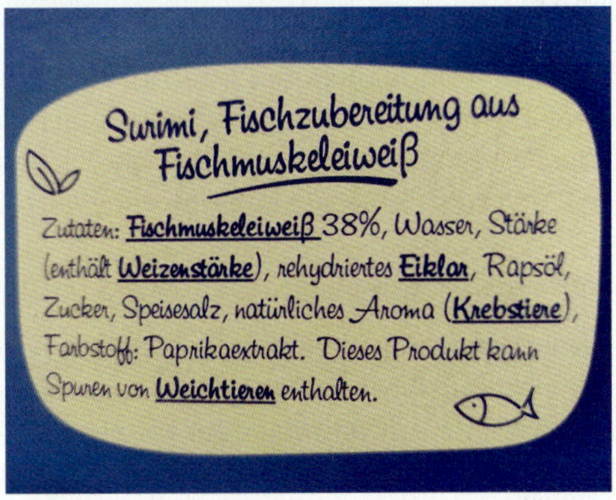

Handelt es sich um Lebensmittel, die sehr leicht verderblich sind, z. B. frisches Geflügel, Hackfleisch oder Rohmilch, muss ein Verbrauchsdatum angegeben werden, ansonsten muss das Lebensmittel mit dem Mindesthaltbarkeitsdatum (MHD) versehen sein. Beim richtigen Transport und ordnungsgemäßer Lagerung können Produkte in den meisten Fällen auch nach Ablauf des Mindesthaltbarkeitsdatums gegessen oder getrunken werden. Einige Lebensmittel, z. B. frisches Obst und Gemüse, Wein oder Zucker, sind von der Angabe ausgenommen.

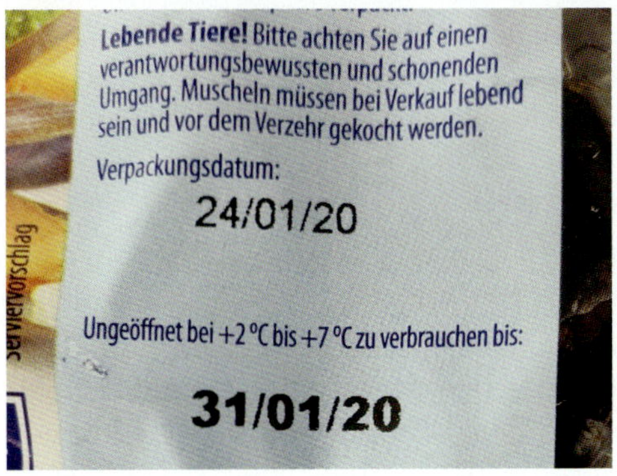

Eine weitere Besonderheit muss bei eingefrorenen Fisch- und Fleischerzeugnissen beachtet werden: Dort darf das Datum des Einfrierens nicht fehlen („Eingefroren am ..."). Unverarbeitete Lebensmittel wie etwa Rindfleisch und Eier werden mit Buchstaben- und/oder Zahlencodes versehen. Bei Obst und Gemüse muss das Herkunftsland angegeben sein. Bei der Verwendung von raffinierten pflanzlichen Ölen und Fetten muss die spezielle pflanzliche Herkunft angegeben werden (z. B. Sojaöl, Kokosfett).

Auch das Identitätskennzeichen ermöglicht dem Verbraucher mithilfe eines Zahlen- und Buchstabencodes zu erkennen, in welchem EU- Mitgliedsstaat, Bundesland und Betrieb das entsprechende Produkt zuletzt bearbeitet wurde.

Für einige Lebensmittel wie Fischereierzeugnisse, Honig, Konfitüren, Gelees und Marmeladen sowie für Energydrinks, Wein und Spirituosen kommen weitere produktspezifische Pflichtangeben hinzu, die in speziellen Produktverordnungen geregelt sind.

Um den Verbraucher vor weiteren Täuschungen zu schützen wird der Hersteller verpflichtet, Angaben zu Lebensmittel-Imitaten zu machen. Der ersatzweise verwendete Stoff muss in unmittelbarer Nähe des Produktnamens angegeben werden (z. B. Garnelen-, Käse- oder Schinkenimitate). Auch einige Fleisch- oder Fischprodukte sehen aus wie ein gewachsenes Stück, bestehen aber tatsächlich aus mehreren Stücken, die zusammengefügt wurden. Sie müssen dann beispielsweise den Hinweis „Aus Fleischstücken zusammengefügt“ tragen.

Eine weitere wichtige Angabe für den Verbraucher ist die Kennzeichnung von Nanopartikel in Lebensmitteln. Hier werden alle Zutaten, die in Form technisch hergestellter Nanomaterialien im Lebensmittel vorhanden sind, ins Zutatenverzeichnis eindeutig aufgenommen. In Deutschland spielt dieses Thema zur Zeit noch eine eher untergeordnete Rolle.

Wenn ein Kunde über den Internethandel ein vorverpacktes Lebensmittel kaufen möchte, so müssen für ihn alle Pflichtangaben wie Zutatenliste, Allergenkennzeichnung und die Nettofüllmenge vor Abschluss des Kaufvertrages ersichtlich sein. Eine Ausnahme bildet das Mindesthaltbarkeitsdatum, das erst zum Zeitpunkt der Lieferung verpflichtend ist.

Preisangabeverordnung

Der Endpreis einschließlich der Mehrwertsteuer muss für den Verbraucher ersichtlich sein. So müssen zum Beispiel bei verpackten oder losen Lebensmitteln der Grundpreis pro Kilogramm oder der Literpreis für Kraftstoffe an Tankstellen klar erkennbar sein. Bei Dienstleistungen (Frisör, Fußpflege, Gaststätten, Hotels) müssen die Preise aushängen.

Gefahrenstoffverordnung

GRUNDLAGEN
LERNFELD 3

Die Gefahrstoffverordnung schreibt unter anderem vor, dass Gefahrstoffe, die in Produkten für Haushalte oder Gemeinschaftseinrichtungen (z. B. Reinigungsmitteln) enthalten sind, durch die entsprechenden Gefahrstoffsymbole auffallend gekennzeichnet sein müssen (siehe Seiten 17 und 200).

Eichgesetz

Das Eichgesetz gibt dem Verbraucher die Gewähr, dass die auf der Verkaufsverpackung ausgewiesenen Füllmengen oder gemessene Werte (z. B. Lebensmittelwaage in der Gemüseabteilung, Blutdruckmessgerät beim Arzt oder, Tankstellenangaben) bestimmten Genauigkeitsanforderungen entsprechen. Messgeräte, die der Eichpflicht unterliegen, haben unterschiedliche Gültigkeitsdauern, die nach Bedarf vom Eichamt kontrolliert, geprüft und verlängert werden. Die Prüfzeichen sehen in Farbe, Beschriftung und Form unterschiedlich aus.

Fertigpackungsverordnung

Hersteller von Fertigprodukten entnehmen dieser Verordnung unter anderem die Vorgaben über die Genauigkeit und Angabe zur Füllmenge der Fertigpackung, zum Abtropfgewicht oder der zum Auszeichnen verwendeten Schriftgröße. So muss zum Beispiel mit großen Buchstaben aufgedruckt werden, was in der Verpackung oder Dose enthalten ist.

EU-Qualitätsnormen: Güte- und Handelsklassen

klassifizieren zum Beispiel die Qualität von Obst, Gemüse, Eiern, Fleisch oder Geflügel. Sie werden laut EU-Verordnung festgelegt und durch zugelassene Kontrollstellen der Bundesanstalt für Landwirtschaft und Ernährung kontrolliert. Bei Äpfeln werden beispielsweise Handelsklassen unterschieden:

- Handelsklasse Extra steht für höchste Qualität.
- Handelsklasse1 bedeutet gute Qualität.
- Handelsklasse 2 heißt, die Äpfel haben mittlere Qualität.

Textilkennzeichnungsgesetz

Dieses Gesetz gilt in allen EU-Ländern und schreibt vor, dass die Fasern, die zur Herstellung eines textilen Produktes verwendet wurden, hinsichtlich ihres prozentualen Anteils am Gesamtgewebe angegeben sein müssen.

Energiekennzeichnung

Das Energieverbrauchsetikett (auch EU-Label) gilt in allen Staaten der Europäischen Union und gibt dem Käufer wichtige Verbrauchsinformationen für die Kaufentscheidung. Beim Verkauf von Elektrogroßgeräten, Fernsehgeräten und Leuchtmitteln ist es vorgeschrieben, dass Hersteller oder Händler das Energieverbrauchsetikett gut lesbar am Gerät anbringen. Eine wichtige Angabe ist die Energieeffizienzklasse. Die Angabe über die Energieeffizienz erfolgt über die Buchstaben A bis G in den Farben Grün bis Rot. Darüber hinaus werden weitere produktspezifische Informationen mithilfe kleiner Piktogramme angegeben, um Geräte objektiv miteinander vergleichen zu können. Hierzu gehören z. B. der Wasserverbrauch bei Waschmaschinen und Geschirrspülern, das Fassungsvermögen von Kühlschränken und Waschmaschinen, die Geräuschemission bei Trocknern oder Kühlgeräten und mit einer gleichzeitigen Bewertung und die Bildschirmgröße bei Fernsehgeräten.

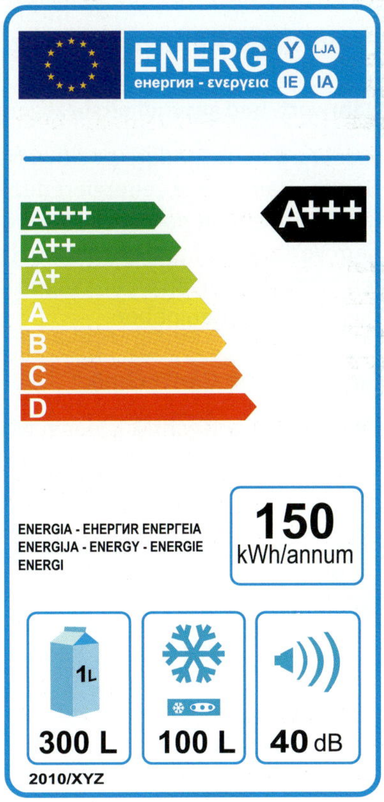

Europäische Kommission
(Energy Labelling of Products)

Verordnung über gentechnisch veränderte Lebens- und Futtermittel

Die Verwendung von *gentechnisch* veränderten Lebensmitteln muss beim Kauf für den Verbraucher klar ersichtlich sein, denn die *Gentechnik* hält recht früh Einzug in den Nahrungsmittelkreislauf. Die weltweit strengste Verordnung zur Kennzeichnung von gentechnisch veränderten Lebensmitteln gilt in der gesamten EU. Sie schreibt unter anderem vor, dass Lebensmittel, die aus gentechnisch verändertem Saatgut hergestellt werden, als solche zu kennzeichnen sind, wie zum Beispiel Tomaten oder Äpfel.

Außerdem muss auf der Zutatenliste kenntlich gemacht werden, wenn gentechnisch veränderte Zutaten oder Mikroorganismen in einem Produkt enthalten sind. Das gilt zum Beispiel für Stärke aus gentechnisch verändertem Mais oder für gentechnisch veränderte Hefen bei der Bierherstellung.
Die Verordnung geht so weit, dass auch in der Gemeinschaftsverpflegung entweder per Aushang oder auf der Speisekarte auf die Verwendung gentechnisch veränderter Lebensmittel hingewiesen werden muss.
Bislang nicht kennzeichnungspflichtig, in manchen Fachkreisen jedoch umstritten, sind das Fleisch, die Milch und auch Eier von Tieren, die mit gentechnisch veränderten Futtermitteln gefüttert wurden. Allerdings müssen die Futtermittel eine Kennzeichnung in Bezug auf genetische Veränderung aufzeigen. Alle auf dem Markt befindlichen Produkte, die gentechnisch veränderte Organismen enthalten, unterliegen einem strengen Zulassungsverfahren und einer ständigen Kontrolle. So soll ausgeschlossen werden, dass von ihnen gesundheitliche Gefahren für den Menschen ausgehen.

CE-Kennzeichnung

Die CE-Kennzeichnung gilt in der gesamten EU. Mit ihm bestätigen Hersteller von Maschinen und technischen Produkten, dass ihre Erzeugnisse den jeweiligen Mindestanforderungen entsprechen. Die entsprechenden Richtlinien, die vom EU-Rat erlassen wurden, werden von den Mitgliedsstaaten in nationalen Gesetzen umgesetzt (Geräte- und Produktsicherungsgesetz).

Freiwillige Kennzeichnung

Nährwert- und gesundheitsbezogene Angaben

LERNFELD 2

Hier werden besondere positive Nährwert- und gesundheitsbezogene Eigenschaften (sogenannte Health Claims) wie „energiereduziert“, „Vitamin C erhöht die Eisenaufnahme“ oder „Calcium wird für die Erhaltung normaler Knochen benötigt“ von Lebensmitteln hervorgehoben. Dies erfolgt, um dem Verbraucher und auch dem Hersteller einen fairen Wettbewerb zu ermöglichen. Produkte dürfen erst diese positiven Aussagen tragen, nachdem sie ein europaweit einheitliches Zulassungsverfahren bestanden haben.

Siegel „Ohne GenTechnik“

Das „Ohne GenTechnik“-Siegel wird vom Verband Lebensmittel ohne Gentechnik (VLOG) vergeben und auf Einhaltung der gesetzlichen Vorschriften kontrolliert. Produkte, die keine gentechnisch veränderten Bestandteile enthalten, unterliegen einer besonders hohen Nachweisanforderung und dürfen dieses Siegel tragen. Diese freiwillige Kennzeichnung „Ohne Gentechnik“ gibt dem Verbraucher in Deutschland die Gewissheit, dass in einem in der Form gekennzeichneten Lebensmittel keine Zutaten und auch keine keine Futterpflanzen Verwendung finden, die gentechnisch verändert sind. Eine Überwachung erfolgt nach dem EG-Gentechnik-Durchführungsgesetz durch die zuständigen Behörden der Länder.

EU-Gütesiegel

Geschützte Ursprungsbezeichnung (g. U.)	Geschützte geografische Angabe (g. g. A.)	Garantiert traditionelle Spezialität (g. t. S.)

Produkte, die eines dieser Siegel tragen sind Spezialitäten, Lebensmittel aus einer bestimmten Region oder nach einer traditionellen Zubereitung in der EU hergestellt. Die Produkte werden auf Antrag und nach Kontrolle in der EU-Datenbank registriert und für die Verbraucher transparent gemacht.

Tierschutz-Label

Das Tierschutzlabel „Für Mehr Tierschutz“ steht für Vorgaben, die u. a. in Bezug auf die Haltungsbedingungen, den Transport und die Schlachtung der Tiere über die gesetzlichen Anforderungen hinausgehen. Die Richtlinien sollen dem Verbraucher mehr Transparenz bieten und eine Alternative für Verbraucher sein, die nicht auf tierische Erzeugnisse verzichten möchten.
Der Deutsche Tierschutzbund erarbeitet in einem Multi-Stake-Holder-Prozess Kriterien für die Bereiche Haltung, Transport, Verarbeitung und Schlachtung. Die Einhaltung dieser Kriterien wird von unabhängigen Zertifizierungsstellen kontrolliert. Derzeit gibt es Vorgaben für Milchkühe, Legehennen, Masthühner und Mastschweine und damit Milch und Molkereiprodukte, Eier, Hühner- und Schweinefleisch, sowie Fleisch von Milchkühen mit dem Tierschutzlabel in der Einstiegs- und Premiumstufe im Handel. Langfristig soll es Vorgaben für alle landwirtschaftlich genutzten Tierarten geben.

Regionalfenster-Label

Dieses Label garantiert dem Verbraucher, dass die in der ersten Zeile genannten Zutaten zu 100 % aus der angegebenen Region stammen. Der Ort der Verarbeitung oder Abpackung wird in der zweiten Zeile genannt. Bei verarbeiteten Produkten wie z. B. Wurst gibt die dritte Zeile Auskunft über den prozentualen Anteil regionaler Zutaten am Gesamtprodukt.
Die Regionalfenster Service GmbH ist Inhaber dieses eingetragenen Zeichens und vergibt es nach Prüfung der Kriterien und gewährleistet ein neutrales und mehrstufiges Kontroll- und Sicherungssystem.

Sicherheitszeichen: GS-Zeichen

Das GS-Zeichen kennzeichnet Produkte, die gemäß dem Produktsicherheitsgesetz den entsprechenden sicherheitstechnischen Anforderungen entsprechen. Zum Beispiel Elektrogeräte, Möbel, Sport- und Spielgeräte. Die Prüfung erfolgt durch zugelassene Prüfstellen (z. B. TÜV, Dekra, VDE Prüf- und Zertifizierungsinstitut).

Sicherheitszeichen: VDE-Zeichen

Das VDE-Zeichen dokumentiert die Sicherheit und Normenkonformität eines elektrotechnischen Produktes hinsichtlich elektrischer, thermischer, mechanischer, toxischer und anderer Gefahren. Vergeben wird das Zeichen durch das VDE Prüf- und Zertifizierungsinstitut.

Normungszeichen: DIN-, EN- und ISO-Normen

GRUNDLAGEN

Waren und Dienstleistungen können mit dem Verbandszeichen des DIN Deutsches Institut für Normung e. V. gekennzeichnet sein bzw. mit der Angabe von DIN-, DIN EN-, DIN EN ISO- oder DIN ISO-Normen. Unternehmen dürfen nur dann ihre Erzeugnisse mit einer Norm bezeichnen, wenn diese den in der genannten Norm festgelegten Anforderungen entsprechen. Normen spezifizieren Anforderungen an Produkte, Dienstleistungen oder Prüfverfahren mit dem Ziel der Sicherheit, Vergleichbarkeit und Kompatibilität. Sie enthalten den Stand der Technik und werden von allen Wirtschaftsbeteiligten (z. B. Hersteller, Prüfinstitute, Verbraucherschützer, Arbeitsschutzorganisationen, öffentliche Hand) gemeinschaftlich erarbeitet. Das DIN Deutsches Institut für Normung e. V. organisiert die Normungsarbeit in Deutschland sowie die deutsche Beteiligung an der Normung auf internationaler Ebene.

DIN

- DIN steht für Deutsche Norm.
- DIN EN steht für Europäische Norm.
- DIN EN ISO steht für Internationale Norm, die von Europa übernommen wurde.

Umweltzeichen: Blauer Engel

Inhaber des Blauen Engels ist das Bundesministerium für Umwelt, Naturschutz und nukleare Sicherheit. Die RAL gmbH ist zuständig für die Vergabe des Umweltzeichens, das auf der Basis von strengen Vergabegrundlagen vergeben wird. Entwickelt werden die Vergabegrundlagen vom Umweltbundesamt. Die Jury Umweltzeichen beschließt die jeweiligen Anforderungen der Produkt- und Dienstleistungsgrundlagen. Produkte mit dem Blauen Engel sind hinsichtlich gesundheitlicher Unbedenklichkeit und guter Nutzerinformation geprüft.

Umweltzeichen: EU Ecolabel

Die Europäische Union vergibt dieses Umweltzeichen (siehe Seite 199), nachdem ein Produkt (ausgenommen sind Lebensmittel, Getränke, Arzneimittel und Medizinprodukte) oder eine Dienstleistung von unabhängigen Stellen nach strengen Kriterien auf Umweltverträglichkeit und Gebrauchsfähigkeit geprüft wurde. Man findet das Label beispielsweise auf Elektrogeräten, die eine hohe energetische Wirkung nachweisen können, und auf Wasch- und Reinigungsmitteln, Schuhen und Textilien sowie auf Papiererzeugnissen.

Biozeichen für Lebensmittel: Bio-Siegel

Mit dem deutschen Bio-Siegel sind Produkte und Lebensmittel gekennzeichnet, die nach den EU-Rechtsvorschriften ökologisch angebaut, produziert und kontrolliert wurden. Diese EU-weit gültige Rechtsvorschrift garantiert einheitliche Standards für den ökologischen Landbau. Es wird vergeben, wenn der Produzent auf den Einsatz von chemisch-synthetischen Pflanzenschutzmitteln verzichtet, eine abwechslungsreiche Fruchtfolge oder eine artgerechte Tierhaltung garantiert.

EU-Bio-Logo

Das EU-Bio-Logo ist ein Gemeinschaftslogo der Europäischen Union. Es kennzeichnet alle vorverpackten Bio-Lebensmittel, die in einem EU-Mitgliedsstaat produziert und verpackt wurden, und alle geforderten Normen erfüllen. Das deutsche Bio-Siegel kann zusätzlich zum EU-Bio-Logo verwendet werden.

Verbandszeichen

Die Arbeitsgemeinschaft ökologischer Landbau AGÖL ist ein Zusammenschluss von Verbänden aus dem alternativen Landbau, wie zum Beispiel Demeter, Bioland, ECOVin. Die Mitgliedsverbände der AGÖL garantieren dem Verbraucher eine noch strengere Einhaltung und Kontrolle der vorgegebenen EU-Öko-Verordnung. Die Kontrollfunktion übernehmen staatlich anerkannte Kontrollstellen.

Fairtrade-Siegel

Produkte, die aus Entwicklungsländern direkt in Industrieländer verkauft werden, erhalten auf Antrag und bei Erfüllung bestimmter Richtlinien das Siegel für fairen Handel. Um das Siegel von TransFair, dem Verein zur Förderung des Handels mit der „Dritten Welt" e. V., zu erhalten, muss zum Beispiel nachgewiesen werden, dass ein Produkt direkt beim Erzeuger zu einem dauerhaft fairen Preis eingekauft wurde, bei der Produktion auf ausbeuterische Kinderarbeit verzichtet wurde oder auch nach Umwelt- und Naturschutzaspekten produziert wird. Unabhängige Wirtschaftsprüfer kontrollieren jährlich die ausgezeichneten Produkte und die jeweiligen Hersteller.

Das Siegel für Fairenhandel

MSC-Siegel

Dieses weltweit geltende Siegel zeichnet Fisch, Fischprodukte und Meeresfrüchte aus, die aus einer umweltfreundlichen, nachhaltigen Fischereiwirtschaft kommen. Die Kriterien für die Vergabe des Siegels stellt die gemeinnützige Organisation „Marine Stewardship Council" (MSC) auf. Eine Kontrolle erfolgt durch unabhängige Zertifizierungsorganisationen.

QS-Prüfzeichen

Konventionell hergestellte Produkte mit QS-Prüfzeichen weisen einen hohen Qualitätsstandard bei der Erzeugung und Verarbeitung von Lebensmitteln (z. B. Obst, Gemüse, Fleisch, *Fleischwaren*) aus. Das Siegel wird von der QS Qualität und Sicherheit GmbH vergeben und durch von ihr benannte Zertifizierungsstellen kontrolliert.

Textilkennzeichnungssymbole

International gültige Pflegesymbole, die an Textilien angebracht sind, geben Auskunft darüber, wie das Textil sachgerecht zu pflegen ist. Für die Kaufentscheidung sind diese Angaben zurate zu ziehen, denn so kann etwa die Tatsache, dass ein Textil nicht selbst gewaschen werden kann, zusätzliche Kosten durch eine chemische Reinigung verursachen.

AUFGABEN

In den letzten Jahren wurden die Verbraucher immer wieder durch Skandale in ihrem Einkaufsverhalten verunsichert.

1. Recherchieren Sie nach Skandalen, welche die Öffentlichkeit in ihrem Konsumverhalten verunsichert haben.
2. Wählen Sie einen Skandal aus und beschreiben Sie, wie er verlaufen ist und wie die Verbraucher reagiert haben.
3. Überlegen Sie, welche Kontrollmöglichkeiten eingeführt werden können, um die Verbraucher besser zu schützen.

5.2.4 Qualitätskriterien

GRUNDLAGEN

QM

Qualität lässt sich erst dann messen, wenn Vergleichswerte (Kriterien) festgelegt werden. Diese Vergleichswerte legt ein Verbraucher (neben anderen Faktoren, z. B. Preis) bei einer Kaufentscheidung zugrunde. Sind die gewünschten Kriterien erfüllt, so entspricht das ausgewählte Produkt seinen Qualitätsansprüchen.

Bei Gütern kann die Qualität in der Regel objektiv (sichtbar und messbar) bestimmt werden. Bei Dienstleistungen kommen oft individuelle (subjektive) Ansprüche und Vorstellungen dazu. So kann sich ein Kunde über eine Dienstleistung positiv äußern, er ist also mit der Qualität zufrieden, während ein anderer Kunde mit derselben Behandlung/Bedienung höchst unzufrieden ist.

Qualitätskriterien bei Verbrauchsgütern (z. B. Lebensmittel) können sein: Aussehen, Geschmack, Geruch, Konsistenz, Frische (MHD), enthaltene Nährstoffe oder der Preis.

Qualitätskriterienbei Gebrauchsgütern (z. B. Elektrogeräte) können sein: Bedienerfreundlichkeit, Zusatzfunktionen, Energieverbrauch, Materialqualität, Kundendienst, Sicherheitseinrichtungen, der Preis oder eine verständliche Betriebsanleitung.

Qualitätskriterien bei Dienstleistungen können sein: Umfang der Dienstleistung, Dauer, *Hygiene*, Zusatzleistungen, Service, Preis oder Freundlichkeit.

5.2.5 Bewusstes Einkaufen

Die Gründe, die letztlich zu einer Kaufentscheidung führen, sind vielfältig (siehe auch Seite 284). Viele Voraussetzungen sind erforderlich, um sich für ein Produkt zu entscheiden. Doch nicht jede Kaufentscheidung geht mit langen Überlegungen einher. Oft lässt man sich auch zu sogenannten Spontankäufen verleiten, weil die Präsentation eines Produkts im Laden oder auf einer prominenten Seite im Werbeprospekt den Wunsch nach Besitz auslöst. Merkmale, wie Qualität, Preis-Leistungs-Verhältnis, Warenkenntnis oder eine gute Kundenberatung, fallen hierbei weniger ins Gewicht. Bewusstes Einkaufen kann dagegen helfen, die finanziellen Ressourcen zu schonen, gute Qualität zu beschaffen und letztlich – das gilt insbesondere für Großhaushalte – den Qualitätsstandard der Einrichtung zu sichern.

Bewusstes Einkaufen heißt:
- preisbewusst,
- qualitätsbewusst,
- umweltbewusst und nachhaltig
- ernährungs- und gesundheitsbewusst einzukaufen.

Einkaufskriterien

Ökologische Aspekte	Preis- und Qualitätsaspekte	Ernährungs- und Gesundheitsaspekte
• kurze Transportwege der Produkte, d. h., Produkte aus der Region bevorzugen • wiederverwertbare Verpackungsmaterialien oder Mehrwegverpackungen bevorzugen • geringe *Umverpackung* • zu Nachfüllpackungen greifen • Produkte mit Umweltzeichen und Bio-Siegel bevorzugen • saisonale Produkte einkaufen	• Einkaufszettel schreiben • Lagerkapazitäten berücksichtigen • Angebote vergleichen • Sonderangebote nutzen • Rabatte aushandeln • Kühlmöglichkeit während des Transports sicherstellen (z. B. Kühlbox für Hackfleisch, Salat, Eis, HACCP-Kontrollen bei Lieferanten, siehe Seite 40) • Mindesthaltbarkeitsdatum beachten (siehe Seite 285) • Qualität und Sicherheit von Produkten prüfen	• Ernährungsgewohnheiten beachten • zu vollwertigen Produkten greifen • Lebensmittel ohne bzw. mit nur wenigen Zusatzstoffen (siehe Seite 147) einkaufen • Einsatz von *Convenience-Produkten* hinterfragen • Produkte aus ökologischem Landbau bevorzugen

Verbraucherfallen

Trotz eines gut durchdachten und bewusst geplanten Einkaufs soll der Verbraucher im Supermarkt dazu verleitet werden, mehr zu kaufen, als er tatsächlich benötigt. Der Handel ist ständig bestrebt, seine Verkaufszahlen zu steigern, und versucht deshalb, den Verbraucher zu sogenannten Spontaneinkäufen zu verlocken.

- Die Atmosphäre im Verbrauchermarkt wird für den Verbraucher durch gezielten Lichteinfall, Temperatur, Düfte, Musik, Gestaltung der Auslagen und Regalgänge sowie Platzierung der Angebote möglichst angenehm gestaltet.
- Produkte in Augenhöhe sind in der Regel die teureren Artikel.
- Sonderangebote in Wühl- oder Schüttkörben sollen zum Verweilen anregen.
- Produkte des täglichen Bedarfs sind im hinteren Geschäftsteil angeordnet, um den Verbraucher zunächst durch den gesamten Laden zu leiten.
- Die Platzierung von Produkten auf Packpaletten inmitten der Laufwege soll suggerieren, dass es sich hier um ein Sonderangebot handelt, was oft nicht stimmt.

■ TIPP: Verbraucherfallen umgehen

- Nehmen Sie bei einem geplanten Kauf von nur zwei oder drei Produkten keinen Einkaufswagen, sondern einen Korb zur Hand.
- Kaufen Sie morgens ein, denn bestimmte Produkte sind dann frischer.
- Kaufen Sie nicht hungrig ein, weil Sie dann Verführungen eher erliegen könnten.
- Führen Sie Preisvergleiche zwischen gleichen Produkten unterschiedlicher Hersteller durch.
- Überprüfen Sie Sonderangebote sorgfältig auf Packungsinhalt, Menge und Preis.
- Um Mogelpackungen zu erkennen, können Sie die Verpackung etwas schütteln oder einen Beutel leicht drücken. So können Sie sich ein Bild von der tatsächlichen Menge machen.
- Prüfen Sie Produkte ohne Markennamen (Hausmarken einzelner Einkaufsketten) auf Qualität und Preis, denn oft sind diese von guter Qualität bei niedrigerem Preis.
- Im Wartebereich der Kassenzonen sind häufig verführerische Kleinartikel deponiert, die – besonders in Anwesenheit von Kindern – zu einem unüberlegten Kauf führen sollen. Ignorieren Sie diese Auslagen, denn die Produkte gibt es alle auch in den Regalen.

5.3 Der Kaufvertrag

In vielfältigen Situationen des Alltages werden unterschiedliche Verträge abgeschlossen. Dabei spielt es keine Rolle, um welchen Geldbetrag es sich handelt. Die an einem Kaufvertrag Beteiligten machen sich nicht jedes Mal Gedanken darüber, welche Konsequenzen ein solcher Vorgang haben kann. So kann es zum Beispiel sein, dass eine Person gar nicht zu einem Kauf von bestimmten Produkten berechtigt ist oder dass der Verkäufer ein Produkt verkaufen will, welches einen nicht sichtbaren (verdeckten) Schaden aufweist. Es kann sogar sein, dass das angebotene Produkt gar nicht das Eigentum des Verkäufers ist. Darum ist es wichtig, dass Käufer und Verkäufer darüber Bescheid wissen, welche Rechte und Pflichten sie eingehen.

5.3.1 Rechtsfähigkeit

Rechtsfähigkeit beschreibt die Fähigkeit, ein Träger von Rechten und Pflichten zu sein. Rechtsfähig können sowohl natürliche als auch juristische Personen sein.

natürliche Personen

Als natürliche Person gilt jeder Mensch. So hat zum Beispiel jeder Säugling als Träger von Rechten das Recht auf Nahrung oder Kleidung oder das Recht auf eine gewaltfreie Erziehung. Später kommen weitere Rechte, aber auch Pflichten hinzu, etwa das Recht auf einen Arbeitsplatz oder die Pflicht, Steuern zu zahlen.
Die Rechtsfähigkeit beginnt mit der Geburt und endet mit dem Tod.

juristische Personen

Als juristische Personen gelten Zusammenschlüsse von Menschen. Das können sein: juristische Personen des

privaten Rechts
als Personenzusammenschlüsse oder Vermögensmassen (z. B. Gesellschaften, Genossen-schaften, Stiftungen, eingetragene Vereine).
Die Rechtsfähigkeit beginnt mit dem Eintrag in das Handelsregister und endet mit der Auflösung/Löschung.

öffentlichen Rechts
als öffentliche oder staatliche Institutionen (z. B. Bund, Städte, Gemeinden, Kirchen, Krankenhäuser).
Die Rechtsfähigkeit beginnt mit Erlassen einer gesetzlichen Grundlage bis zu deren Aufhebung.

5.3.2 Geschäftsfähigkeit

Geschäftsfähigkeit beschreibt die Fähigkeit einer Person, selbstständig und gültig ein Rechtsgeschäft abzuwickeln. Ob eine Person geschäftsfähig ist, hängt von ihrem Alter und ihrem geistigen Entwicklungs- bzw. Gesundheitszustand ab. Bei uns erwerben Menschen in drei Stufen ihre volle Geschäftsfähigkeit.

Geschäftsfähigkeit	
geschäftsunfähig	Geschäftsunfähig sind generell Kinder bis zu 7 Jahren und Personen mit einer dauerhaften Geisteserkrankung (§ 104 BGB). Diese Personen dürfen keine rechtswirksamen Geschäfte tätigen. Für sie handelt ein gesetzlicher Vertreter (z. B. Erziehungsberechtigte, Vormund).
beschränkt geschäftsfähig	Beschränkt geschäftsfähig sind Minderjährige ab 7 Jahren (§ 106 BGB, Ausnahme „Taschengeldparagraf“) sowie Erwachsene, die aus verschiedenen Gründen (Geistes- oder Suchterkrankungen, Demenz) vom Gericht unter Betreuung stehen (§ 110 BGB). Geschäfte dieser Personen sind erst wirksam (rechtsgültig), wenn die Zustimmung eines gesetzlich bestimmten Vertreters (z. B. Eltern, Vormund, Betreuer) vorliegt.
unbeschränkt geschäftsfähig	Unbeschränkt geschäftsfähig sind alle Personen ab 18 Jahren (§ 2 BGB). Alle getätigten Geschäfte dieser Personen sind rechtswirksam. Auch für Pflichten, die aus einem Geschäft/Vertrag resultieren, steht die Person ein.

5.3.3 Anbahnung eines Vertrags

Kaufverträge werden mitunter rechtsgültig, ohne dass wir uns dessen bewusst sind. Egal, ob wir eine Fahrkarte am Automaten lösen oder eine Packung Nudeln im Supermarkt bezahlen, ein Vertrag kommt immer dann zustande, wenn die an diesem Rechtsgeschäft beteiligten Personen eine gegenseitige Willenserklärung abgeben.
Zuvor müssen sich jedoch beide Parteien – auf der einen Seite der Interessent oder Kunde, auf der anderen Seite der Anbieter oder Verkäufer – über ihre gegenseitigen Forderungen einig sein. Den gesetzlichen Vorgaben zufolge muss einer der Vertragspartner einen Antrag stellen, der vom anderen Vertragspartner durch eine Annahme akzeptiert wird. In der Praxis gibt es zwei Möglichkeiten: Entweder stellt der Kunde einen Antrag, der vom Anbieter angenommen wird, oder umgekehrt.

Stellt einen **Antrag** in Form einer Bestellung/eines Auftrags. →

Interessent/Kunde | **Anbieter/Verkäufer**

← Gibt eine **Annahme** in Form einer Auftragsbestätigung ab.

Beispiel: Die Hauswirtschafterin fährt einmal im Monat zum Großmarkt und kauft Servietten, Pappteller und Drogerieartikel für den Kioskbetrieb. Vor Ort führt sie anhand der Aushänge Preisvergleiche durch. Sie wählt aus und legt die Ware anschließend zum Bezahlen auf das Kassenband.

Stellt einen **Antrag** in Form eines Angebots. →

Anbieter/Verkäufer | **Interessent/Kunde**

← Gibt eine **Annahme** in Form einer Bestellung/eines Auftrages ab.

Beispiel: Der Gemüsegroßmarkt verschickt wöchentlich seine Sonderangebote per E-Mail an seine Stammkunden. Die Hauswirtschafterin führt aufgrund der angebotenen Preise ihre Bestellung durch.

5.3.4 Vertragsabschluss

Haben sich Käufer und Verkäufer über die konkreten Forderungen geeinigt, kommt es durch eine gegenseitige, inhaltlich übereinstimmende Willenserklärung von mindestens zwei geschäftsfähigen Personen zu einem Vertragsabschluss. Diese Willenserklärung kann auf unterschiedliche Weise zustande kommen:

- schriftlich
- mündlich
- telefonisch
- per Fax
- per E-Mail
- durch Handschlag

Selbst das alltägliche Auflegen von Waren an der Kasse gilt als Willenserklärung, ohne dass dabei zwischen Kundin und Kassiererin ein Wort gewechselt wird, außer der Nennung des Gesamtpreises beim Abkassieren. Ist der Vertrag zum Abschluss gekommen, sind beide Vertragsparteien verpflichtet, gegenseitige Forderungen zu erfüllen:

Der Verkäufer verpflichtet sich:	Der Käufer verpflichtet sich:
• zum mängelfreien Ausliefern der Ware bzw. zur mängelfreien Erbringung der Leistung. • zur Beschaffung des Eigentums an der Ware/Leistung, d. h., dass Rechte Dritter nicht verletzt werden. • zur Annahme des Kaufpreises.	• zur Annahme und zur sofortigen Kontrolle der Ware bzw. Leistung. • zur fristgemäßen Bezahlung der Ware bzw. Leistung.

5.3.5 Vertragsarten

Je nach Vertrag ist es bei bestimmten Käufen ratsam, durch schriftliche Unterlagen einen Nachweis über die getroffenen Vereinbarungen zu tätigen (z. B. Autokauf). Beim Verkauf eines Grundstücks oder einer Immobilie schreibt der Gesetzgeber eine schriftliche Form des Vertrages vor. Häufige Vertragsarten sind:

- Kaufvertrag (z. B. für Waren oder Dienstleistungen)
- Dienstvertrag (z. B. für eine Anstellung in einem Seniorenheim)
- Leasingvertrag (z. B. Wäscheleasing)
- Mietvertrag (z. B. für das Gebäude einer Jugendherberge)
- Darlehensvertrag (z. B. für eine neue Kücheneinrichtung)

Vertragsinhalte

Bei Abschluss eines schriftlichen Vertrages sind folgende Angaben erforderlich:

- Art, Beschaffenheit und Qualität der Ware/Leistung
- Menge der Ware/Umfang der Leistung
- Preisangabe der Ware/Gesamtpreis einschl. Angabe der Mehrwertsteuer
- Lieferbedingungen (z. B. frei Haus, unfrei, ab Werk)
- Verpackungskosten (in der Regel vom Käufer zu tragen)
- Zahlungsbedingungen (z. B. Anzahlungshöhe, Zahlungstermin, Vorauszahlung, Rabatte, Skonto)
- Erfüllungsort ist der Ort, an dem der Verkäufer beziehungsweise der Käufer seine Vertragsverpflichtungen zu erfüllen hat.
- Gerichtsstand ist der Ort, an dem bei Streitigkeiten die Gesetzeslage vor Gericht geklärt wird.

Allgemeine Geschäftsbedingungen

Die Allgemeinen Geschäftsbedingungen (AGB) schützen den Käufer und sollen die Vertragsabwicklung durch standardisierte Formulierungen vereinfachen. Sind Abweichungen in den AGB enthalten, so muss der Käufer ausdrücklich darauf hingewiesen werden. Zum eigenen Schutz ist es unablässig, sich jeweils auch mit dem „Kleingedruckten“ zu befassen. Verbraucherrechte dürfen hier nicht ausgehebelt werden.

5.3.6 Leistungsstörungen

Werden die Verpflichtungen, welche durch die gegenseitige Willenserklärung bei einem Vertragsabschluss vereinbart werden, von einem der Vertragspartner nicht erfüllt oder eingehalten, so kommt es zu sogenannten Leistungsstörungen.

Leistungsstörung verursacht durch den	
Käufer	**Verkäufer**
Nimmt der Käufer die bestellte Ware verspätet oder gar nicht an, so spricht man von **Annahmeverzug**. Zahlt der Käufer verspätet oder gar nicht, so spricht man von **Zahlungsverzug**.	Liefert der Anbieter verspätet oder gar nicht, so spricht man von **Lieferverzug**. Liefert der Anbieter ein falsches Produkt, welches nicht der vereinbarten Menge, Qualität oder Beschaffenheit entspricht, so spricht man von einer **mangelhaften Lieferung**.

Rechte des Käufers bei Leistungsstörungen

Liegen Leistungsstörungen vor, die der Anbieter/Lieferant verursacht hat, dann kann sich der Kunde/Verbraucher beschweren und auf folgende Rechte zurückgreifen:

Nachbesserung, Ersatzlieferung

↓

Wird eine Ware oder Dienstleistung mit Mängeln oder Fehlern an den Kunden übergeben, so hat dieser das Recht auf eine **Nachbesserung** (z. B. durch eine Reparatur) oder auf eine **Ersatzlieferung** (Umtausch). Der Verkäufer muss die Fehler bzw. Mängel beseitigen, ohne dass dem Verbraucher dadurch Kosten entstehen.

Wandlung, Minderung, Schadenersatz

↓

Schlagen zwei Nachbesserungsversuche durch den Verkäufer fehl und kommt es auch nicht zu einem Umtausch der Waren, dann hat der Kunde folgende Möglichkeiten:
- Rücktritt vom Vertrag (Wandlung),
- Bestehen auf einem Preisnachlass (Minderung),
- Schadensersatz verlangen.

↓

Generell gilt für neue Produkte eine Gewährleistungsfrist von zwei Jahren. Der Verkäufer muss für entstehende Schäden aufkommen. Treten Sachschäden innerhalb des ersten halben Jahres nach Kauf auf, gilt die Beweislastumkehr. Darunter versteht man, dass der Verkäufer beweisen muss, dass die Ware beim Kauf fehlerfrei war.

5.4 Finanzierungsmöglichkeiten

In hauswirtschaftlichen Betrieben wird oft mit hohen Geldbeträgen gewirtschaftet. Die Existenz und der wirtschaftliche Erfolg eines Großhaushalts, aber auch jedes privaten Haushalts, hängen davon ab, ob mit einem vorgegebenen Budget ordnungsgemäß und verantwortungsbewusst gearbeitet wird. Damit bei der Beschaffung von Gütern die Regeln des wirtschaftlichen Handelns berücksichtigt werden, muss die Gegenüberstellung von Einnahmen und Ausgaben erfolgen.

5.4.1 Dokumentation von Einnahmen und Ausgaben

In Betrieben wird in der Regel die Übersicht über sämtliche Finanzflüsse computerunterstützt erfasst und analysiert. Dazu ist ein breites Angebot spezieller Software verfügbar.
Diese Buchhaltungsprogramme ermöglichen ein exaktes Abbild der Einnahmen und Ausgaben eines Haushaltes. Eine gute Budgetplanung kann so erfolgen (siehe auch Seite 282). Je nach Größe und Art eines Haushaltes oder einer Einrichtung können die Einnahmen und Ausgaben sehr unterschied-

lich sein. Sie werden unterschieden in wiederkehrende, gleichbleibende Einnahmen und Ausgaben (= feste Beträge) und in variable Einnahmen und Ausgaben (= unterschiedliche Beträge).

Einnahmen im Privathaushalt können sein:

- die Nettobeträge von Lohn, Gehalt, Gage oder Dienstbezügen
- Gelder aus Miet- oder Zinseinnahmen
- Gelder aufgrund sozialer Voraussetzung wie Kindergeld, Wohngeld, Bafög oder Rente

Einnahmen in Großhaushalten können sein:

- Geldeinnahmen für erbrachte Versorgungs- und Betreuungsleistungen
- Geldeinnahmen in Form von Zuschüssen

5.4.2 Verschiedene Zahlungsmöglichkeiten

Geld dient als gesetzliches Zahlungsmittel. Es wird also bei einem Kauf von Gütern oder einer Dienstleistung Geld von einem Vertragspartner zum anderen weiter gereicht.

Barzahlung

Im alltäglichen Leben werden kleinere Beträge meist mit der persönlichen Übergabe von Geld abgewickelt. Keiner der beiden Vertragspartner benötigt bei dieser Zahlungsweise ein Konto. Der Käufer tauscht mit dem Anbieter die Ware gegen Geld und erhält dafür einen Kassenbeleg (Kassenbon) oder eine Quittung. Diese sind bei Leistungsstörungen (siehe Seite 297), die durch den Anbieter verursacht werden, von Wichtigkeit und sollten grundsätzlich sorgfältig aufbewahrt werden. Grundsätzlich ist die Barzahlung als Zahlungsmöglichkeit auf dem Rückzug.

Halbbare Zahlung

Bei einer halbbaren Zahlung wird eine Hälfte der Zahlungsverpflichtung in bar beglichen, die zweite Hälfte bargeldlos. Hierbei muss der Käufer/Einkäufer ein Konto besitzen bzw. zum Zugriff auf ein Konto berechtigt sein (z.B. Firmenkonto).
Eine typische halbbare Zahlung ist die Zahlung per Nachnahme.

Nachnahme: Im Versandhandel ist es oft üblich, dass die vom Kunden bestellte Ware erst dann vom Paketservice an den Kunden übergeben wird, wenn der Nachnahmebetrag in bar bezahlt wurde. Dieser Nachnahmebetrag setzt sich aus dem eigentlichen Rechnungsbetrag und einer Nachnahmegebühr für den Paketservice zusammen. Dem Lieferanten wird der Warenwert (Rechnungsbetrag) vom Paketservice auf sein Konto gutgeschrieben. Er hat so die Sicherheit, dass die Ware bei Auslieferung auch bezahlt wurde.

Bargeldlose Zahlung

Die bargeldlose Bezahlung zählt zu den am häufigsten genutzten Methoden, um kleinere und größere Geldbeträge schnell und sicher zu übermitteln. In der Regel hat sowohl der Zahlungsempfänger als auch der Zahlungspflichtige ein Girokonto.

Es gibt unterschiedliche Arten der bargeldlosen Zahlung:

- Überweisung
- Dauerauftrag
- Lastschriftverfahren
- Kartenzahlung
- Electronic Banking

Überweisungen (SEPA-Einzelüberweisung)

Sind Rechnungen in unregelmäßigen Abständen, an verschiedene Zahlungsempfänger oder in unterschiedlichen Höhen zu begleichen, dann eignet sich für die Zahlung eine Überweisung. Der Zahlungspflichtige beauftragt sein Kreditunternehmen, einen bestimmten Geldwert zu einem festgelegten Zeitpunkt auf das Konto des Zahlungsempfängers zu überweisen.
Eine Überweisung wird ausschließlich mit der internationalen Kontonummer IBAN (International Bank Account Nummer) durchgeführt. Dies erleichtert den bargeldlosen Zahlungsverkehr innerhalb des Europäischen Wirtschaftsraumes (EWR) und erhält den Zusatz SEPA-Überweisung. SEPA steht für SINGLE EURO PAYMENTS AREA (Einheitlicher Euro-Zahlungsverkehrsraum).

Oft ist einer Rechnung ein vorgefertigtes SEPA-Überweisungsformular beigefügt. Vom Kontoinhaber muss in der Regel nur noch die IBAN eingetragen werden.

Noch schneller lässt sich die Überweisung tätigen, wenn der Geldempfänger einen QR-Code mit angibt. Hier kann der Zahlungspflichtige mit einem installierten QR-Code-Reader einfach und bequem mit seinem Smartphone, Tablet oder auch mit entsprechender Hardware mit dem PC digital Rechnungsbeträge überweisen.

Dauerauftrag

Einsatz findet der Dauerauftrag, wenn Rechnungen in regelmäßigen Abständen und in gleich bleibender Höhe zu begleichen sind. Mithilfe eines Formulars beauftragt der Zahlungspflichtige sein Kreditinstitut, dem Zahlungsempfänger den entsprechenden Betrag an einem festgelegten Tag (z. B. immer am 3. Tag eines Monats) auf dessen Konto zu überschreiben. Ein gängiges Beispiel ist die monatliche Zahlung der Wohnungsmiete per Dauerauftrag.

Lastschriftverfahren (SEPA-Lastschriftverfahren)

Lastschriftaufträge finden dann Anwendung, wenn ein Zahlungsempfänger einen einmaligen Betrag, aber auch regelmäßige Zahlungen von einem Zahlungspflichtigen zu erwarten hat. Das kann eine einmalige Versandhausrechnung sein oder die monatliche Handygebühr. Der Zahlungsempfänger bietet dem Zahlungspflichtigen an, den entsprechenden Betrag von seinem Konto abzubuchen. Dies geschieht mit der schriftlichen Einwilligung (Einzugsermächtigung) des Zahlungspflichtigen. Mit dieser Zustimmung findet der Abbuchungsvorgang zwischen den Kreditinstituten der Beteiligten statt. Der Zahlungsempfänger trägt zwar die Kosten dieses Geldverkehrs, hat dafür jedoch die Sicherheit, dass seine offenen Rechnungen beglichen werden. Bei Abbuchungsfehlern hat der Zahlungspflichtige das Recht, sein Geld problemlos zurückzufordern. Deshalb sollte er alle Abbuchungen auf seinem Konto genau überprüfen. Bei einmaligen Lastschriftaufträgen (Bankeinzug) besteht die Möglichkeit, dass der Zahlungsempfänger dem Zahlungspflichtigen Preisnachlass (Skonto) gewährt.

Kartenzahlung

Bei der Kartenzahlung kann der Verbraucher auf zwei unterschiedliche Kartensysteme zurückgreifen.

	Bankkarten (Girocard) von Geldinstituten	**Kreditkarten**
Beispiele:	Sparkassen, Postbank, Deutsche Bank	VISA, American Express, Master Card
Merkmale:	• Besitzer eines Girokontos erhält von seinem Geldinstitut eine Bankkarte (Girocard)	• Eigenes Kreditkartenkonto, was der Kunde selber ausgleicht oder die Abbuchungen erfolgen automatisch von einem Konto

	Bankkarten (Girocard) von Geldinstituten	Kreditkarten
	• Abhebung von Bargeld an einem Automaten im Inland, zum Teil rund um die Uhr	• Abhebung von Bargeld im In- und Ausland in jeweiliger Landeswährung
	• Abholung von Kontoauszügen an einem SB-Terminal des Geldinstituts	• Ermöglichen überall spontan größere Einkäufe
	• Durchführung von Überweisungen an SB-Terminals des Geldinstituts	• Zahlungsmittel bei Interneteinkäufen
	• Zeitnahe (1-2 Tage) Belastung des Girokontos	• Belastung des Kontos meist zum Monatsende
	• Kann mit zusätzlichen Nutzungsmöglichkeiten ausgestattet werden, wie zum Beispiel das „girogo“-Logo, welches kontaktloses Bezahlen ermöglicht oder das “Vpay” oder “Maestro”-Logo für den EU-weiten oder weltweiten Einsatz	• weltweit akzeptiertes bargeldloses Zahlungsmittel
	• Pin zur sicheren Nutzung	• Pin zur sicheren Nutzung

Electronic Banking

Das Onlinebanking (auch Homebanking) ist in vielen Haushalten und Betrieben gängige Praxis im Zahlungsverkehr. Es erlaubt Bankkunden, unabhängig von Öffnungszeiten, ihre Bankgeschäfte via Internet zu erledigen. Das Onlinebanking ermöglicht:
- das Abrufen des aktuellen Kontostands,
- einen Überblick über Einnahmen und Ausgaben,
- die Abwicklung von Überweisungen,
- die Einrichtung oder Änderung von Daueraufträgen,
- die Kommunikation mit der Bank.

Voraussetzung ist ein Computer mit Internetanschluss oder ein mobiles Endgerät wie Smartphone oder Tablet. Für seine Bankgeschäfte erhält der Kunde vom Kreditinstitut eine spezielle PIN (Persönliche Identifikationsnummer) zugewiesen. Eine Transaktion kann nur durchgeführt werden, wenn eine TAN (Transaktionsnummer) eingegeben wird. Diese wird über eine TAN-Liste, einen TAN-Generator oder über verschiedenen TAN-Apps von der Bank bereit gestellt. Eine TAN kann nur einmal verwendet werden, sie wird einer Unterschrift gleichgesetzt.

5.5 Möglichkeiten der Lagerhaltung

Die Lagerhaltung, auch Vorratshaltung genannt, kann ganz unterschiedlich aussehen. Begriffe wie „Notvorräte“, „Mindestbestand“ oder „Just-in-time-Lieferung“ werden in diesem Zusammenhang häufig genannt. Bei jeder Art von Lagerhaltung wird angestrebt,
- die Qualität der Waren zu erhalten,
- die Kosten für die Lagerung und den Einkauf gering zu halten und
- die benötigten Güter bzw. Waren stets in einer ausreichenden Menge vorrätig zu haben.

5.5.1 Lagerräume

LERNFELD 3

Für unterschiedliche Waren und Gegenstände gibt es getrennte Lagerräume. So unterscheidet man im hauswirtschaftlichen Bereich etwa die Lagerung von

- Lebensmitteln,
- Reinigungsmitteln,
- Wäsche und sonstigen *Textilien*,
- Möbeln.

Lagerung von Lebensmitteln

Trockenlager	geeignet für alle Arten von trockenen Vorräten	Zucker, Getreideprodukte, Hülsenfrüchte, Trockenfrüchte, Dauerbackwaren, Teigwaren, Nüsse, Konserven, Kaffee, Tee
Kühllager	getrennte und gekühlte Lagerung von verschiedenen Lebensmitteln	Obst und Gemüse, Kartoffeln
		Fleisch, Fleischprodukte und Wurstwaren
		Fisch
		Milch und Milchprodukte
		Eier
Tiefgefrierlager	Lagerung von verschiedenen Arten von Tiefkühlprodukten in unterschiedlichen Verarbeitungsstufen	küchenfertige Lebensmittel, wie Obst oder Gemüse, garfertige Fleisch- oder Fischportionen, Fertiggerichte, Speiseeis

5.5.2 Organisationsformen

Je nach Größe und Organisation eines hauswirtschaftlichen Betriebes läuft der gesamte Warenbestand zunächst in einem Zentrallager zusammen. Mithilfe von Computertechnik wird der komplette Lagerbestand erfasst und verwaltet (siehe Seite 320). Das ermöglicht einem Betrieb, in großen Mengen und somit zu günstigeren Preisen einzukaufen. Einzelne Abteilungen können aktuell benötigte Waren aus dem Zentrallager anfordern und in ihr Handlager (dezentrale Lagerung) einlagern.

5.5.3 Lagermöglichkeiten im Privathaushalt

Familiensituationen und -größen, Ernährungsgewohnheiten und -ansprüche sowie die Wohnumgebung gestalten sich sehr unterschiedlich. Deshalb sind die Anforderungen und die Möglichkeiten an eine Vorratshaltung sehr verschieden. Kommt etwa der eine Haushalt mit einem kleinen Vorratsschrank und einem Kühlschrank mit Gefrierfach prima aus, so kann, will oder muss ein anderer Haushalt auf einen Vorratskeller/-raum, eine Gefriertruhe und einen großen Kühlschrank zurückgreifen.

AUFGABEN

Nehmen Sie die Lagerräume in Ihrem privaten Wohnumfeld bzw. in Ihrem Ausbildungsbetrieb genauer unter die Lupe.

1. Analysieren Sie, welche Lebensmittel wo und wie und in welchen Mengen gelagert werden.
2. Finden Sie heraus, ob es Gründe gibt, warum gerade diese Produkte in einer bestimmten Menge eingelagert werden.
3. Erstellen Sie eine Liste, in der Sie die Vor- und Nachteile dieser Lagerwirtschaft notieren.
4. Formulieren Sie anhand dieser Liste mögliche Verbesserungsvorschläge für eine optimale Lagerung der aufgeführten Waren.

5.6 Warenanlieferung und Einlagerung

GRUNDLAGEN

Bereits ein gut durchdachter und bewusster Einkauf beeinflusst die Lagehaltung entscheidend. Der hohe Anspruch an die Warenqualität muss von der Warenannahme über die weitere Lagerung bis hin zur Verarbeitung gewährleistet werden. Nur so kann Qualität an die Kunden weitergegeben werden. Neben der Wareneingangskontrolle gehören dazu auch die Sicherstellung und Aufrechterhaltung der Kühl- und Lagerungstemperaturen, *Hygiene*pläne, formulierte Standards und das *HACCP*-Konzept.

5.6.1 Die Warenannahme

Die professionelle Warenannahme dient als erste wichtige Kontrollstelle für die Qualität angelieferter Waren. Bereits auf einen Blick lassen sich grundlegende Qualitätsmerkmale überprüfen. Die erste Frage lautet: „Ist die bestellte Ware bei Anlieferung frisch und unbeschädigt?" Doch dies allein reicht nicht aus. Bei der Anlieferung müssen weitere Punkte kontrolliert und mit der Unterschrift der ausführenden Person auf einer Checkliste dokumentiert werden.

Checkliste bei der Wareneingangskontrolle	
Kühl- oder Tiefkühltemperatur	• Liegt der gemessene Temperaturwert im vorgeschriebenen Lagertemperaturbereich (siehe Seite 304)?
Lieferumfang	• Entspricht die Lieferung der Bestellung? • Stimmt die Lieferung mit den Angaben auf dem Lieferschein überein?
Mindesthaltbarkeitsdatum	• Liegt das Haltbarkeits- bzw. Verbrauchsdatum (MHD) nach dem Tagesdatum der Lieferung (siehe Seite 285)?
Erscheinungsbild der Ware	• Sind die Verpackungen und Produkte unbeschädigt? • Entspricht das Aussehen der Produkte den Qualitätsvorgaben?
Erscheinungsbild des Lieferwagens/der Transportbehälter	• Sind die *Hygienestandards* erfüllt?

GRUNDLAGEN

5.6.2 Bauliche Anforderungen an Lagerräume

Nach der erfolgten Warenannahme muss die Ware den entsprechenden und zur Verfügung stehenden Lagerräumen zugeordnet werden. Hier sind nicht allein die klare Trennung von reiner und unreiner Seite einzuhalten, sondern auch bauliche Maßnahmen oder Sicherheitseinrichtungen zum Schutze der Beschäftigten.

GRUNDLAGEN

Für Lagerräume gilt generell, dass sie eine zentrale Lage im Wirtschaftsbereich haben. Sie sollten stufenfrei und gut zugänglich sein. Sie müssen eine ausreichende Verkehrsfläche zum Passieren aufweisen. Sie benötigen eine natürliche oder künstliche Belüftung, wobei gewährleistet sein muss, dass durch Rohre und Leitungen keine Schädlinge an die eingelagerte Ware gelangen. Im Einzelnen heißt das:

- Fußböden müssen aus wasserfesten Belägen bestehen, rutschfest sein und keine Spalten und Zwischenräume aufweisen. Der Übergang zur Wand und in den Ecken sollte mit abgerundeten Hohlkehlleisten abgeschlossen werden, um ein optimales Reinigungsergebnis zu erzielen.
- Wände benötigen einen hellen, wasserfesten Anstrich oder aber Fliesen bis zu einer Höhe von mindestens 2 m.
- Decken benötigen einen schimmelhemmenden, festen Anstrich.
- Türen weisen eine ausreichende Breite auf und bestehen aus glattem, unempfindlichem Material. Türen von Kühl- und Tiefkühllagerräumen müssen aus Sicherheitsgründen von innen mit einem Entriegelungsmechanismus ausgestattet sein.
- Fenster und Lüftungsschächte müssen mit Fliegengittern versehen sein.
- Die Beleuchtung muss in ausreichendem Maße zur Verfügung stehen.
- Regale, Schränke und Transportbehälter müssen aus leicht zu reinigenden, rostfreien Materialien gefertigt sein. Sie dürfen keine unzugänglichen Kanten und Ecken aufweisen.
- Geräte zur Temperaturüberwachung sind so angebracht, dass sie die Lagertemperatur (teilweise auch die Luftfeuchtigkeit) unabhängig vom Stromnetz anzeigen und somit eine lückenlose Dokumentation ermöglichen.

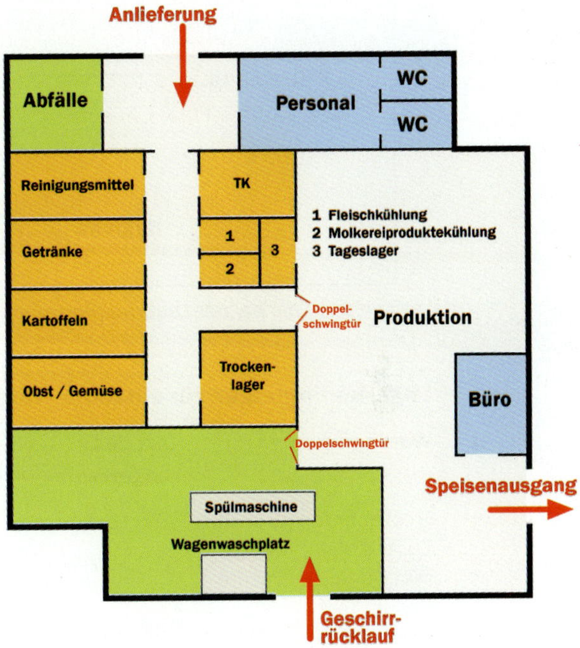

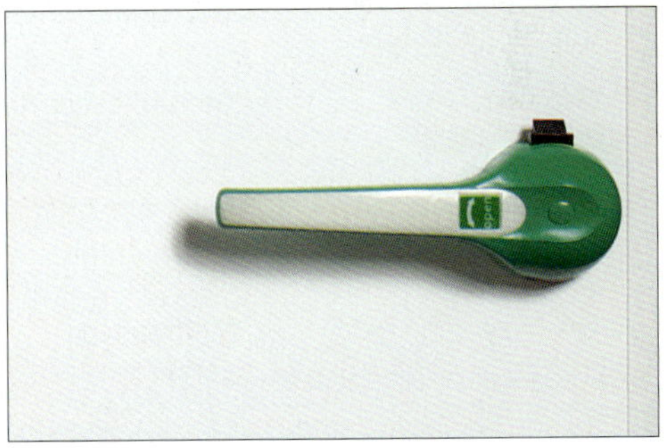

Notöffnung im Inneren einer Kühlzelle

5.7 Erhaltung der Warenqualität im Betrieb

Um die Ziele der Lagerhaltung zu erreichen, muss das Lagerumfeld optimale Voraussetzungen für alle Arten von Waren bieten. Insbesondere bei Lebensmitteln, die sich durch verschiedene Inhaltsstoffe und unterschiedliche Strukturen in ihrer Beschaffenheit auszeichnen, muss der Lagerplatz so gestaltet sein, dass die Warenqualität während des Einlagerungszeitraums optimal erhalten wird.

5.7.1 Lagerbedingungen und Reinigung

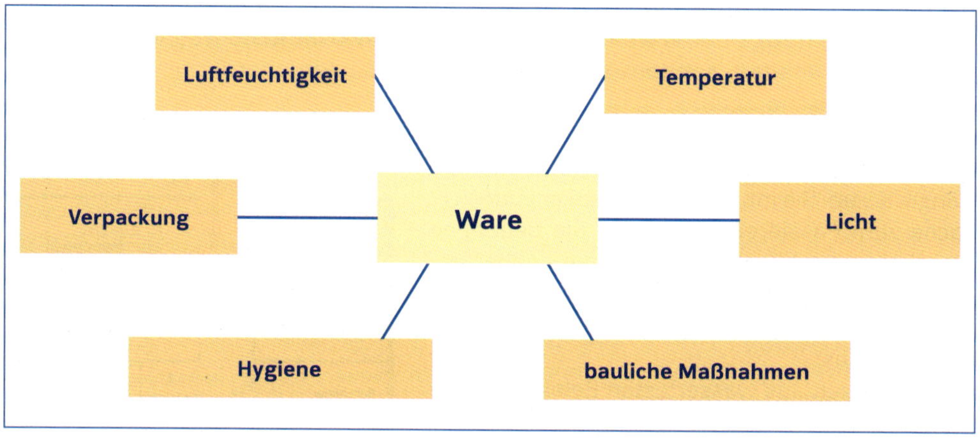

Faktoren, die bei der Lagerhaltung eine Rolle spielen.

Lagerbedingungen für einzelne Warengruppen

Warengruppe	Art des Lagerraums	Temperaturvorgabe	Lagerungsdauer und -bedingungen
Trockenprodukte (z. B. Zucker, Mehl, Teigwaren, Öl, Hülsenfrüchte, Kaffee, Tee)	Trockenvorrat	+15 bis +20 °C	½ bis 1 Jahr in handelsüblicher Verpackung, je niedriger die Temperatur und die relative Luftfeuchte, desto besser
Konserven (z. B. Obst, Gemüse, Suppengerichte)	Trockenvorrat	max. +20 °C	1 bis 2 Jahre in handelsüblicher Verpackung, je niedriger die Temperatur und die relative Luftfeuchte, desto besser
Getränke	Getränkelager	+8 bis +10 °C	½ bis 1 Jahr in handelsüblicher Verpackung, trockene Umgebung
Obst und Gemüse	Kühlraum oder Kühlschrank Mehrzonengerät	+3 bis +10 °C „Null-Grad-Fach" (siehe Seite 319)	je nach Gemüse- und Obstsorte 2–7 Tage, relative Luftfeuchte: 80–95 % Ausnahmen: lagerfähige Äpfel und Birnen sowie Wurzelgemüse ca. 3 Monate bei ca. +12 °C Bananen werden bei +12 °C gelagert, je nach Reifegrad ca. 7 Tage
Kartoffeln	Keller oder Kühlraum	+6 bis +12 °C	je nach Sorte ca. ½ Jahr, relative Luftfeuchte: 80–90 %, dunkel und belüftet
Milch und Milchprodukte	Kühlraum oder Kühlschrank	+4 bis +7 °C	je nach Produkt 2–4 Tage und entsprechend MHD
Eier	Kühlraum oder Kühlschrank	+8 °C	Kühlpflicht in separater Kühleinheit (ab dem 18. Tag nach dem Legen)
Fleisch, Geflügel und Wurst	Kühlraum oder Kühlschrank	+2 bis +4 °C	2 Tage oder Vorgaben des Herstellers beachten (ungeöffnete Verpackungen)
Hackfleisch, Mett, Geschnetzeltes, rohe Bratwurst	Kühlraum oder Kühlschrank	+2 bis +4 °C	Verbrauch am Tag der Herstellung oder Vorgabe des Herstellers beachten (ungeöffnete Verpackungen)

Warengruppe	Art des Lagerraums	Temperatur-vorgabe	Lagerungsdauer und -bedingungen
Hackfleisch, Mett, Geschnetzeltes, rohe Bratwurst	Kühlraum oder Kühlschrank	+2 bis +4 °C	Verbrauch am Tag der Herstellung oder Vorgabe des Herstellers beachten (ungeöffnete Verpackungen)
Frischfisch und Produkte daraus	Kühlraum oder Kühlschrank	0 bis +2 °C	1 Tag
Tiefgekühlte Roh-, Fertig- und Halbfertigprodukte	Tiefgefrierräume, -schränke, -truhen, -schubladen, -fächer	−18 °C und kälter	je nach Lebensmittel 1–3 Monate, für optimale Verpackung sorgen, Herstellerangaben beachten, bei optimaler Verpackung spielt die Luftfeuchtigkeit keine Rolle (siehe Seite 317) Bei zu niedriger Luftfeuchtigkeit würde unzureichend verpackte Ware austrocknen (Gefahr von Gefrierbrand).

Licht, vor allem Sonnenlicht, führt bei den meisten Produkten zu einer negativen Beeinflussung der Warenqualität. Durch Licht werden beispielsweise Vitamine abgebaut, Fette werden ranzig oder der Geschmack eines Produktes wird beeinträchtigt. Dennoch muss aus Sicherheitsgründen für eine optimale Beleuchtung in Lagerstätten gesorgt werden, damit etwa das richtige Ein- und Ausräumen bzw. Entnahmen stattfinden oder Warenbestände und die Warenqualität sachgerecht kontrolliert werden können. Nicht zuletzt ist eine optimale Beleuchtung zur Durchführung einer exakten Reinigung sowie zur Vermeidung von Unfällen in den Lagerräumen unabdingbar, denn auch im Lagerbereich findet eine regelmäßige und fachgerechte Reinigung nach den erstellten Reinigungs- und Desinfektionsplänen statt.

GRUNDLAGEN
LERNFELD 3

5.7.2 Schädlinge im Lagerbereich

LERNFELD 3

Schädlinge können erhebliche finanzielle und gesundheitliche Schäden anrichten, da Lagerbestände unbrauchbar werden und gefährliche Krankheiten übertragen werden können. Oberste Priorität hat die genaue Einhaltung der Lager*hygiene* entsprechend der geltenden Reinigungs- und Desinfektionspläne, die unter anderem folgende praktische Grundregeln beinhalten:

- Müllbehälter geschlossen halten,
- Lebensmittel- und Speisereste vorschriftsmäßig verpacken bzw. entsorgen,
- Kellerfenster geschlossen halten bzw. mit Gitternetz versehen,
- kühle Lagerung von stärkehaltigen Lebensmitteln in gut verschlossenen Behältnissen.

Maus

Hausschabe

Dörrobstmotte

Kornkäfer

AUFGABE

Recherchieren Sie im Internet, welche typischen Vorratsschädlinge einen Lagerbestand gefährden können. Stellen Sie dabei jeweils heraus, welche Lebensmittel befallen werden und wie bei der Vermeidung und Bekämpfung in einem Warenlager vorgegangen werden kann.

5.8 Lebensmittelverderb und Lebensmittelvergiftungen

GRUNDLAGEN

Überall, wo Lebensmittel hergestellt, gelagert sowie be- und verarbeitet oder an Personen abgegeben werden, findet eine Vielzahl von Verordnungen und Gesetzen (z. B. LFGB, siehe Seite 325) Anwendung. Dadurch sollen Personen, die diese Lebensmittel als Endverbraucher verzehren, vor gesundheitlichen Gefahren geschützt werden.

5.8.1 Mikroorganismen

LERNFELD 3

LERNFELD 2

Mikroorganismen (z. B. Bakterien, Pilze, Hefen, Viren) sind Kleinstlebewesen, die mit dem bloßem Auge nicht zu erkennen sind. Sie kommen überall vor: in der Luft, im Wasser, auf Pflanzen, in der Erde und auch beim Menschen. Teilweise sind sie sogar nützlich. So regeln Darmbakterien zum Beispiel die Verdauung, oder Mikroorganismen werden gezielt bei der Lebensmittelherstellung eingesetzt, etwa Hefepilze zur Teiglockerung, Milchsäurebakterien bei der Herstellung von Molkereiprodukten, Schimmelpilze bei der Herstellung von Camembert oder Roquefortkäse.
Andererseits geht von Mikroorganismen eine große Gefahr für den Menschen aus. Das Gefährdungspotenzial hängt im Einzelnen auch davon ab, wie hoch die Anzahl der Mikroorganismen in oder auf einem Lebensmittel ist und welche Abwehrkräfte ein Mensch aktuell besitzt. Besonders gefährdet sind Säuglinge, Kleinkinder sowie ältere und kranke Menschen.
Der fachgerechte und hygienische Umgang mit Lebensmitteln in allen Be- und Verarbeitungsstufen besitzt deshalb oberste Priorität. Nur so kann der zu versorgende Personenkreis vor verdorbenen Lebensmitteln geschützt werden. Höchstes Ziel ist es, einen Lebensmittelverderb und somit in Folge auch Lebensmittelinfektionen und -vergiftungen zu vermeiden.

Wachstumsbedingungen von Mikroorganismen

Lebensmittel sind in der Regel mit unzähligen, natürlichen Mikroorganismen behaftet. Die eigentliche Gefahr besteht darin, dass sie sich bei günstigen Lebensbedingungen durch Zellteilung rasant vermehren können. Unter idealen Bedingungen findet eine Keimvermehrung von vier Teilungen pro Stunde statt. Das bedeutet, dass ein Keim sich nach einer Stunde zu 16 Keimen vermehrt hat (nach 15 Minuten zwei Keime, nach 30 Minuten vier Keime usw.) Nach zwei Stunden sind das bereits 256 Keime und nach fünf Stunden 1.048.576 Keime! Die Vermehrungsgeschwindigkeit hängt von verschiedenen Faktoren ab.

Temperatur

Die optimale Temperatur zur Vermehrung von Mikroorganismen liegt zwischen +20 und +40 °C. Eine Abtötung der meisten Bakterien gelingt ab Temperaturen von etwa 60 °C. Temperaturen unter 0 °C bringen das Wachstum der Mikroorganismen lediglich zum Stillstand.

Nahrung

Eiweißhaltige Lebensmittel, wie Fleisch, Fisch, Milch und daraus hergestellte Produkte, werden von Bakterien bevorzugt, während kohlenhydrathaltige Lebensmittel, wie süße Früchte, Säfte und Kompott, oft von Hefen befallen werden.

Wasser/Feuchtigkeit

Mikroorganismen brauchen Wasser, um sich zu vermehren. Es fungiert als Lösungs- und Transportmittel für ihre Nährstoffe. Trockene Lebensmittel (z. B. Hülsenfrüchte, Reis) und Lebensmittel, in denen das Wasser durch Zucker oder Salz gebunden ist (z. B. Marmelade, Salzheringe), sind deshalb vor dem Verderb durch Mikroorganismen relativ sicher. Gefährdete Lebensmittel mit viel freiem Wasser sind Fleisch, Wurst und Fisch. Freies Wasser in Lebensmitteln wird mit dem „AW-Wert" angegeben.

Sauerstoff/Luft

Mikroorganismen benötigen Sauerstoff zum Leben, weshalb sie sich vor allem auf der Oberfläche von Lebensmitteln leicht vermehren. Darum muss die Feuchtigkeit in der Luft (relative Luftfeuchtigkeit) auf die zu lagernden Lebensmittel abgestimmt sein, auch um ein Austrocknen oder den verstärkten Schimmelbefall von Lebensmitteln zu verhindern. Eine Ausnahme bilden einige Clostridien-Arten, die sich selbst durch Luftabschluss (z. B. in Konservendosen) vermehren können.

pH-Wert

Der pH-Wert (siehe Seite 183) ist die Messzahl für den sauren oder alkalischen (basischen) Bereich eines Stoffes. Die meisten Mikroorganismen bevorzugen einen neutralen pH-Wert und reagieren empfindlich auf Säuren.

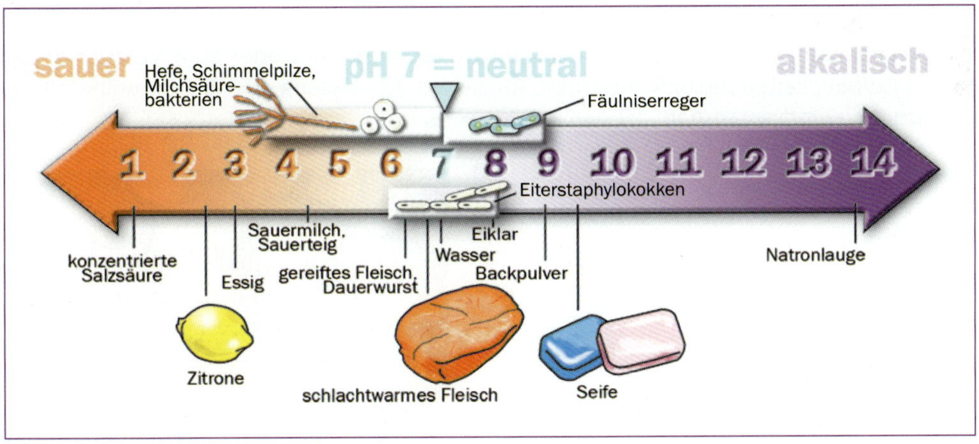

Vermehrung durch Sporenbildung

Einige Bakterienarten und Schimmelpilze können Sporen bilden. Sporen sind über eine sehr lange Zeit sowohl hitze- als auch kältestabil und können deshalb über einen längeren Zeitraum überleben. Unter günstigen Voraussetzungen (z. B. Feuchtigkeit, Wärme, Nährstoffe) können sie erneut auskeimen und wachsen. Sporen breiten sich sehr leicht über die Luft aus und verteilen sich. Gelangen sie auf nährstoffreiche und feuchte Lebensmittel, beginnen sie, sich zu vermehren.
Schimmelpilze können Giftstoffe bilden (z. B. Aflatoxine). Sie besitzen teilweise krebserregende Wirkungen und können schwerwiegende Nervenerkrankungen auslösen.

Beispiel: Schimmelpilze verbreiten sich beispielsweise auf einem angeschnittenen Laib Brot. Ihr Geflecht (Myzel) erstreckt sich dabei nicht ausschließlich auf der Oberfläche, sondern es dringt auch in die Tiefe. Mit bloßem Auge ist dies nicht (immer) sichtbar. Das Lebensmittel darf nicht mehr verzehrt werden.

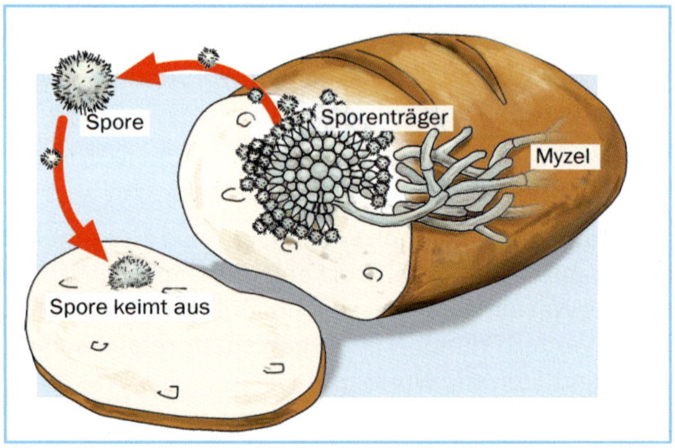

5.8.2 Lebensmittelverderb

Einige Bakterien, Pilze und Hefen schränken den Gebrauchswert von Lebensmitteln erheblich ein.

- So können Milch- und Milchprodukte, aber auch Wurstwaren sauer werden.
- Obst, Gemüse oder Kartoffeln können durch einige Bakterienarten Fäulnis bilden.
- Schimmelpilze können auf eiweißhaltigen Lebensmitteln (z. B. Fleisch, Fisch, Eier) oder auf kohlehydratreichen Lebensmitteln (z. B. Brot, Backwaren, Konfitüren) einen Lebensmittelverderb verursachen.
- Durch Hefen können Fruchtsäfte, Kompotte, Obstkuchen und auch Konfitüren zur Gärung kommen.
- Auch das Ranzigwerden bei fetthaltigen Lebensmitteln (z. B. Butter, Öle, Nüsse, Schokolade) wird durch Bakterien verursacht.

Verdorbene Lebensmittel dürfen auf keinen Fall weiterverarbeitet oder zum Verzehr angeboten werden. Bei Auffälligkeiten bezüglich Geruch, Aussehen, Konsistenz oder Schimmelbefall müssen Sie Lebensmittel sofort entsorgen.

5.8.3 Lebensmittelvergiftungen

Zu einer Lebensmittelvergiftung kann es kommen, wenn ein Mensch Lebensmittel verzehrt, die krank machende Mikroorganismen enthalten. Man unterscheidet Lebensmittelinfektionen und Lebensmittelintoxikationen.

Lebensmittelinfektionen

Mikroorganismen haften auf Lebensmitteln und vermehren sich entweder im Lebensmittel und/oder im menschlichen Organismus. Dort bilden sie Toxine (Giftstoffe). Besonders kritisch sind warme Jahreszeiten.

Beispiele:
Salat, an dessen Blättern noch *Fäkal*bakterien haften,
Salmonellen,
Hepatitis-A-Viren

Lebensmittelintoxikation

Mikroorganismen haben sich auf einem Lebensmittel vermehrt und dabei Toxine (Giftstoffe) an das Lebensmittel abgegeben. Wird das Lebensmittel verzehrt, wirken die Giftstoffe gesundheitsschädigend.

Beispiele:
Salmonellenvergiftung,
Vergiftungen durch Mikroorganismen (Shigellen, Escherichia coli) aus dem Darm von Mensch oder Tier,
Vergiftungen durch Keime aus der Umwelt (Staphylokokkenvergiftung, Botulismus) oder direkt vom Menschen

Zu einer Intoxikation kann es kommen, wenn Lebensmittel mit chemischen Stoffen verunreinigt sind.

Beispiele:
Verunreinigung durch Reinigungs- und Desinfektionsmittel oder durch Schwermetalle aus der Umwelt

Verhinderung von Gefahren durch Lebensmittel

GRUNDLAGEN

Maßnahmen bei der Lagerung | **Maßnahmen bei der Be- und Verarbeitung**

- Einhaltung sämtlicher allgemeiner Vorgaben zur Personal-, Produkt- und Betriebshygiene
- beim Niesen und Husten vom Lebensmittel abwenden
- Wunden sachgerecht abdecken (Einmalhandschuhe/Fingerlinge tragen)
- Sicht- und Geruchskontrolle von Produkten auf auffällige Veränderungen (Geruch, Aussehen, Beschaffenheit, Farbe)

Maßnahmen bei der Lagerung

- Kontrolle der Produkte auf Haltbarkeit und Beschädigung der Verpackungen
- bei der Einlagerung Waren mit der kürzesten Haltbarkeit zuerst verbrauchen, länger haltbare Waren nach hinten sortieren
- regelmäßige Überprüfung und *Dokumentation* der Temperaturen der Kühl- und Tiefkühleinrichtungen sowie der Luftfeuchtigkeit in Lagerräumen
- Bombagen komplett entsorgen
- Lebensmittel abgedeckt aufbewahren

Maßnahmen bei der Be- und Verarbeitung

- Lagerung der Produkte bei optimalen Temperaturen, warme oder gegarte Speisen vor dem Einlagern schnell herunterkühlen
- Lebensmittel stets richtig durchgaren, insbesondere Geflügel, Fleisch, Fleisch- und Hackfleischprodukte sowie Eierspeisen (70 °C Kerntemperatur)
- Verzicht auf rohe Fleisch- und Eierspeisen
- Auftauwasser, besonders von Geflügel, Fleisch- und Fleischprodukten, stets auffangen und entsorgen
- Speisen nur kurze Zeit warm halten
- fachgerechtes Haltbarmachen
- Vermeidung von *Hygiene*- und Verfahrensfehlern bei der Herstellung von Konserven und Vakuumverpackungen

Häufige Lebensmittelvergiftungen		
	Vorkommen/Ursache der Erkrankung	**Krankheitsbild**
Salmonellen*	Kommen im Dickdarm von Tieren und beim Menschen, besonders bei Fleisch, Geflügel und deshalb auch in Eiern vor. Eine Gefahr stellen *Dauerausscheider* dar. Sie tragen z. B. über einen bestimmten Zeitraum Salmonellen im Darm und scheiden diese mit dem Stuhl aus und können andere Menschen anstecken.	Die Inkubationszeit (Zeitraum zwischen Ansteckung und Krankheitsausbruch) beträgt zwischen 8 und 72 Stunden. Die Erkrankung äußert sich zunächst durch Fieber, Kopf- und Gliederschmerzen, später folgen Durchfall, Übelkeit und Erbrechen.
Campylobacter	Die Bakterien gehören weltweit zu den häufigsten Erregern von Darmentzündungen. Sie werden hauptsächlich von Tieren auf Lebensmittel (besonders Geflügel und Rohmilch) und dann auf den Menschen übertragen. Eine direkte Übertragung durch Schmierinfektionen von Mensch zu Mensch kommt bei Kindern in Kindergärten oder innerhalb von Familien vor.	Je nach Campylobactertyp kann es zu unterschiedlichen Erkrankungen kommen. Am häufigsten sind Darmentzündungen (Enteritis), die durch Lebensmittel übertragen werden. Die Inkubationszeit beträgt 2–5 Tage.
Clostridien*	Kommen in der Erde und in den *Fäkalien* von Mensch und Tieren vor. Clostridien wachsen nur unter Ausschluss von Sauerstoff (Konserven). Im Lebensmittelbereich ist das Gift des Clostridium Botulinum gefürchtet, welches Wurstvergiftungen verursacht. Dieses Gift ist hitzelabil. Man kann es bei 100 °C und einer 15-minütigen Einwirkzeit eliminieren. Erkennbar ist die Toxinbildung an den Bombagen (Wölbung) von Konserven.	Clostridieninfektionen führen zu unterschiedlichen Krankheitsbildern. Das können sein: Gasbrand (gefürchtete Wundinfektion, die zum Tode führen kann), Wundstarrkrampf (Erkrankung des zentralen Nervensystems), Lebensmittel-/Wurstvergiftung oder Darmentzündung, Durchfall und Erbrechen.
Staphylokokken	Kommen überall vor. Man findet sie beim Menschen, in der Umwelt und in der Luft. Es gibt eine Vielzahl von Staphylokokkenarten. 40 % aller Menschen sind von dem Staphylokokkus aureus besiedelt.	Staphylokokkus aureus ist ein häufiger Erreger von Wund-, Atemwegs- oder von Harnwegsinfektionen.
Rotaviren*	Die Viren sind äußerst stabil gegenüber äußeren Einflüssen. Sie sind die häufigste Ursache von akuten Durchfallerkrankungen bei Kindern und werden durch Schmierinfektion, verunreinigtes Trinkwasser oder verunreinigte Kleidungsstücke und Kontaktflächen übertragen.	Die Inkubationszeit beträgt 1–3 Tage. Die Erkrankung äußert sich mit Fieber, Kopf- und Gliederschmerzen, später folgen Durchfall, Übelkeit und Erbrechen. Die Krankheitsdauer beträgt, je nach Schwere der Erkrankung, bis zu 8 Tagen.
Noroviren*	Die Viren sind äußerst stabil gegenüber äußeren Einflüssen. Sie gelten als Verursacher vieler Lebensmittelinfektionen und werden durch Schmierinfektionen übertragen.	Die Inkubationszeit beträgt 1–3 Tage. Die Erkrankung äußert sich plötzlich und heftig mit Fieber, Kopf- und Gliederschmerzen, kurz darauf mit Durchfall, Übelkeit und Erbrechen. Die Krankheitsdauer beträgt je nach Schwere der Erkrankung bis zu 3 Tagen.

**meldepflichtige Infektionen*

	Vorkommen/Ursache der Erkrankung	Krankheitsbild
Bacillus cereus	Das sporenbildende Stäbchenbakterium ist insbesondere im Erdreich zu finden und wird durch unsaubere Lebensmittel übertragen.	Bacillus cereus verursacht durch eine Schmierinfektion eine Lebensmittelinfektion, die sich durch Übelkeit, Durchfall und Erbrechen äußert.
Escherichia Coli*	Der natürliche Lebensraum dieses Stäbchenbakteriums ist der menschliche und tierische Darm. Das Bakterium wird durch mangelnde *Hygiene* auf Lebensmittel übertragen. Es zählt zu den gefährlichsten Krankheitserregern überhaupt.	Die verschiedenen Arten dieses Bakterienstammes führen unter anderem zu Magen-Darm-Erkrankungen, die sich durch Übelkeit, Erbrechen und Durchfall äußern. Auch Harnwegs- und Wundinfektionen oder Blutvergiftungen zählen zu den Folgen.

**meldepflichtige Infektionen*

Das Infektionsschutzgesetz (IfSG) soll helfen, die Ausbreitung von gefährlichen Krankheiten zu verhindern. Meldepflichtige Erkrankungen müssen dem Arbeitgeber darum namentlich mitgeteilt werden. Dieser muss bei Verdacht einer meldepflichtigen Krankheit das zuständige Gesundheitsamt informieren. Um die Gesundheit des Einzelnen und der Gemeinschaft zu erhalten, werden in solchen Fällen Tätigkeits- oder Beschäftigungsverbote für erkrankte Beschäftigte im hauswirtschaftlichen Umfeld ausgesprochen, damit die Infektionskette unterbrochen wird.

AUFGABEN

1. Erstellen Sie für die Schulküche ein Informationsplakat zur Hand*hygiene*.
2. Bereiten Sie einen Kurzvortrag vor, in dem Sie den Beschäftigten Ihres Ausbildungsbetriebs die Wichtigkeit der Lebensmittelkühlung erklären.
3. Erläutern Sie folgende Aussage im Hinblick auf die Tragweite gegenüber Ihrem Arbeitgeber und der zu verpflegenden Personen:
   „Als Mitarbeiter/-in in einem lebensmittelverarbeitenden Betrieb tragen Sie ein hohes Maß an Eigenverantwortlichkeit in Bezug auf das Infektionsschutzgesetz."

5.9 Lebensmittel frisch halten und haltbar machen

Durch den Einzug der Technik haben sich die verschiedene Methoden um Lebensmittel haltbar zu machen stetig verbessert, verändert oder sind ganz in den Hintergrund gerutscht. Für die Erhaltung der Lebensmittelqualität beim Frischhalten und Haltbarmachen gilt:

- Nur frische und einwandfreie Lebensmittel verwenden.
- Hygienische und fachgerechte Arbeitsgrundsätze beachten.
- Auf richtige Verpackung, Beschriftung und Lagerbedingungen achten (siehe Seite 316 ff.).
- Konservierte Lebensmittel müssen bei optimaler Temperatur und Luftfeuchte in Kühl- und Gefriergeräten oder Lagerräumen gelagert werden.

Konservierungsverfahren

mikrobiologisch

Milchsäuregärung
Zusatz von Milchsäurebakterien in Milchprodukte (z. B. Joghurt, Dickmilch, Kefir, Käse) und in Gemüse (z. B. Sauerkraut, Sellerie und Säfte)

alkoholische Gärung
Zusatz von Hefen bei der Bier- und Weinherstellung

Essigsäuregärung
Zusatz von Essigsäurebakterien bei Wein- oder Branntweinessig

chemisch

Salzen
Zusatz von Salz an Fleisch, Fisch, Butter, Käse

Pökeln
Zusatz von Pökelsalzen bei Fleisch und Wurstwaren

Zuckern
Zusatz von Zucker bei zusätzlicher Hitzeeinwirkung (z. B. kandierte Früchte, Konfitüre, Marmelade, Gelee)

Einlegen in Öl, Alkohol oder Essig
Fisch als Rollmops oder Bismarckheringe, Gemüse (z. B. Essiggurken, Mixed Pickles, Kräuter in Ölen, Rumtopf)

Konservierungsmittel
Zusatz von Antioxidantien, *Konservierungsstoffen* und Überzugsmitteln, ihr Anteil darf nicht mehr als 1 % betragen (z. B. Feinkostsalate, Mayonnaise, verschiedene Convenience-Produkte)

physikalisch

Kälte
Kühlen: kurzfristige Lagerung, von Lebensmitteln geeignet

Tiefgefrieren
langfristige Lagerung von Lebensmitteln

Hitze
Trocknen (Dörren) und Gefriertrocknen (z. B. Trockenobst, Dörrfisch, Kräuter, Pilze)

Pasteurisieren
Obst- und Gemüsesäfte, Milch

Sterilisieren
Obst und Gemüse, Fleisch (z. B. als *Vollkonserve,* Fisch sowie Produkte daraus, H-Milch

Bestrahlung
durch Elektronen- oder Röntgenstrahlen bei getrockneten aromatisierten Kräutern, Gewürzen und Meeresfrüchten

AUFGABEN

Überlegen Sie exemplarisch an einem Beispiel, warum ein Lebensmittel durch ein bestimmtes Konservierungsverfahren haltbar gemacht wird.

1. Klären Sie dabei die Fragen, welche Lebensbedingungen den Mikroorganismen durch das Verfahren entzogen werden.
2. Welche Vor- und Nachteile bietet dieses spezielle Konservierungsverfahren? Berücksichtigen Sie verschiedene Kriterien (Lagerdauer und -temperatur, Farb-, Geschmacks- und Vitaminverluste oder andere Besonderheiten).

5.9.1 Haltbarmachen durch den Einsatz von Temperaturen

Durch ein Herabsenken oder Erhöhen von Temperaturen über oder unter kritische Temperaturbereiche lässt sich das Wachstum von Mikroorganismen reduzieren und teilweise ganz einschränken.

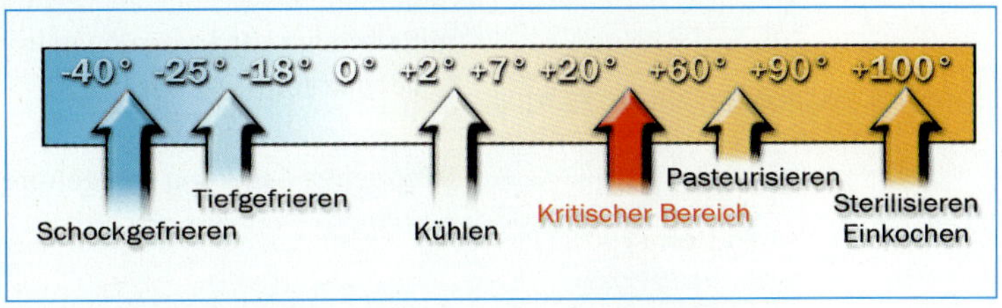

- Sterilisieren erfolgt bei 100 °C und höher über einen längeren Zeitraum (z. B. ca.15 Minuten).
- Pasteurisieren erfolgt bei +60 bis +90 °C, je nach Lebensmittel.
- Im kritischen Bereich zwischen +20 und +50 °C vermehren sich Mikroorganismen sehr schnell.
- Kühlen findet bei Temperaturen zwischen +2 und +10 °C statt, je nach Lebensmittel.
- Tiefgefrieren erfolgt bei Temperaturen zwischen −18 und −25 °C.
- Schockgefrieren erfolgt zwischen −25 und −40 °C (siehe Seite 314 f.).

Lebensmittel durch Kühlen frisch halten

Das Kühlen von Lebensmitteln eignet sich für eine kurzfristige Lagerung. Die Lagertemperatur liegt zwischen 0 und +15 °C. Dadurch wird der Verderb von Lebensmitteln verzögert, da sich Mikroorganismen bei Kälte nicht so schnell vermehren können. Das heißt, Bakterien oder Hefen werden nicht abgetötet, jedoch werden ihre Aktivitäten gehemmt. Ein Nährstoffverlust ergibt sich allerdings durch die Dauer der Lagerzeit.

- Bewahren Sie zu kühlende Lebensmittel ihrer Menge entsprechend in lebensmittelechten und verschlossenen Behältern auf.
- Decken Sie Lebensmittel ab. Das verhindert, dass die Lebensmittel austrocknen, was wiederum einen Verlust von Vitaminen, Farbe und des Geschmacks zur Folge hätte. Durch das Abdecken können Sie auch vermeiden, dass sich Fremdgerüche übertragen und unnötig Feuchtigkeit vom Lebensmittel in den Kühlinnenraum gelangt.
- Achten Sie stets darauf, dass warme Lebensmittel schnell abkühlen (z. B. durch Einstellen in kaltes Wasser, Abpacken in kleinen, flachen Portionen) und nicht warm in den Kühlinnenraum eingelagert werden. Der Energieverbrauch des Kühlgerätes steigt sonst zu sehr an. Auch ein vermehrtes, unbedachtes Öffnen von Kühlgerätetüren führt zu einem erhöhten Energieverbrauch.

Lebensmittel durch Tiefkühlen haltbar machen

Die Lagerung von Lebensmitteln in Tiefkühleinheiten ermöglicht deren mittel- bis langfristige Lagerung. Die Lagertemperatur liegt zwischen −6 und −25 °C. Bei tiefgekühlten Produkten bleiben – eine sachgerechte Verarbeitung und Verpackung vorausgesetzt – Vitamine, Nährstoffe sowie ihr Aussehen und ihr Geschmack weitestgehend erhalten.
Die Haltbarkeit von Tiefkühlprodukten verlängert sich, je tiefer die Lagertemperatur ist. In welchen Temperaturbereichen ein Gerät kühlt, lässt sich an der Sternkennzeichnung des Kühlgerätes erkennen. Auch auf gekauften Tiefkühlprodukten findet der Verbraucher einen Hinweis zu den empfohlenen Lagertemperaturen und der Lagerdauer.

Sterne-Kennzeichnung und Temperaturen von Tiefkühlgeräten

Kennzeichnung	Eignung	Empfohlene Lagerdauer
Eisfach	Gefrieren und Lagern von Wassereiswürfeln	
* mind. unter −6 °C	kurzfristige Lagerung von gefrorenen Lebensmitteln	bis zu einer Woche

Kennzeichnung	Eignung	Empfohlene Lagerdauer
** mind. unter −12 °C	mittelfristige Lagerung von gefrorenen Lebensmitteln	bis zu drei Wochen
*** mind. unter −18 °C	langfristige Lagerung von gefrorenen Lebensmitteln	mehrere Monate, je nach Lebensmittel
**** −18 °C oder kälter	Einfrieren (Gefriervermögen beachten) von Lebensmitteln und langfristige Lagerung gefrorener Lebensmittel	mehrere Monate, je nach Lebensmittel

Lebensmittel durch Hitze haltbar machen

Werden Lebensmittel durch Hitze haltbar gemacht, spricht man vom Sterilisieren bzw. Einkochen. Die Methode gewährleistet eine langfristige Lagerung. Hierbei werden Mikroorganismen bei Temperaturen von etwa 100 °C unter gleichzeitigem Luftabschluss abgetötet. Zur besseren Haltbarkeit und zur Geschmacksgebung wird – je nach Verfahren – Zucker oder Essig hinzugefügt. Beim Sterilisieren treten Qualitätsverluste bei den Lebensmitteln auf: Nährstoffe gehen verloren, die Beschaffenheit leidet, das Aussehen und der Geschmack verändern sich.

Lebensmittel durch Hitze und Zucker haltbar machen

Hitze und Zucker gewährleisten eine langfristige Haltbarkeit der so konservierten Lebensmittel. Die Methode wird bei der Herstellung von Konfitüren, Gelees, Marmeladen und Chutneys angewendet. Mikroorganismen werden durch Temperaturen von 100 °C abgetötet. Zusätzlich wird ihnen durch den Zusatz von Zucker das frei verfügbare Wasser entzogen. Durch den Zusatz von Zucker liefert das Lebensmittel dem Endverbraucher viel Energie bzw. viele leere Kalorien (siehe Seiten 190 und 204). Nachteile sind auch: Nährstoffe gehen durch die hohen Temperaturen verloren, durch die Lagerdauer leiden die Farbe und die geschmackliche Qualität.

5.9.2 Einfrieren und Auftauen

Auch beim Lagern von Lebensmitteln im Minus-Temperatur-Bereich stellen Mikroorganismen ihr Wachstum lediglich ein, sie werden nicht abgetötet. Deshalb ist es wichtig, den Prozess des Einfrierens und den Umgang mit Auftauflüssigkeiten sachgerecht auszuführen.
Da das verfügbare Wasser zwischen den Zellen der Lebensmittel beim Einfrierprozess gefriert, muss darauf geachtet werden, dass dieser Vorgang schnell, und zwar bei Temperaturen von weniger als −24 °C verläuft. Man nennt dies Schockgefrieren. Dabei entstehen im Lebensmittel nur sehr kleine Eiskristalle, die Zellwände werden kaum geschädigt. Während des Auftauvorgangs entweicht dadurch später auch nur wenig Auftauflüssigkeit. Wird dagegen eine zu große Menge eines Lebensmittels eingefroren und/oder ist die Temperatur im Tiefkühlgerät nicht ausreichend niedrig, erfolgt der Einfrierprozess sehr langsam. Die Zell-

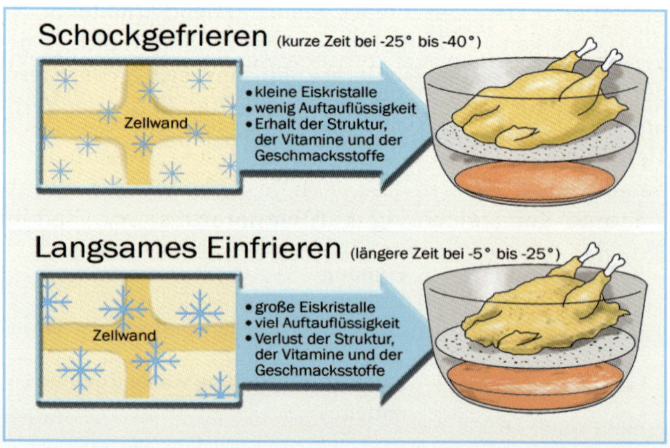

wände werden durch die Entstehung von großen Eiskristallen stark geschädigt, beim Auftauvorgang entweicht sehr viel Auftauflüssigkeit. Kühlgeräte sind meist mit einer Möglichkeit zum Schockgefrieren oder „Super-Gefrieren" ausgestattet.

Richtig einfrieren

LERNFELD 2

- Die Lebensmittel vorbereiten, dabei nur frische, einwandfreie Lebensmittel mit guten Gefriereigenschaften verwenden. Ungeeignet sind zum Beispiel Salate, Gurken, Radieschen, Weintrauben und einige Milchprodukte.
- Bestimmte Lebensmittel vor dem Einfrieren blanchieren (siehe Seite 73), etwa Spinat, Bohnen, Brokkoli, Blumenkohl. Durch das Blanchieren bleiben Vitamine, Nährstoffe, Farbe, Aussehen und der Geschmack während des Lagerungsprozesses erhalten.
- Zubereitete Lebensmittel vor dem Einfrieren nicht salzen und nicht zuckern. Beides senkt den Gefrierpunkt und mindert die Produktqualität.
- Lebensmittel vorschriftsmäßig und flach verpacken (siehe Seite 317), um Gefrierbrand zu verhindern und ein rasches Durchgefrieren und Auftauen zu ermöglichen.
- Lebensmittel, die später einzeln entnommen werden sollen (z. B. Beerenobst, Brot- oder Kuchenstücke), müssen zuvor auf einem Blech ausgebreitet und vorgefroren werden. Später werden sie dann verpackt.
- Lebensmittel rasch schockgefrieren. Je nach Menge des Einfriergutes den Tiefkühlschrank schon einige Stunden vorher auf die entsprechende Einstellung programmieren. Bevor die Lebensmittel in der Tiefkühleinheit eingelagert werden, ist darauf zu achten, dass diese eine möglichst niedrige Temperatur aufweist (Thermometer ablesen).

Richtig auftauen

- Lebensmittel möglichst langsam (über Nacht) im Kühlschrank oder Kühlhaus auftauen lassen. Die Vermehrung von Mikroorganismen wird dadurch gehemmt.
- Lebensmittel (besonders Fleisch und Geflügel) zuvor aus der Verpackung entnehmen, in eine Edelstahlschüssel mit Siebeinsatz legen und zusätzlich abdecken. Das Auftaugefäß muss leicht zu reinigen sein, das Lebensmittel darf aus hygienischen Gründen nicht in der Auftauflüssigkeit liegen.
- Auftauflüssigkeit direkt im Abfluss entsorgen. Bei Obst und Gemüse kann die Auftauflüssigkeit jedoch mit verwendet werden.
- Backwaren ohne Cremefüllung und portionierte Brotwaren können bei milder Temperatur im Backofen oder in der Mikrowelle aufgetaut werden.

5.9.3 Die Kühlkette

Die konstante Einhaltung der richtigen Kühltemperatur während des Entstehungs-, Transport- und Verarbeitungsprozesses von Lebensmitteln spielt für den Erhalt der Warenqualität eine entscheidende Rolle. Das gilt insbesondere für empfindliche Molkereiprodukte (Milch, Sahne, Joghurt, Käse) und Fleisch- sowie Wurstwaren, aber auch für den sachgerechten Transport von eingekauften Tiefkühlwaren (z. B. Gemüse, Fleisch, Fisch). Deshalb ist es wichtig, dass nach dem Einkauf von tiefgekühlten Lebensmitteln mithilfe geeigneter Transportbehälter für einen schnellen Rücktransport in die Einrichtung oder in den privaten Kleinhaushalt gesorgt wird. Dazu eignen sich Isolierkisten oder -taschen mit zusätzlichen Kühlakkus.

Kühlkette am Beispiel von einem

Kühlprodukt	und einem	**Tiefkühlprodukt**
Molkerei Herunterkühlen auf +2 bis +4 °C		**Erzeuger** Ernte, Schlachterei, Fangbetrieb Schockgefrieren bei – 30 °C
Herstellungs- und Verarbeitungsbetrieb +2 bis +4 °C		**Herstellungs- und Verarbeitungsbetrieb** – 30 bis – 25 °C
Großhandel Transport- und Lagertemperatur +2 bis +4 °C Einkauf durch den **Großhaushalt**		**Großhandel** Transport- und Lagertemperatur – 25 °C Einkauf durch den **Großhaushalt**
Einzelhandel Lagertemperatur +6 bis +10 °C Einkauf durch den **Privathaushalt**		**Einzelhandel** Lagertemperatur –18 °C Einkauf durch den **Privathaushalt**

KÜHLTRANSPORT – Temperaturkontrolle und Dokumentation innerhalb des Transportes durch Lkw, Bahn und Schiff

TIEFKÜHLTRANSPORT – Temperaturkontrolle und Dokumentation innerhalb des Transportes durch Lkw, Bahn und Schiff

WEITERKÜHLUNG BIS ZUR VERWENDUNG
im Privat- oder Großhaushalt

Lagertemperatur für Kühlprodukte zwischen +6 und +10 °C	Lagertemperatur für Tiefkühlprodukte – 18 °C und kälter

Die EG-Lebensmittelverordnung schreibt vor: Die Sicherheit eines Lebensmittels muss auf allen Stufen der Lebensmittelproduktion und Vermarktung – vom Erzeuger bis zum Verbraucher – gewährleistet sein.

5.9.4 Geeignete Verpackungen

Um die Warenqualität bei der Lagerung in Kühl- und Tiefkühleinrichtungen zu erhalten, gibt es geeignete Verpackungen. Diese müssen in ihrer Größe an die Haushaltsgröße sowie den Lagerungszweck angepasst und darüber hinaus für Lebensmittel geeignet sein.

Verpackungen zum Kühlen

Setzen Sie zum Kühlen, aber auch zum Tiefkühlen im Privat- und im Großhaushalt nur lebensmittelgeeignete Behälter ein, bei denen sichergestellt ist, dass sie auch auf Dauer und trotz häufiger Benutzung und Reinigung in der Spülmaschine formstabil bleiben.

Kühlgut wird häufig auch in Kunststoffbeuteln verpackt. Der Markt bietet unterschiedliche Größen an. Verwenden Sie Kühlbeutel bewusst: Im Gegensatz zu wiederverwendbaren Behältern werden Beutel nur einmal benutzt und belasten bei der Entsorgung die Umwelt und nicht zuletzt den Geldbeutel.
Die Verwendung von Frischhaltefolie bietet sich immer dann an, wenn Speisen für die Tischportionierung fertiggestellt sind.
Auf den Einsatz von Alufolie ist in diesen Fällen aus ökologischen und preislichen Gründen zu verzichten.
In Großhaushalten kommen häufig Verpackungsbehälter von Molkerei- oder Fertigprodukten zum Einsatz. Sie sind für die Lagerung von Lebensmitteln geeignet, verfügen über einen geeigneten Deckel und bieten eine preisgünstige Alternative zur Anschaffung eigener, neuer geeigneter Behältnisse an. Da sie in der Regel blickdicht sind, müssen sie von außen mit Inhalt, Menge und Datum beschriftet werden.

Verpackungen zum Tiefkühlen

Auch Tiefkühlverpackungen müssen sorgfältig ausgewählt werden. Bei mangelhafter Materialqualität von Gefrierbeuteln kann es passieren, dass diese während des Lagerungsprozesses Risse und Löcher bekommen, wodurch die Gefahr von Gefrierbrand steigt. An das eingefrorene Produkt kann Luft gelangen, wodurch es sich verfärbt (weiß bis grau-braun) und in seiner Qualität deutlich nachlässt.
Tiefkühlbehälter müssen lebensmittelecht sein und aus elastischem Material bestehen. Gute Behälter können den großen Temperaturschwankungen standhalten. Vorteilhaft sind eckige Gefrierbehälter, da sie optimal und platzsparend gestapelt werden können.

Vakuumiergerät

Gefriergeeignete Beutel gibt es in unterschiedlichen Größen und Qualitäten. Nach der Befüllung ist es wichtig, die Luft aus den Beuteln zu drücken. Abschließend muss der Beutel mithilfe von Gummibändern oder Kunststoffclips luftdicht verschlossen werden. Hervorragend eignen sich für das Verpacken von Gefriergut in Tiefkühlbeuteln Folienschweißgeräte mit integrierter Luftabsaugung oder Vakuumiergeräte. Durch den Luftabschluss erhält das Lebensmittel bessere Lagerbedingungen und die Qualität bleibt erhalten.
Beschriften Sie die Verpackung eines eingefrorenen Lebensmittels mit einem feuchtigkeitsbeständigen Stift auf dem Verpackungsbeutel oder mittels kältebeständigen Etiketten. So behalten alle Beteiligten die Übersicht über die fristgerechte Lagerung der Produkte. Folgende Angaben sind wichtig:

- Inhalt/Lebensmittel
- Menge (Gewicht oder Portionen)
- Verpackungsdatum
- evtl. „zu verwenden bis ..."

Unter Umständen sind weitere Angaben nützlich, etwa:

- Zusätze (Gewürze, Zucker)
- mögliche Vorbehandlung („fertig gegart", „ohne Soße")

5.9.5 Gerätetechnik zum Kühlen und Tiefkühlen

Privathaushalt | **Großhaushalt**

- Kühlschränke in unterschiedlichen Größen als Einbau-, Unterbau- oder Standgeräte
- Mehrzonengeräte in unterschiedlichen Größen als Standgeräte
- Tiefkühlgeräte in unterschiedlichen Größen als Einbau-, Unterbau- oder Standgeräte
- Tiefkühltruhen in unterschiedlichen Größen
- Kombinationen aus Kühl- und Gefriergeräten in unterschiedlichen Größen als Einbau-, Unterbau- oder Standgeräte zum Kühlen und Tiefkühlen

Zum Kühlen und Gefrieren bietet sich, je nach Größe der Einrichtung und den Funktionsabläufen, die Einrichtung von Kühlzellen, Kühlhäusern, Kühltheken (mit Schubladen und Fächern) oder Kühlluken an.

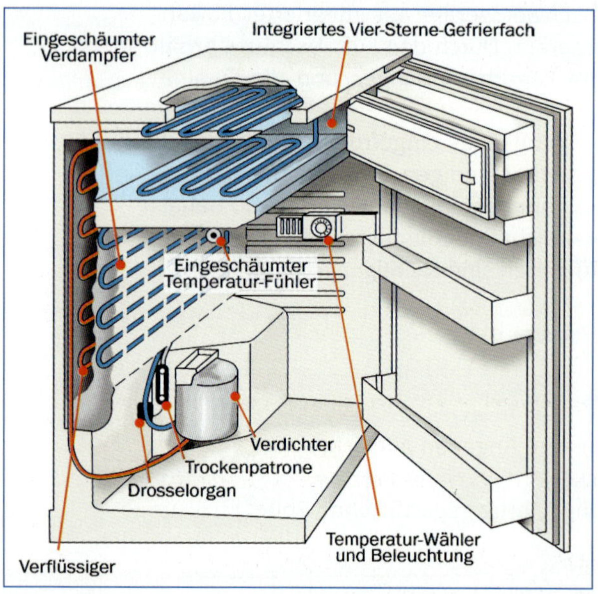

Funktionsweise von Kühl- oder Tiefkühlgeräten

Die meisten Kühl- oder Gefriergeräte arbeiten nach dem sogenannten Kompressionsverfahren.

Im geschlossenen Kältekreislauf befindet sich ein Kältemittel. Diese Flüssigkeit verdampft bei niedrigem Druck im Verdampfer. Hierbei wird dem Geräteinnenraum und somit den eingelagerten Lebensmitteln die zum Verdampfen des Kühlmittels benötigte Wärme entnommen.
Der Verdichter hat nun die Aufgabe, das verdampfte, gasförmige Kältemittel weiterzutransportieren, um somit den Kühlkreislauf fortwährend in Gang zu halten. Bei diesem Vorgang wird das gasförmige Kältemittel verdichtet, wodurch ein Temperaturanstieg des Kältemittels erfolgt. Dieser Temperaturanstieg ist notwen-

dig, damit der Verflüssiger wirkungsvoll die aufgenommene Wärme wieder an die Umgebungsluft abgeben kann.
Hierbei wird das Kältemittel wieder flüssig. Es gelangt in das Drosselorgan, dabei wird Druck abgebaut, das Kältemittel gelangt wieder flüssig in den Verdampfer.

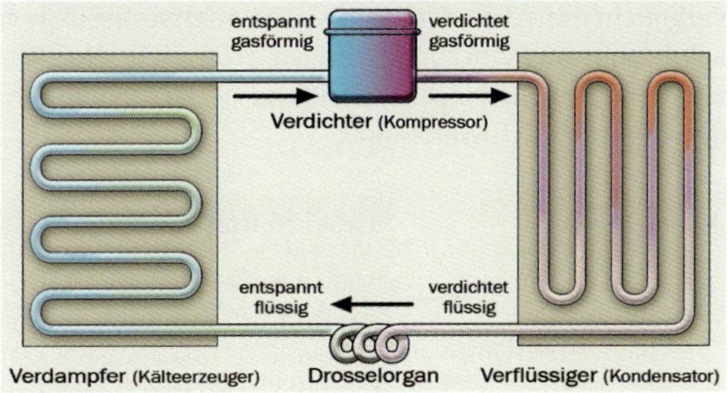

Kühlschränke

- Kalte Temperaturen herrschen nahe von Verdampferplatte und Verdampferfach.
- Kalte Luft fällt nach unten und erwärmt sich bei Kontakt mit den Lebensmitteln.
- Wärmere Zonen befinden sich im Türbereich einschließlich der dort installierten Fächer oder in Schubladen.
- Kühlere Temperaturen herrschen auf Glasfächern, dort sammelt sich die kalte Luft an.
- In Kühlschränken liegen die Temperaturen zwischen 3 und 9 °C bei einer relativen Luftfeuchtigkeit zwischen 40 % und 50 %.

Für die Einlagerung von Lebensmitteln eignen sich die Gerätebereiche folgendermaßen:
- oben: Geräuchertes, Käse, zubereitete Speisen
- Mitte: Milch und Milchprodukte (z. B. Käse, Joghurt, Sahne)
- unten: leicht verderbliche Lebensmittel (z. B. Fisch, Fischerzeugnisse, Wurst, Fleischwaren, Fleisch)
- Gemüsefach: kälteunempfindliche Obst- und Gemüsesorten
- Türregale: Eier, Butter, Getränke, Konfitüren, Saucen

Mehrzonengeräte

Moderne Mehrzonengeräte eignen sich gleichermaßen zur Anschaffung in Privat- und Großhaushalten. Sie bieten passgenaue Lösungen, um verschiedene Lebensmittel entsprechend ihren individuellen Lageransprüchen in unterschiedlichen Klimazonen zu bevorraten.
Im Gegensatz zu klassischen Kühlschränken ist es in Mehrzonengeräten möglich, in unterschiedlichen Klimazonen (Null-Grad-Zone entweder als trockene oder feuchte Zone, Kühlzone, Kellerzone und Gefrierzone) die Frische und den Qualitätszustand von Lebensmitteln deutlich zu verlängern.

Einlagerung von Lebensmitteln in den Mehrzonengeräten

Klimazone	Geeignet für
Gefrierfach (–18 °C)	Tiefkühlkost (Einfrieren und Lagern)
Null-Grad-Zone, trocken (rel. Luftfeuchte 50–55 %)	Fisch, Fleisch, Fleischwaren, Wurst, Geflügel, Milchprodukte, Käse (jeweils in verpacktem Zustand)
Null-Grad-Zone, feucht (rel. Luftfeuchte bis 95 %)	kälteunempfindliches Gemüse, Obst, Küchenkräuter, Pilze, Salate (jeweils in unverpacktem Zustand)
Kühlzone (4–8 °C)	Eier, Margarine, Marmelade, Fertiggerichte, Kuchen, Torten, gegarte Speisen und Mayonnaise (jeweils in abgedecktem bzw. verpacktem Zustand)
Kellerzone (8–12 °C)	kälteempfindliche Lebensmittel (z. B. Südfrüchte, Tomaten, Gurken, Kartoffeln)

Vergleicht man die Lagerdauer von Lebensmitteln in normalen Kühlgeräten und im entsprechenden Lagerfach von Mehrzonengeräten, zeigt sich, dass Mehrzonengeräte wesentlich längere Frischhaltezeiten ermöglichen. Entscheidend ist die Ausgangsfrische der eingelagerten Lebensmittel, sodass die Angaben Richtwerte sind.

Kühlschrank		Lebensmittel		Mehrzonengerät
3–4 Tage	←	Milchprodukte (Quark, Joghurt, Käse)	→	bis 3 Wochen (verpackt)
2 Tage	←	Frischmilch pasteurisiert	→	bis 7 Tage (verpackt)
8 Tage	←	Kohl- und Wurzelgemüse	→	bis 4 Wochen (unverpackt)
3 Tage	←	Spargel	→	bis 3 Wochen (unverpackt)
4 Tage	←	Salate, Spinat	→	bis 10 Tage (unverpackt)
3 Tage	←	Pilze	→	bis 7 Tage (unverpackt)
2–4 Tage	←	Frischfleisch, Brühwurst	→	bis 7 Tage (im Frischhaltebeutel)

5.10 Die Lagerverwaltung

Die Vorräte, die sich in den Lagerräumlichkeiten einer Einrichtung befinden, stellen einen großen finanziellen Wert dar. Die Beschäftigten eines Betriebs, die mit diesen Waren – von der Warenanlieferung bis hin zur Warenausgabe bzw. Warenentnahme – umgehen, tragen deshalb eine große Verantwortung. Der Warenfluss muss so transparent gestaltet und *dokumentiert* werden, dass die jeweils zuständige Fachkraft für Materialwirtschaft weiß, welche Artikel in welchen Mengen (Lagerbestand) vorhanden sind und welche nachbestellt werden müssen.

5.10.1 Lagerkennzahlen

Um die Kosten für die Lagerhaltung möglichst gering zu halten und die Ablaufprozesse im Betrieb störungsfrei zu gestalten, spielen Lager*kennzahlen* eine wichtige Rolle. Das sind:

Lagerbestand
Tatsächliche Stückmenge eines einzelnen Produktes im Lager.

Meldebestand
Warenmenge, die in der Zeit von der Bestellung bis zur (turnusmäßigen) Lieferung des Produktes verbraucht wird.

Mindestbestand
Lagerbestand, der nicht unterschritten werden darf.

Wer ein Lager verwaltet, muss stets einen Überblick über den aktuellen (tatsächlichen) Lagerbestand haben. Anhand der Kenntnis zum regelmäßigen Verbrauch eines Produktes über einen gewissen Zeitraum (z. B. täglich, wöchentlich) und über dessen Beschaffungszeit (z. B. einmal pro Woche, alle vier Wochen) kann der Meldebestand formuliert werden. Der Meldebestand sollte nicht unterschritten werden und ist immer größer als der Mindestbestand. So ist gewährleistet, dass es im Produktionsablauf weder zu Engpässen noch zu Störungen durch unvorhergesehene Ereignisse wegen fehlender Ware kommen kann. Bei länger haltbaren Produkten wird eine durchschnittliche Lieferzeit von 14 Tagen zugrunde gelegt. Bei leicht verderblichen Produkten entsprechend weniger.

Einfache Formeln helfen bei der Ermittlung:

Mindestbestand = durchschnittlicher Verbrauch · 14 Tage

Meldebestand = durchschnittlicher Verbrauch · Lieferzeit + Mindestbestand

Beispiel: Wenn täglich 750 g (0,75 kg) Suppennudeln benötigt werden und die Lieferzeit 7 Tage beträgt, muss ein Mindestbestand von 10,5 kg bereitgehalten werden, denn:

0,75 kg · 14 Tage = 10,5 kg

Der Meldebestand beträgt 15,75 kg, denn:

0,750 kg · 7 Tage + 10,5 kg = 15,75 kg

AUFGABEN

1. Stellen Sie gegenüber, welche Vor- und Nachteile sich Ihrer Meinung nach aus einem zu geringen bzw. einem zu hohen Lagerbestand ergeben.
2. Berechnen Sie den Mindestbestand und den Meldebestand eines Fußbodenreinigers, der alle 30 Tage geliefert wird. Der durchschnittliche Verbrauch liegt bei 1,2 Flaschen pro Tag.
3. Überlegen Sie, welche hauswirtschaftlichen Betriebe neben einem Mindestbestand im Lager auch einen Notvorrat vorhalten. Stellen Sie die verschiedenen Gründe gegenüber und diskutiere Sie deren Vor- und Nachteile in einer Gruppe.

5.10.2 Dokumentationsverfahren

Die Organisation der Warenwirtschaft erfolgt auch in hauswirtschaftlichen Einrichtungen mithilfe spezieller EDV-Programme (Warenwirtschaftssysteme). Aus der Angebotspalette der Software-Hersteller muss jeder Betrieb die optimal auf ihn zugeschnittenen Programme auswählen. Nur so kann die gewünschte Arbeitserleichterung mit einem Warenwirtschaftssystem erfolgen, denn oft erweisen sich die Dateneingabe und die Datenpflege des Warenbestandes als sehr aufwendig. Entsprechend müssen die Beschäftigten geschult werden, um Fehler in der Programm-Anwendung auszuschließen.

Die Grundfunktionen jeder EDV-gestützten Warenlagerung zielen darauf ab, alle Warenzu- und -abgänge eines Lagers exakt zu erfassen, um stets den aktuellen Bestand abrufen zu können. Darüber hinaus können zusätzliche Informationen erhoben werden, seien es Preise, Termine, Mindesthaltbarkeitsdaten, besondere Bestellungen, Lieferantenadressen und Lieferbedingungen oder Sondervermerke. Standardisierte Bestellmengen werden häufig automatisch ermittelt, um sie per Fax oder E-Mail in Auftrag zu geben.

5.10.3 Inventur

Jeder Betrieb muss zu einem festgelegten Zeitpunkt einmal im Jahr alle Vermögens- und Schuldenbestände erfassen und den aktuellen Sachstand *dokumentieren*. Festgehalten wird dabei unter anderem, welche Werte, Schulden oder auch offen stehende Forderungen (unbeglichene Rechnungen) existieren. Um eine anschauliche Übersicht zu erhalten, werden entweder

- alle Bestände durch Zählen erfasst (körperliche Inventur) oder
- alle getätigten Ein- und Ausgänge entsprechend der Lagerdokumente und der Aufzeichnungen der Buchhaltung gegenübergestellt (buchmäßige Inventur).

  Das Ergebnis einer Inventur ist die genaue Kenntnis sämtlicher Bestände (Werte und Mengen). Es kommt vor, dass der Soll-Warenbestand und der Ist-Warenbestand voneinander abweichen. Dies liegt mitunter auch daran, dass Produkte sich durch Verderb, Bruch, ungenaue Eintragungen oder durch Schwund reduziert haben.

Regeln zur Wareneinlagerung und -entnahme im Lebensmittelbereich
Achten Sie auf beschädigte Verpackungen (z. B. Schädlingsbefall, Bombagen, Packungen mit fehlendem Vakuum) und sortieren Sie diese aus.
Sortieren Sie Lebensmittel, die das Mindesthaltbarkeitsdatum bald erreichen, aus und sorgen Sie für deren raschen Verbrauch.
Sortieren Sie Lebensmittel mit der längsten Haltbarkeit nach hinten im Regal (Motto: „First in – First out“).
Führen Sie regelmäßig Sichtkontrolle durch. Sortieren Sie Lebensmittel mit untypischem Aussehen, Geruch und Verfärbungen aus und entsorgen Sie diese.
Verschließen Sie angebrochene Verpackungen, Gebinde oder Behälter nach einer Entnahme ordentlich und fest.
Suchen Sie beim Feststellen von Verpackungs- oder Lebensmittelschäden stets nach der Ursache, leiten Sie entsprechende Maßnahmen ein (z. B. Schädlingsbekämpfung).
Achten Sie stets auf Sauberkeit und Ordnung im Lagerbereich und vermeiden Sie Stolperfallen.

5.11 Lagerung von Non-Food-Waren

Bei der Lagerung von Waren in einem Non-Food-Lager (engl. keine Lebensmittel) sind die Anforderungen an hygienische Aspekte geringer. Artikel, wie Reinigungsmittel, WC-Papier, Einmalhandtücher, *Textilien*, Dokumente oder Dekorationsartikel, sind nicht in dem Maße vor einem möglichen Verderb zu schützen wie Lebensmittel. Trotzdem sollte auch hier mit Bedacht und Sorgfalt gearbeitet werden, denn auch im Non-Food-Bereich können Schädlinge auftreten, bestehen gesundheitliche Gefahren (z. B. ausgelaufene Reinigungs- und Desinfektionsmittel oder andere Gefahrstoffe) und müssen die Warenein- und -abgänge *dokumentiert* werden.

- Die Lagerräume sollten übersichtlich eingerichtet sein und über eine ausreichende Lichtquelle verfügen.
- Die relative Luftfeuchtigkeit sollte zwischen 50 % und 60 % liegen. Das hilft bei der Vermeidung von *Stockflecken* an Textilien oder fördert den Erhalt von Dokumenten (z. B. Registratur).
- Praktische Aufbewahrungssysteme aus durchsichtigen Materialien (Kisten, Behälter) helfen dabei, Übersichtlichkeit und rasches Auffinden zu gewährleisten.
- Achten Sie bei der Einlagerung von Wäsche darauf, dass diese sauber ist. Vor allem bei Kleidungsstücken aus Wolle besteht die Gefahr von Lochfraß durch Motten. Zur Vorsorge können natürliche Mittel (z. B. Säckchen mit Lavendelblüten, Zedernholz) eingesetzt werden.
- Auch in Non-Food-Lagern ist regelmäßig zu kontrollieren, ob die Waren bzw. Gegenstände beispielsweise durch Nager, Staubläuse oder Silberfische gefährdet sind. Gegebenenfalls müssen Bekämpfungsmaßnahmen eingeleitet werden.

Praxisrelevante Gesetze und Verordnungen von A bis Z

Gesetzliche Regelungen, Verordnungen und Richtlinien folgen einer klaren Hierarchie. An deren Spitze stehen die internationalen Konventionen der Vereinten Nationen, die von der Bundesrepublik Deutschland ratifiziert worden sind. Die nächste Instanz ist die europäische Gesetzgebung, die Vorrang gegenüber der nationalen, deutschen Gesetzgebung hat. In der Regel werden europäische Gesetze und Verordnungen zeitnah in den deutschen Gesetzen umgesetzt.
Die Grundlage der deutschen Gesetze ist das Grundgesetz, dem alle Gesetze, die vom Bundestag beschlossen werden, entsprechen müssen. Verordnungen werden von der Regierung oder den Ministerien ergänzend zu den Gesetzen erlassen und sind ebenso verbindlich. Richtlinien, Empfehlungen und Leitlinien werden von Ministerien oder Expertengremien verfasst und sind im eigentlichen Sinne nicht verpflichtend. Allerdings muss eine Nichtbeachtung bei einem Rechtsstreit begründet werden. Daher empfiehlt sich eine Beachtung zum eigenen Schutz.
Die in der Übersicht aufgeführten Gesetze sind nach ihrer Herkunft und alphabetisch geordnet. Sie bilden die Grundlage für die Fachinhalte dieses Buches und der hauswirtschaftlichen Praxis. Die genauen Gesetzestexte können Sie auch im Internet finden. Für die Inhalte der hier genannten Links (Stand: 2017) kann keinerlei Haftung übernommen werden.

Europäische Union: **www.europa.eu**
Bundesamt für Verbraucherschutz und Lebensmittelsicherheit: **www.bvl.bund.de**
Bundesministerium für Justiz: **www.bundesrecht.juris.de**; **www.gesetze-im-internet.de**
Bundesministerium für Bildung und Forschung: **www.bmbf.de**
Bundesministerium für Ernährung und Landwirtschaft: **www.bmel.de**
Deutsche Gesetzliche Unfallversicherung, Spitzenverband: **www.dguv.de**
Berufsgenossenschaft für Gesundheitsdienst und Wohlfahrtspflege: **www.bgw-online.de**
Robert-Koch-Institut: **www.rki.de**

Internationale Vereinbarungen und europäische Verordnungen
UN-Kinderrechtskonvention
EU-Verordnung über gentechnisch veränderte Lebens- und Futtermittel (GVO)
Verordnung (EU) Nr. 1169/2011 des Europäischen Parlaments und des Rates vom 25. Oktober 2011 betreffend die Information der Verbraucher über Lebensmittel (LMIV)
Bundesgesetze
Arbeitsschutzgesetz (ArbSchG)
Arbeitszeitgesetz (ArbZG)
Berufsbildungsgesetz (BBiG)
Bürgerliches Gesetzbuch (BGB)
Fleischgesetz (FlG)
Gesetz über die Bereitstellung von Produkten auf dem Markt (Produktsicherheitsgesetz, ProdSG)
Gesetz gegen den unlauteren Wettbewerb (UWG)
Gesetz zur Regelung des Rechts der allgemeinen Geschäftsbedingungen (AGB-Gesetz) § 305–310 BGB
Gesetz gegen Wettbewerbsbeschränkungen (GWB)
Gesetz zum Schutze der arbeitenden Jugend (Jugendarbeitsschutzgesetz, JArbSchG)
Gesetz zur Verhütung und Bekämpfung von Infektionskrankheiten beim Menschen (IFSG)

Gesetz über die Haftung für fehlerhafte Produkte (Produkthaftungsgesetz, ProdHaftG)
Gesetz über die Umweltverträglichkeit von Wasch- und Reinigungsmitteln (Waschmittel- und Reinigungsmittelgesetz, WRMG)
Handelsklassengesetz (HdlKIG)
Heimgesetz (HeimG)
Lebensmittel- und Futtermittelgesetzbuch (LFGB)
Sozialgesetzbuch (SGB)
Strafgesetzbuch (StGB)
Textilkennzeichnungsgesetz (TextilKennzG)
Verordnungen
Ausbildungsordnung „Staatlich geprüfte/-r Hauswirtschafter/-in“
Preisangabenverordnung (PAngV)
Verordnung über Sicherheit und Gesundheitsschutz bei Tätigkeiten mit biologischen Arbeitsstoffen (Biostoffverordnung, BioStoffV)
Verordnung über Butter und andere Milchstreichfette (ButtV)
Verordnung zur Kennzeichnung von energieverbrauchsrelevanten Produkten mit Angaben über den Verbrauch an Energie und anderen wichtigen Ressourcen (Energieverbrauchskennzeichnungsverordnung, EnVKV)
Verordnung über Fertigpackungen (FertigPackV)
Verordnung zum Schutz vor Gefahrstoffen (Gefahrenstoffverordnung, GefStoffV)
Verordnung zur Durchführung gemeinschaftsrechtlicher Vorschriften über neuartige Lebensmittel und Lebensmittelzutaten (NLV)
Lebensmittelinformations-Durchführungsverordnung (LMIDV)
Verordnung über Anforderungen an die Hygiene beim Herstellen, Behandeln und Inverkehrbringen von bestimmten Lebensmitteln tierischen Ursprungs (Tierische Lebensmittel-Hygieneverodnung, Tier-LMHV)
Verordnung über Sicherheit und Gesundheitsschutz bei der Bereitstellung von Arbeitsmitteln und deren Benutzung bei der Arbeit, über Sicherheit beim Betrieb überwachungsbedürftiger Anlagen und über die Organisation des betrieblichen Arbeitsschutzes (Betriebssicherheitsverordnung, BetrSichV)
Verordnung über Anforderungen an die Hygiene beim Herstellen, Behandeln und Inverkehrbringen von Lebensmitteln (Lebensmittelhygiene-Verordnung, LMHV)
Verordnung über nährwertbezogene Angaben bei Lebensmitteln und die Nährwertkennzeichnung von Lebensmitteln (NKV)
Verordnung über Nahrungsergänzungsmittel (NemV)
Verordnung über die Qualität von Wasser für den menschlichen Gebrauch (Trinkwasserverordnung, TrinkwV)
Verordnung über Arbeitsstätten (Arbeitstättenverordnung, ArbStättV)
Vorschriften und Richtlinien
Berufsgenossenschaftliche Vorschrift: DGUV-Vorschrift 1, Grundsätze der Prävention
Berufsgenossenschaftliche Richtlinie: BGR 500 + 250 (Kurzfassung), Fassung: Januar 2004
RKI-Empfehlung zur Infektionsprävention in Heimen
RKI-Richtlinie für Krankenhaushygiene und Infektionsprävention

Nahrungsmittel	Eiweiß	Fett	Kohlenhydrate	Gesamtballaststoffe	Energie	
100 g essbarer Anteil	g	g	g	g	kj	kcal
Getreide und Getreideerzeugnisse						
Getreide, Mehle, Mehlprodukte						
Amaranth (Samen)	15,0	3,0	57,0	–	1540	365
Cornflakes	7,0	1,0	80,0	4,0	1498	353
Haferflocken	13,0	7,0	59,0	10,0	1470	348
Hirse	10,0	4,0	69,0	3,8	1480	349
Mais, ganzes Korn	9,0	4,0	64,0	9,7	1376	325
Mais, Stärkemehl	+	+	86,0	–	1426	335
Reis, poliert	7,0	1,0	78,0	1,4	1460	344
Reis, unpoliert	7,0	2,0	74,0	2,2	1463	345
Roggenbrotmehl, Type 960	7,0	1,0	68,0	8,6	1310	314
Roggenmehl, Type 2500	11,0	2,0	59,0	14,0	1235	295
Weizen, ganzes Korn	11,0	2,0	60,0	13,3	1265	298
Weizen, Stärkemehl	0,4	0,1	86,0	0,1	1451	347
Weizengrieß	10,0	1,0	69,0	7,1	1364	321
Weizenkeime	27,0	9,0	31,0	17,7	1313	312
Weizenmehl, Type 1050	12,0	2,0	67,0	5,2	1383	350
Weizenmehl, Type 480	10,0	1,0	71,0	4,0	1415	338
Weizenmehl, Type 405	11,0	1,0	71,0	4,0	1403	334
Weizenkleie	15,0	5,0	18,0	45,1	725	172
Brot und Backwaren						
Roggenbrot	6,0	1,0	46,0	6,2	920	217
Roggenmischbrot	6,0	1,0	44,0	6,1	893	210
Roggenvollkornbrot	7,0	1,0	39,0	8,1	818	193
Weißbrot	8,0	1,0	49,0	3,2	1009	238
Weizenmischbrot	6,0	1,0	43,0	4,6	875	208
Weizenbrötchen (Semmeln)	8,0	2,0	50,0	3,0	1155	272
Weizentoastbrot	7,0	4,0	48,0	3,7	1090	260
Weizenvollkornbrot	7,0	1,0	41,0	7,4	855	200
Grahambrot	8,0	1,0	40,0	8,4	845	199
Knäckebrot	9,0	1,0	66,0	15,0	1335	314
Pumpernickel	7,0	1,0	37,0	9,3	771	182
Vollkornbrot mit Sonnenblumenkernen	9,0	4,0	40,0	5,0	965	231
Paniermehl	12,0	2,0	73,0	–	1580	360
Salzstangen, Salzbrezeln	10,0	1,0	76,0	0,3	1553	347
Zwieback, eifrei	10,0	4,0	73,0	3,5	1540	370
Butterkeks	8,0	10,0	75,0	3,0	1766	422
Teigwaren						
Eierteigwaren, Nudeln	12,0	3,0	70,0	3,4	1501	354

Nahrungsmittel	Eiweiß	Fett	Kohlenhydrate	Gesamtballaststoffe	Energie	
100 g essbarer Anteil	g	g	g	g	kj	kcal
Spaghetti, eifrei, roh	13,0	1,0	75,0	–	1513	360
Vollkornnudeln, roh	15,0	3,0	64,0	8,0	1435	342
Bäckerhefe, gepresst	17,0	1,0	–	–	328	78
Bierhefe, getrocknet	48,0	4,0	–	–	970	232
Kartoffeln und Kartoffelerzeugnisse						
Kartoffel	2,0	+	15,0	2,1	298	70
Kartoffel, mit Schale gekocht	2,0	+	15,0	1,7	298	70
Pommes frites, verzehrfertig	4,0	15,0	36,0	4,0	1214	289
Pommes Sticks	7,0	32,0	55,0	–	2212	530
Kartoffelchips	5,0	39,0	45,0	4,2	2318	557
Kartoffelpuffer (Trockenprodukt)	6,0	+	73,0	6,2	1365	321
Kartoffelknödel, gekocht	6,0	1	74,0	4,4	1393	328
Kartoffelpüree (Trockenprodukt)	8,0	1	75,0	6,1	1437	338
Kartoffelstärkemehl	1,0	+	83,0	–	1426	326
Zucker, Zuckerwaren, Honig, Marmelade, Kakao						
Zucker	0	0	100,0	–	1697	399
Rohzucker	0	0	97,0	–	1655	390
Fondant (pastöse Zuckerware)	0	0	88,0	–	1475	352
Bonbons, Karamellen	3,0	5	84,0	–	1680	402
Honig	+	0	75,0	–	1263	302
Marzipan	7,0	25,0	59,0	–	2034	486
Nuss-Nougat-Creme	4,0	31,0	58,0	–	2223	532
Bitterschokolade	5,0	30,0	47,0	15,0	1999	479
Milchschokolade	9,0	32,0	54,0	–	2241	536
Marmelade im Durchschnitt	+	0	60,0	–	1020	244
Fette und Öle						
Butter	1,0	83,0	+	–	3090	751
Butterschmalz	+	99,0	0	–	3686	881
Schweineschmalz	+	99,0	0	–	3760	900
Pflanzenmargarine	+	80,0	+	–	2970	710
Distelöl (Safloröl)	0	100,0	+	–	3762	896
Maiskeimöl	0	100,0	0	–	3760	900
Olivenöl	0	100,0	+	–	3760	900
Sojaöl	0	100,0	+	–	3762	896
Sonnenblumenöl	0	100,0	+	–	3760	900
Kokosfett	+	100,0	+	–	3760	900

Nahrungsmittel	Eiweiß	Fett	Kohlenhydrate	Gesamtballaststoffe	Energie	
100 g essbarer Anteil	g	g	g	g	kj	kcal
Speisefette	+	99,0	+	–	3760	900
Mayonnaise, 80 % Fett	1,0	80,0	3,0	–	3078	736
Mayonnaise, 50 % Fett	1,0	52,0	5,0	–	2026	484
Milch und Milchprodukte, Käse						
Vollmilch	3,3	3,5	4,7	–	272	65
Muttermilch	1,1	4,0	7,0	–	288	69
Magermilch	3,5	+	4,8	–	147	34
Joghurt, 3,5 % Fett	3,6	3,6	4,0	–	264	63
Joghurt, 1,5 % Fett	4,3	1,0	4,2	–	184	44
Magerjoghurt	3,5	+	4,9	–	157	37
Kefir	3,3	3,6	3,9	–	266	64
Buttermilch	3,3	1,0	4,0	–	172	41
Kondensmilch, 7,5 % Fett	6,5	7,5	9,9	–	553	132
Kondensmilch, 10 % Fett	8,8	10,0	12,5	–	737	176
Sauerrahm, 15 % Fett	3,0	15,0	3,0	–	678	162
Molke	1,0	+	5,0	–	106	25
Speisequark, 40 % Fett i. Tr.	11,0	11,0	3,0	–	664	159
Speisequark, 20 % Fett i. Tr.	13,0	5,0	3,0	–	457	109
Speisequark, mager	14,0	+	3,2	–	229	54
Emmentaler	29,0	31,0	+	–	1651	398
Parmesan	36,0	26,0	+	–	1561	375
Edamer, 45 % Fett i. Tr.	25,0	28,0	+	–	1469	354
Gouda, 45 % Fett i. Tr.	26,0	25,0	+	–	1373	331
Gorgonzola, 55 % Fett i. Tr.	19,0	31,0	+	–	1492	360
Camembert, 60 % Fett i. Tr.	18,0	34,0	+	–	1562	378
Camembert, 45 % Fett i. Tr.	21,0	22,0	+	–	1185	285
Mozzarella, 40 % Fett i. Tr.	20,0	16,0	+	–	934	225
Romadur, 30 % Fett i. Tr.	24,0	14,0	+	–	910	218
Körniger Frischkäse, 20 % Fett i. Tr.	12,0	4,0	3,0	–	428	102
Schmelzkäse, 45 % Fett i. Tr.	14,4	23,0	+	–	1103	263
Schmelzkäse, 30 % Fett i. Tr.	15,0	14,0	5,7	–	874	208
Hühnerei						
Hühnerei, Gesamtei-Inhalt	13,0	11,0	1,.0	–	646	155
Hühnerei, 57 g (33 g Eiklar, 18 g Eidotter)	7,0	6,0	+	–	355	85
Hühnereidotter	16,0	32,0	+	–	1459	353
Hühnereiklar	11,0	+	1,0	–	208	49
Fleisch und Fleischwaren						
Kalbfleisch. mager	21,0	1,0	+	–	392	92
Kalbskotelett	21,0	3,0	+	–	452	107
Kalbsleber	19,0	4,0	4,0	–	543	130

Nahrungsmittel	Eiweiß	Fett	Kohlenhydrate	Gesamtballaststoffe	Energie	
100 g essbarer Anteil	g	g	g	g	kj	kcal
Rindfleisch, sehr mager	22,0	2,0	1,0	–	455	108
Keule (Schlegel)	21,0	5,0	+	–	519	123
Schulter	20,0	5,0	+	–	540	128
Brust	19,0	14,0	+	–	834	200
Rinderleber	20,0	3,0	5,0	–	515	123
Rinderzunge	16,0	16,0	+	–	860	207
Schweinefleisch, sehr mager	22,0	2,0	+	–	443	105
Schweinefleisch, mager	19,0	7,0	+	–	600	140
Schweinefleisch, mittelfett	17,0	21,0	+	–	1083	261
Schweinefleisch, fett	10,0	37,0	+	–	1655	396
Schweinekotelett	22,0	5,0	+	–	558	133
Schweineschnitzel	22,0	2,0	+	–	448	106
Schweineleber	21,0	5,0	1,0	–	549	130
Schweineniere	16,0	3,0	1.0	–	402	96
Gemischtes Hackfleisch (Rindfleisch, Schweinefleisch)	23,0	14,0	+	–	909	216
Hammelfleisch	19,0	13,0	+	–	806	194
Lammfleisch, mager	21,0	4,0	+	–	491	117
Geflügel						
Hühnerbrust	22,0	6,0	+	–	377	89
Hühnerschenkel mit Haut	18,0	11,0	+	–	723	173
Suppenhuhn	19,0	20.0	+	–	1066	257
Hühnerleber	22,0	5,0	1,0	–	570	136
Ente	18.0	17,0	+	–	944	227
Gans	16,0	31,0	+	–	1414	342
Truthahn, jung	22,0	7,0	+	–	632	151
Truthahnbrust	24,0	1,0	+	–	446	105
Truthahnschenkel	21,0	4,0	+	–	482	114
Wild						
Hase	22,0	3,0	+	–	479	113
Hirsch	21,0	3,0	+	–	474	112
Rehrücken	22,0	4,0	+	–	512	122
Fleischwaren						
Bierschinken	15,5	19,2	+	–	982	234
Bratwurst	15,0	23,0	+	–	1106	264
Cervelatwurst	16.9	43,2	+	–	1910	456
Fleischwurst	13,2	27,1	0	–	1241	296
Frankfurter Würstchen	12,0	23,0	1,0	–	1072	256
Krakauer	18,0	6,0	1,0	–	545	130

Nahrungsmittel	Eiweiß	Fett	Kohlen-hydrate	Gesamt-ballast-stoffe	Energie	
100 g essbarer Anteil	g	g	g	g	kj	kcal
Leberkäse	11,0	24,0	2,0	–	1409	265
Leberstreichwurst	14,0	29,0	+	–	1311	313
Mettwurst	16,0	34,0	+	–	1530	366
Salami	26,0	40,0	+	–	1922	459
Schinken, gekocht	19,0	20,0	+	0	1105	263
Schinken, geräuchert	16,0	29,0	+	0	1405	335
Speck, durchwachsen	9,0	65,0	+	0	2690	641
Wiener Würstchen	18.0	22,0	+	–	1120	268
Presswurst	15,0	13,0	+	–	805	193
Blutwurst (Rotwurst)	15,0	25.0	3,0	–	1300	310
Geflügelwürste						
Truthahn/Pariser, Feine Extra	12,0	14,0	+	–	722	173
Truthahn/Frankfurter	14,0	18,0	+	–	904	216
Truthahn/Krakauer	18,0	5,0	+	–	491	117
Truthahn/Bratwürste	17,0	13,0	+	–	710	184
Andere Erzeugnisse aus Fleisch						
Gelatine	84,0	+	0	–	1420	339
Bouillon	1,0	1,0	–	–	70	17
Suppenwürfel	16,0	22,0	+	–	1075	259
Fisch und Fischwaren						
Hering	18,0	18,0	+	–	968	233
Kabeljau (Dorsch)	18,0	1,0	+	–	324	77
Rotbarsch (Goldbarsch)	18,0	4,0	+	–	442	105
Scholle	17,0	2,0	+	–	361	86
Seehecht	17,0	3,0	+	–	386	91
Seelachs	17,0	1,0	+	–	313	74
Thunfisch	22,0	16,0	+	–	939	226
Aal	15,0	25,0	+	–	1162	280
Forelle	20,0	3,0	+	–	433	102
Hecht	18,0	+	+	–	344	81
Karpfen	18,0	5,0	+	–	484	115
Lachs	20,0	14,0	+	–	842	202
Aal, geräuchert	18,0	29,0	+	–	1362	329
Ölsardinen, abgetropft	24,0	14,0	+	–	930	222
Thunfisch in Öl	24,0	21,0	+	–	1185	283
Fischstäbchen, tiefgekühlt, paniert	16,0	7,0	20,0	–	840	201
Hülsenfrüchte, Samen und Nüsse						
Bohnen, weiß	21,0	2,0	35,0	23,2	1007	237
Erbsen, trocken	23,0	1,0	41,0	16,6	1152	271
Kichererbsen, trocken	19,0	6,0	44,0	15,5	1295	307

Nahrungsmittel	Eiweiß	Fett	Kohlen-hydrate	Gesamt-ballast-stoffe	Energie	
100 g essbarer Anteil	g	g	g	g	kj	kcal
Linsen	23,0	2,0	41,0	11,0	1144	270
Sojabohnen, trocken	34,0	18,0	6,0	21,9	1366	327
Sojabohnen im Glas	7,0	3,0	6,0	4,3	315	75
Sojamehl, vollfett	37,0	21,0	3,0	18,5	1449	347
Sojasprossen	6,0	1,0	5,0	2,4	211	50
Erdnüsse, geröstet	26,0	49,0	9,0	11,4	2424	585
Haselnüsse	14,0	62,0	11,0	8,2	2662	644
Kastanien (Maroni)	3,0	2,0	41,0	8,4	813	192
Kokosnüsse	5,0	37,0	5,0	9,0	1498	363
Mandeln	22,0	54,0	5,0	13,5	2411	583
Paranüsse	16,0	67,0	4,0	6,7	2765	670
Walnüsse	17,0	63,0	11,0	6,1	2738	663
Obst und Obsterzeugnisse						
Apfel	+	1,0	11,0	2,0	228	54
Aprikose	1,0	+	9,0	1,5	183	43
Birne	+	+	12,0	3,3	233	55
Brombeeren	1,0	1,0	6,0	3,2	186	44
Erdbeeren	1,0	+	6,0	1,6	136	32
Heidelbeeren	1,0	1,0	6,0	4,9	153	36
Himbeeren	1,0	+	5,0	4,7	143	34
Johannisbeeren, rot	1,0	+	5,0	3,5	139	33
Johannisbeeren, schwarz	1,0	+	6,0	6,8	168	39
Kirschen, süß	1,0	+	13,0	1,3	265	62
Nektarine	1,0	+	12,0	2,0	223	53
Pfirsich	1,0	+	9,0	1,9	176	41
Pflaume	1,0	+	10,0	1,6	205	48
Preiselbeeren	+	1,0	6.0	2,9	148	35
Sauerkirschen	1,0	1,0	10,0	1,0	225	53
Stachelbeeren	1,0	+	7,0	3,0	158	37
Weintrauben	1,0	+	15,0	1,5	286	67
Ananas	+	+	12,0	1,4	234	55
Avocado	2,0	24,0	+	6,3	909	221
Banane	1,0	+	20,0	1,8	374	88
Feige	1,0	1,0	13,0	2,0	260	61
Clementine	1,0	+	8,0	0,5	140	34
Grapefruit	1,0	+	7,0	1,6	161	38
Kaki	1,0	+	16,0	2,5	297	70
Kiwi	1,0	1,0	9,0	2,1	215	51
Litschi	1,0	+	17,0	1,6	315	74
Mandarine	1,0	+	10,0	1,7	195	46
Mango	1,0	+	13,0	1,7	243	57
Orange	1,0	+	8.0	1,6	179	42

Nahrungsmittel	Eiweiß	Fett	Kohlen-hydrate	Gesamt-ballast-stoffe	Energie	
100 g essbarer Anteil	g	g	g	g	kj	kcal
Papaya	1,0	+	7,0	1,9	134	32
Passionsfrucht	2,0	+	10,0	1,5	268	63
Wassermelone	1,0	+	8,0	0,2	159	37
Zitrone	1,0	1,0	3,0	–	151	35
Zuckermelone	1.0	+	12,0	0,7	231	54
Apfel, getrocknet	1,0	2,0	55,0	11,2	1054	248
Aprikosen, getrocknet	5,0	1,0	48,0	17,7	1019	240
Datteln, getrocknet	2,0	1,0	65,0	8,7	1174	276
Feigen, getrocknet	4,0	1,0	55,0	12,9	1059	250
Pflaume, getrocknet	2,0	1,0	47,0	17,8	943	222
Rosinen	2,0	1,0	68,0	5,2	1238	291
Ananas in Dosen	+	+	15,0	0,9	288	68
Apfelmus in Dosen	+	+	19,0	–	334	79
Birnen in Dosen	+	+	16,0	–	284	67
Kirschen in Dosen	1,0	+	13,0	–	236	56
Pfirsiche in Dosen	+	+	15,0	1,1	268	63
Preiselbeeren in Dosen	1,0	+	44,0	–	779	183
Apfelsaft	+	–	11,0	–	203	48
Gemüse und Gemüseerzeugnisse, Pilze						
Aubergine	1,0	+	3,0	2,8	22	17
Blumenkohl	2,0	+	2,0	2,9	95	22
Bohnen, grün	2,0	+	5,0	1,9	139	33
Brokkoli	4,0	+	3,0	3,0	117	28
Chicorée	1,0	+	1,0	1,3	70	16
Chinakohl	1,0	+	1,0	1,9	51	12
Endiviensalat	2,0	+	1,0	1,2	58	14
Erbsen, grün	7,0	+	12,0	4,3	342	81
Gurke	1,0	+	2,0	0,5	52	12
Karotten (Möhren)	1,0	+	5,0	3,6	109	26
Kohl	3,0	+	3,0	2,6	109	26
Kohlrabi	2,0	+	4,0	1,4	104	24
Kürbis	1,0	+	5,0	2,2	104	25
Mangold	2,0	+	1,0	–	58	14
Paprikaschoten, grün	1,0	+	3,0	3,6	81	19
Pastinake	1,3	+	12,0	2,1	249	59
Porree (Lauch)	2,0	+	3,0	2,3	104	24
Radieschen	1,0	+	2,0	2,0	61	14
Rhabarber	1,0	+	1,0	3,2	56	13
Rotkraut	2,0	+	4,0	2,5	92	22
Rote Rübe (Bete)	2,0	+	8,0	2,5	175	41
Schwarzwurzeln	1,0	+	2,0	18,3	76	18
Sellerie	2,0	+	2,0	4,2	77	18

Nahrungsmittel	Eiweiß	Fett	Kohlen-hydrate	Gesamt-ballast-stoffe	Energie	
100 g essbarer Anteil	g	g	g	g	kj	kcal
Spargel	2,0	+	2,0	1,3	75	18
Speisemais	3,0	1,0	16,0	2,8	369	87
Spinat	3,0	+	1,0	2,6	67	16
Tomate	1,0	+	3,0	1,0	73	17
Weiße Rübe	1,0	+	5,0	–	100	24
Weißkohl	1,0	+	4,0	3,0	105	25
Zucchini	2,0	+	2,0	1,1	81	19
Zwiebel	1,0	+	5,0	1,8	116	27
Karottensaft	1,0	+	5,0	–	93	22
Tomatensaft	1,0	+	3,0	–	71	17
Bohnen, grün in Dosen	1,0	+	2,0	1,5	53	12
Erbsen. grün in Dosen	4,0	+	5,0	4,3	157	37
Essiggurken	1,0	+	–	–	–	–
Karotten in Dosen	1,0	+	4,0	–	80	20
Mais in Dosen	2,0	+	16,0	0,5	275	66
Sauerkraut abgetropft	2,0	+	1,0	2,1	71	17
Spargel in Dosen	2,0	+	1,0	1,1	66	16
Tomaten in Dosen	1,0	+	2,0	0,9	75	18
Tomatenmark	2,0	1,0	6,0	–	165	39
Champignons	4,0	+	1,0	2,0	67	16
Champignons in Dosen	3,0	1,0	+	1,5	59	14
Steinpilze	5,0	+	+	6,0	85	20
Getränke und Grundstoffe						
Kaffee-Getränk	+	+	+	–	9	2
Kaffee-Extrakt, getrocknet	11,0	0	8,0	–	340	82
Kakaopulver, schwach entölt	20,0	25,0	11,0	30,4	1427	343
Kakaogetränk	4,0	1,0	10,0	–	245	59
Cola-Getränk	+	0	11,0	–	175	42
Limonade	0	0	12,0	–	190	45
Tee, schwarz	0	0	0	0	0	0
Alkoholische Getränke		Alkohol g	Extrakt g			
Bier, hell	+	4,0	5,0	0	190	45
Bier, dunkel	+	4,0	6,0	0	195	46
Malzbier	1,0	0	11,0	0	200	48
Apfelwein	+	0	3,0	0	190	45
Weißwein	+	8,0	3,0	0	295	70
Rotwein, leicht	+	8,0	2,0	0	270	65
Rotwein, schwer	+	10,0	3,0	0	325	78
Sekt	+	9,0	5,0	0	350	84
Weinbrand	–	33,0	2,0	0	1015	243

Glossar

abrasiv/Abrasivstoffe: Pulverförmige, feinst gemahlene Quarz- oder Marmormehle in Scheuerpulvern/Scheueremulsionen, welche die Wirkung von Reinigungsmitteln verstärken, denn sie besitzen eine polierende oder schleifende Wirkung.
agrarisch: aus dem Lateinischen „ager", der „Acker" = landwirtschaftlich
ambulant: lat. = umhergehend, wandernd; bei ambulanten Einrichtungen handelt es sich um Tageseinrichtungen ohne Unterkunftsstellung.
Antistatika: Produkte, die eine *elektrostatische Aufladung* synthetischer Materialien verhindern.
Analyse, analysieren: Systematische Untersuchung eines Sachverhaltes.
Au-pair: Bezeichnung für junge Menschen, die gegen Verpflegung, Unterkunft und Taschengeld bei einer Gastfamilie im In- oder Ausland tätig sind, um im Gegenzug Sprache und Kultur des Gastlandes bzw. der Gastregion kennenzulernen.
Ausmahlungsgrad: Beschreibt den Anteil Mehl, der beim Mahlen in der Mühle aus 100 kg Getreide hergestellt wird. So liegt der Ausmahlungsgrad von Weizen für die Type 405 bei 50–60 %, für Type 550 bei 75 % und für Type 1050 bei 83 %.

Bedürfnis: Menschliche Mangelgefühle. Sie lassen sich unterscheiden in Grund-, Kultur und Luxusbedürfnisse, sowie Einzel- und Gemeinschaftsbedürfnisse.
Betriebsmittel: Alle Hilfsmittel, die eine Person oder eine Maschine zur Verrichtung einer Arbeit benötigt.
Bindung (personenbezogen): Eine intensive und sichere emotionale Beziehung zwischen Mutter/Bezugsperson und Kind, die sich in den ersten 7–8 Lebensmonaten entwickelt.
Budget: Andere Bezeichnung für Etat. Es umfasst den planmäßigen Einsatz bestimmter, festgelegter finanzieller Summen.

Cerealien: Frühstücksprodukte aus Getreide, z.B. Cornflakes, Müsli, Haferflocken.
Convenience-Produkte: engl. = bequeme Lebensmittel; bearbeitete Lebensmittel, die es in unterschiedlichen Fertigungsstufen gibt. Sie sparen dem Verbraucher oft Zeit in der Küche, weil viele Arbeiten am Lebensmittel industriell erledigt werden.

Damast: Gewebe aus sehr hochwertigen, glänzenden Materialien (meist mercerisierte Baumwolle), in das durch eine bestimmte Webart figürliche Muster eingewebt wurden. Verwendung vor allem für Tischdecken und Bettwäsche.
Dauerausscheider: Personen, die Krankheitserreger ausscheiden, ohne selbst zu erkranken.
Defizit: lat. = Mangel
Demenz: lat. = Verlust des Verstandes; Oberbegriff für zahlreiche psychiatrisch-neurologische Erkrankungen, von denen die Alzheimer-Erkrankung am bekanntesten ist. Eine Demenz geht immer mit dem Verlust von Denk- und Merkfähigkeit sowie von Alltagskompetenz einher.
demenzielle Veränderung: Durch die Krankheit Demenz verursachte Persönlichkeitsveränderung.
Deutscher Qualifikationsrahmen (DQR): Einordnung jeder erworbenen Bildung in Niveaustufen. Diese dienen der Vergleichbarkeit der Bildungsabschlüsse in Deutschland und Europa.
Dokumentation/dokumentieren: Nutzbarmachung von Informationen zur weiteren Verwendung. Durch schriftliche Niederlegung werden Informationen gezielt auffindbar gemacht.

elektrostatische Aufladung: Manche Faserarten sammeln geringe Mengen ruhender Elektrizität durch Reibung der Fasern untereinander oder mit anderen Materialien an. Diese wird schlagartig entladen, wenn eine Ableitung (zum Beispiel beim Anfassen einer Türklinke) zustande kommt.
essenziell: Lebensnotwendiger Stoff, der vom Körper nicht selbst aufgebaut werden kann.
Evaluation: bedeutet allgemein die Auswertung von Projekten, Prozessen und Organisationseinheiten.

fäkal: Inhalt aus dem menschlichen und/oder tierischen Darm.
Finisher: aus dem Englischen „to finish" = etwas beenden, meint in der professionellen Wäschepflege die letzte Stufe der Wäscheaufbereitung, wie das Glätten der Wäsche mittels Geräten wie dem Tunnel- Hemden oder Hosen-Finisher.
Flächenleistung: Berechnung der Reinigungsleistung einer Fläche in einer bestimmten Zeit.
Fleischwaren: Gebratene, gewürzte Fleischstücke, z. B. Roastbeef, Putenbrust oder Schweinebraten, die meist in Scheiben geschnitten und angeboten werden.

Flussdiagramm: Darstellungsform für eine Ablauforganisation.

Gammelfleisch: Verdorbenes und somit ungenießbares Fleisch. Mikroorganismen verändern den Fleischgeruch und das Aussehen, bis sich auf der Oberfläche eine klebrige Schmierschicht bildet und die Fleischfarbe ins Grüne übergeht.
Gentechnik/gentechnisch verändert: Verfahren, das die natürlichen Erbanlagen von Lebewesen (Pflanzen, Tiere, Mikroorganismen) verändert.
Genussmittel: Dienen dem Körper lediglich zum Genuss, sie liefern meist sehr viel Energie und besitzen häufig eine anregende Wirkung, z. B. Alkohol.

HACCP: Hazard Analysis Critical Control Points, ist ein Element des Hygiene- Qualitätskonzeptes
Hospitalismus: Im Krankenhaus erworbene Infektionen, die durch den Aufenthalt dort ausgelöst wurden.
Hygiene: Umfasst alle Maßnahmen zur Vorbeugung und Verhütung von Infektionskrankheiten. Ziel ist die Gesunderhaltung und das Wohlbefinden des Menschen.
Hygienestandard: Eine verbindliche Vorgabe zur Durchführung eines Arbeitsvorgangs oder einer Aufgabe bezüglich der Erfüllung festgelegter Qualitätsanforderungen, um die *Hygiene* zu gewährleisten.

Identität: Das Gefühl der inneren Einheit einer Person. Dieses Gefühl sagt einem, wer man ist und woher man kommt.
Image: Bezeichnet den Gesamteindruck, den eine Mehrzahl von Menschen von einer Sache, z. B. Personen oder Personengruppe, Organisation oder Unternehmen, Produkt, hat. Es handelt sich um einen subjektiven, gefühlsmäßigen Eindruck, der nicht sachlich richtig sein muss.
Inhibitoren: Chemische Substanzen, die den Ablauf bestimmter Vorgänge hemmen, steuern oder verhindern. So verhindern z. B. Farbübertragungsinhibitoren in Waschmitteln die Farbübertragung zwischen Textilien.

Kennzahlen: Sie erfassen mengenmäßig und in einer überschaubaren Form betriebliche Informationen. Mit Kennzahlen lassen sich betriebseigene Daten mit anderen Einrichtungen oder Anbietern vergleichen (Personalaufwand pro m^2 Reinigungsfläche) oder Leistungen von technischen Geräten erfassen (Anzahl der Maßgedecke bei einer Spülmaschine). Sie können als Basis für Entscheidungen dienen, zur Kontrolle und Steuerung der hauswirtschaftlichen Leistungen sowie zur Dokumentation genutzt werden.
Kommunikationsmodelle: Vereinfachte Darstellungen der Wirklichkeit. Sie helfen dabei, verschiedene Einflussfaktoren und Zusammenhänge in der Kommunikation mit anderen Menschen zu beschreiben und zu erklären.
komplex/Komplexität: lat.= umfassen, beschreibt die Vielfalt von einwirkenden Faktoren und Details auf eine Situation.
Konservierungsmittel/Konservierungsstoffe: Gehören zur Gruppe der Zusatzstoffe, die Lebensmitteln, Reinigungsmitteln oder Pflegeprodukten zugesetzt werden, um deren Haltbarkeit zu verlängern.
kontinuierlich/Kontinuität: Lückenloser, ununterbrochener Zusammenhang und Fortgang.
Kooperation: (aus dem Lateinischen „Zusammenwirkung ‚Mitwirkung“) ist ein Zusammenwirken zweier oder mehrerer Beteiligten zu deren Nutzen oder zu einem bestimmten Zweck.
Korrosion: Veränderung von Metallen durch Einwirkung von Feuchtigkeit, Säuren, Salzen, Schwefeldioxiden oder Sauerstoff.
Korrosionsinhibitoren: Inhaltsstoffe in Wasch- oder Reinigungsmitteln, die das Metall mit einem Schutzfilm versehen und es so vor Korrosion schützen (z. B. Silikate).

Leistungsfähigkeit: Um körperliche und geistige Leistung erbringen zu können, benötigt der Mensch Energie durch eine ausgewogene und regelmäßige Ernährung. Darüber hinaus sind weitere Faktoren, wie ausreichend Schlaf, Erholungspausen oder Bewegung, mitverantwortlich für die Leistungsfähigkeit. Kurzzeitig kann die Leistungsfähigkeit durch Medikamente, Kaffee oder ein Leitbild gesteigert werden.
Leitbild: Darstellung der betrieblichen Zielvorstellung im Hinblick auf gesellschaftliche Werte oder Normen. Es wird bei allen Handlungen im täglichen Arbeitsleben zugrunde gelegt.
Lösemittel/Lösungsmittel: Inhaltsstoff von bestimmten Behandlungsmitteln. Unterschieden wird zwischen ihrer Herkunft, z. B. organisch oder anorganisch, und ihrer Löslichkeit, z. B. wasserlöslich und wasserunlöslich.
Logo: Firmenzeichen, Signet. Bei Firmenlogos werden oft ein oder mehrere Buchstaben, mitunter

in Kombination mit einer herausstechenden grafischen Gestaltung, verwendet. Ein Logo muss prägnant und leicht wiedererkennbar sein.

manuell: lat. Manus = die Hand; etwas mit der Hand ausführen.

Menagen: Tischgestelle für Salz, Pfeffer und sonstige am Tisch benötigten Gewürze oder Zahnstocher

multiresistente Erreger: MRSA/MRE ist die Bezeichnung für einen oder eine Gruppe von Krankheitserregern, die eine Resistenz gegenüber Antibiotika aufweisen. Dies hat auch Auswirkungen auf Verfahrensabläufe in der Reinigung und Desinfektion von Gegenständen und Wäsche.

Modul: lat. = Baustein

modulare Form: Einteilung und Vermittlung der Lerninhalte in einzelnen Themengebieten.

motorische Entwicklung: Entwicklung der Bewegungsfähigkeiten eines Kindes.

Nanotechnologie: Eine Technologie, die sich mit Strukturen und Prozessen im Nanometerbereich befasst. Es werden zum Beispiel neue Eigenschaften bei Lebensmitteln, Textilien, Kosmetika oder auch bei Medizinprodukten erzeugt.

Objektivität: unabhängige, neutrale, sachbezogene Beurteilung oder Beschreibung eines Sachverhaltes.

online: (von engl. „on" = „auf" und „line" = „Leitung", deutsch etwa „im Netz") bezeichnet im Allgemeinen eine aktive Verbindung mit einem Kommunikationsnetzwerk, insbesondere im Internet. Ist eine Verbindung inaktiv, bezeichnet man dies als „offline".

Organigramm: Das Wort Organigramm ist die Zusammenfassung von Organisation (planmäßig anordnen, aufbauen) und Diagramm (grafische Darstellung von Daten, Sachverhalten oder Informationen). Es ist damit die grafische Darstellung der Organisationsstruktur eines Unternehmens. Es werden damit ebenfalls die Hierarchien (Verantwortlichkeiten) in einem Unternehmen dargestellt.

Oxidanzien: Chemische Verbindungen, die den in ihnen enthaltenen Sauerstoff unter Energieabgabe leicht abgeben.

Potential: Eine noch nicht realisierte oder ausgeschöpfte Möglichkeit.

präsentieren/Präsentation: Darstellen oder darbringen von Informationen, Planungen oder Waren gegenüber einem Publikum.

Präsenzkraft: Alltagsbegleitung bedürftiger Menschen (von präsent, lat. = gegenwärtig sein, anwesend sein).

reflektieren/Reflexion: lat. = zurückbiegen, -krümmen; prüfendes und vergleichendes Nachdenken über eine vergangene Situation

Reinigungsflotte: Sie bezeichnet die im Reinigungs- und Waschprozess befindliche Flüssigkeit (Wasser mit Behandlungsmittel bzw. Waschmittel), mit der Gegenstände bzw. Textilien gereinigt werden.

Ressourcen: (franz. „la ressource", deutsch, „Mittel, Quelle") sind Mittel, Gegebenheiten oder Eigenschaft, um Ziele zu verfolgen, Anforderungen zu bewältigen oder einen Vorgang zielgerichtet ablaufen zu lassen.
Eine Ressource kann ein materielles (Betriebsmittel, Geld, Rohstoffe, Energie, Personen, Arbeits-Zeit) oder ein immaterielles (Fähigkeiten, persönliche Stärken, Bildung, Ansehen) Gut sein.

Robert-Koch-Institut (RKI): Bundesinstitut für Infektionskrankheiten und nicht übertragbare Krankheiten in Berlin, eine zentrale Überwachungs- und Forschungseinrichtung der Bundesrepublik Deutschland, die direkt dem Bundesministerium für Gesundheit unterstellt ist. Wer die Empfehlungen des Robert-Koch-Instituts zur Infektionsprävention in Heimen missachtet bzw. nicht einhält, hat im Schadenfalle zu beweisen, dass ein Schaden auch dann eingetreten wäre, wenn er die Empfehlungen beachtet hätte.

Rolle: Die soziale Rolle bezeichnet ein bestimmtes Verhalten, das in einer zeitlich und örtlich bestimmten Situation erwartet wird, z. B. die Rolle des Lehrers, des Vaters, des Vorgesetzten, des Angestellten.

Rückstellprobe: Laut Lebensmittel- und Futtermittelgesetzbuch (LFGB) wird in Gemeinschaftsverpflegungen vorgeschrieben, dass von jeder hergestellten Speise eine Menge von ca. 150 g entnommen und aufbewahrt werden muss. Diese Lebensmittelmenge wird in gekennzeichneten (Datum, Inhalt) Behältnissen mindesten 7 Tage bei –18 °C verwahrt. Im Falle einer auftretenden Lebensmittelvergiftung kann die Unbedenklichkeit der Speisen vonseiten der Einrichtung nachgewiesen werden.

Saison/Saisonalität: franz. = Hauptbetriebs-, Hauptreise-, Hauptgeschäftszeit; im Küchenbereich steht Saisonalität für die Jahreszeit oder die Erntezeit bestimmter Lebensmittel (z. B. Spargel- oder Erdbeersaison), die frisch verarbeitet werden.

Schmutzflotte: Verschmutze Reinigungsflotte.

Selbstwertgefühl: Der Eindruck oder die Bewertung von sich selbst.

situativ/Situation: Gebundenheit an Gegebenheiten oder Umstände, wie zum Beispiel die betriebliche Realität.

Skonto: Skonto ist ein Preisnachlass, den der Handel seinen Kunden bei sofortiger Zahlung gewährt. Der Preisnachlass kann je nach Größe des Auftragsvolumen zwischen zwei bis drei Prozent schwanken.

soziale Einrichtung: Betriebe, die Menschen aller Altersgruppen mit jeweils unterschiedlichem Hilfe- und Unterstützungsbedarf versorgen und betreuen. Dieser Auftrag steht im Vordergrund statt einer Gewinnerzielung. Daher nennt man sie auch Non-Profit-Unternehmen. Eventuell erzielte Überschüsse werden wieder in die Einrichtung zurück investiert.

stationär: lat. = fest verortet; an einen Ort gebunden; in stationären Einrichtungen sind die Patienten/Bewohner mit Übernachtung für eine unterschiedliche Dauer untergebracht.

In teilstationären Einrichtungen wird eine stundenweise Pflege und Betreuung (z.B. Pflegebedürftige, Demenzerkrankte, psychisch Erkrankte, aber auch Kinder, Schüler) angeboten. Oft erhalten die betreuten auch eine Verpflegung. Den Abend und die Nacht verbringen die Personen in ihrer eigenen Wohnung.

Status: Der soziale Status bezeichnet die Stellung einer Person oder einer Gruppe innerhalb der Gesellschaft.

Stockflecken: Entstehen durch die Bildung von Schimmelpilzen, wenn Wäsche zu lange feucht gelagert wird.

Umverpackung: Aus Marketinggründen zusätzliche Verpackungen, die nicht zwingend nötig sind (z. B. Pappschachtel bei einer Zahnpastatube).

Vision: Das gedankliche Bild einer Vorstellung von der Zukunft bzw. bestimmten Ereignissen.

Vollkonserven: Lebensmittel, die in Gläsern oder Dosen unter Hitzeeinwirkung (122°C Kerntemperatur, mind. 5 Minuten) haltbargemacht wurden und praktisch unbegrenzt haltbar sind. Der Gesetzgeber schreibt jedoch trotzdem ein Mindesthaltbarkeitsdatum vor.

Wohlbefinden: Eine als gut beurteilte oder gefühlte Situation des Menschen, die mit Heil und Gesundheit auf körperlicher, seelischer und geistiger Ebene verbunden ist.

Wollmäuse: Größere, lose aufliegende Staub-, Flusen- und Haarknäuel, die sich durch Luftzug sichtbar unter Möbeln oder in Ecken sammeln.

Sachwortverzeichnis

A

B

G

H

I

J

K

L

M

N

O

P

Q

R

S

T

Bildquellenverzeichnis

Aktion DAS SICHERE HAUS e. V., Hamburg: 19.1, 19.4.
alamy images, Abingdon/Oxfordshire: Davydov, Aleksandr 38.1
Alfred Kärcher SE & Co. KG, Winnenden: 171.2, 177.1, 179.1, 179.2, 209.1, 212.1, 212.2, 212.3, 212.4, 212.5, 213.1, 213.2, 213.3
Bartscher GmbH, Salzkotten: 29.1, 29.2, 108.4, 115.2, 116.1
BC GmbH Verlags- und Medien-, Forschungs- und Beratungsgesellschaft, Ingelheim: 17.1, 17.11, 17.12, 17.16, 17.17, 17.18, 17.19, 17.2, 17.20, 17.21, 17.22, 17.23, 17.3, 17.4, 17.5, 17.6, 17.8, 17.9, 200.2, 200.3, 200.6, 200.7, 200.8
Berufsverband Hauswirtschaft, Weinstadt: 2.1, 58
Beuth Verlag GmbH, Berlin: 17.10, 17.13, 17.14, 17.15, 17.7, 200.1, 200.4, 200.5
Biermann-Schickling, Birgitt, Hannover: 161.5
Bundesministerium für Ernährung und Landwirtschaft (BMEL), Bonn: 290.3, 290.4
Bundesverband hauswirtschaftlicher Berufe MdH e. V., Theley: 58.2
Deutsche Gesetzliche Unfallversicherung e. V. (DGUV), Sankt Augustin: Wolfgang Bellwinkel 16.2, 18.2, 21.2
Deutsche Veterinärmedizinische Gesellschaft e. V., Gießen: 240.1
Deutscher Naturwerkstein Verband e. V., Würzburg: 236.3, 236.4
Deutscher Tierschutzbund e. V., Bonn: 289.1, 289.2
DHB – Netzwerk Hauhalt. Berufsverband der Haushaltsführenden e. V., Bonn: 58.3
DIN-Deutsches Institut für Normung e. V., Berlin: 290.1
Ecolab Deutschland GmbH, Monheim am Rhein: 29.3, 188.1, 188.2, 188.3, 188.4, 188.5, 189.1, 190.1, 190.2, 191.1, 193.1, 193.2, 196.1, 197.1, 198.1, 198.2, 203.1, 203.2, 204.1, 204.3, 204.4, 206.2, 206.3, 207.1, 207.2, 207.4, 207.5, 207.6, 208.1
Erdal-Rex GmbH, Mainz: 196.2
Europäische Kommission, Bonn: 288.1
fotolia.com, New York: Christian Müller 278.2; contrastwerkstatt 323.1; drubig-photo 278.1; Gina Sanders 293.1; goodluz 277.2; Peter Atkins 277.1
Franz Güde GmbH, Solingen: 19.2, 73.10, 73.12, 73.4, 73.5, 73.6, 73.7, 73.8, 73.9
GEFU GmbH, Köln: 73.11, 75.4, 79.2
Gewerkschaft Nahrung-Genuss-Gaststätten (NGG), Hamburg: 58.5
Hammerlit GmbH, Leer: 242.1
Hampp Media GmbH, Stuttgart: 102.2; Achmin Käflein 96.1, 96.2, 98.2, 98.3, 100.5, 101.2, 102.1, 104.1, 104.2, 105.2; Fabian Silberzahn 82.1, 83.1, 83.2, 84.1, 86.1, 118.1, 131.1, 133.1, 134.1; Stephan Braun 88.1, 90.1, 91.1; Stephan Braun oder Achmin Käflein 151.1, 152.1; Ulrich und Hanna Renz 78.2, 101.1
Hampp Media GmbH, Stuttgart/erstellt durch Stefan Ohmstede 20.1, 21.1, 23.2, 24.1, 25.1, 31.1, 31.2, 31.3, 40.1, 60.1, 64.1, 75.1, 76.2, 77.1, 80.1, 80.2, 80.3, 99.1, 109.2,.3, 110, 111, 111, 111, 111.1,.4, 115.4, 117.2, 125.1, 129.1, 144.9, 147.1, 159.1, 159.2, 159.3, 159.4, 159.5, 159.6, 159.7, 160.1, 161.1, 161.2, 161.3, 161.4, 161.6, 163.1, 171.1, 172.2, 172.4, 174.1, 175.1, 177.2, 178.1, 180.1, 181.1, 181.2, 183.1, 183.2, 184.1, 184.2, 184.3, 185.1, 185.2, 191.1, 195.1, 195.2, 209.2, 211.1, 216.1, 216.2, 216.3, 218.1, 219.1, 220.1, 238.1, 239.1, 239.2, 239.3, 241.1, 243.1, 263.2, 267.1, 270.1, 271.1, 303.1, 306.1, 307.1, 308.1, 313.1, 314.1, 318.3, 319.1
haug bürsten KG, Königsbrunn: 206.1, 207.7
Hobart GmbH, Offenburg: 115.1
iStockphoto.com, Calgary: CYCLONEPROJECT 65.1
Jouve Germany GmbH & Co. KG, München: 32.2, 67.1, 95.1, 279.1
Kunkel Großküchentechnik GmbH, Hohen Neuendorf OT Bergfelde: 157.1
Le Creuset GmbH, Leinfelden-Echterdingen: 225.2, 228.3
Liebherr-International Deutschland GmbH, Biberach an der Riss: 318.2, 319.2

Marine Stewardship Council (MSC), Berlin: 291.2
MEWA Textil-Service AG & Co. Management OHG, Wiesbaden: 11.1, 158.1
Miele & Cie. KG, Gütersloh: 210.1, 210.2, 210.3, 210.4, 210.5, 228.2, 229.2
MKN Maschinenfabrik Kurt Neubauer GmbH & Co. KG, Wolfenbüttel: 111.3, 112.1, 113.1, 113.2, 114.1
Noelle Group GmbH & Co KG, Sprockhövel: 205.1, 205.2, 205.4
nora systems GmbH, Weinheim: 235.2
Nordic Ecolabelling, Stockholm: 199.1
Norka Norddeutsche Kunststoff- und Elektrogesellschaft Stäcker mbH & Co. KG, Hamburg: 25.2
Picture-Alliance GmbH, Frankfurt/M.: Andrea Warnecke 12.2; Chris Martin Bahr 305.3; chromorange 150.1; Franz-Peter Tschauner 56.1; Gero Breloer 12.3; Hapo 305.4; Manfred Pforr 305.2; Oliver Giel 305.1; picture-alliance / FLORA PRESS 142.1; picture-alliance / OKAPIA KG, Ge 34.2
QS Qualität und Sicherheit GmbH, Bonn: 291.3
RAL gemeinnützige GmbH, Bonn: 227.2, 290.2
Regionalfenster Service GmbH, Bad Nauheim: 289.3
Robert Bosch Hausgeräte GmbH, München: 76.1, 78.1, 78.3, 78.4, 79.1, 79.3, 93.2, 93.3, 107.1, 108.3, 109.4, 110.2, 115.3
RÖMERTOPF® Keramik GmbH & Co. KG, Ransbach-Baumbach: 225.3
Ruhfus-Hartmann, Barbara: 16.1, 44.1, 285.1, 285.2, 287.1, 317.4
Shutterstock.com, New York: 5 second Studio 85.1; abdrahimmahfar 120.1; absolutimages 317.2; Africa Studio 87.1, 105.1, 167.1, 259.2; AlexeiLogvinovich 128.3; Alfa Photostudio 154.1; Alliance Images 13.1; Andrey_Popov 48.2, 179.5; Anneka 272.1; baarssen, fokke 33.2; Bessarab 317.1; Bilic, Nikola 144.2; blacograf 308.2; Chukov 117.1; CL-Medien 106.2; Claudio Divizia 235.1; Dan, Comaniciu 94.5; David Huntley Creative 231.1; Dean Drobot 255.1; EdBockStock 252.1; Elena-Grishina 317.3; Evikka 155.1; FamVeld 249.1; FotoAndalucia 249.2; Golubovy 54.2; gomolach 117.4; gorillaimages 121.1; gresei 292.1; Halfpoint 259.3; hidesy 261.1; Hit1912 279.2; Hofacker, Brent 88.2, 89.1; Hramova, Elena 126.1; Huzau, Ruslan 259.4; iliart 226.1; Irusta, Rafa 54.1; JethroT 144.3; Leifr 230.2; Lenush 300.1; LightField Studio 176.2; ltummy 152.2, 279.3; Lukas Hejtman 182.1; mahirart 144.8; margostock 233.1; MewhoPL 98.1; miami beach forever 232.1; Microgen 118.3; MRS.Siwaporn 144.5; NatesPics 248.1; Ocskay Bence 251.1; Oleksiienko, Andrii 230.1; Papa Annur 258.2; Photographee.eu 266.1; Photoroyalty 259.1; pilipphoto 137.1; Pixel-Shot 177.3; pixelheadphoto digitalskillet 258.1; Pressmaster 295.1; Ronald Sumners 249.3; Rostopira, Tetiana 144.4; RVillalon 13.2; Rybakova, Vitalina 128.5; Ryzhov, Sergey 37.1; Samsonov, Yuri 34.1; Sea Wave 127.1; Shchipkova Elena 250.1; Siridec, Natthapol 144.7; smereka 236.2; Sopotnicki 207.3; Stock-Asso 118.2; Sukhachev, Vladimir 233.3; Syda Productions 48.3; szczepanek, piotr 33.3; Travel, Mazur 292.3; Tucker, Suzanne 120.2; UR, Tim 144.1; Volkov, Valentyn 106.1; Voyagerix 292.2; Wackenberg, Rolf G 308.3; xpixel 144.6; Yellow Cat 226.2; Yurii, Bukhta 128.4; Zadiraka, Alexandr 33.1; Zaitse, Aleksandra 137.2; zefirchik06 87.2; zhgee 233.2
Siemens-Electrogeräte GmbH, München: 111.2, 117.3
stock.adobe.com, Dublin: aamulya 46.1; Animaflora PicsStock 35.1; arska n 228.1; artiemedvedev 42.2; artursfoto 148.1; Aurelio 225.1; begun1983 269; Beuge, Joerg 79.4; blende40 93.1; Bogdanski, Yvonne 268.2; Bonaposta, Brigitte Titel; by-studio 205.3; clsdesign 43.1; DifferR 10.2; doomu 108.1; dule964 10.1; euthymia 124.1; Filimonov, Iakov 263.1; fineart-collection 224.2; Folsom, Bert 94.6; fotoduets 177.4; fotofabrika 108.2; Fotolyse 164.2; Fotos 593 268.1; Fotoschlick 35.2; fusolino 287.2; galitsin 179.3; Hera, Jiri 128.2; Herrndorff 322.1; HLPhoto 68.1; Hoffmann, Oliver 176.1; Honcharuk, Valerii Titel; jamesbin 109.1; Jung, Christian 149.1; Karin & Uwe Annas 284.2; kasto 284.1; kellyvandellen 148.2; Kenishirotie 268; Kneschke, Robert 68.2; lenets_tan 254.1; lightgirl 128.1; megaflopp 246.1, 246.2; Milasan, Lucian 42.1; NorGal 210.6; Okea 122.1; Olaf Wandruschka 18.1; Photographee.eu Titel, Titel, 48.1; photostriker 179.4; Pichsel 153.1; Popov, Andrey 172.1; Profotokris 145.1; Prykhodov, Denys 43.2; Robin, Sylvain 274.1; Schindler, Annette 274.2; Schram, Anneke 160.2; srongkrod Titel; Steve 229.1; stokkete 192.1; Stphane 164.1;

studio v-zwoelf 46.2; Susiwe 94.4; valkyrielynn 224.1; Wylezich, Björn 254.2; zilvergolf 100.4; ©Insp.Clouseau 234.1; ©prapann 235.3; ©Wilm Ihlenfeld 236.1
Testo SE & Co. KGaA, Titisee-Neustadt: 12.1, 116.2
TransFair e. V., Köln: 291.1
TÜV SÜD AG, München: 289.4
UEBE Medical GmbH, Wertheim: 268.4, 269.2
VDE Prüf- und Zertifizierungsinstitut GmbH, Offenbach: 19, 19.3, 289.5
ver.di – Vereinte Dienstleistungsgewerkschaft, Berlin: 58.4
Verband Lebensmittel ohne Gentechnik e. V. (VLOG), Berlin: 288.2
Verbund für Angewandte Hygiene e. V., Bonn: 240.2
VERMOP Salmon GmbH, Gilching/München: 204.2, 204.5, 208.3
Viessmann Werke GmbH & Co KG, Allendorf (Eder): 303.2, 318.1
W.Söhngen GmbH, Taunusstein-Wehen: 20.2, 20.3
Walgenbach, Christa: 23.1, 71.1, 71.2, 71.3, 72.1, 73.1, 73.2, 73.3, 75.2, 75.3, 94.1, 94.2, 94.3, 100.1, 100.2, 100.3
WMF Group GmbH, Geislingen/Steige: 162.1
© Europäische Union, Berlin: 199.2, 227.1; © European Union, 2020 288.3, 288.4, 288.5

Wir arbeiten sehr sorgfältig daran, für alle verwendeten Abbildungen die Rechteinhaberinnen und Rechteinhaber zu ermitteln. Sollte uns dies im Einzelfall nicht vollständig gelungen sein, werden berechtigte Ansprüche selbstverständlich im Rahmen der üblichen Vereinbarungen abgegolten.